国家级一流本科课程配套教材

广东省精品资源共享课程教材

科学出版社"十四五"普通高等教育本科规划教材

管理统计学

张卫国　刘小龙　徐维军／主编

科学出版社

北　京

内 容 简 介

本书在参阅了大量国内外优秀统计学教材的基础上,紧扣当前经济社会发展中的经济管理问题,结合"管理统计学"课程的教学体会编写。在内容安排上,本书以现实经济管理问题作为开篇应用案例,通过分析案例,提炼其蕴含的管理统计问题,引出需要学习的统计基本概念、统计数据的描述、抽样与抽样分布、参数估计、假设检验、方差分析与试验设计、相关与回归分析、时间序列分析、统计指数、大数据统计等,借助 Excel、SPSS 等软件辅助完成统计分析,并选择数据较新、知识覆盖较全的案例进行章节贯穿应用。

本书可作为高等学校工商管理类、管理科学与工程类、经济学类专业本科生统计学课程教材,也可作为人文及其他学科的教材或辅导书,还可供统计管理人员和研究人员参考。

图书在版编目(CIP)数据

管理统计学 / 张卫国,刘小龙,徐维军主编. —北京:科学出版社,2024.8

国家级一流本科课程配套教材   广东省精品资源共享课程教材   科学出版社"十四五"普通高等教育本科规划教材

ISBN 978-7-03-078423-0

Ⅰ. ①管⋯   Ⅱ. ①张⋯   ②刘⋯   ③徐⋯   Ⅲ. ①经济统计学–高等学校–教材   Ⅳ. ①F222

中国国家版本馆 CIP 数据核字(2024)第 081803 号

责任编辑:陈会迎 / 责任校对:姜丽策
责任印制:赵 博 / 封面设计:有道设计

科学出版社 出版

北京东黄城根北街 16 号
邮政编码:100717
http://www.sciencep.com

北京富资园科技发展有限公司印刷
科学出版社发行   各地新华书店经销

*

2024 年 8 月第 一 版   开本:787×1092   1/16
2025 年 7 月第二次印刷   印张:23 1/2
字数:557 000
定价:58.00 元
(如有印装质量问题,我社负责调换)

前言

  统计学是工商管理、管理科学与工程等学科及相关专业的一门重要的理论与方法基础课，它作为收集、整理、归纳和分析客观数据的方法论科学，目的是探索数据的内在数量规律性，以达到对客观事物的科学认识。

  党的二十大报告指出："必须坚持问题导向。问题是时代的声音，回答并指导解决问题是理论的根本任务。"[①]基于统计学课程的重要性和广泛应用，我们在吸收近几年国内外出版的优秀教材的基础上，编写了《管理统计学》教材，并于 2014 年 2 月由华南理工大学出版社出版，至 2020 年 1 月共修订印刷了 4 次。该教材是广东省精品资源共享课程"管理统计学"的指定教材，也是智慧树网平台"双一流高校专业课 TOP100"课程"管理统计学"慕课的指定教材。2020 年 11 月，"管理统计学"课程入选首批国家级线下一流本科课程。

  随着我国经济社会的高质量发展和数字经济新产业、新行业快速兴起，许多传统经济管理问题发生了较大的变化，也出现了许多新的经济管理问题需要进行统计分析。同时，大数据时代已经来临，大数据赋能管理统计活动的场景也越来越多，给传统管理统计学的思维模式、研究方法等带来了变革，同时也为其发展增添了巨大的动力。这就要求《管理统计学》教材必须反映我国经济社会发展取得的显著成就，解决现代经济管理领域的实际问题，满足国家级线下一流本科课程建设的迫切需求。

  在这种背景下，我们基于前述版本重新编写了《管理统计学》。主要的修改工作包括：对所有篇首案例和篇尾案例进行了更新；对篇章例题进行更新与完善，并与篇首案例相对应；对于部分章节逻辑关系进行了调整；补充了分层抽样等方式、中心极限定理内容、区间估计的软件计算、假设检验中检验功效计量、方差分析中前提假设检验和正交分析例题及软件应用、回归分析中最小二乘估计量性质及回归分析软件应用、时间序列均值计量及非线性趋势拟合例题、大数据统计章节等内容。经过上述修改完善，本教材体现了系统性、新颖性。与先前版本相同，特别感谢袁卫、庞皓、曾五一、贾俊平、马军海、张建同、陈珍珍等老师所编著的统计学相关教材，为我们的教材编写奠定了理论框架。

  本教材由张卫国教授、刘小龙博士和徐维军教授组织编写及统稿修订。在本次修订

[①] 《习近平：高举中国特色社会主义伟大旗帜 为全面建设社会主义现代化国家而团结奋斗——在中国共产党第二十次全国代表大会上的报告》，https://www.gov.cn/xinwen/2022-10/25/content_5721685.htm[2022-10-25]。

过程中，研究生马腾、龚正夫、刘子怡、赵悦、董家伟、王一帆等同学全程参与了查找文献、整理资料等相关工作。在本书付印之际，谨向所有帮助和支持本书编写和出版的人员表示衷心的感谢。

由于编者水平有限，书中难免有疏漏之处，恳请同行和读者多提宝贵意见，以便我们进一步修改和完善。

编　者

2024 年 4 月

目录

第一章

绪论

新能源汽车发展情况的研究

随着全球环境污染问题日益严峻以及石油危机的加重，低污染、对石油依赖性小的新能源汽车的发展成为世界各国重点关注的议题。目前全球迎来了大规模的燃油车禁售令，多个国家和城市宣布将禁售燃油车，欧盟通过了"减碳55"（Fit for 55）法案，提出2030年起碳排放标准在2021年基础上下降55%，2035年起下降100%，即从2035年起将实现汽车的零排放，实现汽车电动化的全面转型。美国总统拜登2021年8月份签署了《关于加强美国在清洁汽车和卡车领域领导地位的行政命令》，该命令设定了美国到2030年无排放汽车销量达50%的目标。我国的海南省也宣布将于2030年起全面禁售燃油车。而奥迪、丰田等传统车企也开始了对新能源汽车的探索，奥迪更是宣布将在2033年淘汰燃油引擎。由此可见，新能源汽车是未来汽车发展的必然趋势，或许在不远的未来，内燃机就将成为历史。

2021年成为新能源车的元年，新能源汽车产业发展取得了巨大成就，全球新能源汽车销量大幅增长，纯电动汽车占比逐步提升，成为世界汽车产业发展转型的重要力量之一。2021年全球新能源汽车销量675万辆，同比增长108%，渗透率达到8.3%，提升4.1个百分点。从欧美市场新能源汽车销量数据来看，欧洲销量达到226.3万辆，同比增长65.7%，渗透率达到19.2%，提升7.8个百分点；美国销量达到67.0万辆，同比增长101.3%，渗透率达到4.3%，提升2.1个百分点。

发展新能源汽车是我国从汽车大国迈向汽车强国的必由之路，是应对气候变化、推动绿色发展的战略举措。自2012年国务院印发《节能与新能源汽车产业发展规划（2012—2020年）》以来，我国坚持纯电驱动战略取向。在国家政策引导和扶持下，我国汽车行业向新能源化转型步伐明显加快。新势力发展迅速，自主品牌竞争优势逐渐显现，造车技术短板逐渐补齐，一大批优秀的新能源车企异军突起，过往被合资车、进口车占据的中高端汽车市场，现在处处可见国产品牌的身影，如比亚迪、小鹏汽车、蔚来汽车等，其中比亚迪汽车的零售销量在2021年达到了58.40万辆，超越了大众、福特等一众传统车企。中国新能源汽车销量也在2021年居全球第一，根据中国汽车工业协会数据，2021年中国汽车总销量为2627.5万辆，同比增长3.8%；新能源汽车销量为352.1万辆，同比增长 1.59 倍，新能源汽车对全年乘用车同比增速贡献了 9 个百分点。其中，中国的纯电动车型同样以近 300 万辆的销售成绩领跑全球，同比增速达 172%。从渗透率方面来看，新能源乘用车渗透率持续提升，2021 年全年新能源汽车渗透达到 13.4%，并于 9 月突破 20%，而 2020 年渗透率仅为 5.4%。中国新能源汽车销量占据全球新能源汽车市场 50% 的份额，新能源汽车市场已经实现对燃油车市场的替代效应，并拉动汽车加速向新能源化转型的步伐，行业整体呈现出快速发展的态势。据《新能源汽车产业发展规划（2021—2035 年）》预计，到 2025 年新能源汽车新车销售量达到汽车新车销售总量的 20% 左右。

可以看到，新能源汽车已经在全国乃至全球范围内被个人消费者接受，真正变成一个由市场消费驱动的行业，其在未来的普及和增速将会更快。全方位推动汽车消费绿色发展，对促进消费绿色低碳转型升级，实现碳达峰、碳中和目标具有十分重要的意义。想要对新能源汽车的发展有更好的认识，就需要基于统计数据进行分析，请思考以下几个问题。

1. 如果你想要了解某车型的用户分布，该获取哪些数据？又该如何去获取？

2. 如何判断是哪些因素在影响新能源汽车的销量？

3. 如果你是某车企的营销人员，该通过什么统计分析方法为新能源汽车营销分析提供数据依据？

电影消费群体的研究

电影产业在中国的发展历程主要有三个阶段。第一个阶段是在 20 世纪初，从第一部中国电影《定军山》的诞生开始，电影作为一种简单的文化消费开始逐渐为人所知，而电影消费者主要来源于中等收入水平的群体。第二个阶段是在新中国成立之后，新中国电影体系和社会主义电影体系初步建立，并持续在政治、经济、社会、文化等领域发挥着全方位的影响，在电影功能的实现上，鲜明地强调意识形态与宣传教育的功能，强调电影应服务于政治和新生人民政权建设的需求，提出了电影为工农兵服务的方针，发挥着革命与建设、团结人民与打击敌人的关键作用，电影消费的主要对象转为了工农、知识分子以及一般劳动者等社会主要群体。第三个阶段是 20 世纪 80 年代后，伴随着改革开放，中国电影逐步建立起与中国经济社会发展相适应的现代电影体系，特别是到了 20 世纪 90 年代，中国社会主义市场经济体制正式建立，中国电影在向市场转型和探索的过程中产生了严重的不适。电视媒体在 90 年代中后期的全面崛起也给传统电影带来重大冲击，导致电影消费者大量流失，因此电影消费者主要是中高收入者，其构成主要来自城市的白领、大学生、知识分子、文艺工作者以及其他较高收入群体。

进入 21 世纪以来，中国电影在危机中求变，在从"计划"向"市场"艰难转型的过程中开始全面的产业化探索，电影产业的投资主体、内容生产主体和传播主体的生产关系调整初见成效、日益多元。在中国加入世界贸易组织和电影全面产业化改革的背景下，21 世纪第一个十年里的中国电影呈现出开放、多元、交融的格局。近些年来，电影已成为我国文化产业的领头羊。据统计，我国电影市场票房总额 2015 年为 440.69 亿元人民币，2016 年为 492.83 亿元人民币，2017 年为 559.11 亿元人民币，并在 2018 年突破了

600 亿元大关，达到了惊人的 609.76 亿元，2019 年高达 642.66 亿元（图 1-1）。这意味着 2019 年中国电影市场的规模仅次于美国，排名第二；而观影人次也创下新高，达到 17.3 亿人次。在 2019 年全年票房前 10 的影片中，国产电影占 8 部，国产电影《哪吒之魔童降世》以 50.01 亿元的票房成为最卖座电影，观影人数过亿，超过《复仇者联盟 4：终局之战》。这一连串数字说明随着中国经济的不断发展，电影消费已不再局限于某些群体，而是属于普罗大众的娱乐消费。中国特色社会主义进入新时代，中国电影在持续融入世界电影发展潮流的过程中，迎来全面爆发的时代。新时代，中国特色电影工业体系已基本建立，中国电影的市场化探索、艺术与技术的创新正渐入佳境。

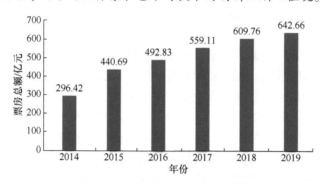

图 1-1　中国电影票房总额变动图

"电影实力直观反映综合国力，是彰显文化自信的重要载体，是深受人民群众喜爱的文化方式，在文化产业中具有引领作用。"国家电影局前局长王晓晖强调。对电影消费群体进行分析有利于电影投资者制作符合大众消费者喜好的电影，有利于行政部门制定相关政策引导我国电影业朝着健康方向发展。对电影消费群体的分析需有数据支持，如何获得想要的数据，并对所获得的数据进行加工处理，提炼出所需要的信息，如通过抽样分布推断某电影的受众人群，通过参数估计获取观众的收入或者年龄分布，通过相关与回归分析研究电影观众收入与票房是否存在联系等，这些都与统计学息息相关。

本章将介绍统计学的一些基本知识，包括统计学的定义、统计学的应用领域、统计学的分科、统计中的基本概念、几种典型的统计软件和统计学简史等。

1.1　统计及应用领域

1.1.1　统计学的定义

每当提到统计，人们总是联想起计数、数字和数据等。在人们的生活、工作和学习中，数字和数据无处不在。小至一个人、一个家庭，大至一个国家都有需要处理的各种数据。一个月的收入与支出、一年的利润都是人们经常关心的数据。世界各国都有相应的政府统计机构专门收集和处理来自社会各方面的数据。统计学是一门研究数据的科学，它涉及数据的收集、整理、分析以及解释。这门学科的核心在于通过数学方法和概率论来揭示数据背后的模式和规律，从而帮助我们做出基于数据的决策。《不列颠百科全书》

将统计学定义为关于收集和分析数据的科学和艺术。统计学的应用范围非常广泛，从自然科学到社会科学，从医学研究到市场营销，再到政府政策的制定，统计学都扮演着至关重要的角色。通过统计分析，我们可以评估实验结果的可靠性，预测未来趋势，或者理解复杂系统的运作机制。尽管统计学的定义因人而异，但普遍认同的是，统计学是关于如何从数据中提取信息的学问。随着统计理论的不断发展和实际应用的不断深入，人们对统计学的理解和认识也在不断深化。

统计学目前已成为单独的一级学科，是一门研究随机现象、以推断为特征的方法论科学，"由部分推及全体"的思想贯穿统计学的始终。具体地说，它是关于收集、整理、分析和解释数据，并从数据中得出有用结论的一门广泛应用的学科，是具有科学性兼少部分艺术性的科学。

统计学的定义告诉我们如下事实。首先，统计学是关于数据的学科。这个数据不是数学中抽象的数和形的数据，而是实际发生的实测、观测、试验等数据。因此，统计学以实用性为出发点和目标。数据收集通常有两种方法：一种是人为地控制某些相关因素来对我们感兴趣的研究对象做试验；另一种是直接观察研究对象。通常得到的原始数据是纷繁复杂的，甚至夹杂着些混乱，因此必须对数据进行整理，然后深入分析，挖掘数据中所含有的信息并找出对应的原因及机制，最终得到一些结论为将来的实践和预测提供指导，这也是数据模拟的目的。其次，统计学是以归纳推理为研究方法的学科，归纳推理是由个别到一般的研究方法。统计问题中所要处理的数据，往往只是研究对象中的部分个体，但我们却要用统计方法来对所有的研究对象做出判断和得出一些有用结论，这就是归纳推理的方法。当然，这些归纳推理方法必须建立在概率论等理论的基础上，数据本身有很大的随机性，而概率论等则是处理随机性的数学理论。再次，统计学是一门具有广泛用途的学科。统计学是关于数据的学科，数据无处不在，它充满我们的工作、生活、学习和其他任何人类实践与生产活动之中。统计学具有极其广泛的研究领域，理、工、农、医、艺、文、体几乎没有不用统计学的地方。最后，统计学不完全是一门科学，它带有少部分艺术特征。科学有它的准确性，它的推理和推导是严格正确的。由于数据在收集过程中带有各种各样的随机性，后续数据的整理、分析、解释和总结都需要有科学系统的理论和方法来处理这种随机性，这种科学系统的理论和方法就是概率论及其相关的数学理论方法。在大多数情况下，统计学是严格的和精确的。但由于数据的复杂性以及统计方法的简单实用性要求，统计学在处理数据的复杂性以及构造简单实用统计方法时经常要求自身的直观合理性以及简洁性，有时还带有统计学家对直观合理性与简洁性的个人理解和选择，所以统计学是带有部分艺术特征的关于数据的科学。

用统计来认识事物的一般步骤是：研究设计→抽样调查→统计推断→结论。其中，研究设计就是对实际问题制订调查和实验研究的计划，抽样调查是收集资料、获取数据的过程，统计推断是处理数据、分析数据、解释数据的过程，其统计的研究过程如图 1-2所示。显然统计的主要功能是推断，用部分资料来推断总体，所以其推断的方法是一种不完全归纳法。

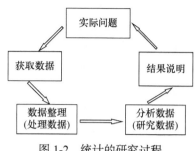

图 1-2 统计的研究过程

1.1.2 统计学的应用领域

统计学是应用性很强的学科，已被广泛应用于各个专业领域（如物理、化学、工程、生物、经济、社会等）中有关带随机性数据问题的分析。可以说，几乎所有的研究领域都要用到统计方法，如产品生产工艺流程、医学研究、企业经营管理、人口普查等，下面将给出统计学在生活中的一些应用。

1. 统计方法在工业生产中的应用

一是应用正交设计、回归分析、方差分析、多元统计分析等统计方法解决试制新产品和改进老产品、使用代用原材料和寻找适当的配方、判定影响产品质量的重要因素、决定最优的生产条件等问题；二是应用统计质量管理方法，通过质量控制图、抽样检验、可靠性统计分析解决工业生产中工序控制、成批产品的抽样验收、大批生产元件可靠性检验等问题。

2. 统计方法在医学、药学中的应用

在医学研究中，统计方法常被作为重要的研究工具，用来发现和验证导致某种疾病的种种因素，如应用统计方法证实肺癌与吸烟的关系。在药学研究中，通过临床试验，应用正交设计、交叉设计、回归分析、方差分析、列联表分析等统计方法，来确定一种药物对治疗某种疾病是否有效、用处多大，以及比较几种药物或治疗方案的效果。

3. 统计方法在市场研究中的应用

市场研究是为某一特定的市场营销问题的决策而开发和提供其所需信息的一种系统的、有目的的活动或过程。这里所说的信息，不仅是市场调查所得的数据资料，还包括市场研究人员对资料进行分析所得的结果（如结论、建议等）。市场研究的范围包括：产品研究、销售研究、市场与销售潜力的估计、价格研究、购买行为研究、竞争分析、广告及促销研究、销售成本和利润分析、营销环境研究。

4. 统计方法在社会、经济领域中的应用

在西方发达国家，统计方法在社会、经济领域中的应用，要比其在自然科学和技术领域中的应用更早且更广泛。例如，社会学中的抽样调查、列联表分析，人口学中的人口发展动态模型、随机过程统计，经济学中的经济计量模型等社会现象的定量化研究。

5. 统计方法在农业中的应用

一类应用是通过对田间试验进行适当的设计和统计分析，得到收获量最大的方案。另一类应用是数量遗传学，如在培育高产优质农产品的研究中，应用很复杂的回归分析和方差分析的方法来计算遗传力。

在应用性研究中，由于对所研究现象的规律性认识不充分，人们不得不依靠对实验和观测数据进行统计分析（统计推断与统计预测），以提出解决问题的办法。一般而言，无论是自然科学还是技术科学，都离不开实验观察，都有处理数据的问题，因此也就有统计方法的用武之地。可以说，凡是有数据的地方，都可以应用数理统计方法。表 1-1 给出了一些统计学的应用领域。

表 1-1　统计学的应用领域

应用领域	应用领域	应用领域
animal science（畜牧学）	agriculture（农业）	geology（地质学）
genetics（遗传学）	archaeology（考古学）	auditing（审计学）
epidemiology（流行病学）	econometrics（经济计量学）	ecology（生态学）
dentistry（牙医学）	actuary（精算）	geography（地理学）
anthropology（人类学）	finance（金融）	industry（工业）
ophthalmology（眼科学）	education（教育学）	linguistics（语言学）
pharmaceutics（药剂学）	engineering（工程）	sociology（社会学）
psychology（心理学）	physics（物理学）	taxonomy（分类学）
demography（人口统计学）	literature（文学）	crystallography（晶体学）
meteorology（气象学）	hydrology（水文学）	marketing（市场营销）
psychophysics（心理物理学）	political science（政治学）	survey sampling（调查抽样）
military science（军事科学）	religious studies（宗教研究）	management science（管理科学）
medical diagnosis（医学诊断）	quality control（质量控制）	human genetics（人类遗传学）
gambling（赌博）	historical research（历史研究）	manpower planning（人力规划）

1.2　统计学的分科

统计学的内容十分丰富，随着人们对定量研究的日益重视，统计方法已被广泛应用于自然科学和社会科学的众多领域，统计学也已发展成为由若干分支组成的学科体系。从统计方法的构成来看，统计学可分为描述统计学和推断统计学；从统计方法的研究和应用角度来看，统计学可分为理论统计学和应用统计学。

1.2.1　描述统计和推断统计

描述统计学（descriptive statistics）是研究如何取得反映客观现象的数据，并通过图表形式对所收集的数据进行加工处理和显示，进而通过综合概括与分析得出反映客观现象的规律性数量特征的一门学科。描述统计学的内容包括统计数据的收集方法、数据的加工处理方法、数据的显示方法、数据分布特征的概括与分析方法等。图 1-3 表明描述统计是对数据进行处理的第一阶段，即用直观的图表和概括性的数字表示数据的分布、形状等特征，并为进一步的统计推断提供依据。

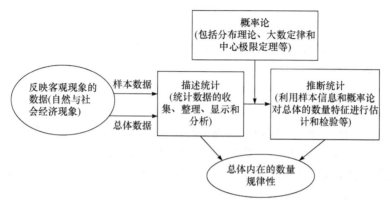

图 1-3　应用统计方法探索客观现象数量规律性的过程

推断统计学（inferential statistics）是研究如何根据样本数据去推断总体数量特征的方法，它是在对样本数据进行描述的基础上，对总体进行估计、假设检验、预测或其他推断，进而对统计总体的未知数量特征做出以概率形式表述的推断。

描述统计学和推断统计学的划分，一方面反映了统计方法发展的前后两个阶段，另一方面也反映了应用统计方法探索客观事物数量规律性的不同过程，二者关系如图 1-3 所示。

统计研究过程的起点是统计数据，终点是探索出客观现象内在的数量规律性。在这一过程中，如果收集到的是总体数据（如全国人口普查数据），则经过描述统计之后就可以达到认识总体数量规律性的目的；如果所获得的只是研究总体的一部分数据（样本数据），要找到总体的数量规律性，则必须应用概率论，根据样本信息对总体的数量特征进行科学的估计、检验和推断。

显然，描述统计和推断统计是统计方法的两个组成部分。描述统计是整个统计学的基础，它包括对客观现象的度量，科学经济地收集与整理数据，确定观测对象的数量特征，科学度量和描述其数量特征等；推断统计则是现代统计学的主要内容，由于在现实问题的研究中，所获得的数据主要是样本数据，选用恰当的统计量和推断方法，科学准确地探索总体内在的数量规律性至关重要。因此，推断统计在现代统计学中的地位和作用越来越重要，已成为统计学的核心和统计研究工作的关键环节。当然，这并不等同于描述统计不重要，如果没有描述统计收集可靠的统计数据并提供有效的样本信息，即使再科学的统计推断方法也难以得出切合实际的结论。因而，推断统计对描述统计又有很强的依赖性。从描述统计学发展到推断统计学，既反映了统计学发展的巨大成就，也是统计学发展成熟的重要标志。

应该认识到，尽管描述统计可以在获得总体数据时直接探索出总体的数量规律性，但这种情况对实际工作中有无限总体的自然现象来说是不太可能的。尽管社会现象的总体多数为有限，但考虑到获得数据及推断总体的经济性、时效性和准确性，往往抽样调查方式比普查更普遍、有效。例如，在全国人口普查中，对全国及各省区市的普查可以摸清基本情况，获得丰富的统计数据；但普查涉及千家万户，花费的时间、人力、财力和物力巨大，因而只能间隔较长时间进行一次，而在两次普查之间的年份以抽样调查方法获得连续的统计数据。此外，社会中大量的管理和研究工作不可能都进行全面普查，如某种商品的市场销售量调查、电影消费群体调查等，只能通过抽样调查的方式对总体数量规律性进行科学的推断。因而，设计合适的调查方法、科学获取观测对象的样本数据、运用图表显示数据的特征和规律、分析和提取数据中的有用信息以最终推断总体特征就显得格外重要。

1.2.2 理论统计和应用统计

理论统计学（theoretical statistics）是统计学的一个分支，是主要研究如何将数学原理和计算机技术应用于统计学，以发展出新的统计学方法和技术的数学理论。它是把研究对象一般化、抽象化，以概率论为基础，从纯理论的角度对统计方法加以推导论证，中心内容是统计推断问题，实质是以归纳方法研究随机变量的一般规律。例如，统计分布理论、统计估计和假设检验理论、相关与回归分析、方差分析、时间序列分析、随机过程理论等。由于现代统计学用到了几乎所有的数学知识，所以从事统计理论和方法研究的人员需要有扎实的数学基础。此外，由于概率论是统计推断的数学和理论基础，因而广义地讲统计学也应该包括概率论在内。理论统计学是统计方法的理论基础，没有理论统计学的发展，统计学不可能发展成为像今天这样一个完善的学科体系。

应用统计学（applied statistics）主要研究如何将统计学的方法和原理应用于自然、经济、工程等实际领域并解决实际问题，它是统计学和其他学科之间形成的交叉学科，也是理论统计学发展的源泉。统计学是一门收集和分析数据的科学，由于在自然科学及社会科学研究领域中，都需要通过数据分析来解决实际问题，因而统计方法的应用几乎扩展到了所有的经济和社会科学研究领域。例如，统计方法在物理研究中的应用形成了统计物理学；在医学中的应用形成了医疗卫生统计学；在管理领域的应用形成了管理统计学；在经济领域的应用形成了经济统计学；在社会学研究和社会管理中的应用形成了社会统计学；等等。以上这些应用统计学的不同分支所应用的基本统计方法都是一样的，即都是描述统计和推断统计的主要方法。但由于各应用领域都有其特殊性，统计方法在应用中又形成了一些不同的特点，如经济学中的统计指数、现代企业中的管理决策等。

1.3 统计中的基本概念

初学统计学需要理解几个重要的概念，它们对课程的学习和理解至关重要，有必要单独加以介绍。这些概念包括总体和样本、参数和统计量、指标及变量等。

1.3.1 总体和样本

1. 总体

总体（population）是根据一定的目的和要求所确定的研究对象的全体，它是由客观存在的、具有某种共同性质的许多元素构成的整体，将其中构成总体的每一个元素称为总体单位，简称个体。在这里，我们将个体具有的某种属性或数量单位统称为标志。例如，考察某商城各种品牌冰箱的销售量，总体就是某商城的全部冰箱，每一种冰箱品牌就是个体，而冰箱的销售量称为标志；研究某个学院教工的身高和体重，总体就是这个学院的全体教工，个体就是学院里的每个教工，教工的身高和体重则是标志；考察某企业员工的学历分布，总体就是该企业员工，个体就是企业的每个员工，标志是学历。

标志是统计调查的具体项目，也是统计调查所要采集的实际资料内容。对于标志，按照其性质的不同可以细分为品质标志和数量标志，标志的填写内容称为标志表现。用文字描述的属性特征，一般称为品质标志；用数字描述的数量特征，一般称为数量标志。比如姓名和性别等标志，其标志值填写属于文字，这类标志是品质标志；而年龄和月工资的标志值填写属于数值，这类标志就是数量标志。

准确地界定总体对后续的统计研究和实践显然是非常重要的。总体范围的确定有时比较容易，如要了解一批出口汽车的质量时，该批所有出口汽车就是总体，汽车的质量级别就是标志。但有些场合总体范围的确定则比较困难，如新推出一种产品，要想知道消费者是否喜欢，首先必须弄清哪些人是消费者，也就是要界定该产品的消费者这一总体，但事实上这一总体范围的确定十分复杂。显然，正确地界定总体，需要具备问题所涉及领域的专业知识和工作经验。当总体的范围难以确定时，可根据研究目的来定义合适的总体。

1）统计总体的特点

在明确了以上一些基本概念之后，将它们联系起来观察，深入地认识总体，可以看出，统计总体具有同质性、大量性和差异性三个主要特点。

A. 同质性

同质性是指总体中的每个个体必须具有某种共同的属性或标志数值。如国有企业总体中每个企业的共同属性是国家所有。同质性是总体的根本特征，只有个体是同质的，统计才能通过对个体特征的观察研究，归纳和揭示出总体的综合特征和规律性。

B. 大量性

大量性是指总体中包括的个体有足够多的数量。总体是由许多个体在某一相同性质基础上结合起来的整体，个别或很少几个单位不能构成总体。总体的大量性可使个别单位某些偶然因素的影响——表现在数量上的偏高、偏低的差异相互抵消，从而显示出总体的本质和规律性。

C. 差异性

差异性（或称变异性）是指总体的各单位之间有一个或若干个可变的品质标志或数量标志，从而表现出的差异。例如，某领域的职工总体中各单位间有男、女性别的品质标志差异，有 25 岁、26 岁、27 岁、28 岁年龄的数量标志差异。

2）统计总体的分类

A. 按包含个体的数量，分为有限总体和无限总体

总体所包含的个体数是有限的，称为有限总体，如人口数、企业数、商店数等；总

体所包含的个体数是无限的，称为无限总体，如连续生产的某种产品的生产数量、某海域里的鱼资源数等。

对于有限总体可以进行全面调查，也可以进行非全面调查。但对于无限总体，在实际中要全面了解总体的情况，往往难以办到，只能抽取一部分单位进行非全面调查，据以推断总体。

将总体区分为有限总体和无限总体主要是为了判别抽样中的每次抽取是否独立。对于无限总体，每次抽取一个单位，并不影响下一次的抽样结果，因此每次抽取可以看作独立。对于有限总体，抽取一个单位后，总体元素就会减少一个，前一次的抽样结果往往会影响下一次的抽样结果，因此每次抽取是不独立的。这些因素会影响抽样推断的结果。

B. 按标志的属性，分为变量总体和属性总体

由数量标志单位组成的总体称为变量总体；由品质标志单位组成的总体称为属性总体。

2. 样本

样本（sample）是从总体中抽出实际观测或调查的一部分个体的集合。抽样的目的是根据样本提供的信息推断总体的特征。为了使样本能够正确反映总体情况，对总体要有明确的规定：总体内所有观察单位必须是同质的；在抽取样本的过程中，必须遵循随机化原则；样本的观察单位要有足够的数量。

样本中所包含的个体数目称为样本容量或含量，用符号 n 表示。样本有大小之分，大样本（large sample）的容量一般在 30 及以上，小样本（small sample）的容量在 30 以下。样本越大，从总体中提取的信息就越多，对总体的代表性就越好，因此一般情况下都抽取大样本进行研究。例如，从某一行业里抽取 100 个企业，这 100 个企业就构成了一个样本容量为 100 的大样本，然后根据 100 个企业的发展状况推断整个行业的发展水平。

1.3.2 参数和统计量

1. 参数

参数（parameter）是用来描述总体特征的概括性数字度量，它是研究者想要了解的总体的某种特征值。研究者所关心的参数通常有总体平均值、总体标准差、总体比例等。在统计中，总体参数通常用希腊字母表示，如总体平均值用 μ 表示、总体标准差用 σ 表示、总体比例用 π 表示等。

由于总体数据通常是不知道的，所以参数是一个未知的常数。例如，我们不知道一批灯泡的平均寿命，不知道某领域职工的平均工龄，等等。正因为如此才进行抽样，根据样本计算出某些属性值去估计总体参数。

2. 统计量

统计量（statistic）是对数据进行分析、检验，用来描述样本特征的概括性数字度量。它是根据样本数据计算出来的一个数量值，由于抽样是随机的，因此统计量是样本的函数。研究者所关心的统计量主要有样本平均值、样本标准差、样本比例等。样本统计量通常用英文字母来表示，如样本平均值用 $\bar{x}$ 表示、样本标准差用 S 表示、样本比例用 p 表示等。

在抽取样本之前，统计量的取值是未知的；在抽取样本之后，统计量的取值是确定的。但由于抽样方法和抽样时间的差异，样本呈现不同，所以统计量不是某个固定值。抽样的目的就是要根据样本统计量去估计总体参数。例如，用样本平均值 $\bar{x}$ 估计总体平均值 μ、用样本标准差 S 估计总体标准差 σ、用样本比例 p 估计总体比例 π 等。

有关总体、样本、参数、统计量的概念可以用图 1-4 表示。

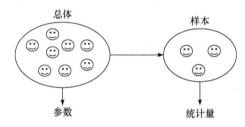

图 1-4　总体、样本、参数和统计量

除了样本平均值、样本标准差、样本比例这类统计量，还有一些是为统计分析的需要而构造的统计量，如用于检验的 χ^2 统计量、t 统计量和 F 统计量等，它们的含义将在后面相关的章节中再作介绍。

1.3.3　指标

指标（index）又称统计指标，是反映统计总体综合数量特征与数量关系的数字资料，一般用数值表示。指标可细分为数量指标和质量指标，那些用于反映总体规模或指标值的总量属于数量指标，一般用绝对数形式表示，如人口总数、总产量、耕地总面积等；而用来反映总体内在品质情况的是质量指标，一般用统计相对数或平均数表示，如产品合格率、劳动生产率等。

前面介绍总体时，涉及一个概念——标志。下面将对标志与指标进行对比，说明两者的区别及联系。

1. 标志与指标的区别

（1）标志反映的是个体的属性和特征，一般不具有综合的特征；而指标可说明总体综合数量特征，具有综合的性质。

（2）在标志中，数量标志可以用数量来表示，而品质标志不能用数量表示，只能用文字表示；但指标都可以用数量来表示。

2. 标志与指标的联系

（1）有些指标值是由个体的标志值汇总或计算得来的，如一个省的小麦总产量是所辖各市小麦总产量的合计数。

（2）在一定条件下，随着研究目的的不同，标志与指标之间可以相互转化。当研究目的发生变化以后，如原来的总体转化为个体，指标也就相应地转变为数量标志了，反之则反。

指标是通过标志的综合得到的，因此标志是总体指标的来源和基础，指标则是标志的综合。但不能因此把指标看成仅仅是标志值的量的积累，总体指标能反映出现象的本质属性和特征，获得个体标志难以显现的信息。

1.3.4 变量

变量（variable）是说明现象某种特征的概念，其特点是从一次观察到下一次观察结果会呈现出差别或变化，即把在取值之前不能预料到取什么值的量称为变量。一旦某个数值被取定，该数值为变量的一个观察值，即数据。根据变量的取值范围可以划分为连续变量和离散变量两种。从管理研究的角度分析，变量是将管理概念进行操作化，使其可以实际测量，而指标又把变量进一步细化，因此某个变量可以细化为几个具体的指标来进行度量。所以，变量是指标的综合反映，指标是变量的具体表现，在某些情形下，指标就是变量本身。

连续变量（continuous variable）是指取值可以是某区间内任一数值的随机变量，它是指测量单位之间可以划分成无限多个细小的单位，其数字形式多取小数。例如，长度单位可划分为光年、千米、分米、厘米、毫米、微米等。应当注意的是，单位是否可以分成无限多个细小的单位，是由单位所标志的客观事物本身的固有特性决定的，而不是由使用上的需要和习惯决定的。离散变量（discrete variable）是指测量单位之间不能再细分的数字资料，其数字形式常取整数。

1.4 几种典型的统计软件

1.4.1 Excel

Microsoft Excel 是美国微软公司的办公软件 Microsoft Office 的组件之一，是由微软为使用 Windows 和 Apple Macintosh 操作系统的电脑编写的一款电子表格软件。Excel 是 Microsoft Office 的一个重要的组成部分，它可以进行各种数据的处理、统计分析和辅助决策操作，广泛地应用于管理、经济、金融等众多领域。

Excel 具有四大特征：数据分析工具（data analysis tools）、统计功能（statistical function）、智能制表（intelligent tabulation）和趋势线（trend line）。

Excel 的优势在于：能轻松驾驭庞大的数据集，在扩展的电子表格中自如地导入、整理和分析数据；通过数据透视表，用户可以直观地分析和展现数据关系；提供高效的数据建模和分析工具，几乎适用于各种类型的数据。

Excel 中部分数据分析、函数计算的功能如图 1-5、图 1-6 所示。

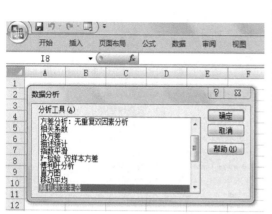

图 1-5　Excel 数据分析功能

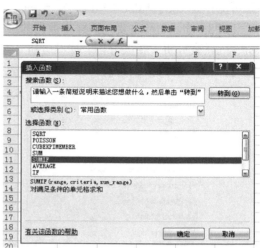

图 1-6　Excel 函数计算功能

1.4.2　SPSS

SPSS 是世界上最早采用图形菜单驱动界面的统计软件，它最突出的特点就是操作界面极为友好，输出结果美观漂亮。它将几乎所有的功能都以统一、规范的界面展现出来，使用 Windows 的窗口方式展示各种管理和分析数据的功能，对话框展示出各种功能选择项。用户只要掌握一定的 Windows 操作技能，粗通统计分析原理，就可以使用该软件为特定的科研工作服务。

SPSS 采用类似 Excel 表格的方式输入与管理数据，数据接口较为通用，能方便地从其他数据库中读入数据。

SPSS 的特点如下。

（1）操作简便。界面非常友好，除了数据录入及部分命令程序等少数输入工作需要键盘键入外，大多数操作可通过鼠标拖曳，点击菜单、按钮和对话框来完成。

（2）编程方便。只要了解统计分析的原理，无须通晓统计方法的各种算法，即可得到需要的统计分析结果。对于常见的统计方法，SPSS 的命令语句、子命令及选择项的选择绝大部分通过对对话框的操作完成。

（3）功能强大。具有完整的数据输入、编辑、统计分析、报表与图形制作等功能，自带 11 种类型 180 多个函数。SPSS 提供了从简单的统计描述到复杂的多因素的统计分析方法，如数据的探索性分析、统计描述、列联表分析、二维相关、秩相关、偏相关、方差分析、非参数检验、多元回归、协方差分析、判别分析、因子分析、聚类分析、非线性回归、Logistic（逻辑斯谛）回归等。

（4）全面的数据接口。能够读取及输出多种格式的文件，如由 dBASE、FoxBASE、FoxPro 产生的*.dbf 文件，文本编辑器软件生成的 ASCII（American Standard Code for Information Interchange，美国信息交换标准码）数据文件，Excel 的*.xls（*. xlsx）文件

等均可转换成可供分析的 SPSS 数据文件；能够把 SPSS 的图形转换为 7 种图形文件，结果可保存为*.txt、*.doc（*.docx）、*.ppt（*.pptx）及*.html 格式的文件。

SPSS 统计功能主要包括样本数据的描述和预处理、参数及非参数假设检验、方差分析、列联表分析、相关分析、回归分析、聚类分析、因子分析、时间序列分析、可靠性分析等。SPSS 的数据转换和变量分析功能如图 1-7 所示。

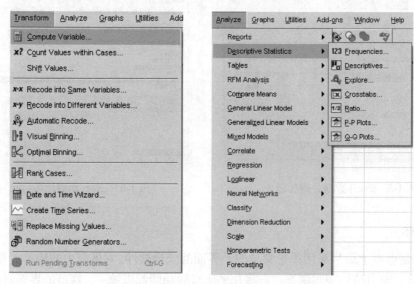

图 1-7　SPSS 的数据转换和变量分析功能

1.4.3　SAS

SAS 是目前使用最为广泛的三大著名统计分析软件之一，是目前国际上最为流行的大型统计分析系统之一，被誉为统计分析的标准软件。

SAS 为 "Statistical Analysis System" 的缩写，意为统计分析系统。它于 1966 年开始研制，1976 年由美国 SAS 软件研究所实现商品化。SAS 集数据存取、管理、分析和展现于一体，为不同的应用领域提供了卓越的数据处理功能，其主要特点如下。

（1）功能强大，统计方法齐、全、新。SAS 提供了从基本统计数据的计算到各种试验设计的方差分析、相关回归分析以及多变量分析的多种统计分析过程，几乎囊括了所有最新的分析方法，其分析技术先进、可靠。分析方法的实现通过过程调用完成。许多过程同时提供了多种算法和选项。例如，对于方差分析中的多重比较，提供了包括 LSD（least significance difference，最小显著性差异）检验、邓肯多范围检验（Duncan's multiple range test）、图基 HSD 检验（Tukey's honestly significant difference test）等在内的 10 余种方法；回归分析提供了 9 种自变量选择的方法[如逐步回归（stepwise regression）、最佳子集回归（best subsets regression）、R 平方（R-square）选择、赤池信息准则（Akaike information criterion，AIC）和贝叶斯信息准则（Bayesian information criterion，BIC）等]。回归模型中可以选择是否包括截距，还可以事先指定一些包括在模型中的自变量字组（subset）等。对于中间计算结果，可以全部输出、不输出或选择输出，也可存储到文件中供后续分析过程调用。

（2）使用简便，操作灵活。SAS 以一个通用的数据步产生数据集，以不同的过程调用完成各种数据分析。其编程语句简洁、短小，输出结果中的统计术语规范易懂。使用者只要告诉 SAS "做什么"，而不必告诉其 "怎么做"，并且能自动修正一些小的错误，对运行时的错误，它尽可能地给出错误原因及改正方法。

SAS 的统计功能包括：样本平均数、标准差、峰度等描述性统计量的计算；标准化分数、变量值线性组合等计分程序；类别数据的处理；变异数分析；多变量分析；鉴别分析；集群分析；等等。

考虑到目前的大学生都学习了计算机基础，已经有 Excel 的操作基础，加上 Excel 的统计功能能够满足现有统计学的学习要求，故本教材选择了易获得、普及率高、操作简单的 Excel 应用软件，与本书所涉及的统计方法相结合，辅助复杂的计算，以便更好地理解统计方法的统计思想和内在机理。

1.5 统计学简史

人类的统计实践活动是伴随着人类社会的出现而产生的，统计实践已有四五千年的历史。在中国，最原始形态的统计可追溯到古代神话伏羲画八卦、公元前两千多年的大禹治水。随着封建制国家的建立和发展，统治者出于经济和军事上的目的，需要了解全国人口、土地、生产等方面的情况，所以历代政府对统计工作都很重视，组织人力对这些资料进行收集、整理，并用文字、图表描述下来。他们曾进行过一些原始的统计，以作为他们核定和征收赋税的依据。在我国历史上，这类统计工作曾达到很大的规模，但当时还没有学者从这些方面进行统计理论的研究，所以一直没有形成系统的统计学说。

在国外，古希腊和古罗马就已经开始了对人口数和居民财产的统计；埃及在建造金字塔时，对全国人口、财产所进行的普查，都可以认为是统计工作或统计实践，但同样也未涉及统计理论的研究。

随着社会的发展，统计的范围逐渐由人口和土地扩大到经济活动的各个方面，尤其是随着经济的发展、社会分工日益细化，以及工业、商业、对外贸易和交通运输的发展，提出了新的统计需要，统计的内容也逐渐由一般的政治和军事统计扩展到工业、商业、贸易、金融、保险、交通、邮电和海关等各个方面的统计。统计是通过对事物的数量特征进行收集、整理和分析，进而得出对事物规律性认识的实践活动。统计学萌芽于 17 世纪中叶，在 20 世纪初到 20 世纪 50 年代走向成熟，由于信息技术的发展，统计学获得极为广泛的发展和卓有成效的应用。下面分四个阶段来讲述统计学的历史。

1.5.1 古典统计学（17 世纪中叶至 18 世纪末）

17 世纪中叶起，西欧各国尤其是英国、法国、德国相继进入资本主义社会发展阶段，社会思潮极其活跃，人们对各领域进行积极的探索，各门学科不断萌芽。人们不约而同地从不同领域和不同方面开始对统计学进行研究和探讨，并形成统计学萌芽阶段的三个派别：政治算术学派、国势学派和古典概率学派。统计学的后续发展从这三个派别中汲取了丰富的营养。

起源于 17 世纪中叶的政治算术学派主张以数字、重量和尺度来研究社会经济现象及其相互关系，其代表人物是英国人口学家约翰·格朗特（John Graunt）和经济学家威廉·配第（William Petty）。格朗特通过对伦敦市 50 多年的人口出生和死亡资料的计算，建立了最初的人口增长模型，并出版了人口统计著作《关于死亡公报的自然和政治观察》，这本书被称为"真正统计学的开端"。格朗特在书中写道："我始终认为，为使各个社会成员能够各得其所，搞清各类数目是必要的。"他清楚地说明了统计学作为国家管理工具的作用。配第在其著作《政治算术》中，对当时英国、荷兰和法国之间的财富进行数量上的比较和计算，开创了用数量方法研究社会经济现象的先河。政治算术学派以数量分析来研究客观现象，尤其是社会政治经济现象的各个方面，它在统计学的发展史上有着重要作用。

国势学派起源于 18 世纪的德国，其代表人物是德国学者赫尔曼·康林（Hermann Conring）和戈特弗里德·阿亨瓦尔（Gottfried Achewall）。康林把国势学从法学、史学、地理学等学科中独立出来，在大学中讲授"实际政治家所必需的知识"。马丁·休姆采尔（Martin Schneitzel）后将该课程更名为"政治学·统计学讲义"。阿亨瓦尔提出统计学这一学科名称及有关统计学的一些术语。国势学派当时主要是用文字叙述的形式记载国家组织、人口、军队、领土、居民职业以及财产等，基本上没有量的描述和分析；另外，该学派在研究各国的重要事件时，采用了系统对比的方法来反映各国实力的强弱，统计学分析方法中的对比思想来源于此。

人类在长期社会实践中，认识到客观事物存在着必然性和偶然性。随着商业、航海运输以及保险事业的发展等，一些带有赌博性质的行业也应运而生。赌博游戏引起了数学家的极大关注。对与赌博有关的一些复杂问题的探讨，为概率论奠定了基础。古典概率论的研究起始于 16 世纪的意大利，直到 17 世纪中叶才实质性地找到一般古典概率问题的解法。古典概率论在 18 世纪的法国、瑞士等国得到广泛的发展，19 世纪初法国数学家、统计学家拉普拉斯（Laplace，1749—1827）在总结前人成果的基础上，出版了《概率论分析理论》一书，使其形成了完整的应用理论体系。拉普拉斯最早把古典概率论引入统计学，他阐明统计学的大数法则，并进行大样本推断的尝试。

1.5.2 近代统计学（19 世纪初至 20 世纪初）

近代统计学的贡献是建设和发展统计学的理论体系，并逐渐形成以研究随机现象的统计推断为主的数理统计学和以传统社会政治经济现象的统计描述为主的社会统计学两大学派。

数理统计学派的代表人物是比利时的统计学家阿道夫·凯特尔（Adolphe Quetelet），他继承了国势学派和政治算术学派的传统，把统计学既作为管理国家行政的"政治医学"，又作为研究社会内在矛盾及其规律性数量表现的科学认识方法。凯特尔在其著作《社会物理学》中利用大数法则论证社会生活的随机偶然现象中存在必然的规律性；并运用概率论原理提出"平均人"的概念，计算人类自身各性质指标的平均值，通过"平均人"来探索社会规律；他认为社会所有的人与"平均人"的差距越小，社会矛盾就越缓和。

凯特尔也在生物统计和天文学的研究中成功运用二项分布和正态分布方法，并大力提倡采用统计方法对自然现象和社会现象的规律性进行研究。

社会统计学派的代表克尼斯（Knies）、梅尔（Mayr）和恩斯特·恩格尔（Ernst Engel）认为统计学的研究对象是社会现象，目的在于揭示社会现象的内在联系和相互关系，研究过程要将全面调查和适量抽样调查结合。恩斯特·恩格尔在 1895 年发表的《比利时工人家庭的生活费》中提出著名的恩格尔定律，用恩格尔系数作为衡量生活水平的标准。梅尔的主要著作有《社会生活中的规律性》《统计学和社会学》，他认为统计学是一门独立的实际性社会科学。他把规律分为状态规律、频度规律、发展规律和相关规律。社会统计学派继承和发展了政治算术学派的理论体系，完善了描述统计的分析方法，建立了较为完整的统计指标方法和社会统计学科体系，对当时的政府统计工作和统计学理论的推广产生了积极的促进作用。

1.5.3 现代统计学（20 世纪初到 20 世纪中叶）

20 世纪初到 20 世纪中叶是数理统计学蓬勃发展并达到成熟的时期。许多重要的数理统计学的观点和方法以及数理统计学的主要分支学科都是在这个时期建立和发展起来的。统计学家罗纳德·费希尔（Ronald Fisher）和 K. 皮尔逊（K. Pearson）共同完成了现代统计学的理论框架，使统计学成为一门相对成熟和严谨的学科，从此数理统计学决定性地成为主流统计学。

皮尔逊在 1900 年提出检验拟合优度的 χ^2 统计量，并证明其在原假设成立时是 χ^2 分布，这是最具先驱性的大样本理论之一。接着英国统计学家戈赛特（Gosset）受所从事的各种实验（农业的、生物的、化学的）特殊性的影响，在实验中发现"大样本理论"不能满足需要，后来他借助弄乱的卡片抽样，计算经验的频数分布，并运用正态误差理论，建立起"小样本理论"，而且以"学生"（student）为笔名发表 t 统计量的精确分布——t 分布（student distribution），这是最早的小样本理论之一。

统计学家和遗传学家费希尔也是一些重要的统计学分支和统计方法的开创者。他建立以极大似然估计为中心的统计学理论；创立试验设计，发展相应的数据分析方法——方差分析；系统地发展正态总体下种种统计量的抽样分布理论，确定 F 分布理论和一般性的统计推断理论；于 1921 年发表《理论统计学的数学基础》一文，确立了数理统计学的基本架构。

奈曼（Neyman）和 E. S. 皮尔逊（E. S. Pearson）对统计学的另一主要分支——假设检验进行系统的研究，建立假设检验的数学理论。奈曼在 1934～1937 年基于概率的频率解释，建立了置信区间的数学理论，并指明置信区间与假设检验在理论上的密切关系。

多元统计分析是统计学中有重要应用价值的分支之一。1928 年前，费希尔在多元正态总体分析中做过基础性的工作；1928 年威沙特（Wishart）推导出著名的威沙特分布。时间序列分析是统计学中又一有重要应用价值的分支。尤尔（Yule）在 1925～1930 年引进自回归和序列相关等概念，奠定其发展的基础；维纳（N. Wiener）在第二次世界大战期间为研究大炮射击问题而提出的时间序列分析方法，不但对炮兵且对整个工程界都有

重要的意义。

在这半个世纪里，数理统计学在许多方面得到丰富的发展，使得数理统计学成了最具决定性的主流统计学，其他派别的统计学基本上都成了统计学的应用分支。

1.5.4 当代统计学（20 世纪中叶至今）

从 20 世纪中叶起，科学技术突飞猛进，人类的科学探索、生产实践及社会生活发生日新月异的变化。随着人类采集到的数据种类增多、采集数据的速度飞快、数据量巨大，统计学为适应这些来自数据的挑战，在其理论和应用方面都获得了史无前例的发展。

极大似然估计和非参数统计的大样本理论在现代统计学时期只有初步的结果，现在已发展得相当完善。沃尔德（Wald）在 20 世纪 50 年代创立统计决策理论，他从人与周围环境进行博弈的观点出发，试图将各种各样的统计问题纳入一个统一的框架之下；这种理论对当代统计学许多分支的发展产生很大的影响，特别是参数估计问题。

当代统计学的另一个发展是贝叶斯统计学，其思想可溯源于贝叶斯（Bayes）1763年发表的著名论文《论有关机遇问题的求解》。传统的统计学发展趋于成熟并得到大量应用之后，其固有弱点开始显现并逐渐为人们所认识。它不能充分利用过去的经验知识，在小样本问题上表现出不易克服的局限性；而贝叶斯统计学却有一整套方法来解决这些问题。但贝叶斯统计学也存在相当多的争议，比如先验分布的选择常常有不同意见。总的说来，贝叶斯统计学和传统统计学的争论仍将长期存在，目前来说还有较多的学者偏好传统统计学。

到了 20 世纪 70 年代，由于计算机的发展，一些需要强大计算能力才能实现的统计方法得到重视和发展。生物技术特别是基因技术的发展，使人类有了海量的生物基因数据，随之诞生生物信息学、统计遗传学、系统生物学等，其中统计理论和应用得到极大的发展。统计学在经济、金融中的应用也有极大的发展，如用计量经济学家罗伯特·恩格尔（Robert Engle）和克莱夫·格兰杰（Clive Granger）两位诺贝尔奖获得者首创的统计方法来处理经济、金融时间序列中的非平稳性。统计学在临床试验、制药行业、天文学、体育学、电子信息学、气象学、医学、环境工程、心理学、社会学等学科领域都获得广泛的应用。

20 世纪 90 年代以来，社会已进入数据爆炸的时代。随着信息科学的发展，统计学的应用环境发生了很大的变化，凡是有数据的地方，统计学都已将触角伸进，并发展了相关的统计理论和方法，但也出现了许多依靠以往的统计学理论不能解决的新问题，如对于非常庞大的数据集，怎样筛选和提炼有效信息，如何对各种数据进行有效的检索处理等，都是难度很大甚至是不能解决的问题。由于实际应用中大量分析数据的需要，绝大多数常用的统计方法已被做成软件包并广泛在市场上流行，如 SAS、R、SPSS、Stata等，这给数据分析带来极大方便。在某些领域如美国的制药行业，甚至约定俗成必须使用著名统计分析软件 SAS，否则无法认可分析结果的准确性。

在当今大数据的时代背景下，获得数据、记录数据和保存数据在数量上发生了质的飞跃，而统计正是以分析大量数据为依据的。统计学作为一门重应用的学科，首先要考虑的是如何利用大数据来解决社会各个领域的实际问题，以及能否在应用大数据的过程中融合统计学方法对其进行深度分析，在这之上实现数据的绝对安全以及数据的高效管理与控制。从某种程度上说，大数据技术对统计学方法的发展具有十分重要的意义。大数据可以从根本上提高计算与分析的速度，且可以用来精确计算与分析其具体值，还可以在宏观条件下反映精确结果。同时，统计学科学有着大数据无法模拟与实现的人工应用技术和处理方法。实现传统模式下的统计学科学与新兴领域中的大数据技术高效有机结合，并且在两者有机结合的基础上形成融合发展与创新的模式，才能开拓统计学的明天。

本 章 小 结

1. 本章作为教材的绪论，通过介绍统计学的定义、统计学的应用领域、统计学的分科以及统计中的基本概念等内容，试图在一开始就给读者留下初步的印象，使读者对统计学的学科体系和基本概念有所了解，为后续章节的学习打下基础。尤其是自始至终都要体会到统计学是"数据的科学"，通过对数据的收集、整理、显示和分析，探索内在的数据规律。

2. 本章介绍了 Excel、SPSS、SAS 等几种典型的统计软件在统计分析中的应用，方便学有余力的同学从多个软件中比较统计分析的结果，更好地理解统计方法的思想和适用范围。

3. 本章还介绍了统计学的来源、发展、现状与研究的热门领域，以及统计学在实际中的广泛适用性，这些内容对理解什么是统计学有极大的帮助。

希望读者通过本章的学习，对章节内容和基本概念有一定的理解和掌握，并随着各章学习的深入，在学习过程中仔细体会什么是统计学，相信自然会有所收获。

思考题

1. 什么是统计学？
2. 统计研究的工作过程包括哪些阶段？
3. 请举出几个统计应用的领域。
4. 解释描述统计和推断统计、理论统计和应用统计。
5. 举例说明总体、样本、参数和统计量这几个概念。
6. 举例说明标志、指标和变量的区别与联系。
7. 变量可以分为哪几种类型？
8. 请举出几个统计应用的例子。

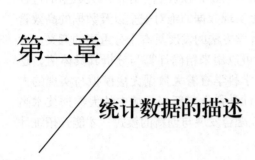

第二章

统计数据的描述

我国电力行业碳排放量的"减排"

自党的十八大以来，习近平总书记曾多次在公开场合提出构建"人类命运共同体"[1]的理念。实现碳达峰、碳中和目标，是构建人类命运共同体的重要一环，是中国积极参与全球气候治理的重要手段。近年来，中国脚踏实地，从居民消费、工业消费等方面着手，切实采用实际行动落实自己的承诺。

根据全球实时碳数据库 Carbon Monitor，全球碳排放来源可以分为以下六个部分：电力（占总排放量的 39%）、工业生产（28%）、地面运输（18%）、航空运输（3%）、船舶运输（2%）以及居民消费（10%）。其中在电力方面，我国通过积极推行调整产业结构、优化能源结构、提高资源利用效率等举措，使得资源能源利用效率不断得到优化，绿色低碳发展的格局正在逐步形成。表 2-1 收集了我国 2020 年 11 月和 2021 年 11 月逐日电力碳排放量数据。

表 2-1　我国 2020 年 11 月和 2021 年 11 月逐日电力碳排放量　单位：万吨二氧化碳

时间	碳排放量					
2020 年 11 月	1148	1183	1200	1200	1264	1275
	1287	1260	1235	1301	1319	1288
	1325	1307	1301	1286	1294	1374
	1334	1417	1454	1492	1405	1538
	1645	1675	1686	1660	1706	1608
2021 年 11 月	1285	1309	1314	1337	1328	1311
	1300	1246	1270	1257	1284	1291
	1305	1298	1327	1326	1340	1314
	1356	1386	1402	1384	1403	1426
	1491	1464	1423	1391	1408	1405

资料来源：Carbon Monitor

---

[1] 《习近平：决胜全面建成小康社会 夺取新时代中国特色社会主义伟大胜利——在中国共产党第十九次全国代表大会上的报告》，http://www.gov.cn/zhuanti/2017-10/27/content_5234876.htm[2017-10-27]。

有人认为 2020 年 11 月电力行业碳排放量的中位数为 1313 万吨，2021 年 11 月的中位数则为 1327 万吨，2021 年 11 月的碳排放量中位数高于 2020 年 11 月，不能说明这一年我国有效实现电力行业碳减排；而有些人却不那么认为，他们认为 2020 年 11 月碳排放量的算术平均数为 1382 万吨，高于 2021 年 11 月的碳排放量算术平均数 1346 万吨，可以证明我国电力行业实现有效碳减排。究竟哪个对呢？其实两种说法都有各自的道理，关键要看我们取什么统计量来做比较。研究的侧重点不同，采用的方法不同，得出的结论也不同。本章就是讨论这些问题。

请结合案例数据思考以下三个问题。

1. 如何计算两组数据的众数？

2. 如何计算两组数据对应的极差、四分位差和标准差？

3. 判断 2020 年至 2021 年电力行业碳排放是否得到了有效控制。

2.1 统计数据的类型

统计数据是表示某一地理区域自然经济要素特征、规模、结构、水平等指标的数据，是定性和定量统计分析的基础数据。如全国人口普查中的常住人口数据、市场调查中某产品销售量数据、某 NBA 球员每个赛季的得分情况等，这些都是日常生活中人们所关心的统计数据。统计数据无处不在，下面将从不同角度说明统计数据的类型（图 2-1）。

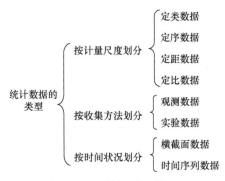

图 2-1　统计数据的类型

2.1.1　按计量尺度划分

按照计量尺度的不同，可以将统计数据分为定类数据、定序数据、定距数据和定比数据。

定类数据（categorical data）又称分类数据，是按照某种属性对客观事物进行平行分类或分组的一种测度，反映事物类别的离散数据。它是其他计量尺度的基础，主要用于非参数的统计推断。例如，人按性别分为男、女两类，购买商品的支付方式分为现金、信用卡、支票等。定类数据的值可以以文字表述，也可以用数值标识，但数值仅起标签作用。例如，在人口统计中按性别分组，男性用 1 表示，女性用 2 表示等，可用于计算各组数据占总体数据的比重和众数等，但不能对各类标签进行加减乘除等计算。定类数据的主要特征是只能区分事物的类别，但无法比较类间的大小，各类别的顺序可以改变，对事物的区分必须符合穷尽和互斥的要求，对其进行分析的统计量主要是频数或频率。

定序数据（ordinal data）又称顺序数据，是把各类事物按一定特征的大小、高低、强弱等顺序排列起来，构成某一有序类别的非数字型数据。它是对事物之间等级或顺序差别的一种测度，如产品按其质量可分为一等品、二等品、三等品，员工对企业某项改革措施的态度可分为赞成、中立、反对等。定序数据的主要特征是不仅可以测度类别差，而且可以测度次序差，并可以比较大小，但其类别仍不能进行加减乘除等计算，各类别的顺序不能改变，统计分析中可计量频率、累计频率、中位数数值等。

定距数据（interval data）又称等距数据，是对事物类别或次序之间的间隔进行的一种测度，是较定类数据和定序数据而言更为精确的一种计量尺度。定距数据的计量结果是数值，一般要求建立某种物理的量度单位，如水量一般用"吨"计量、公路长度用"公里"计量等。定距数据的每一间隔都是相等的，如公路长度每公里之间的间隔是相等的，200公里与100公里之间的差距等同于100公里与0之间的差距。在运算上，除等于、不等于、大于、小于之外，还可以进行加减运算，但不能进行乘除运算。例如，可以说气温的20℃与18℃之间相差2℃，且它和10℃与8℃之间的差距相等，但不能说20℃比10℃在数量上多一倍。定距数据的主要特征是不仅能区分事物的类别、排序、比较大小，而且可以精确地计算大小差异，但不能进行乘除运算，没有绝对的零点，这里的"零"表示一个数值，即"0"水平，而不表示"没有"。

定比数据（ratio data）又称等比数据，是对事物之间比值度量的一种精确测度，结果表示为具体的数值。定比数据的主要特征是能区分类别、排序、比较大小、计算差异值、采用加减乘除运算，具有绝对的零点，即"0"表示"没有"。

上述四种计量尺度中，常用的数据类型为定类数据、定序数据、定距数据三种类型，不同计量尺度的比较可以概括如表2-2所示。

表2-2　不同计量尺度的比较

特征	定类数据	定序数据	定距数据	定比数据
分类（=, ≠）	√	√	√	√
排序（<, >）		√	√	√
间距（+, −）			√	√
比值（×, ÷）				√

注："√"表示尺度所具有的特性

在实际应用中，由于研究的目的和内容不同，同类事物用不同的数据类型度量会得到不同的结果。定类数据和定序数据说明的是事物的品质特征，通常用文字来描述，其结果表现为类别；定距数据和定比数据说明的是现象的数量特征，通常表现为数字。

2.1.2　按收集方法划分

按照统计数据收集的方法，可将数据分为观测数据和实验数据。

观测数据（observational data）是指在没有对现象进行人为控制的条件下，通过调查或观测而收集到的数据。有关社会经济现象的统计数据基本上是观测数据，因为社会经济现象几乎都是不可人为控制的。

实验数据（experimental data）是指在实验中通过控制影响实验对象的重要因素而收集到的数据，如对一种新药进行临床试验而得到关于其疗效的数据，对一种新的农作物在控制一些因素的条件下进行种植而得到的数据。医学、卫生以及自然科学领域的大多数数据都是实验数据。

2.1.3　按时间状况划分

按照被描述的现象与时间的关系，可将数据分为横截面数据和时间序列数据。

横截面数据（cross-sectional data）是对研究对象在相同或近似相同的时间点上收集到的数据，这类数据通常在不同的空间获得，用于描述现象在某一时刻的变化情况。比如，2023 年中国各省、自治区、直辖市、特别行政区的地区生产总值数据就是横截面数据。

时间序列数据（time series data）是指对研究对象在不同时间上收集到的数据，这类数据是按时间顺序收集的，用于描述现象随时间变化的情况。比如，2015～2023 年中国各省、自治区、直辖市、特别行政区的地区生产总值数据就是时间序列数据。时间序列数据在经济、金融领域非常普遍，统计学家和经济学家对它们的研究也经久不衰。最近人们越来越关心一种叫面板数据的类型，它是横截面数据和时间序列数据的综合，既可用来分析研究对象随时间的变化，也可用来探索研究对象随其他因素的变化，面板数据在生物和医学领域得到越来越多的重视。

统计数据是对现象进行测量的结果，区分数据类型和掌握数据特征是重要的，因为我们必须用不同的方法来分析、处理不同的数据以挖掘出其中的信息。比如，对于定类数据，我们通常计算出各组的频数或频率，计算其众数和异众比率，然后进行列联表分析和 χ^2 检验等；对于定序数据，可以计算其中位数和四分位数，计算等级相关系数等；对于数据结果为数值的定距数据和定比数据，可以用更多的统计方法进行分析，如计算各种统计量、进行参数估计和假设检验等。观测数据和实验数据的处理方法也是不同的，尤其是实验数据，其处理方法必须严格依据其实验方法。横截面数据和时间序列数据的分析、处理方法有更大的不同。时间序列数据在时间方面具有相关性，它有一整套自己的理论、分析和处理方法。实际上，数据类型除了以上几种，还有上述数据类型的混合，或者其他的类型，如网络数据、核磁共振数据、各种生物数据等。总之，实际中的数据类型多种多样，且具有自己的特征，在处理和分析数据前须考虑其数据特征。

2.2　统计数据的来源

统计数据主要来源于两个渠道：一是别人调查或实验的数据，这是统计数据的间接来源；二是直接的调查、观察和科学实验，这是统计数据的直接来源。

2.2.1 统计数据的间接来源

如果能通过直接的调查或实验取得所需的数据当然是最好的，但在大多数情况下，亲自去调查往往是不可能的，这时可以通过其他渠道获取别人的调查或科学实验的数据。

1. 外部资料

1）传统来源

统计数据的传统来源主要指公开出版或公开报道的数据。在我国，公开出版或报道的社会经济统计数据主要来自国家和地方的统计部门以及各种报刊媒介。例如，公开的出版物有《中国统计年鉴》《中国统计摘要》《中国社会统计年鉴》《中国工业经济统计年鉴》《中国农村统计年鉴》《中国人口统计年鉴》和《中国市场统计年鉴》，以及各省区市的统计年鉴等。提供世界各国社会和经济数据的出版物也有很多，如《世界经济年鉴》，世界银行各年度的《世界发展报告》等。联合国的有关部门及世界各国也定期出版各种统计数据、统计公报、统计摘要等。此外，还可以通过其他渠道，如各类经济信息中心、信息咨询机构、专业调查机构等提供的数据；各种会议（如博览会、展销会、交易会，以及专业性、学术性研讨会）上交流的有关资料；一些尚未公开的统计数据和广泛分布在各种报纸、杂志、图书、广播、电视传媒中的数据资料等。

2）电子数据产品

电子数据产品主要指通过互联网取得的数据。互联网已成为收集外部资料不可或缺的重要来源。如中国的搜狐、新浪财经、和讯、百度，美国的 Yahoo、Google、MSN 以及内部信息网络、政府机构网络，提供统计数据的部分政府网站见表 2-3。

表 2-3 提供统计数据的部分政府网站

类型	机构名称	网址	数据内容
中国政府及相关机构	国家统计局	http://www.stats.gov.cn	统计年鉴、统计月报等
	中国经济信息网	http://www.cei.cn	经济信息及各类网站
	统计数据服务	http://data.acmr.com.cn	各种分类统计数据
	决策信息网	http://jcxx.cc	决策知识及案例
	乡村研究数据库	https://www.ruralchina.cn	乡村研究、"三农"数据、村落调查等数据信息
	中国人口与发展研究中心	https://www.cpdrc.org.cn/	人口统计、人口预测、调查数据
	中国人民银行	http://www.pbc.gov.cn	国际储备、汇率及相关网站
	财政部	http://www.mof.gov.cn	中央政府预算及各类网站
美国政府机构	联邦储备委员会（以下简称美联储）	http://www.federalreserve.gov	货币供应、信誉、汇率等
	管理预算办公室	http://www.whitehouse.gov/omb	财政收入、支出、债券等
	商务部	https://www.commerce.gov/	商业、工业等

续表

类型	机构名称	网址	数据内容
其他数据统计网站	Monthly Bulletin of Statistics Online（网上统计月报）	http://unstats.un.org/unsd/mbs/app/DataSearchTable.aspx	各个国家统计局和组织的统计数据
	The World Bank Open Data-Indicators（世界银行开放数据-指标）	http://data.worldbank.org/indicator	世界银行的数据
	IPUMS（Integrated Public Use Microdata Series，微观共享整合数据库）	http://www.ipums.org/	普查数据集成网站，包括人口、地理、居民收入数据等
	ICPSR（Inter-University Consortium for Political and Social Research，政治与社会研究校际联合数据库）	http://www.icpsr.umich.edu/icpsrweb/ICPSR/	社会科学常用数据

2. 内部资料

内部信息的来源主要是内部数据库、内部的信息管理系统、内部的决策支持系统等，内部资料的获得与研究的目的和对象有关。

总之，利用间接数据对使用者来说既经济又方便，但使用时应注意统计数据的含义、计算口径和计算方法，以避免误用或滥用。同时，在引用间接数据时，一定要注明数据的来源，以尊重他人的劳动成果。

2.2.2 统计数据的直接来源

统计数据的直接来源主要有专门组织的调查和科学实验两个渠道。专门调查是取得社会经济数据的重要手段，其中有统计部门进行的统计调查，也有以其他部门或机构为特定目的进行的调查；科学实验是取得自然科学领域有关数据的主要手段。下面主要介绍统计调查。

统计调查是取得社会经济数据的主要来源，也是获得直接统计数据的重要手段。统计调查按调查的范围划分，可分为全面调查和非全面调查两大类。其中，全面调查主要包括普查和统计报表；非全面调查主要包括抽样调查、重点调查和典型调查。

1. 全面调查

全面调查是指国家统计系统和各业务部门为了定期取得系统的、全面的基本统计资料，按一定的要求和表式自上而下统一布置，自下而上提供资料的一种统计调查方法。普查和统计报表属于全面调查。全面调查的对象范围广、单位多、内容比较全面，但一般需要耗费大量的人力、物力和时间。因此，调查内容不宜太多，一般限于必须掌握的、编制与审查国民经济和社会发展计划所必需的全社会基本情况的指标。应逐步改变一切都要依靠全面统计报表收集资料的习惯，尽量采用一些非全面调查的方法。

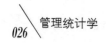

1）普查

普查（census）是为某一特定目的而专门组织的全面调查，如人口普查、经济普查、农业普查等。世界各国一般都定期进行各种普查，主要用于收集处于某一时点状态上的社会经济现象的数量，目的是掌握特定社会现象的基本全貌，以及有关国情、国力的基本统计数据，为国家制定相关政策或措施提供依据。普查作为适合特定目的、特定对象的调查方式具有以下几个特点。

（1）普查通常是一次性的或周期性的。由于普查涉及面广、调查单位多，需要耗费大量的人力、物力和财力，通常每隔 10 年进行一次。

（2）普查一般需要规定统一的标准调查时点，以避免调查数据的重复或遗漏，保证普查结果的准确性。标准时点一般定在调查单位比较集中、相对变动较小的时间。如我国第三次全国农业普查的标准时点定为 2016 年 12 月 31 日 24 时。

（3）普查的数据一般规范化程度较高，因此可以为抽样调查或其他调查提供基本依据。

（4）普查的使用范围比较窄，只能调查一些最基本及特定的现象。

2）统计报表

统计报表（statistical report forms）是以国家有关法规为准则，按照统一的表式、统一的指标、统一的报送时间和报送程序，自上而下地统一布置，自下而上地逐级提供基本统计数据的一种调查方式。统计报表是一种收集统计数据的重要方式，我国政府在几十年的统计工作中，已形成了比较完备的统计报表制度，统计报表成为国家和地方政府部门统计数据的主要来源。

2. 非全面调查

非全面调查是指调查范围只包括调查对象中一部分单位的调查，即对总体的部分单位进行登记或观察。其特点是调查的单位少，可以集中力量做深入、细致的调查，能调查更多的指标，从而提高统计资料的准确性；还可以节省人力、物力和财力，缩短调查期限，从而提高统计资料的时效性。通过非全面调查可以了解客观事物的详细情况及其发展变化的原因。抽样调查、重点调查和典型调查属于非全面调查。

1）抽样调查

抽样调查（sampling survey）是利用抽样获取样本而进行的调查。根据样本抽取原则的不同，抽样方法有概率抽样和非概率抽样两种。

（1）概率抽样（probability sampling）。概率抽样是实际中应用较广泛的一种调查方法，它是从总体中随机抽取一部分单位作为样本进行调查，并根据样本调查结果来推断总体数量特征的一种非全面调查。主要具有以下优点。①节省经费。由于抽样调查的单位数相对较少，所以大大减少了开支。②速度快。抽样调查所需收集和处理的数据远远少于全面调查，提高了时效性。③精确度较高。由于是自上而下的组织调查，由专业队伍进行，且按照随机原则抽取样本，抽样误差可以加以控制，因而可以保证调查结果有较高的可靠性。④灵活性较高。组织方便灵活，项目可多可少，调查范围可大可小。可根据需要因地制宜地、灵活地组织抽样调查。⑤适应性广。大多数的总体推断都可以采用概率抽样的方法进行。

需要强调的是：用这种方式获得统计数据的主要目的是对总体进行推断，而资料的收集与相应的推断方法往往密不可分。

（2）非概率抽样（non-probability sampling）。非概率抽样是相对概率抽样而言的，是用非随机的方法从总体中抽取单位作为样本，据此进行调查的一种方法。该方法快速、简单且节省费用，但是不能清晰地对总体做出推断，适合探索性的研究，尤其适用于市场调查。调查结果用于发现问题。

2）重点调查

重点调查（key-point survey）是指在全体调查对象中选择一部分重点单位进行调查，以取得统计数据的一种非全面调查方法。其目的是了解总体的基本情况。这里所说的重点单位是指在总体中具有举足轻重的地位的单位，这些单位虽然数目不多，但就调查的标志值来说，它们在总体中却占了绝大部分比重，因而对它们进行调查就能够反映全部现象的基本情况。例如，要了解全国钢铁企业的生产情况，只需调查宝钢、鞍钢、马钢、首钢等大型钢铁企业，就能达到调查的目的。因此，当调查任务只要求了解总体的基本情况，而部分重点单位又能集中反映所研究问题时，便可采用重点调查的方式。

重点调查的特点如下。

（1）重点调查适用于调查对象的标志值比较集中于某些单位的情形，这些单位的管理比较健全，统计力量比较充实，能够及时取得准确资料。

（2）重点调查的目的在于了解总体现象某些方面的基本情况，而不要求全面准确地推算总体数字。

（3）重点调查比全面调查的单位数目少，在满足调查目的和要求的前提下，可以比全面调查节省人力、物力和时间。

（4）投入少、调查速度快、所反映的主要情况或基本趋势比较准确。

3）典型调查

典型调查（typical survey）也是一种非全面调查，是根据调查目的和要求，在对调查对象进行初步分析的基础上，有意识地选取少数具有代表性的典型单位进行深入细致的调查研究，借以认识同类事物的发展变化规律及本质。例如，选择中国第一汽车集团有限公司（原第一汽车制造厂）作为国有企业改革调查分析的样本。典型调查的作用如下。

（1）典型调查可以用来研究新事物。

（2）典型调查可以用来研究事物变化的规律。

（3）典型调查可以用来分析事物的不同类型，研究它们之间的差别和相互影响。

（4）典型调查的资料可用来补充和验证全面统计的数据，推断和测算有关现象的总体。

2.3 统计数据的质量

收集数据是统计研究的第一步，如何保证统计数据的质量是数据收集阶段应重点解

决的问题，因为统计数据质量的好坏直接影响统计分析结论的客观性和真实性。

2.3.1　统计数据的质量要求

统计数据的质量包括多方面的含义，不仅指数据本身的准确性或误差的大小。就一般的统计数据而言，可将其质量评价标准概括为以下六个方面。

（1）精确度，即最低的抽样误差或随机误差。

（2）准确性，即最小的非抽样误差或偏差。

（3）关联性，即满足用户决策、管理和研究的需要。

（4）及时性，即在最短的时间内取得并公布数据。

（5）一致性，即保持时间序列的可比性。

（6）成本低，即在满足以上标准的前提下以最经济的方式取得数据。

2.3.2　统计数据的误差

数据误差通常是指统计数据与客观现实之间的差距。根据误差来源的不同，可分为登记性误差和代表性误差两类。

登记性误差是调查过程中由调查者或被调查者的人为因素或技术因素造成的误差。调查者造成的登记性误差主要是由调查方案中有关的规定或解释不明确导致的填报错误、抄录错误、汇总错误等引起的。被调查者造成的登记性误差主要是由故意虚报或瞒报引起的，无论哪种调查方式都可能产生登记性误差。理论上讲，登记性误差是可以消除的。

代表性误差一般指用样本推断总体时，样本单位不能完全反映总体的性质，它同总体的实际指标有一定的差异，这就导致了代表性误差。代表性误差按照产生的原因可分为随机误差和系统误差。随机误差又称抽样误差，主要是某种抽样方法下的抽样误差，只要进行概率抽样推断，这种误差就会产生。这种误差虽然不能像登记性误差那样，通过加强工作责任心来消除，但能事先通过某种方法进行控制。系统误差通常是因为在抽样过程中没有遵循随机原则或者没有有效使用抽样技术，由抽样水平不高造成选样不科学或者所选择的样本结构与总体不相符合所引起的。系统误差一般不可以避免，故一般意义上的代表性误差主要考虑抽样误差。

必须说明的是：随机性误差即抽样误差的客观存在性和不可避免性，并不意味着可以任其存在或对其无所作为，必须控制抽样误差。减少抽样误差可以从以下三个方面着手。

（1）准确选定抽样方法。选择正确的抽样方法，有利于使抽取的样本能真正代表总体，减少误差。抽样方法分为随机抽样和非随机抽样两大类，每一类又分为很多具体方法。对于抽样方法，要根据调查目的和要求以及调查所面临的主客观、内外部条件进行权衡选择。一般条件下，随机抽样法具有更大的适应性。

（2）确定合适的样本数目。一般而言，样本数与抽样误差成反比，即样本越大，抽样误差越小，反之则反。但是抽样误差又与调查总体中的特征差异有关。总体中的差异越大，在同样样本数的条件下，误差越大；总体中的差异越小，在同样样本数的条件下，误差越小。换言之，在确保同样的差异误差的前提下，如果总体中的差异大，则需抽取的样本数应该大一些，反之则反。所以，确定样本数要综合考虑对抽样误差的允许程度、总体的差异性和成本的要求等因素。

（3）提高抽样调查工作的质量。要以科学的态度对待抽样，特别是要由专门人员，或经过严格培训的人员承担抽样调查工作。抽样方法要适当，工作程序要规范，严格按照所选用抽样方法的要求进行操作，确保整个抽样工作科学合理。

2.3.3 统计误差的控制

实际中统计误差控制的主要方法如下。

（1）正确制订调查方案，力求调查的范围明确、调查项目解释清楚、方法科学适用。

（2）加强调查人员培训，提高调查技术水平。

（3）做好思想教育工作，坚持实事求是，加强法律观念。

（4）严格要求调查人员认真细致、多加审查、及时更正。

（5）完善各种计量、测量工具。

（6）对调查过程进行控制，对调查结果进行检验、评估，对现场调查人员实行奖惩制度。

2.4 统计数据的整理

通过调查统计所收集到的统计数据是零星的、分散的、不系统的，它只能说明总体单位的情况，而不能反映总体的特征，不能深刻揭示现象的本质，更不能从量的方面反映现象发展变化的规律。统计数据整理是根据统计研究任务的要求，对调查统计阶段所收集到的大量原始资料进行加工与汇总，使其系统化、条理化、科学化，最后形成能够反映现象总体综合特征的统计资料的工作过程。统计数据的整理包含以下五个步骤：统计资料的审核、统计分组、汇总并编制分配数列、制作统计图和统计表、统计数据资料的保管和公布。

为了保证统计资料的质量，在对数据进行汇总整理之前，必须对调查收集的原始资料进行审核，以确保统计工作的质量。对原始资料的审核主要包括资料的及时性、完整性和准确性审核。经审核，若发现错误，应根据不同情况及时纠正和处理。

统计资料通过审核之后，需进一步开展统计分组工作，这一关键环节的完成质量直接影响统计研究结论的正确性。下面将从统计分组这一步骤开始介绍统计数据整理的相关知识。

2.4.1 统计分组

1. 统计分组的意义和种类

1）统计分组的意义

统计分组是根据统计研究的需要，按照某种标志将统计总体区分为若干性质不同而

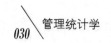

又有联系的几个部分的一种统计方法。

总体的变异性是统计分组的客观依据。其做法对总体而言是"分"，对总体单位而言是"合"。其目的是把同质总体的具有不同性质的单位分开，把性质相同的单位合并在一个组，保持各组内统计资料的一致性和组与组之间统计资料的差异性，以便进一步运用各种统计方法，研究现象的数量表现和数量关系，从而正确地认识事物的本质及其规律性。例如，根据职工的人口性别、年龄、民族、文化程度、职业，以及企业的占地面积、职工人数、生产能力、产量等标志可以分别对职工和企业进行各种各样的分组。

科学的统计分组在统计资料整理中占有十分重要的地位，它是统计研究中最重要、最基本的方法之一，人们对社会现象进行的不同类型的研究，以及对现象内容结构及其相互关系等的研究，都是通过统计分组进行的。

2）统计分组的种类

（1）按照分组标志的多少，可分为简单分组和复合分组。根据研究现象总体的复杂程度和分析研究的任务，只按照一个标志进行分组，就是简单分组。例如，以下企业按经济类型、企业规模、隶属关系、轻重工业分组均属于简单分组。

按经济类型分组——国有经济、集体经济、私营经济、个体经济、联营经济、股份制经济、外商投资经济、港澳台投资经济、其他经济。

按企业规模分组——大型企业、中型企业、小型企业。

按隶属关系分组——中央企业、地方企业。

按轻重工业分组——轻工业、重工业。

如果分组按两个或两个以上的标志进行，并且层叠在一起，称为复合分组。复合分组的特点是：可以从几个不同的角度了解总体内部的差别和关系，比简单分组更全面、更深入地研究问题。但在应用时要注意：第一，复合分组的标志不宜过多。复合分组随着分组标志的增加，分组数也会成倍增加，被分配到各组的总体单位就会更加分散，这违背了"大量"的原则，因而失去了通过分组来分析问题的意义。第二，只有在总体包括的单位数很多的条件下，适当采取复合分组才有意义。

（2）按分组标志的性质可分为品质分组和变量分组。品质分组是指按品质标志进行的分组，主要反映的是被研究现象的质的属性或特征。例如，人口按性别分为男、女两组，按居住地区分为城市和乡村两组。变量分组是指按照数量标志进行的分组，它主要反映的是总体单位的数量特征。例如，企业按职工人数、生产能力分组，按劳动生产率、产量、产值分组等。

2. 统计分组的原则

统计分组必须遵循穷尽和互斥两条原则。穷尽原则就是总体中的每一个单位都有组可归，无一遗漏。互斥原则就是在特定的分组标志下，总体中的任何一个单位只能归属于某一组，而不能同时归属于几个组。

3. 关于分组标志的选择问题

分组标志是将总体划分为不同类型的组的标准或依据。统计分组的关键是分组标志的选择，因为选择什么样的分组标志就有什么样的分组、什么样的分组体系。分组标志选择得是否正确，关系到能否正确地反映总体的性质特征，能否实现统计研究的目的和任务。因此，正确选择分组标志是保证达成统计分组任务的关键，是统计研究获得正确结论的前提。

要恰当选择好分组标志，必须注意以下问题。

（1）根据统计研究的目的进行选择。任何一个总体单位都有许多标志，究竟选择什么样的标志对总体中各单位进行分组，要依据统计研究的目的和任务来决定。例如，要研究某单位的生产经营情况，则其经营规模、职工人数、上缴税金、盈利能力、业务收入等都可以成为分组标志。

（2）在若干个标志中，要选择最能反映事物本质特征的标志作为分组标志。每一个总体单位一般都具有多个标志，其中有的标志是反映其本质特征的，而有些是反映其非本质、次要特征的。因此，进行统计分组时，要根据统计分组的目的，从众多的标志中选择最能反映现象本质特征的标志作为分组标志，并进行统计分组。例如，要说明进入"十四五"时期以来我国居民家庭生活水平的改善程度，可供选择的分组标志有居民家庭人口数、就业人口数、赡养人口数、家庭收入总额、家庭人均收入额等。当然，最能体现我国居民家庭生活水平高低的标志应当是家庭人均收入额。

需要注意的是，某一标志在某一历史条件下最能反映事物的本质特征，而在另一历史条件下不一定能反映事物的本质特征。因此，随着历史条件的变化，分组标志也应改变。

4. 统计分组的方法

1）品质分组的方法

品质分组就是选择反映事物属性差异的品质标志作为分组标志，并在品质标志的变异范围内划分各组界限，将总体划分为若干性质不同而又有联系的部分。

2）变量分组的方法

变量分组就是选择反映事物数量差异的数量标志作为分组标志，并在数量标志的变动范围内划分各组界限，将总体划分为若干性质不同而又有联系的部分。按数量标志分组比较复杂，涉及诸多问题，现分别加以说明。

A. 单项式分组与组距式分组

分组时，如果一个数值作为一组，称为单项式分组。如居民家庭按人口分组可分为 1 人、2 人、3 人、4 人和 5 人及以上共五个组。如果一个区间作为一组，就是组距式分组。区间的距离叫组距，可根据全部数据的最大值和最小值及所分的组数来确定，即

$$组距 = \frac{最大值 - 最小值}{组数}$$

如成绩分组可分为 60 分以下、60～70 分、70～80 分、80～90 分、90～100 分（含 100 分）共五个组，组距为 10 分。

分组时，究竟应该在什么情况下采用单项式分组，什么情况下采用组距式分组呢？对于离散变量，如果变量值的变动幅度较小，就可采用单项式分组；如果变量值的变动

幅度较大，变量值的个数又很多，则可采用组距式分组。对于连续变量，由于不能一一列举出其变量值，所以不能采用单项式分组，只能采用组距式分组。例如，职工按月工资分组为 1000 元以下、1000～1500 元、1500～2000 元、2000～2500 元、2500 元及以上共五个组。

组距式分组通常有两个假定，即上组限不在内和组内均匀分布。上组限不在内主要针对连续变量。例如，在 1000～1500 元的分组中，某员工的工资额为 1500 元，那么他就不属于该组，而属于 1500～2000 元这一组。组内均匀分布假定变量值在各组内的分布是均匀的，而实际情况并非如此，这一假定会使资料的真实性受到一定程度的影响。

在进行组距式分组时还应该注意组数与组距的确定问题。如果分组太多、太细，组距太小，容易将属于同类性质的单位划分到不同的组中；如果组数太少，组距太大，就会把不同性质的单位划分到同一组中，失去区分事物的界限，达不到正确反映客观事实的目的。对于组数与组距应该先确定哪个，不能做机械规定，应该在大致了解原始资料分布集中趋势的基础上，对两者综合考虑。

B. 等距分组与不等距分组

在组距式分组中，如果每组的组距相等，则称为等距分组；组距不全等，则称为不等距分组。一般来说，在标志值变动比较均匀的情况下，采用等距分组，如前例的职工按月工资分组。在标志变动很不均匀，变动幅度较大时，采用不等距分组。不等距分组应该根据事物性质变化的数量界限来确定组距。例如，我国第十次人口普查，将人口按年龄分组为 0～14 岁、15～59 岁和 60 岁及以上三个组。

有时，标志值按照一定比例发展变化，则可按照等比的组距间隔进行分组。例如，某商店按销售额分为 10 万～100 万元、100 万～1000 万元和 1000 万～10 000 万元三组，这是一个公比为 10 的不等距分组。不等距分组有时更能反映总体分布的规律和特点。

C. 组限与组中值

在进行组距式分组时，组距两边的数据称为组限。其中，每组的起点值，即一个组的最小值称为下限（lower limit）；每组的终点值，即一个组的最大值称为上限（upper limit）；上限与下限之差称为组距（class width）；下限与上限之间的中点值称为组中值（mid-point of class）。在确定组限时应该注意以下三点。

第一，最小组下限应低于最小变量值，最大组上限应高于最大变量值。

第二，组限的确定应该有利于反映总体分布的规律性。

第三，如果组距为 5, 10, …, 100，则每组的下限最好是它们的倍数。

组限的表示方法应根据变量的性质而定。由于离散变量的变量值可以一一列举，相邻两个数值之间没有中间数值，不会遗漏，因此离散变量相邻两组的上下限既可以间断，也可以重叠。

连续变量相邻两个数值之间可能有无限多个中间值，只能采用重叠组限，即上一组的上限就是下一组的下限，如前面列举的职工按月工资分组。

在组距式分组中，经常采用"多少以上"或"多少以下"的方式表示组限，这种组叫"开口组"。例如，前例按月工资分组中的"1000 元以下""2500 元及以上"均属于开口组。开口组的组中值通常参照相邻组组距确定，即将相邻组组距作为本组组距以计算组中值。例如,前例按月工资分组中的"1000 元以下"的组中值是 750 元,即(500+1000)/2; "2500 元及以上"的组中值是 2750 元,即(2500+3000)/2。

2.4.2 分配数列

1. 分配数列的定义

分配数列也称次数分布或次数分配,是统计资料在对某一标志分组的基础上,按一定分组顺序归类排列各组的总体单位,形成的反映总体单位在各组间分配情况的统计数列。其中分布在各组的总体单位数称为次数或频数;各组次数与总次数之比称为频率。某企业职工文化构成情况如表 2-4 所示。

表 2-4　某企业职工文化构成情况

文化程度	职工人数/人	人数占比/%
硕士及以上	350	17.5
大专及本科	800	40.0
职高及高中	600	30.0
初中及以下	250	12.5
合计	2000	100

分配数列的构成必须同时具备两个要素:一是按分组标志归类整理的各类型组;二是与各组对应的总体单位数。在表 2-4 中,文化程度一栏是组名,职工人数一栏是频数,最后一栏的人数占比是频率。

2. 分配数列的种类

分配数列按选用的分组标志性质不同,分为品质数列和变量数列。

按品质标志分组所编制的分配数列称为品质数列。它由分组的名称和频数两个要素构成。对于品质数列,如果分组标志选择得当,分组标准定得合理,则事物性质的差异表现得比较清楚,总体中各组的划分也比较容易解决,从而能准确地反映总体的分布特征。例如,前面某企业职工文化构成情况,就是一个品质数列。

按数量标志分组形成的分配数列称为变量数列,如 2021 年 31 个省区市(不含港澳台地区,下同)人均地区生产总值统计表(表 2-5)。

表 2-5　2021 年 31 个省区市人均地区生产总值统计表(一)

人均地区生产总值分组	频数
4.0 万~6.5 万元	14
6.5 万~9.0 万元	10
9.0 万~11.5 万元	3
11.5 万~14.0 万元	2

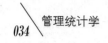

续表

人均地区生产总值分组	频数
14.0 万~16.5 万元	0
16.5 万~19.0 万元	2
合计	31

资料来源：国家统计局

3. 变量数列的编制方法

变量数列的编制步骤如下。

（1）将原始资料按数字大小依次进行排列。

（2）确定变量的类型和分组的方法（如单项式或组距式分组）。

（3）确定组数和组距。

（4）确定组限及其表示方法。

（5）汇总各组的频数，并计算频率。

下面举例说明变量数列的编制。

【例 2-1】 2021 年 31 个省区市人均地区生产总值（单位：万元）如下，请编制各省区市人均地区生产总值数列。

18.4	11.4	5.4	6.5	8.5	6.5	5.5	4.7	17.4	13.7	11.3
7.0	11.7	6.6	8.2	5.9	8.6	6.9	9.8	4.9	6.4	8.7
6.4	5.1	5.8	5.7	7.5	4.1	5.6	6.3	6.2		

解 （1）从小到大排序，确定变量值的变动范围。

4.1	4.7	4.9	5.1	5.4	5.5	5.6	5.7	5.8	5.9	6.2
6.3	6.4	6.4	6.5	6.5	6.6	6.9	7.0	7.5	8.2	8.5
8.6	8.7	9.8	11.3	11.4	11.7	13.7	17.4	18.4		

由排序数据可知，人均地区生产总值最低为 4.1 万元，最高为 18.4 万元，大部分集中在 5.0 万~9.0 万元。

（2）确定组数与组距。

人均地区生产总值属于连续变量，且变动幅度较大，采用组距式分组。组数根据实际情况来确定，这里根据经验将数据分为六组。

组数确定之后，就可以确定组距了。从数据的实际分布情况来看，采用等距分组比较合适，有

$$组距 = \frac{最大值 - 最小值}{组数} = \frac{18.4 - 4.1}{6} = 2.383$$

从计算角度出发，组距一般为 0.5、5 或 10 的倍数为好，所以将组距定为 2.5。

（3）确定组限及其表示方法。

人均地区生产总值是连续变量，采用重叠组限的形式。

（4）汇总各组频数，并计算频率。

根据所确定的组数、组距及组限的表示方法，得出表 2-6 结果。

表 2-6 2021 年 31 个省区市人均地区生产总值统计表（二）

人均地区生产总值分组	频数	频率/%
4.0 万～6.5 万元	14	45.16
6.5 万～9.0 万元	10	32.26
9.0 万～11.5 万元	3	9.68
11.5 万～14.0 万元	2	6.45
14.0 万～16.5 万元	0	0
16.5 万～19.0 万元	2	6.45
合计	31	100

为了进一步分析 31 个省区市在某一段人均地区生产总值上的分布情况，还可以在分组计算的基础上计算累计频数和累计频率。向上累计是将各组频数从变量值最小的组向变量值最大的组依次累计；反之称为向下累计。沿用前例资料得到向上累计统计表 2-7。

表 2-7 2021 年 31 个省区市人均地区生产总值向上累计统计表

人均地区生产总值分组	频数	向上累计频数	向上累计频率/%
4.0 万～6.5 万元	14	14	45.16
6.5 万～9.0 万元	10	24	77.42
9.0 万～11.5 万元	3	27	87.10
11.5 万～14.0 万元	2	29	93.55
14.0 万～16.5 万元	0	29	93.55
16.5 万～19.0 万元	2	31	100
合计	31		

4. 频数分布的主要类型

在日常生活和经济管理中，常见的频数分布曲线主要有正态分布、偏态分布、"J"

形分布、"U"形分布等几种类型，如图2-2所示。

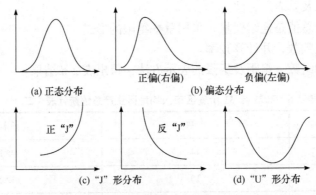

图2-2　几种常见的频数分布

　　正态分布是一种对称的钟形分布，有很多现象服从这种分布，如农作物的单位面积产量、零件的公差、纤维强度等都服从正态分布。"J"形分布有正"J"形和反"J"形两种，如经济学中供给曲线，随着价格的提高供给量以更快的速度增加，呈现正"J"形；而需求曲线则表现为随着价格的提高，需求量以较快的速度减少，呈现反"J"形。"U"形分布的特征是两端的频数分布多，中间的频数分布少。例如，人和动物的死亡率分布就近似服从"U"形分布，因为婴幼儿和老年人的死亡率较高，而中青年的死亡率则较低；产品的故障率也有类似的分布。

2.4.3　统计表与统计图

1. 统计表

1）统计表的作用

统计表是统计用数字说话的一种最常用的形式。把收集到的数字资料，经过汇总整理后，得出一些系统化的统计资料，将其按一定顺序填列在一定的表格内，这个表格就是统计表。统计表有以下几方面作用。

（1）能使大量的统计资料系统化、条理化，因而能更清晰地表述统计资料的内容。

（2）利用统计表便于比较各项目（指标）之间的关系，而且便于计算。

（3）采用统计表表述统计资料显得紧凑、简明、醒目，使人一目了然。

（4）利用统计表易于检查数字的完整性和正确性。

统计表既是调查整理的工具，又是分析研究的工具，广义的统计表包括统计工作各阶段中所用的一切表格，如调查表、整理表、计算表等，它们都是用来提供统计资料的重要工具。

2）统计表的构成

统计表的形式多种多样，根据使用者的要求和统计数据本身的特点，可以绘制形式多样的统计表。表2-8就是一种比较常见的统计表。

表 2-8　2023 年全国居民收支主要数据

指标	绝对量/元	比上年增长/%（括号内为实际增速）
（一）全国居民人均可支配收入	39 218	6.3（6.1）
按常住地分：		
城镇居民	51 821	5.1（4.8）
农村居民	21 691	7.7（7.6）
按收入来源分：		
工资性收入	22 053	7.1
经营净收入	6 542	6.0
财产净收入	3 362	4.2
转移净收入	7 261	5.4
（二）全国居民人均可支配收入中位数	33 036	5.3
按常住地分：		
城镇居民	47 122	4.4
农村居民	18 748	5.7
（三）全国居民人均消费支出	26 796	9.2（9.0）
按常住地分：		
城镇居民	32 994	8.6（8.3）
农村居民	18 175	9.3（9.2）

资料来源：国家统计局

　　统计表一般由四个主要部分组成，即表头、行标题、列标题和数字资料，必要时可以在统计表的下方加上表外附加。表头应放在表的上方，它说明的是统计表的主要内容。行标题和列标题通常安排在统计表的第一列和第一行，它表示的主要是所研究问题的类别名称和指标名称，通常也被称为"类"。如果是时间序列数据，行标题和列标题也可以是时间，当数据较多时，通常将时间放在行标题的位置。表的其余部分是具体的数字资料。表外附加通常放在统计表的下方，主要包括资料来源、指标的注释和必要的说明等内容。

　　从统计表的内容上看，可以分为主词和宾词两个部分。主词是统计表所要说明的总体，它可以是各个总体单位的名称，总体的各个组成是总体单位的全部。宾词是说明总体的统计指标，包括指标名称和指标数值。

　　3）统计表的种类

　　A. 按主词加工方法不同分类

　　（1）简单表。表的主词未经任何分组的统计表为简单表。简单表的主词一般按时间顺序排列，或按总体各单位名称排列。通常是对调查来的原始资料初步整理所采用的形式，如表 2-9 即为按总体各单位名称排列的简单表。

表 2-9　2021 年猪肉进口占比前十名的省市

省市	位次	猪肉进口量/千克	占比/%
上海	1	153 489 100	19.55%
广东	2	144 568 300	18.42%
山东	3	144 404 500	18.40%
浙江	4	80 394 400	10.24%
安徽	5	70 591 320	8.99%
天津	6	62 855 260	8.01%
江苏	7	36 385 790	4.64%
河南	8	23 462 862	2.99%
北京	9	17 130 510	2.18%
湖南	10	12 870 650	1.64%

资料来源：布瑞克农产品数据库

（2）分组表。表的主词按照某一标志进行分组的统计表称为分组表。利用分组表可以展示不同类型现象的特征，说明现象内部的结构，分析现象之间的相互关系等，如表 2-10 所示。

表 2-10　2021 年某公司所属两制造工厂生产新能源车数量表

厂别	新能源车数量/辆
甲厂	43 000
乙厂	35 000
合计	78 000

资料来源：根据企业调研材料整理

（3）复合表。表的主词按照两个或两个以上标志进行复合分组的统计表称为复合表，如表 2-11 所示。复合表能更深刻、更详细地反映客观现象，但使用复合表应恰如其分，因为复合表中多进行一次分组，组数将成倍增加，分组太细反而不利于研究现象的特征。

表 2-11　2021 年我国人口数及构成

分组		人口数/万人	比例/%
按性别分	男性	72 311	51.2
	女性	68 949	48.8
按城乡分	城镇	91 425	64.7
	乡村	49 835	35.3

资料来源：国家统计局

B. 按宾词指标设计不同分类

（1）宾词不分组设计，即宾词各指标根据说明问题的主次先后顺序排列，保持各指标之间的一定逻辑关系，如表2-12所示。

表2-12 2017~2019年我国按年龄分外国入境游客基本情况 单位：万人次

年份	15岁以下	15~25岁	25~45岁	45~65岁	65岁及以上
2017	134.75	568.82	2143.34	1256.03	191.36
2018	161.18	656.71	2394.69	1363.24	219.28
2019	184.92	686.20	2439.71	1365.75	234.77

资料来源：国家统计局

（2）宾词简单分组设计，即统计指标从不同角度分别按某一标志分组，各种分组平行排列，如表2-13所示。

表2-13 某企业职工性别及文化程度情况（一） 单位：人

分组		一线职工人数	二线职工人数	合计
		638	334	972
性别	男	290	108	398
	女	348	226	574
文化程度	高中及以下	254	118	372
	中专及专科	308	176	484
	大学及以上	76	40	116

（3）宾词复合分组设计，即统计指标同时有层次地按两个或两个以上标志分组，各种分组重叠在一起，如表2-14所示。

表2-14 某企业职工性别及文化程度情况（二） 单位：人

分组		一线职工人数	二线职工人数	合计
性别	男	290	108	398
	女	348	226	574
高中及以下	男	110	28	138
	女	144	90	234
	小计	254	118	372
中专及专科	男	138	64	202
	女	170	112	282
	小计	308	176	484
大学及以上	男	42	16	58
	女	34	24	58
	小计	76	40	116

4）统计表的设计要求

由于使用者的目的以及统计数据的特点不同，统计表的设计在形式和结构上会有较大差异，但在设计上的基本要求则是一致的。总体上看，统计表的设计应符合科学、实用、简练、美观的要求。具体来说，设计统计表时要注意以下几点。

第一，要合理安排统计表的结构，比如行标题、列标题、数字资料的位置应安排合理。当然，由于强调的问题不同，行标题和列标题可以互换，但应使统计表的横竖长度比例适当，避免出现过高或过长的表格形式。

第二，表头一般应包括表号、总标题和表中数据的单位等内容。总标题应简明确切地概括出统计表的内容，一般需要表明统计数据的时间（when）、地点（where）以及何种数据（what），即标题内容应满足 3W 要求。

第三，如果表中的全部数据都是同一计量单位，可放在表的右上角标明，若各指标的计量单位不同，则应放在每个指标后或单列出一列标明。

第四，表中的上下两条线一般用粗线，中间的其他线要用细线。通常情况下，统计表的左右两边不封口，列标题之间一般用竖线隔开，而行标题之间通常不必用横线隔开。总之，表中尽量少用横竖线。表中的数据一般是右对齐，有小数点时可以以小数点对齐，而且小数点的位数应统一。

第五，在使用统计表时，必要时可在表的下方加上注释，特别要注意注明资料来源，以表示对他人劳动成果的尊重，方便读者查阅使用。

2. 统计图

统计图是根据统计数字，用几何图形、事物形象和地图等绘制的各种图形。它具有直观、形象、生动、具体等特点。统计图可以使复杂的统计数字简单化、通俗化、形象化，使人一目了然，便于理解和比较。

1）统计图的基本要素

A. 图式

图式是根据统计资料所绘成的各种各样的图形，它是统计图的主体部分。

B. 图题

图题是统计图的标题、名称。它可以简明扼要地说明统计图所要表明的内容。统计图的标题既可以放在图的上方，也可以放在图的下方，放在上方是为了突出标题，常用大号字，放在下方是为了突出图形，通常用小号字。

C. 图例

图例是对图式中各种线条、形象、颜色等所做的简单说明和注释。

D. 标目

标目是在纵轴的外侧和横轴的下方，用来说明纵、横轴分别代表的事物及其计量单位的小标题。

E. 文字说明

文字说明是对图示资料的来源所做的简要说明。

2）定类数据的图示

A. 条形图

条形图（bar chart）是用宽度相同的条形的高度或长短来表示数据变动的图形。条形图可以横置或纵置，纵置时也称为柱形图。条形图可分为简单条形图、复合条形图、分段条形图等。

【例 2-2】 绘制表 2-15 所示数据的条形图。

表 2-15 我国 2018～2022 年 GDP 情况 单位：亿元

年份	2018	2019	2020	2021	2022
GDP	919 281.1	986 515.2	1 013 567.0	1 149 237.0	1 210 207.2

解 所绘制条形图如图 2-3 所示。

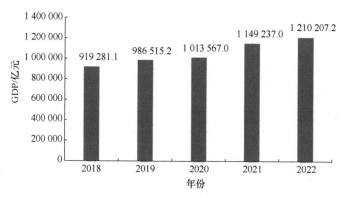

图 2-3 我国 2018～2022 年 GDP 条形图

B. 圆形图

圆形图（pie chart）也称饼图，是用圆形及圆内扇形的面积来表示数值大小的图形。圆形图主要用于表示总体中各组成部分所占的比例，对于研究结构性问题十分有用。其绘图方法是：由于圆心角为 360°，其代表一个总体 1 或 100%，每 1% 的圆心角为 3.6°，因而把总体构成各个部分的比重分别乘以 3.6°，即得各组成部分所占的圆心角的度数。

【例 2-3】 用表 2-15 的数据绘制圆形图，见图 2-4。

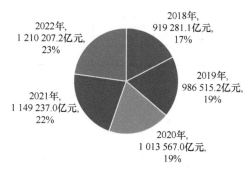

图 2-4 我国 2018～2022 年 GDP 圆形图

C. 曲线图

曲线图也称折线图，它是用曲线（一般用折线）的升降起伏来说明研究对象的发展变化、分配趋势等情况的一种图形。

【例 2-4】 将表 2-15 数据绘制成曲线图，见图 2-5。

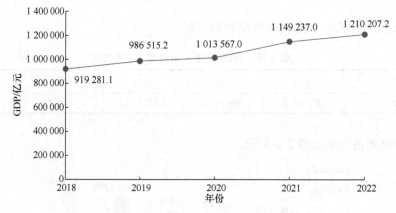

图 2-5　我国 2018~2022 年 GDP 曲线图

3）定序数据的图示

A. 累计频数分布图

根据累计频数或累计频率，可以绘制累计频数或累计频率分布图。

【例 2-5】 在一项有关某电视台的电视节目问题的研究中，研究人员在甲城市抽样调查 200 户家庭，其中的一个问题是："您对该电视台的电视节目是否满意？"回答类别为：①非常不满意；②不满意；③一般；④满意；⑤非常满意。

甲城市的评价结果如表 2-16 所示。

表 2-16　甲城市的评价结果

回答类别	户数/户	占比/%	向上累计		向下累计	
			户数/户	占比/%	户数/户	占比/%
非常不满意	10	5.0	10	5.0	200	100
不满意	80	40.0	90	45.0	190	95.0
一般	55	27.5	145	72.5	110	55.0
满意	30	15.0	175	87.5	55	27.5
非常满意	25	12.5	200	100	25	12.5
合计	200	100				

请绘制累计频数分布图。

解 累计频数分布如图 2-6 所示。

B. 环形图

环形图与圆形图类似，但又有区别。环形图中间有一个"空洞"，总体中的每一部分数据用环中的一段表示。圆形图只能显示一个总体各部分所占的比例，而环形图则可以同时绘制多个总体的数据系列，每一个总体的数据系列为一个环。因此环形图可以显示多个总体各部分所占的相应比例，从而有利于进行比较研究。

【例2-6】 根据例2-5的数据绘制环形图。

解 所绘制的环形图见图2-7。

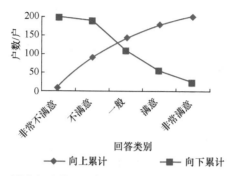

图2-6 甲城市对某电视台电视节目评价的累计频数分布图

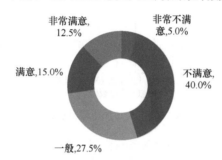

图2-7 甲城市对某电视台电视节目评价的环形图

4）分组数据的图示

A. 直方图

直方图（histogram）是用矩形的宽度和高度来表示频数分布的图形。在平面直角坐标中，横轴表示各组组限，纵轴表示频数或频率。以各组组距为条形宽度、频数为条形高度绘制成直方图。

【例2-7】 将表2-17的数据绘制成直方图。

表2-17 某车间50名工人日加工零件数分组表

按零件数分组/个	频数	频率/%
105～110	3	6
110～115	5	10
115～120	8	16
120～125	14	28
125～130	10	20
130～135	6	12
135～140	4	8
合计	50	100

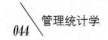
解 所绘制的直方图如图 2-8 所示。

依据直方图 2-8 可以直观地看出工人日加工零件数及其人数的分布状况。

对于等距分组数据，可以用矩形的高度直接表示频数的分布。如果是不等距分组数据，用矩形的高度来表示各组频数的分布就不再适用。这时，可以用矩形的面积来表示各组的频数分布，或根据频数密度来绘制直方图，从而准确地表示各组数据分布的特征。实际上，无论是等距分组数据还是不等距分组数据，用矩形的面积或频数密度来表示各组的频数分布都更为合适，因为这样可使直方图下的总面积等于 1。比如在等距分组中，矩形的高度与各组的频数成比例，如果取矩形的宽度（各组组距）为一个单位，高度表示比例（即频率），则直方图下的总面积等于 1。在直方图中，实际上是用矩形的面积来表示各组的频数分布。

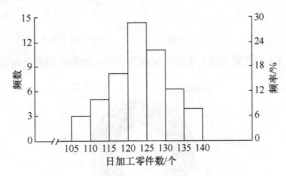

图 2-8　某车间工人日加工零件数的直方图

直方图与条形图不同，条形图是用条形的长度（横置时）表示各类别频数的多少，其宽度（表示类别）是固定的；直方图是用面积表示各组频数的多少，矩形的高度表示每一组的频数或百分比，宽度则表示各组的组距，因此其高度与宽度均有意义。此外，由于分组数据具有连续性，直方图的各矩形通常是连续排列的，而条形图则是分开排列的。

B. 折线图

折线图也称频数多边形图。在直方图的基础上，把直方图顶部的中点（即组中值）用直线连接起来，再把原来的直方图抹掉就是折线图。需要注意，折线图的两个终点要与横轴相交，具体的做法是将第一个矩形顶部中点通过竖边中点（即该组频数一半的位置）连接到横轴，最后一个矩形顶部中点通过其竖边中点连接到横轴。这样才会使折线图下围成的面积与直方图的面积相等，从而使二者所表示的频数分布一致。

【例 2-8】　在图 2-8 的基础上绘制折线图。

解　所绘制的折线图如图 2-9 所示。

当对数据分的组数很多时，组距会越来越小，这时所绘制的折线图就会越来越光滑，逐渐形成一条平滑的曲线，这就是频数分布曲线。分布曲线在统计学中有着十分广泛的应用，是描述各种统计量和分布规律的有效方法。

5）未分组数据的图示

A. 茎叶图

直方图主要用于展示分段数据的频率分布，从中可以大体上看出一组数据的分布状

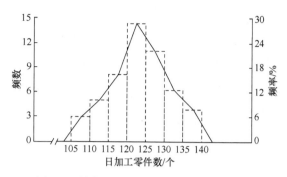

图 2-9　某车间工人日加工零件数的折线图

况，但直方图没有给出具体的数值。对于没有分段的数据可以用茎叶图（stem-and-leaf display）展示它的特性。

茎叶图由"茎"和"叶"两部分组成，在制作茎叶图时要先确定数据的"茎"和"叶"，其图形是由数字组成的。它既能给出数据的分布状况，又能给出每一个原始数值，还可以看出数据的分布形状及数据的离散状况，比如，分布是否对称，数据是否集中，是否有极端值，等等。

绘制茎叶图的关键是设计好"茎"，通常是以该组数据的高位数值作为"茎"。"茎"一经确定，"叶"就自然地长在相应的"茎"上了。

【例 2-9】　下面是全国 2021 年 5 月至 2022 年 4 月城市居民消费价格指数（consumer price index，CPI；上年=100，数据来源于国家统计局）。用茎叶图表示它们。

102.1　　101.5　　100.9　　100.9　　101.5　　102.3　　101.5　　100.7　　100.8
101.0　　101.1　　101.3

解　先将数据从小到大排列：

100.7　100.8　100.9　100.9　101.0　101.1　101.3　101.5　101.5　101.5　102.1　102.3

由于数据大部分都是百位数，而且有小数，所以选用整数部分为"茎"，将小数部分作为"叶"，排在"茎"的右边，如表 2-18 所示。

表 2-18　茎叶

茎	叶
100	7　8　9　9
101	0　1　3　5　5　5
102	1　3

茎叶图的优点是利用了数据的每个信息，从茎叶图中可以直观看到数据的分布情况。但是数据量很大时，茎叶图的效果就不好了，因为这时的茎叶图会很长或很宽。此时可以考虑把它扩展。比如可以将图扩展一倍，即每一个"茎"重复两次。

B. 箱线图

箱线图（boxplot）是利用数据中的 5 个统计量——最小值、第一四分位数、中位数、第三四分位数与最大值来描述数据的一种方法。对于单组数据，可以绘制简单箱线图；对于多组数据，可以绘制比较箱线图。通过箱线图，不仅可以反映一组数据分布的特征，还可以进行多组数据的比较。

箱线图由一个箱子和两条线段组成。其绘制方法是：首先找出一组数据的 5 个统计量，即最小值、第一四分位数 Q_L、中位数、第三四分位数 Q_U 与最大值。然后连接两个四分位数画出箱子；再将两个极值点与箱子相连接。单组数据箱线图的一般形式如图 2-10 所示。

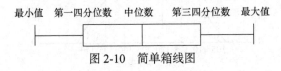

图 2-10　简单箱线图

通过箱线图的形状，我们可以看出数据分布的特征。图 2-11 就是几种不同分布的箱线图。

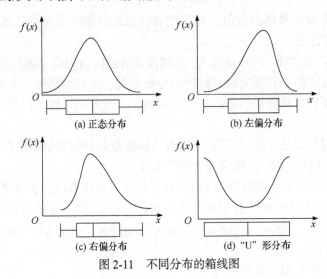

图 2-11　不同分布的箱线图

对于多批数据，可以将各批数据的箱线图并列起来，从而进行分布特征的比较。

【例 2-10】　表 2-19 是北京、重庆、上海、天津从 2013 年到 2022 年的年末总人口（数据来源于国家统计局）。

表 2-19　四个城市年末总人口　　　　　　　　　　单位：万人

年份	北京市	重庆市	上海市	天津市
2013	2125	3011	2448	1410
2014	2171	3043	2467	1429
2015	2188	3070	2458	1439
2016	2195	3110	2467	1443
2017	2194	3144	2466	1410
2018	2192	3163	2475	1383
2019	2190	3188	2481	1385
2020	2189	3209	2488	1387
2021	2189	3212	2489	1373
2022	2184	3213	2475	1363

根据表 2-19 中的数据绘制箱线图（图 2-12）。可以看出重庆的平均年末总人口数最高，天津的最低。

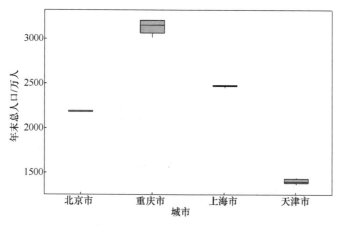

图 2-12 四个城市年末总人口

6）时间序列数据的图示

如果定距数据和定比数据是在不同时间上取得的，即时间序列数据，可以绘制线图。线图是在平面坐标上用折线表现数量变化特征和规律的统计图。线图主要用于显示时间序列数据，以反映事物发展变化的规律和趋势。

【例 2-11】 2012~2021 年我国城乡居民人均可支配收入如表 2-20 所示，试绘制线图。

表 2-20 2012~2021 年我国城乡居民人均可支配收入　　　　　　单位：元

年份	城镇居民	农村居民
2012	24 127	8 389
2013	26 467	9 430
2014	28 844	10 489
2015	31 195	11 422
2016	33 616	12 363
2017	36 396	13 432
2018	39 251	14 617
2019	42 359	16 021
2020	43 834	17 131
2021	47 412	18 931

资料来源：国家统计局

解 根据表 2-20 的数据绘制线图（图 2-13）。

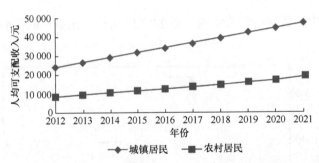

图 2-13   2012～2021 年城乡居民人均可支配收入

从图 2-13 可以清楚地看出，城乡居民人均可支配收入逐年提高，而且城镇居民的人均可支配收入高于农村，且这种差距有逐渐扩大的趋势。

绘制线图时应注意以下几点。

（1）时间一般绘在横轴，指标数据绘在纵轴。

（2）图形的长宽比例要适当，一般应绘成横轴略大于纵轴的长方形，其长宽比例大致为 10∶7。图形过扁或过于瘦高，不仅不美观，而且会给人造成视觉上的错觉，不便于对数据变化的理解。

（3）一般情况下，纵轴数据下端应从 0 开始，以便于比较。数据与 0 之间的间距过大，可以采用折断符号将纵轴折断。

7）雷达图

雷达图是统计实践中应用较多且作图简单的一种多指标综合评价统计图形。它是在一个圆内，将圆的各个半径作为各个坐标轴，每个坐标轴代表一项指标，将每个指标的值标在对应的数值上，然后将同一考评对象的各个指标在各坐标轴的点依次用直线连接，就得到类似蜘蛛网一样的图形，根据该图的形状，人们称其为蜘网图。由于这种图形像雷达荧光屏上看到的图形，因此，有人也称其为雷达图。

雷达图的构造先是把圆周等分为 m 份，然后连接圆心与各分点，把这 m 个半径依次定义为各个指标的坐标轴，并标以适当的刻度。接着将各个指标的具体数值（或单项评价得分值）分别标在相应的坐标上，最后连接成一个 m 边形。

某样本的多个指标进行比较时，只需将它们画在同一张雷达图上就可以。

【例 2-12】 某大学生的考试成绩如表 2-21 所示，根据表中数据画出的雷达图如图 2-14 所示。

表 2-21 某大学生的考试成绩

高等数学	大学英语	大学物理	经济学	管理学	营销学	会计学	应用统计分析
83	85	85	97	95	90	93	89

在经济管理活动中，利用雷达图可以比较不同国家之间的经济实力和发展程度，也可以比较不同地区和不同单位工作或成绩的差别。

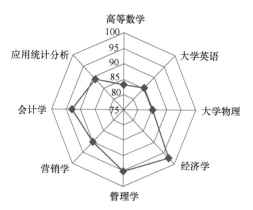

图 2-14 考试成绩雷达图

2.4.4 洛伦茨曲线和基尼系数

1. 洛伦茨曲线

洛伦茨曲线（Lorenz curve）是一种反映收入分配平均程度的曲线。它是由美国统计学家洛伦茨提出的，故称洛伦茨曲线（图 2-15）。西方国家多借以研究财富、土地和工资收入的分配是否公平。

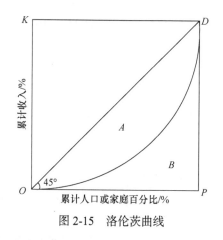

图 2-15 洛伦茨曲线

图 2-15 中的 OK 表示累计收入百分比，OP 表示累计人口或家庭百分比，连接两对角的 OD 直线（45°线）是绝对平均线，线上任何一点到纵轴和横轴的距离都是相等的，表示在总人口或总家庭中，每一定百分比的人口或家庭所拥有的收入，在总收入中也占相应的百分比。如果社会收入分配情况是这样，那就说明社会收入的分配是绝对平均的。OPD 是绝对不平均线，这条线表示，在所有的人口或家庭中，除一个人或一个家庭以外，其余的人或家庭的收入都是 0，且只有最后一个人或一个家庭得到收入的全部。

图 2-15 中的洛伦茨曲线又称实际收入分配曲线，它介于绝对平均线与绝对不平均线之间。在这条曲线上，除了起点（O 点）和终点（D 点）以外，任何一点到两轴的距离都不等。每一点都表明一定百分比的人口或家庭拥有的收入在总收入中所占的百分比。实际收入分配曲线与绝对平均线越接近，表明社会收入分配越接近平均；反之，则表明

社会收入分配悬殊。

2. 基尼系数

基尼系数（Gini coefficient）是根据洛伦茨曲线计算的测定收入分配不平均程度的指标，又叫洛伦茨系数。该指标由意大利经济学家基尼提出，故又称基尼系数。根据洛伦茨曲线图，基尼系数定义为

$$W = \frac{A}{A+B}$$

式中，A 为实际收入分配曲线（洛伦茨曲线）OBD 与绝对平均线 OD 之间的面积；B 为实际收入分配曲线 OBD 与绝对不平均线 OPD 之间的面积。

若 $A=0$，基尼系数 $W=0$，表明收入分配绝对平均；若 $A=1$，$W=1$，表明收入分配绝对不平均。W 在 0 和 1 之间取值，W 值越小，表明收入分配越趋于平均；反之，收入分配越趋于不平均。在实际应用中，基尼系数 W 是根据各组的人口或家庭百分比和各组的收入百分比计算的。

设 $K_i(i=1,2,\cdots,n)$ 为各收入水平组的收入占总收入的百分比。

设 $P_i(i=1,2,\cdots,n)$ 为各收入水平组的人口或家庭数占总人口或家庭数的百分比，则

$$W = \sum_{i=1}^{n} P_i K_i + 2\left[P_1(1-Q_1) + P_2(1-Q_2) + \cdots + P_{n-1}(1-Q_{n-1}) \right] - 1$$

式中，

$$Q_1 = K_1$$

$$Q_2 = K_1 + K_2$$

$$\vdots$$

$$Q_{n-1} = K_1 + K_2 + \cdots + K_{n-1}$$

【例 2-13】 某行业市场上有 8 家企业，各家企业的市场份额分别为 0.10, 0.15, 0.22, 0.20, 0.18, 0.10, 0.03, 0.02。画出该行业市场的洛伦茨曲线。

解 首先对市场份额从低到高进行排列，然后计算累计企业比重。抽取的企业有 8 家，所以各自所占的比例为 1/8，故得到该行业市场份额统计表（表 2-22）。

表 2-22 该行业市场份额统计表

企业比重	累计企业比重	市场份额	累计市场份额
1/8	0.125	0.02	0.02
1/8	0.250	0.03	0.05
1/8	0.375	0.10	0.15
1/8	0.500	0.10	0.25

企业比重	累计企业比重	市场份额	累计市场份额
1/8	0.625	0.15	0.40
1/8	0.750	0.18	0.58
1/8	0.875	0.20	0.78
1/8	1	0.22	1

以累计企业比重为横坐标，以累计市场份额为纵坐标，拟合市场洛伦茨曲线，可得到图 2-16。

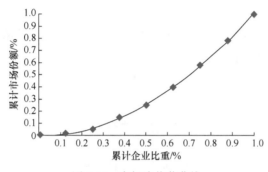

图 2-16　市场洛伦茨曲线

2.5　分布集中趋势的测度

集中趋势是指一组数据向某一中心靠拢的倾向，测度集中趋势也就是寻找数据一般水平的代表值或中心值。在测度和应用集中趋势时，应很好地理解它的三个特点。一是同质性。总体的同质性是测度集中趋势的重要前提，它意味着只有同质总体测度集中趋势才有经济意义。二是代表性。集中趋势在被研究总体内反映总体的一般水平，它反映的是事物的共性，是总体的代表值，具有代表性。三是抽象性。它将总体各单位变量值的差异抽象化了，它不同于总体各单位水平，却又反映所有这些单位的一般水平。

从不同角度考虑，集中趋势的测度有多种。这里介绍几个主要测度值的计算方法及其应用场合。

2.5.1　平均数

1. 算术平均数

1）算术平均数的基本计算公式

算术平均数的基本公式是总体各单位变量值之和与总体各单位变量值个数之比，即

$$算术平均数 = \frac{变量值之和}{变量值个数}$$

在众多平均指标中，算术平均数是最基本和运用最广泛的一种平均指标，所以在运用上述基本公式计算算术平均数时，要注意公式中分子和分母在总体范围上的可比性，即二者必属于同一总体。

【例 2-14】 设某工厂年度电费为 244 800 元，则该工厂的月平均电费为多少?

解 由已知可知，该工厂的月平均电费为

$$月平均电费 = \frac{变量值之和}{变量值个数} = \frac{年度电费}{月数} = \frac{244\ 800}{12} = 20\ 400（元）$$

由于所掌握的资料不同，在实际计算算术平均数时，可以分别采用简单算术平均和加权算术平均两种计算形式。

2）算术平均数的计算方法

A. 简单算术平均

计算平均指标时，如果掌握的是总体各单位标志值，则将总体各单位标志值简单相加，除以总体单位数，得到平均数。

上述计算方法用公式表示为

$$\bar{x} = \frac{x_1 + x_2 + \cdots + x_n}{n} = \frac{\sum_{i=1}^{n} x_i}{n}$$

式中，$\bar{x}$ 为算术平均数；x_i（$i=1,2,\cdots,n$）为总体各单位标志值；n 为标志值的项数。

B. 加权算术平均

当被研究的现象总体单位数相当多，且各单位又有相同或相近的标志值时，在资料整理过程中，往往将其分组并编制成变量数列。在这种情况下，需要用加权算术平均数的公式来计算。

加权算术平均数就是用变量数列中各组组中值乘以相应的各组单位数（频数），求出各组近似的变量值之和，并将它们相加得出总体近似的变量值之和，然后除以总体单位总数，求得平均数。

由于变量数列有单项数列和组距数列之分，所以它们的计算方法也不同。

（1）根据单项数列计算加权算术平均数。如果掌握的资料是一个单项数列，可直接利用各组总体单位数（频数）对各组变量值加权计算平均数。

平均数的大小不仅取决于总体各单位标志值 x，还取决于各组频数 f，频数多的标志值对平均数的影响相应大些，频数少的标志值对平均数的影响相应小些。各组频数的多少，在计算平均数的过程中起着权衡轻重的作用。所以，又将频数称为权数。相应地，在计算平均数的过程中，将各组频数分别乘以各组的标志值，称为加权。这种用权数计算算术平均数的方法称为加权算术平均法。用公式表示为

$$\bar{x} = \frac{\sum x_i f_i}{\sum f_i} \tag{2-1}$$

这里，权数对算术平均数的影响主要体现在比重权数上，即体现在各组单位数占总体单位数的比重上。在变量数列中，哪组比重权数大，哪组标志值平均数的影响就大。

所以，权数的实质就是各组单位数占总体单位数的比重。如果各组频数相等，则各组单位数占总体单位数的比重相等，即各组比重权数相等，则对各组标志值来说就失去了权衡轻重的作用，这时，可直接用各组标志值之和除以组数求得。即当各组频数相等时，加权算术平均数等于它的简单算术平均数。用公式表示如下：

$$f_1 = f_2 = \cdots = f_n = \Lambda$$

$$\bar{x} = \frac{\sum x_i f_i}{\sum f_i} = \frac{x_1 \Lambda + x_2 \Lambda + \cdots + x_n \Lambda}{\underbrace{\Lambda + \Lambda + \cdots + \Lambda}_{n\text{个}}} = \frac{\Lambda \sum x_i}{n \times \Lambda} = \frac{\sum x_i}{n}$$

如果掌握的变量数列中的各组单位数不是绝对数（频数），而是各组单位数占总体单位数的比重（频率）时，即掌握的权数资料是比重权数时，可直接用比重权数求加权算术平均数。各组标志值与其相应各组比重权数的乘积总和就是所求的加权算术平均数。用公式表示为

$$\bar{x} = \frac{\sum x_i f_i}{\sum f_i} = \sum x_i \left(\frac{f_i}{\sum f_i} \right) \tag{2-2}$$

【例 2-15】 某省电影院电影价格资料如表 2-23 所示，那么全省平均电影价格是多少？

表 2-23 某省电影院电影价格资料

价格 x_i /元	电影院数 f_i /间	每组电影总价格 $x_i f_i$ /元
30	8	240
35	10	350
40	6	240
45	10	450
50	6	300
合计	40	1580

解 根据表中资料计算该省的平均电影价格如下：

$$\bar{x} = \frac{\sum x_i f_i}{\sum f_i} = \frac{30 \times 8 + 35 \times 10 + 40 \times 6 + 45 \times 10 + 50 \times 6}{8 + 10 + 6 + 10 + 6} = \frac{1580}{40} = 39.5（元）$$

【例 2-16】 仍用例 2-15 的数据，采用比重权数的公式来计算加权算术平均数，如表 2-24 所示。

表 2-24 某省电影院电影价格加权平均统计表

价格 x_i /元	电影院数 f_i /间	比重权数 $f_i / \sum f_i$	$x_i (f_i / \sum f_i)$
30	8	0.20	6.0
35	10	0.25	8.75
40	6	0.15	6.0
45	10	0.25	11.25

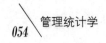

续表

价格 x_i /元	电影院数 f_i /间	比重权数 $f_i/\sum f_i$	$x_i\left(f_i/\sum f_i\right)$
50	6	0.15	7.5
合计	40		39.5

解 $\bar{x}=\sum x_i\left(f_i/\sum f_i\right)=39.5$（元）。

计算结果与例 2-17 计算的加权算术平均数完全一致。

（2）根据组距数列计算加权算术平均数。在组距数列中，各组的标志值是一个变动范围，而不是一个具体的数值。计算平均数时，从理论上讲，应先计算各组的平均数，再以各组平均数乘以相应的权数计算加权算术平均数。但实际工作中，很少计算组平均数，而是用各组的组中值近似代替各组平均数，再计算加权算术平均数。

【**例 2-17**】 某公司 100 名员工的月工资资料如表 2-25 所示，计算平均工资。

表 2-25 某公司 100 名员工月工资资料

月工资/元	员工数 f_i /人	组中值 x_i /元	各组月工资 x_if_i /元
6 000 以下	60	5 000	300 000
6 000～8 000	20	7 000	140 000
8 000～10 000	10	9 000	90 000
10 000 及以上	10	11 000	110 000
合计	100		640 000

解 $\bar{x}=\sum x_if_i/\sum f_i=640\ 000/100=6400$（元）。

注意：利用组中值代替各组平均数有一定假设性，即假定各组中的单位标志值在组内是均匀分布的，但实际上并非完全如此。这样，各组组中值与组平均也不可避免地存在一定程度的误差，加之组距数列中开口组的组中值是按相邻组的组距计算的，所以，用组中值计算的加权算术平均数是一个近似值。

另外，算术平均数容易受极端值的影响。在一个总体中，总体单位标志值中出现极端值时，平均数的代表性就会受到很大影响。因此，统计实务中，往往将总体中的极端值剔除后，再计算算术平均数，以提高算术平均数的代表性。

3）算术平均数的数学性质

（1）变量数列中各个标志值与算术平均数的离差值之和等于零，即

$$\sum (x_i-\bar{x})=0$$

（2）变量数列中各个标志值与算术平均数的离差平方和（也称误差平方和）最小，即

$$\sum (x_i-\bar{x})^2=\min\left\{\sum(x_i-A)^2, A\in \mathbf{R}\right\}$$

2. 调和平均数

调和平均数是指标志值倒数的算术平均数的倒数，所以又称倒数平均数。根据掌握的资料不同，在计算时可以分为简单调和平均数和加权调和平均数两种形式。

1）简单调和平均数

简单调和平均数适用于未分组的资料。公式如下：

$$H = \frac{n}{\dfrac{1}{x_1} + \dfrac{1}{x_2} + \cdots + \dfrac{1}{x_n}} = \frac{n}{\sum\limits_{i=1}^{n} \dfrac{1}{x_i}} \tag{2-3}$$

式中，H 为调和平均数；x_i 为各组的标志值；n 为标志值的项数。

【例 2-18】　市场上某种蔬菜的早市价格为 10 元/千克，午市价格为 8 元/千克，晚市价格为 5 元/千克，如果早、中、晚各买 10 元蔬菜，则平均每千克的价格为多少？

解

$$H = \frac{n}{\dfrac{1}{x_1} + \dfrac{1}{x_2} + \cdots + \dfrac{1}{x_n}} = \frac{30}{\dfrac{10}{10} + \dfrac{10}{18} + \dfrac{10}{5}} = 7.1$$

2）加权调和平均数

加权调和平均数适用于已分组的资料。如果掌握各组的标志值和各组的标志总量，而不知道各组的总体单位数时，应该用加权调和平均数的方法计算调和平均数。公式如下：

$$H = \frac{m_1 + m_2 + \cdots + m_n}{\dfrac{m_1}{x_1} + \dfrac{m_2}{x_2} + \cdots + \dfrac{m_n}{x_n}} = \frac{\sum\limits_{i=1}^{n} m_i}{\sum\limits_{i=1}^{n} \dfrac{m_i}{x_i}} \tag{2-4}$$

式中，H 为调和平均数；x_i 为各组的标志值；m_i 为各组的标志总量；m_i / x_i 为各组的总体单位数；n 为标志值的项数。

【例 2-19】　假定某公司员工的月加班费资料如表 2-26 所示，计算该公司月平均加班费。

表 2-26　某公司员工的月加班费资料

月加班费 x_i/元	加班费总额 m_i/元	员工人数 $f_i = (m_i/x_i)$/人
1 000	70 000	70
2 000	40 000	20
3 000	30 000	10
合计	140 000	100

解　在这里，月加班费作为"单位标志平均数"必须是标志总量（加班费总额）与单位总数（员工人数）之比。依据给出的月加班费和加班费总额的分组资料，可以首先用前者来除后者，得到各组的员工人数，进而加总得到全公司的员工总数，这样就很容

易计算出该公司的月平均加班费。将这些计算过程归纳起来，就是运用了加权调和平均
数的公式。所以该公司的月平均加班费为

$$H = \frac{\sum\limits_{i=1}^{3} m_i}{\sum\limits_{i=1}^{3} \dfrac{m_i}{x_i}} = \frac{70\,000 + 40\,000 + 30\,000}{\dfrac{70\,000}{1000} + \dfrac{40\,000}{2000} + \dfrac{30\,000}{3000}} = 140\,000 / 100 = 1400（元）$$

3）加权调和平均数和加权算术平均数的关系

加权调和平均数的权数 m_i 等于加权算术平均数的各组标志值总量 $x_i f_i$，所以，加权
调和平均数的权数是一个特定权数。同时，加权调和平均数也要符合加权算术平均数基
本公式的要求，因此，加权调和平均数实际上只是加权算术平均数的一种变形，它只适
用于处理适当类型的分组资料。具体关系为：由于

$$m_i = x_i f_i, \quad f_i = \frac{m_i}{x_i}, \quad \sum f_i = \sum \frac{m_i}{x_i}, \quad \sum x_i f_i = \sum m_i$$

所以

$$\bar{x} = \frac{\sum x_i f_i}{\sum f_i} = \frac{\sum m_i}{\sum \dfrac{m_i}{x_i}} = H$$

3. 几何平均数

几何平均数也称几何均值，它是 n 个变量值乘积的 n 次方根。根据统计资料的不同，
几何平均数也有简单几何平均数和加权几何平均数之分。

1）简单几何平均数

直接将 n 项变量连乘，然后对其连乘积开 n 次方根所得的平均数即为简单几何平均
数（simple geometric mean）。它是几何平均数的常用形式，计算公式为

$$G = \sqrt[n]{x_1 \times x_2 \times x_3 \times \cdots \times x_n} = \sqrt[n]{\prod_{i=1}^{n} x_i} \tag{2-5}$$

式中，G 为几何平均数；$\prod$ 为连乘符号。

几何平均数适用于计算比率或速度的平均。当我们所掌握的变量值本身是比率的形
式，而且各比率的乘积等于总的比率，这时就采用几何平均法计算平均比率。在实际应
用中，几何平均数主要用于计算社会经济现象的年平均发展速度。

【**例 2-20**】 一位投资者持有一种股票，在 2019 年、2020 年、2021 年和 2022 年的
收益率分别为 9.8%、4.5%、3.5%、−5.4%。计算该投资者在这四年内的平均收益率。

解 $G = \sqrt[n]{x_1 \times x_2 \times x_3 \times \cdots \times x_n} = \sqrt[4]{109.8\% \times 104.5\% \times 103.5\% \times 94.6\%} = 102.95\%$

平均收益率为 102.95%−1=2.95%。

2）加权几何平均数

与算术平均数一样，当资料中的某些变量值重复出现时，相应地，简单几何平均数
就变成了加权几何平均数（weighted geometric mean）。计算公式为

$$\bar{x}_G = {}^{\Sigma f_i}\sqrt{x_1{}^{f_1} \times x_2{}^{f_2} \times x_3{}^{f_3} \times \cdots \times x_n{}^{f_n}} = {}^{\Sigma f_i}\sqrt{\prod_{i=1}^{n} x_i{}^{f_i}} \tag{2-6}$$

式中，f_i 为各个变量值出现的次数。

【例 2-21】 某商业银行其投资年利率是按复利计算的。20 年的利率情况如表 2-27 所示，计算 20 年的平均年利率。

表 2-27 投资年利率分组表

年限	年利率/%	本利率 x_i/%	年数 f_i/个
第 1 年	5	105	1
第 2 年至第 4 年	8	108	3
第 5 年至第 15 年	15	115	11
第 16 年至第 20 年	18	118	5
合计			20

解 按公式计算 20 年的平均年利率：

$$\bar{x}_G = {}^{20}\sqrt{1.05\%^1 \times 1.08\%^3 \times 1.15\%^{11} \times 1.18\%^5} = 114.14\%$$

即 20 年的平均年利率为 114.14%-1=14.14%。

3）几何平均数的特点

（1）几何平均数受极端值的影响较算术平均数小。

（2）如果变量值有负值，计算出的几何平均数就会成为负数或虚数。

（3）它仅适用于具有等比或近似等比关系的数据。

（4）几何平均数的对数是各变量值对数的算术平均数。

2.5.2 中位数及四分位数

1. 中位数

中位数（median）是将数据按大小顺序排列起来形成一个数列，居于数列中间位置的那个数据。中位数用 M_e 表示。

从中位数的定义可知，所研究的数据中有一半小于中位数，一半大于中位数。中位数的作用与算术平均数相近，也是作为所研究数据的代表值。在一个等差数列或一个正态分布数列中，中位数就等于算术平均数。

在数列中出现了极端变量值的情况下，用中位数作为代表值要比用算术平均数更好，因为中位数不受极端变量值影响；如果研究目的是反映中间水平，当然也应该用中位数。在统计数据的处理和分析时，可结合实际情况特点使用中位数。

1）中位数的计算

确定中位数，必须将总体各单位的标志值按大小顺序排列，最好是编制出变量数列。这里有以下两种情况。

A. 未分组的原始资料

对于未分组的原始资料，首先必须将标志值按大小排序。设排序的结果为

$$x_1 \leqslant x_2 \leqslant x_3 \leqslant \cdots \leqslant x_n$$

则中位数就可以按下面的方式确定：

$$M_e = \begin{cases} x_{(n+1)/2}, & n\text{为奇数} \\ \dfrac{x_{n/2} + x_{n/2+1}}{2}, & n\text{为偶数} \end{cases} \qquad (2\text{-}7)$$

【例2-22】 某10名工人的日加工零件数为108,108,109,110,113,123,124,125,127,127，计算该10名工人日加工零件数的中位数。

解 中位数的位置=(10+1)/2=5.5，即中位数在第5个数值（113）和第6个数值（123）之间，即 M_e=(113+123)/2=118（件）。

B. 分组数据由分组资料确定中位数

对于分组数据，中位数需要用插值法来估算，即假定数据在组内是均匀分布的，计算步骤如下。

（1）计算各组的累计频数 f_i。

（2）确定中位数所在的数组，按公式 $\dfrac{1}{2}\sum f_i$ 求出中位数所在组的位置。

（3）用插值法求中位数，公式如下。

$$\text{下限公式：} M_e = L + \frac{\dfrac{1}{2}\sum f_i - S_{m-1}}{f_m} \times d$$

$$\qquad (2\text{-}8)$$

$$\text{上限公式：} M_e = U - \frac{\dfrac{1}{2}\sum f_i - S_{m+1}}{f_m} \times d$$

式中，M_e 为中位数；L 为中位数所在组下限；U 为中位数所在组上限；f_m 为中位数所在组的频数；$\sum f_i$ 为总频数；d 为中位数所在组的组距；S_{m-1} 为中位数所在组前一组的向上累计频数；S_{m+1} 为中位数所在组后一组的向下累计频数。

【例2-23】 根据表2-28的数据，计算50名工人日加工零件数的中位数。

表2-28 某企业50名工人日加工零件数中位数计算表

按零件数分组/个	频数	向上累计/人	向下累计/人
105～110	3	3	50
110～115	5	8	47
115～120	8	16	42
120～125	14	30	34
125～130	10	40	20
130～135	6	46	10
135～140	4	50	4

解 由表2-28可知,中位数的位置= 50/2 = 25,即中位数在120~125这一组,$L=120$,$S_{m-1}=16$,$U=125$,$S_{m+1}=20$,$f_m=14$,$d=5$,根据中位数公式得

$$M_e = 120 + \frac{\frac{50}{2} - 16}{14} \times 5 = 123.21 \text{(件)}$$

或

$$M_e = 125 - \frac{\frac{50}{2} - 20}{14} \times 5 = 123.21 \text{(件)}$$

2)中位数的特点

(1)中位数是以它在所有标志值中所处的位置确定的全体单位标志值的代表值,不受分布数列的极大值或极小值影响,从而在一定程度上提高了中位数对分布数列的代表性。

(2)对于一些离散变量的单项式数列,当次数分布为偏态时,中位数的代表性会受到影响。

(3)缺乏敏感性。由于中位数是位置值,故而数组中的极大值和极小值不影响中位数。

2. 四分位数

第一四分位数(Q_L)和第三四分位数(Q_U)是指排序后处于25%和75%位置上的值。它们不受极端值的影响,主要用于顺序数据,也可用于数值型数据,但不能用于分类数据。中位数即是第二四分位数。

顺序数据四分位数位置的确定:

$$Q_{L位置} = 1 + (N-1)/4, \quad Q_{U位置} = 1 + 3(N-1)/4 \tag{2-9}$$

【例2-24】 有7个数据如下:

原始数据	23	21	30	32	28	25	26
排序	21	23	25	26	28	30	32
位置	1	2	3	4	5	6	7

解 数值型数据的四分位数位置和数值为

$$Q_{L位置} = 1 + (7-1)/4 = 2.5, \quad Q_{U位置} = 1 + 3 \times (7-1)/4 = 5.5$$

$$Q_L = 23 + 0.5 \times (25-23) = 24, \quad Q_U = 28 + 0.5 \times (30-28) = 29$$

【例2-25】 某10个家庭的人均公积金月度上缴数据如下(单位:元)。

排序	500	650	760	780	940	1060	1350	1680	1790	1900
位置	1	2	3	4	5	6	7	8	9	10

解 数值型数据的四分位数位置和数值为

$$Q_{L位置} = 1 + (10-1)/4 = 3.25, \quad Q_{U位置} = 1 + 3 \times (10-1)/4 = 7.75$$

$$Q_L = 760 + 0.25 \times (780-760) = 765, \quad Q_U = 1350 + 0.75 \times (1680-1350) = 1597.5$$

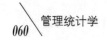

3. 切尾均值

切尾均值（trimmed mean）是综合了均值和中位数两种计量优点的一种新的集中趋势测度的计量指标。它广泛应用于电视大奖赛、体育比赛等项目。比赛中，常常听到的"去掉一个最高分，去掉一个最低分，最后得分是……"就是利用切尾均值。

切尾均值的计算特点是先把观测值排成顺序统计量，然后将观察值的最大值和最小值切去，对中间的观察值进行平均。以 α 确定两端切去数值的情况。

当 $\alpha = 0$ 时，切尾均值等于均值，当接近 $\alpha = 0.5$ 时，切尾均值接近于或等于中位数。计算公式为

$$\bar{x}_{\alpha} = \frac{x_{(n\alpha+1)} + x_{(n\alpha+2)} + \cdots + x_{(n-n\alpha)}}{n - 2 \times n\alpha} \quad (2\text{-}10)$$

式中，n 为观测值个数；α 表示切尾系数，$0 < \alpha < 0.5$；$x_{(1)}, x_{(2)} \cdots x_{(n)}$ 为顺序统计量。

【例 2-26】 某次求职面试中共有 11 名评委，对某位求职者的给分分别是

$$x_1 = 9.22, \ x_2 = 9.25, \ x_3 = 9.20, \ x_4 = 9.30, \ x_5 = 9.65, \ x_6 = 9.30$$
$$x_7 = 9.27, \ x_8 = 9.20, \ x_9 = 9.28, \ x_{10} = 9.25, \ x_{11} = 9.24$$

解 经整理得到顺序统计量值为

$$x_{(1)} = 9.20, \ x_{(2)} = 9.20, \ x_{(3)} = 9.22, \ x_{(4)} = 9.24, \ x_{(5)} = 9.25, \ x_{(6)} = 9.25$$
$$x_{(7)} = 9.27, \ x_{(8)} = 9.28, \ x_{(9)} = 9.30, \ x_{(10)} = 9.30, \ x_{(11)} = 9.65$$

去掉一个最高分和一个最低分，α 取 $1/11$，切尾均值为

$$\bar{x} = \frac{x_{\left(\left[11 \times \frac{1}{11}\right]+1\right)} + x_{\left(\left[11 \times \frac{1}{11}\right]+2\right)} + \cdots + x_{\left(11-\left[11 \times \frac{1}{11}\right]\right)}}{11 - 2 \times \left[11 \times \frac{1}{11}\right]} = \frac{x_{(2)} + x_{(3)} + \cdots + x_{(10)}}{11 - 2} = 9.26$$

式中，[]为取整；$x_{(1)}, x_{(2)}, \cdots, x_{(n)}$ 为该顺序下对应的数值。

但是，若 α 取 0，切尾均值即为平均值：

$$\bar{x} = \frac{x_{(1)} + x_{(2)} + x_{(3)} + \dots + x_{(11)}}{11} = 9.29$$

2.5.3 众数

1. 众数的含义及其计算

众数（mode）又被称为位置平均数或者位置代表值，是一组数据中出现次数最多的变量值，用 M_o 表示。众数在实际工作中有特殊的用途。例如，用众数说明一个企业中工人最普遍的技术等级，消费市场中内衣、鞋袜、帽子等最畅销的尺码，农贸市场上某种农副产品最普遍的成交价格等。

从分布的角度看，众数是具有明显集中趋势点的数值，一组数据分布的最高峰点所对应的数值即为众数。当然，如果数据的分布没有明显的集中趋势或最高峰点，众

数也可以不存在；如果有多个最高峰点，实际上也可以认为有多个众数。众数示意图见图 2-17。

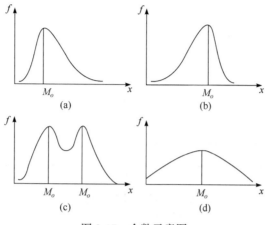

图 2-17 众数示意图

对于未分组数据或单变量值分组数据，只需找出出现次数最多的变量即为众数。对于组距分组数据，众数与其相邻两组的频数分布有一定的关系，如图 2-18 所示。设众数组的频数为 f_0，众数组前一组的频数为 f_{-1}，众数组后一组的频数为 f_{+1}，从众数组直方图的两个顶角向相邻两组直方图的两个顶角引直线，再由交叉点向横轴引垂线，与横轴相交的点即为众数。因此我们可以利用相似三角形推导出分组数据众数的计算公式。

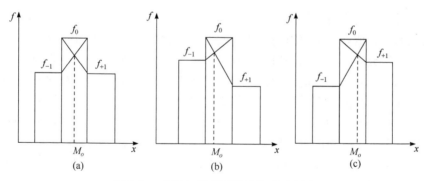

图 2-18 众数与相邻两组的关系示意图

$$下限公式： M_o = L + \frac{f_0 - f_{-1}}{(f_0 - f_{-1}) + (f_0 - f_{+1})} \times d$$

$$上限公式： M_o = U - \frac{f_0 - f_{+1}}{(f_0 - f_{-1}) + (f_0 - f_{+1})} \times d$$

（2-11）

式中，M_o 为众数；L 为众数组的下限值；U 为众数组的上限值；d 为众数组的组距。

【**例 2-27**】 计算某企业 50 名工人日加工零件数的众数。资料见表 2-29。

表 2-29 某企业 50 名工人日加工零件众数计算表

按零件数分组/件	组中值 x/件	频数 f
105～110	107.5	3
110～115	112.5	5
115～120	117.5	8
120～125	122.5	14
125～130	127.5	10
130～135	132.5	6
135～140	137.5	4
合计		50

解 从表 2-29 可以看出，最大的频数是 14，即众数组为 120～125 这一组，根据式（2-11）得 50 名工人日加工零件数的众数为

$$M_o = 120 + \frac{14-8}{(14-8)+(14-10)} \times 5 = 123 \text{（件）}$$

或

$$M_o = 125 - \frac{14-10}{(14-8)+(14-10)} \times 5 = 123 \text{（件）}$$

2. 众数的特点

（1）众数是以它在所有标志值中所处的位置确定的全体单位标志值的代表值，它不受分布数列的极大值或极小值影响，从而增强了众数对分布数列的代表性。

（2）当分组数列没有任何一组的频数占多数，即分布数列中没有明显的集中趋势而是近似于均匀分布时，该分配数列无众数。若将无众数的分布数列重新分组或各组频数依序合并，又会使分配数列再现出明显的集中趋势。

（3）如果与众数组相邻的上下两组的频数相等，则众数组的组中值就是众数值；如果与众数组相邻的上一组的频数较多，而下一组的频数较少，则众数在众数组内会偏向该组下限；如果与众数组相邻的上一组的频数较少，而下一组的频数较多，则众数在众数组内会偏向该组上限。

（4）缺乏敏感性。这是由于众数的计算只利用了众数组的数据信息，不像平均数那样利用了全部数据信息。

2.5.4 算术平均数、中位数和众数的比较

1. 算术平均数、中位数和众数的关系

算术平均数、中位数和众数之间的关系与次数分布数列有关。在次数分布完全对称时，算术平均数、中位数和众数都是同一数值，见图 2-19；在次数分布非对称时，算术平均数、中位数和众数不再是同一数值，而具有相对固定的关系。在尾巴拖在右边的正

偏态（或右偏）分布中，众数最小，中位数适中，算术平均数最大，见图 2-20；在尾巴拖在左边的负偏态（或左偏）分布中，众数最大，中位数适中，算术平均数最小，见图 2-21。

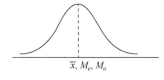

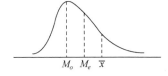

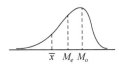

图 2-19　完全对称分布　　　　图 2-20　右偏分布　　　　图 2-21　左偏分布

在统计实务中，可以利用众数、中位数和算术平均数的数量关系判断次数分布的特征。此外还可利用三者的关系进行相互之间的估算。根据经验，在分布偏斜程度不大的情况下，无论右偏或左偏，三者都存在一定的比例关系，即众数与中位数的距离约为算术平均数与中位数距离的 2 倍，用公式表示为 $|M_e - M_o| = |2(\overline{x} - M_e)|$，由此可以得到右偏分布的三个推导公式：

$$\overline{x} = \frac{3M_e - M_o}{2}, \quad M_e = \frac{M_o + 2\overline{x}}{3}, \quad M_o = 3M_e - 2\overline{x}$$

2. 应用

众数、中位数和算术平均数各自具有不同的特点，掌握它们之间的关系和各自的特点，有助于我们在实际应用中选择合理的测度值来描述数据的集中趋势。

众数是一种位置代表值，易理解，不受极端值影响。任何类型的数据资料都可以计算，但主要适合作为定类数据的集中趋势测度值，即使资料有开口组仍然能够使用众数。众数不适于进一步代数运算；有的资料中众数根本不存在；当资料中包括多个众数时，很难对它进行比较和说明，应用不如算术平均数广泛。

中位数也是一种位置代表值，不受极端值影响；除了数值型数据，定序数据也可以计算，而且主要适合作为定序数据的集中趋势测度值，开口组资料也不影响计算。中位数不适于进一步代数运算，应用不如算术平均数广泛。

算术平均数的含义通俗易懂、直观清晰，全部数据都要参加运算，因此它是一个可靠的、具有代表性的量；任何一组数据都有一个平均数，而且只有一个平均数；用统计方法推断几个样本是否取自同一总体时，必须使用算术平均数；其具有优良的数学性质，适合代数方法的演算。算术平均数是实际中应用最广泛的集中趋势测度值，主要适合作为定距数据和定比数据的集中趋势测度值；最容易受极端值影响；对于偏态分布的数据，算术平均数的代表性较差；资料有开口组时，按相邻组组距计算假定性很大，代表性降低。

2.6　分布离散程度的测度

变异指标是反映总体各单位标志值的差别大小程度的综合指标，又称标志变动度。平均指标反映总体一般数量水平的同时，掩盖了总体各单位标志值的数量差异。变异指标弥补了这方面的不足，它综合反映了总体各单位标志值的差异性，从另一方面说明了总体的数量特征。平均指标说明总体各单位标志值的集中趋势，而变异指标则说明标志值的分散程度或离散趋势。

变异指标是衡量平均指标代表性的尺度。一般来讲，数据分布越分散，变异指标越大，平均指标的代表性越差；数据分布越集中，变异指标越小，平均指标的代表性越好。常用的变异指标有方差与标准差、内距、异众比率、极差、平均差、变异系数。

2.6.1 方差与标准差

方差（variance）和标准差（standard deviation）是测度数据变异程度的最重要、最常用的指标。方差是各个数据与其算术平均数的离差平方的平均数，通常用 σ^2 表示。方差的计量单位和量纲不便于从经济意义上进行解释，所以实际统计工作中多用方差的算术平方根——标准差来测度统计数据的差异程度。标准差又称均方差，一般用 σ 表示。方差与标准差的计算也分为简单平均法和加权平均法，另外，对于总体数据和样本数据，公式略有不同。

1. 总体方差和标准差

设总体方差为 σ^2，对于未经分组整理的原始数据，方差的计算公式为

$$\sigma^2 = \frac{\sum_{i=1}^{N}(X_i - \bar{X})^2}{N} \tag{2-12}$$

对于分组数据，方差的计算公式为

$$\sigma^2 = \frac{\sum_{i=1}^{K}(\bar{X}_i - \bar{X})^2 f_i}{\sum_{i=1}^{K} f_i} \tag{2-13}$$

式中，$\bar{X}_i$ 为第 i 组的平均数（组中值）；$\bar{X}$ 为总体平均数；f_i 为第 i 组的总体单位数。

方差的平方根即为标准差，其相应的计算公式为

$$\text{未分组数据：} \sigma = \sqrt{\frac{\sum_{i=1}^{N}(X_i - \bar{X})^2}{N}} \tag{2-14}$$

$$\text{分组数据：} \sigma = \sqrt{\frac{\sum_{i=1}^{K}(\bar{X}_i - \bar{X})^2 f_i}{\sum_{i=1}^{K} f_i}} \tag{2-15}$$

2. 样本方差和标准差

样本方差与总体方差在计算上的区别是：总体方差是用数据个数或总频数去除离差平方和，而样本方差则是用样本数据个数或总频数减 1 去除离差平方和，其中样本数据个数减 1（即 $n-1$）称为自由度。统计学上的自由度是指一组数据中可以自由取值的数据的个数。当样本数据的个数为 n 时，若样本均值 $\bar{x}$ 确定后，只有 $n-1$ 个数据可以自由取值，其中必有一个数据不能自由取值，故此时自由度为 $n-1$。

设样本方差为 S^2，根据未分组数据和分组数据计算样本方差与标准差的公式分别为

$$\text{未分组数据：} S^2 = \frac{\sum_{i=1}^{n}(x_i - \bar{x})^2}{n-1} \tag{2-16}$$

$$S = \sqrt{\frac{\sum_{i=1}^{n}(x_i - \bar{x})^2}{n-1}} \tag{2-17}$$

$$\text{分组数据：} S^2 = \frac{\sum_{i=1}^{k}(\bar{x}_i - \bar{x})^2 f_i}{\sum_{i=1}^{k} f_i - 1} \tag{2-18}$$

$$S = \sqrt{\frac{\sum_{i=1}^{k}(\bar{x}_i - \bar{x})^2 f_i}{\sum_{i=1}^{k} f_i - 1}} \tag{2-19}$$

【例 2-28】　考察一台机器的生产能力，利用抽样程序来检验生产出来的产品质量，假设收集的数据如表 2-30 所示。根据该行业通用法则：如果一个样本中的 14 个数据项的方差大于 0.005，则该机器必须关闭待修。问此时的机器是否必须关闭？

表 2-30　产品质量数据

3.43	3.45	3.43	3.48	3.52	3.5	3.39
3.48	3.41	3.38	3.49	3.45	3.51	3.5

解　根据已知数据，计算 $\bar{x} = \dfrac{\sum x_i}{n} = 3.459$

$$S^2 = \frac{\sum(x_i - \bar{x})^2}{n-1} = 0.002 < 0.005$$

因此，该机器工作正常。

方差和标准差是根据样本数据计算的，它反映了每个数据与其均值相比平均相差的程度，因此它能准确地反映数据的离散程度。其数值大小与变量的平均数大小有关，因此在统计过程中常常与平均数配合使用，样本方差和标准差是实际中应用最广泛的离散

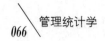

程度测度值。

2.6.2 内距

内距（inter-quartile range，IQR）也称四分位差，是四分位上、下两个分位数之差，一般用 Q 表示。内距反映了中间 50%数据的离散程度，不受极端值影响，可用于衡量中位数的代表性。

若将总体各单位标志值按从小到大顺序排列后划分为总体单位数相等的四部分，使每部分单位数各占 25%，它们的端点依次为 Q_0、Q_1、Q_2、Q_3、Q_4，且 $Q_1 \sim Q_3$ 的总体单位数占 50%，则 $Q_0 = x_{\min}$，$Q_4 = x_{\max}$，$Q_2 = M_e$，内距的计算公式为

$$Q = Q_3 - Q_1 \qquad\qquad (2\text{-}20)$$

式中，Q_3 为第三四分位数，Q_3 位置=1+3$(N-1)$/4；Q_1 为第一四分位数，Q_1 位置=1+$(N-1)$/4。

【例 2-29】 某宿舍 7 个人管理统计学的考试成绩从小到大依次为：68 分，70 分，75 分，78 分，80 分，83 分，85 分，求其内距。

解 （1）从内距角度，有：

$$Q_1 \text{位置}=1+(7-1)/4=2.5, \quad Q_3 \text{位置}=1+3\times(7-1)/4=5.5$$

则

$$Q_1 = 72.5 \text{（分）}, \quad Q_3 = 81.5 \text{（分）}$$

所以

$$Q = Q_3 - Q_1 = 81.5 - 72.5 = 9 \text{（分）}$$

即该总体各单位间内距为 9 分。

（2）若以后面介绍的极差概念来反映该总体各单位间的差距程度，则为

$$R = 85 - 68 = 17 \text{（分）}$$

显然，内距反映的只是数列中占总体 50%的单位之间的差异程度，数值越小，说明中间的数据越集中；数值越大，说明中间的数据越分散。由于中位数处于数据的中间位置，内距的大小在一定程度上说明了中位数对一组数据的代表程度。

因此，在测度顺序数据分布特征时，变异指标四分位数常常与平均指标中位数配套使用。此外，内距不受极端值影响，但内距也不是根据全部标志值计算的，存在与极差类似的缺点。

2.6.3 异众比率

异众比率（variation ratio）是指非众数组的频数占总频数的比例，用 V_r 表示。其计算公式为

$$V_r = \frac{\sum f_i - f_m}{\sum f_i} = 1 - \frac{f_m}{\sum f_i} \qquad\qquad (2\text{-}21)$$

式中，$\sum f_i$ 为变量值的总频数；f_m 为众数组的频数。

异众比率主要用于衡量众数对一组数据的代表程度。异众比率越大，说明非众数组的频数占总频数的比重越大，众数的代表性越差；异众比率越小，说明非众数组的频数占总频数的比重越小，众数的代表性越好。

因此，变异指标异众比率与平均指标众数更多时候在定类数据的分布特征测度时配套使用。当然，对于顺序数据以及数值型数据也可以计算异众比率。

2.6.4　极差

极差（range）也称全距，是指总体各单位的两个极端标志值之差，即

$$R = 最大标志值 - 最小标志值 \tag{2-22}$$

因此，极差（R）可反映总体标志值的差异范围。

【例 2-30】　有两个学习小组的管理统计学成绩分别为

第一组：60 分，70 分，80 分，90 分，100 分。

第二组：78 分，79 分，80 分，81 分，82 分。

很明显，两个小组的考试成绩平均分都是 80 分，但是哪一组的分数比较集中呢？

解　（1）若用极差指标来衡量，则有

$$R_甲 = 100 - 60 = 40（分）; \quad R_乙 = 82 - 78 = 4（分）$$

这说明第一组资料的标志变动度或离中趋势远大于第二组资料的标志变动度。

根据组距计算极差，是测定标志变动度的一种简单方法，但受极端值影响，因而它往往不能充分反映社会经济现象的离散程度。

（2）若根据组距数列计算极差，可用数列中最高一组的上限减去最低一组的下限来计算。

极差的计算方法比较简单，易于理解。由于它仅取决于总体中两个极端数值的大小，没有反映其他数值的差异，若两个变量数列进行比较，当极端数值相差较大，而中间数值分布比较均匀时，或当极端数值相同以及极差相同，而中间数值相差较大时，使用极差便不能得到确切的反映。

在实际工作中，极差常用于检查产品质量的稳定性和进行质量控制。在正常生产条件下，极差在一定范围内波动，若极差超过给定的范围，就说明有异常情况出现。因此，利用极差有助于及时发现问题，以便采取措施，保证产品质量。

2.6.5　平均差

平均差（mean deviation）是总体各单位标志对其算术平均数的离差绝对值的算术平均数。它综合反映了总体各单位标志值的变动程度。平均差越大，表示标志变动度越大；反之，则表示标志变动度越小。

在资料未分组的情况下，平均差的计算公式为

$$M.D = \frac{\sum_{i=1}^{N}|x_i - \bar{x}|}{N} \tag{2-23}$$

式中，x_i 为总体各单位标志值；N 为总体个数。

采用标志值对算术平均数的离差绝对值之和，是因为各标志值对算术平均数的离差之代数和等于零。以例 2-30 中第一组学生成绩为例，计算平均差如下：

$$M.D = \frac{|60-80|+|70-80|+|80-80|+|90-80|+|100-80|}{5} = 12(分)$$

在资料已分组的情况下，要用加权平均差公式：

$$M.D = \frac{\sum\limits_{i=1}^{N}|x_i - \bar{x}|f_i}{\sum\limits_{i=1}^{N}f_i} \tag{2-24}$$

【例 2-31】 某厂按月工资补贴水平分组的组距数列如表 2-31 所示，请计算平均差。

表 2-31 某厂按月工资补贴水平分组的组距数列

工资补贴/元	职工人数 f_i	组中值 x_i	$x_i f_i$	$x_i - \bar{x}$	$|x_i - \bar{x}|f_i$
250～270	15	260	3 900	−50	750
270～290	25	280	7 000	−30	750
290～310	35	300	10 500	−10	350
310～330	65	320	20 800	10	650
330～350	40	340	13 600	30	1 200
合计	180		55 800		3 700

根据公式计算得

$$\bar{x} = \frac{\sum x_i f_i}{\sum f_i} = \frac{55\,800}{180} = 310(元)$$

$$M.D = \frac{\sum|x_i - \bar{x}|f_i}{\sum f_i} = \frac{3700}{180} = 20.6(元)$$

由于平均差采用了离差的绝对值，不便于运算，这使其应用受到了很大限制。

2.6.6 变异系数

上面介绍的各离散程度测度值都是反映数据分散程度的绝对值，其数值的大小一方面取决于原变量值本身水平高低的影响，也就是与变量的均值大小有关。变量值绝对水平越高，离散程度的测度值自然也就越大；绝对水平越低，离散程度的测度值自然也就越小。另一方面，它们与原变量值的计量单位相同，采用不同计量单位计量的变量值，其离散程度的测度值也就不同。因此，对于平均水平不同或计量单位不同的不同组别的变量值，是不能直接用上述离散程度的测度值进行比较的。为了消除变量值水平高低和计量单位不同对离散程度测度值的影响，需要计算变异系数，又称离散系数。

变异系数通常是用标准差来计算的，因此，也称为标准差系数，它是一组数据的标准差与其相应的均值之比，是测度数据离散程度的相对指标，其计算公式为

$$V_\sigma = \frac{\sigma}{\overline{X}} \text{ 或 } V_S = \frac{S}{\overline{x}} \tag{2-25}$$

式中，V_σ 和 V_S 分别为总体变异系数和样本变异系数。

变异系数用于对不同组别数据的离散程度进行比较，变异系数越大说明该组数据的离散程度越大，其均值的代表性就越差；变异系数越小说明该组数据的离散程度越小，其均值的代表性就越好。

【例 2-32】 一项关于大学生体重状况的研究发现，男生的平均体重为 60 千克，标准差为 5 千克；女生的平均体重为 50 千克，标准差为 5 千克。那么是男生的体重差异大还是女生的体重差异大？

解 由于两组的平均体重不相等，应通过比较变异系数确定体重差异较大的组：

$$V_{女} = S / \overline{x} = 5 / 50 = 0.1, \quad V_{男} = S / \overline{x} = 5 / 60 = 0.08$$

对比可知女生的体重差异较大。

2.7 分布偏态与峰度的测度

统计数据分布的特征可以从三个方面进行测度和描述：一是分布的集中趋势，反映各数据向其中心值靠拢或聚集的程度，如算术平均数；二是分布的离散趋势，反映各数据远离其中心值的程度，如标准差；三是分布的偏态和峰度，反映数据分布的形状。本节我们介绍偏态和峰度。

2.7.1 偏态

偏态是对分布偏斜方向及程度的测度。利用众数、中位数和均值之间的关系就可以判断分布是左偏还是右偏。显然，判别偏态的方向并不困难，但要测度偏斜的程度就需要计算偏态系数。偏态系数的计算方法很多，这里仅介绍其中比较常用的一种。

偏态系数是对分布偏斜程度的测度，其计算公式为

$$SK = \frac{n \sum (x_i - \overline{x})^3}{(n-1)(n-2)\sigma^3} \tag{2-26}$$

式中，SK 为偏态系数；σ^3 为样本标准差的三次方；n 为样本个数；x_i 为第 i 个样本观测值；$\overline{x}$ 为样本均值。

若为组距数据，计算公式为

$$SK = \frac{\sum (x_i - \overline{x})^3 f_i}{\sum f_i \sigma^3} \tag{2-27}$$

式中，f_i 为第 i 个样本所占的频数。

从式（2-26）可以看出，偏态系数是由离差三次方的平均数再除以标准差的三次方

而得。当分布对称时，离差三次方后正负离差可以相互抵消，因而 SK 的分子等于 0，则 SK = 0，两侧尾部长度对称；当分布不对称时，正负离差不能抵消，就形成了正或负的偏态系数 SK。当 SK > 0 时，表示正离差值较大，可以判断为正偏或右偏，此时数据位于均值右边的比位于左边的少，直观表现为右边的尾部相对于左边的尾部要长，因为有少数变量值很大，使曲线右侧尾部拖得很长；反之，当 SK < 0 时，表示负离差值较大，可判断为负偏或左偏，此时数据位于均值左边的比位于右边的少，直观表现为左边的尾部相对于右边的尾部要长，因为少数变量值很小，曲线左侧尾部拖得很长。在计算 SK 时，将离差三次方的平均数除以 σ^3 是将偏态系数转化为相对数，SK 的绝对值越大，表示偏斜的程度越大。

在应用上，一般利用均值与众数比较，均值在众数的左边就是左偏，均值在众数的右边就是右偏，日常生活中的大多数数据都是右偏分布，如人们的工资收入水平。右偏和左偏的偏态图如图 2-22 所示。

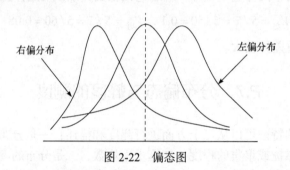

图 2-22 偏态图

【例 2-33】 已知我国某城镇居民家庭按纯收入分组的有关数据如表 2-32 所示，试计算其偏态系数。

表 2-32 某城镇居民家庭纯收入数据偏态及峰度计算表

按纯收入分组/万元	组中值 x_i	户数比重 f_i/%	$(x_i-\bar{x})^3 f_i$	$(x_i-\bar{x})^4 f_i$
5 以下	2.5	2.28	−154.64	2 927.15
5～10	7.5	12.45	−336.46	4 686.51
10～15	12.5	20.35	−144.87	1 293.53
15～20	17.5	19.52	−11.84	46.52
20～25	22.5	14.93	0.18	0.20
25～30	27.5	10.35	23.16	140.60
30～35	32.5	6.56	89.02	985.49
35～40	37.5	4.13	171.43	2 755.00
40～45	42.5	2.68	250.72	5 282.94
45～50	47.5	1.81	320.74	8 361.98
50 及以上	52.5	4.94	1 481.81	46 041.33
合计		100	1 689.25	72 521.25

注：计算过程中进行了四舍五入修约

根据表 2-32 中数据计算得

$$\bar{x} = \sum x_i \times \frac{f_i}{\sum f_i} = 21.429\,9\,(万元)$$

$$\sigma = \sqrt{\sum (x_i - \bar{x})^2 \times \frac{f_i}{\sum f_i}} = 12.089\,(万元)$$

将结果代入式（2-27）得

$$SK = \frac{\sum (x_i - \bar{x})^3 f_i}{\sum f_i \sigma^3} = 0.956$$

由计算结果可以看出，偏态系数为正值，而且数值较大，说明城镇居民家庭纯收入的分布为右偏分布，即收入较少的家庭占多数，而收入较高的家庭则占少数，而且偏斜的程度较大。

2.7.2　峰度

峰度是分布集中趋势高峰的形状。它通常是与正态分布相比较而言的，在归化到同一方差时，若分布的形状比正态分布更瘦更高，则称为尖峰分布，若比正态分布更矮更胖，则称为平峰分布，如图 2-23 所示。

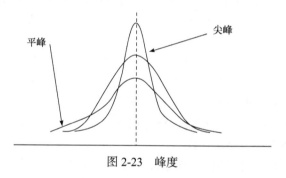

图 2-23　峰度

峰度系数是离差四次方的平均数，再除以标准差的四次方，其计算公式为

$$CK = \frac{\dfrac{1}{n}\sum_{i=1}^{n}\left(X_i - \bar{X}\right)^4}{\left[\dfrac{1}{n}\sum_{i=1}^{n}\left(X_i - \bar{X}\right)^2\right]^{\frac{4}{2}}} \tag{2-28}$$

若为组距数据，计算公式为

$$CK = \frac{\sum (x_i - \bar{x})^4 f_i}{\sum f_i \sigma^4} \tag{2-29}$$

式中，各参数定义同偏态系数。

公式中将离差的四次方除以 σ^4 是为了将峰度系数转化成相对数。用峰度系数说明分

布的尖峰和扁平程度，是通过与正态分布的峰度系数进行比较而言的。由于正态分布的峰度系数为3，当CK＞3时为尖峰分布，当CK＜3时为扁平分布。

【例 2-34】 根据例 2-33 数据计算峰度。将数据代入式（2-29）有

$$CK = \frac{\sum (x_i - \bar{x})^4 f_i}{\sum f_i \sigma^4} = 3.4$$

由于 CK = 3.4＞3，说明该城镇居民家庭纯收入的分布为尖峰分布，说明低收入家庭占有较大的比重。

本 章 小 结

1. 本章的前 3 节是对数据的介绍，包括如何用数据对客观事物进行计量，如何获得数据，以及对数据质量的评价。

2. 第 4 节介绍获得数据后如何进行整理，一般的程序是先分组，计算分配数列，进而形成直方图，可以粗略地观察到数据分布的特征。该节对统计表和统计图做了介绍。统计表按主词加工方法不同分为简单表、分组表和复合表；按宾词指标设计不同分为宾词不分组设计、宾词简单分组设计、宾词复合分组设计。统计图包括定类数据的图示（条形图、圆形图、曲线图）、定序数据的图示（累计频数分布图、环形图）、分组数据的图示（直方图、折线图）、未分组数据的图示（茎叶图、箱线图）、时间序列数据的图示（线图）及雷达图。

3. 本章的重点是第 5 节 "分布集中趋势的测度" 和第 6 节 "分布离散程度的测度"，在绝大多数情况下，特别是正态分布情况下，掌握了分布的集中趋势和离散程度就掌握了分布的所有特征。分布集中趋势的测度包括算术平均数、调和平均数、几何平均数、四分位数、切尾均值、中位数和众数；分布离散程度的测度主要有方差与标准差、内距、异众比率、极差、平均差、变异系数。

4. 对于非正态总体，有时也要计算偏斜的程度和高耸的程度，第 7 节对分布偏态与峰度进行了简单介绍。

▌思考题

1. 数据的计量尺度分为哪几种？不同计量尺度各有什么特点？
2. 间隔尺度和比例尺度有何区别？
3. 简要说明统计数据的来源，获取直接统计数据的渠道主要有哪些？
4. 简要说明数据质量的评价标准，误差控制有哪些方法？
5. 描述次数分配表的编制过程。
6. 描述茎叶图和箱线图的画法，说明茎叶图和箱线图的用途。
7. 使用统计表应注意哪些问题？怎样正确使用统计图？
8. 解释洛伦茨曲线及其用途。
9. 说明基尼系数的含义和用途。

10. 一组数据的分布特征可以从哪几个方面进行测度？

11. 怎样理解均值在统计学中的地位？

12. 对于比率数据的平均，为什么采用几何平均？

13. 简述众数、中位数和均值的特点和应用场合。

14. 为什么要计算离散系数？

15. 描述数据分布的离散程度有哪些指标？

16. 峰度和偏态描述分布的侧重点是什么？

案例分析

在某学期的统计学教学中，教师使用了英文教材，并采用了案例教学的方法。在学期结束时，采用以下问卷对 35 名学生进行了调查，调查问卷如下。

1. 你的性别：_____（0=男，1=女）。

2. 你的年龄为_____周岁。

3. 写出对于以下三种说法的观点（1=完全不同意，2=比较不同意，3=无所谓，4=比较同意，5=完全同意）。

（1）"我对统计学很感兴趣"（   ）。

（2）"英文教材的使用对我的学习帮助很大"（   ）。

（3）"案例对我掌握相关知识非常重要"（   ）。

4. 你概率论课程的考试成绩是_____。

5. 你上个月的生活费支出为（   ）元。

1=500 元以下，2=500～1000 元，3=1000～1500 元，4=1500～2000 元，5=2000～2500 元，6=2500～3000 元，7=3000～3500 元，8=3500 元以上。

6. 你的身高为_____厘米，体重为_____千克。

在考试结束后，调查数据又增加了学生的统计学考试成绩，最后得到的数据如表 2-33 所示。

表 2-33 学生调查得到的数据表

编号	性别	年龄/岁	统计学态度	英文教材态度	案例教学态度	概率论成绩/分	统计学成绩/分	月支出/元	身高/厘米	体重/千克
1	0	21	5	4	5	74	83	4	172	80
2	0	20	2	5	5	82	78	6	173	62
3	0	22	1	2	1	49	38	5	183	67
4	1	21	4	1	2	80	87	8	162	49
5	1	20	5	4	5	90	91	3	159	49
6	1	22	4	3	4	71	78	6	161	45
7	1	21	2	5	5	92	97	3	166	51
8	0	20	2	3	3	67	60	2	174	74
9	1	22	3	2	5	63	65	8	165	52
10	1	20	4	2	4	78	83	3	163	54
11	1	21	4	2	5	90	89	4	160	50

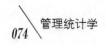

编号	性别	年龄/岁	统计学态度	英文教材态度	案例教学态度	概率论成绩/分	统计学成绩/分	月支出/元	身高/厘米	体重/千克
12	0	22	1	5	5	78	69	5	168	55
13	0	21	2	2	4	68	55	2	173	65
14	0	20	2	3	5	87	82	3	172	60
15	1	22	2	2	3	91	89	5	165	52
16	0	21	3	3	5	78	70	1	170	53
17	0	20	2	1	5	72	68	1	164	60
18	1	21	5	4	5	88	85	6	158	52
19	1	21	3	1	5	87	81	4	163	48
20	1	21	2	4	4	86	88	7	159	53
21	0	22	5	5	5	74	80	7	175	78
22	1	20	1	2	4	73	75	6	162	42
23	1	21	3	3	5	68	65	5	165	49
24	1	22	4	2	5	76	78	5	164	53
25	1	21	5	4	5	85	92	4	161	51
26	1	22	4	3	4	71	69	3	163	49
27	1	21	4	2	5	75	65	5	158	55
28	1	22	1	4	5	64	55	6	165	50
29	0	22	3	2	5	62	64	1	169	51
30	0	20	5	5	5	77	68	2	180	75
31	0	21	3	5	4	78	80	2	171	62
32	1	21	2	4	5	87	88	3	161	50
33	0	20	4	2	4	66	68	1	167	70
34	0	22	5	5	5	79	83	2	178	65
35	0	21	3	4	5	75	77	5	168	62

试解决以下问题：

1. 从表 2-33 中，如何操作可以直观知道全体学生、男生、女生三者对统计学、英文教材及案例教学的态度的大体情况。

2. 如果我们想知道学生的每月生活费支出、身高、体重的大体情况，可以采用哪些测度来表示，它们的值又是多少。

3. 如何对概率论成绩和统计学成绩进行组距式分组，根据该分组如何制作频率统计表和画出相应的统计图（如直方图、饼状图）。

第三章

抽样与抽样分布

共享单车使用情况调查

2016 年，共享单车突然闯入了人们的视野，在短短的时间内很多城市的路边都整齐地摆放着各种单车。由于其摒弃了传统公共自行车停车桩的设计，并结合 GPS 定位，极大地提高了人们的使用体验。不仅如此，将自行车与地铁公交结合的交通方式解决了"最后一公里"的出行问题，在一定程度上缓解了城市交通压力。人们只要打开软件就可以准确找到停车点，交付押金之后便可扫码用车，甚至后来发展为免押金用车。

便利、绿色、有效，这些优势使得共享单车飞速发展。在这个过程中涌现出了许多企业，如摩拜、ofo、哈啰、小蓝等版图都曾遍布各大城市和高校。随着激烈的市场竞争，从"小黄车"到"小蓝车"，从自行车到助力车，共享单车行业格局逐渐稳定，哈啰、青桔、小呗等成为现在人们重要的出行工具。到 2022 年，共享单车的价格也一路上涨，在现行价格中，美团、哈啰、青桔三家的单次起步价都达到了每半小时 1.5 元，同时还推出了各种骑行卡，包含 7 天、30 天、90 天等各种档位供用户选择。价格上涨后，过去选择单车出行的人或许会因此而减少单车的使用量。不过由于单车大多是在应急情况下使用，用户面对一定程度的价格上涨可能并不敏感。

但当共享单车野蛮生长之后，许多问题也随之而来，其中最明显的就是乱停乱放。大量闲置、损坏的共享单车随意摆放在道路两侧，成为城市治理的新难题，监管与治理也迫在眉睫。在此情形下，单车公司和政府都应该及时做出行动。对于单车公司来说，其不应盲目扩张，过度投放会导致更多的闲置车辆从而造成资源的浪费；政府也应加快相关立法和政策的颁布实施。同时，公民也应当加强环保意识，爱惜公共资源，不故意损坏车辆。

现广州某高校拟在校内引进共享电动单车，为确定合理的投放数量，对学生单车使用意向情况开展问卷调查。问卷按各学院人数比例进行投放，共计 1699 份，经分析整理的数据如表 3-1 所示。

表 3-1　广州某高校学生意向使用电动单车数

学院	希望使用单车人数/人	学院	希望使用单车人数/人
法学院	184	数理学院	326
文学院	311	体育学院	375
医学院	206	管理学院	297

基于上述案例思考以下几个问题。

1. 为什么要采取抽样调查的方式?

2. 该调查采用的是什么抽样方法?

3. 已知各学院人数,如何估计出需要引进的单车数量?

在对上述案例展开深入分析之前,我们必须首先审视与统计学紧密相连的几个基本问题。在众多情境下,全面普查因其巨大的执行难度和高昂的经济成本而显得尤为艰巨。以我国 2020 年所开展的第七次全国人口普查为例,该行动在全国范围内设立了高达 67.9 万个各级普查机构,动员了超过 700 万名普查工作者,而这尚未计入地方层面的财政投入。相较之下,抽样调查以其经济高效和相对精准的特点,成为一种备受青睐的研究手段。本章研究抽样调查的独特优势,并讨论如何预测抽样调查中的误差,以及如何科学地确定样本规模,同时还将学习抽样分布的理论与实践。

3.1　抽　样

3.1.1　抽样基本知识

样本是按照一定的抽样规则从总体中抽取的一部分单位的集合。统计学的一个主要任务是研究总体和样本之间的关系。这种关系可以从两个方向进行研究。第一个方向是从总体到样本,其目的是研究从总体中抽出的所有可能样本统计量的分布及其与原总体的关系。这就是本章所要讨论的抽样分布(sampling distribution)。第二个方向是从样本到总体,即从总体中随机抽取样本,并用样本对总体进行推断。这就是第五~七章将要讨论的统计推断问题。抽样分布是统计推断的基础。

1. 抽样与抽样调查

从总体中抽取一个样本作为总体的代表,这一过程称为抽样。即从总体中随机地取出其中一部分进行观察,由此而获得有关总体的信息。对样本进行调查,再根据抽样分布的原理利用样本资料对总体数量特征进行科学的估计与推断,这就是抽样估计。根据抽取原则的不同,抽样方法可分为概率抽样和非概率抽样。非概率抽样没有严格统一的定义,又称非随机抽样,是一种不按照随机原则、总体中各个单位被抽中的概率事先未知或难以确定的抽样,样本的抽取主要根据人们的主观判断或简便性原则来进行。概率抽样又称随机抽样,是一种以概率论和随机原则为依据来抽取样本的抽样,是使总体中的每个单位都按一个事先已知的非零概率被抽中的抽样，即任一总体中的个体单元是否被抽中是随机的，不是以研究人员的主观意愿来决定的。非概率抽样则是研究人员有意识地选择样本，而不是随机地抽取。一般的抽样都建立在随机的基础上，因此如果不特别指出，一般都是指概率抽样。而抽样调查是指使用一部分调查结果来推算总体特征的非全面调查的调查组织形式和方法的总称。

2. 抽样的特点

一般而言，概率抽样具有三个典型的特征。

1）随机性

在对研究现象总体进行抽样时，均按照随机原则来抽取样本并以此来对总体特征进行估计。其中随机性是指在抽取样本时不掺杂任何主观意愿，保证总体中每个单位具有相同的概率被选中。抽样的随机性使得所抽取的样本能够在很大程度上接近总体实际情况，从而让样本数据更具有代表性。

2）部分推断总体

抽样调查本身就是从总体中抽取出一部分进行研究推断，其包含两个环节：一是从总体中抽取样本并构造出反映样本数量特征的统计量；二是以抽样理论和方法为依据，用样本统计量对总体数量特征进行推断。

3）抽样推断的误差可以事先计算并加以控制

在实际计算中，每次抽取的样本不一定相同，所获得的样本资料也不同，故用样本推断总体特征时会存在一定误差，而这种误差可以采取相应的措施加以控制，将其限制在一定范围内。

3. 抽样的作用

抽样调查在许多领域都发挥着重要的作用，并且其相比于全面调查也有许多独特的优势。

（1）调查无限总体或数量庞大的总体。往往很多调查对象难以进行全面普查，采用抽样调查可以大大降低成本、提高效率。例如，调查某地区居民平均收入。

（2）用于破坏性或损耗性的产品质量检验。例如，检验一批药品是否合格，测试灯泡的使用寿命等。

（3）作为全面调查的补充与修正。由于全面调查涉及人员多、时间跨度长、登记性误差较大，因此会另外将抽样调查的数据作为对全面调查资料的补充，或进行对比与修正来提高调查的准确性。

（4）验证对总体数量特征的假设。例如，在验证新型机器对生产效率是否有提高作用时，可先提出假设，再通过抽取样本进行分析检验，最后给出判断。

3.1.2　常用的抽样方法

在大多数实际应用中，随机变量的分布是未知的。因此，真实的均值 μ 和方差 σ^2 是未知的，需要去估计。描述总体或概率分布的数值被称为参数。例如，二项分布中成功的概率P，以及正态分布的均值μ和标准差σ，都是参数。参数值是对总体特征的数量描述，由于参数是根据总体全部观察值计算的结果，所以参数值几乎总是未知的。抽样调查是一种常用的统计技术，其目的是用样本统计量推断人们所关心的总体参数。本节介绍一些常用的抽样方法。

1. 简单随机抽样

1）定义

从总体中抽取n个单位作为样本时，要使得每一个总体单位都有相同的概率被抽中，这样的抽样方法称为简单随机抽样（simple random sampling），又称为纯随机抽样。它是应用极为广泛的抽样方法，也是最基本的抽样方法之一。简单随机抽样在抽样理论中占有重要的地位，其他抽样方法都是在它的基础上发展起来的。但简单随机抽样也有许多局限性，如若总体单位数N很大时，则编制抽样框较困难，可能得到一个"差"的简单随机样本等，所以其他抽样方法都是针对它的局限性发展起来的。

简单随机抽样又分为重复简单随机抽样（简称重复抽样）和不重复简单随机抽样（简称不重复抽样）。例如，从60个红、黄、蓝三色彩球箱里随机拿出一个球，进行测量后，再把这个球放回彩球箱中就是典型的重复抽样；而拿出的球不再放回彩球箱进行统计测量就是不重复抽样。在实际生活中，重复抽样和不重复抽样都有大量的案例。例如，福利彩票开奖的时候，会将若干个写有数字的乒乓球充分搅拌均匀后，随机地一个个抽出乒乓球（数字），而某个乒乓球一旦抽出，就不会放回摇号机中，因此这是一个典型的不重复抽样事件。实际中应用较多的是不重复抽样，故本节如果没有特别说明，都是指不重复抽样。

2）抽样方法

简单随机抽样的过程为：首先将总体N个单位从1到N编号，每个单位对应一个号；然后从所编的号中抽号，如果抽到某个号，则对应的那个单位入样，直到抽够n个单位为止。简单随机抽样通常有以下两种方法。

（1）抽签法。当总体单位N较少时，可以用同质均匀的材料制作N个签，并充分混合，可分别采取两种方法抽取：一种是全样本抽选法，即从N个签中一次抽选n个，这n个签上的号码即为入样的单位号码；另一种是逐个抽选法，即一次抽取一个签，但不放回，接着抽下一个签，直到抽够n个签为止，再将这n个签上号码所对应的单位入样。可以证明，这两种方法抽到的n个单位的样本是等价的。

（2）随机数法。当总体较大时，抽签法实施起来比较困难，这时可以利用随机数表、随机数色子、摇奖机、计算机产生的伪随机数进行抽样。

2. 分层抽样

分层抽样（stratified sampling）也是一种常见的抽样方法。利用辅助信息，在抽样之前将总体的N个单元划分为互不交叉、互不重叠的H层，每一层包含的单元数分别为$N_1, N_2, \cdots, N_H$，从而$N = \sum_{i=1}^{H} N_i$。然后在每一层中进行独立抽样，分别从各层中抽取容

量为 $n_1, n_2, \cdots, n_H$ 的样本，得到的样本容量为 $n = \sum_{i=1}^{H} n_i$，且设第 h 层中第 i 个单元的观测值为 y_{hi}。这种抽样方式就是分层抽样，也被称为分类抽样。由上述定义，在每层内采取的抽样方法可以相同，也可以不同。若每层中的抽样是简单随机抽样，那么这种分层抽样就称作分层随机抽样，所得到的样本称为分层随机样本。一般所说的分层抽样就是分层随机抽样。由于将总体分层之后可看成分为了若干个小总体，并从中抽取相应比例的样本，以下从三个方面说明其均值及方差计算。

1）层内均值和方差

层内样本均值 $\bar{y}_h$ 为

$$\bar{y}_h = \frac{1}{n_h} \sum_{i=1}^{n_h} y_{hi} \tag{3-1}$$

层内样本方差 S_h^2 为

$$S_h^2 = \frac{1}{n_h - 1} \sum_{i=1}^{n_h} \left(y_{hi} - \bar{y}_h \right)^2 \tag{3-2}$$

2）抽样均值及其方差估计

将各层样本均值加权平均可得抽样均值的估计值 $\bar{y}_{st}$，

$$\bar{y}_{st} = \sum_{h=1}^{H} W_h \bar{y}_h \tag{3-3}$$

式中，$W_h = \dfrac{N_h}{N} = \dfrac{n_h}{n}$ 为层权。

由于各层内抽样方式有重复抽样与不重复抽样两种，故抽样均值估计值的方差分为两种情况。

重复抽样时：

$$S^2 \left(\bar{y}_{st} \right) = \frac{1}{n} \sum_{h=1}^{H} W_h S_h^2 = \sum_{h=1}^{H} W_h^2 \frac{S_h^2}{n_h} \tag{3-4}$$

不重复抽样时：

$$S^2 \left(\bar{y}_{st} \right) = \sum_{h=1}^{H} W_h^2 \frac{S_h^2}{n_h} \left(1 - f_h \right) \tag{3-5}$$

式中，$f_h = \dfrac{n_h}{N_h}$ 为各层抽样比。

3）抽样比例的估计

已知各层比例 p_h 后，加权平均可得抽样比例的估计值 $\hat{P}_{st}$，

$$\hat{P}_{st} = \sum_{h=1}^{H} W_h p_h \tag{3-6}$$

抽样比例的估计值方差为 $S^2 \left(\hat{P}_{st} \right)$，

$$S^2\left(\hat{P}_{st}\right) = \sum_{h=1}^{H} W_h^2 S^2\left(p_h\right) = \frac{1}{N^2} \sum_{h=1}^{H} \frac{N_h^2\left(N_h - n_h\right)}{N_h - 1} \frac{p_h\left(1 - p_h\right)}{n_h}$$

$$\approx \sum_{h=1}^{H} \frac{W_h^2 p_h\left(1 - p_h\right)}{n_h}\left(1 - f_h\right)$$

（3-7）

在了解调查目标以及总体特点之后，遇见以下几种情况可采取分层抽样。

（1）调查中不但要考察总体参数，还要对层的参数进行估计。例如，在全国的调查中，在获取全国结果的同时，还需要对各省进行分析。

（2）总体内不同层间存在较大差异。此时采用分层抽样可以使样本均匀性更好，提高估计量的精度。

（3）进行大规模调查。实施分层抽样调查时其组织管理与数据处理都比较方便，其中各层还可根据具体情况和特性采取不同的抽样方法，使得分层抽样中数据收集、汇总和处理都可按层独立处理。

采取分层抽样方法时，应该使层（类）间的差距尽可能大，而层内个体之间的差异尽可能小。层次的划分根据具体的调查对象和研究问题而定。比如，研究某个商品的广告在不同年龄段人群的效果和反应的市场调查中，就可以把年龄作为一个分层的依据。而在研究学历对收入影响的时候，可以把学历作为一个分层的标准进行分层抽样。

分层抽样在实际的抽样调查中应用非常普遍，主要是因为分层抽样有以下几个方面的优点：首先，分层抽样的研究对象更为具体，不仅可以研究总体，还可以研究具体某个层次的子总体；其次，分层抽样适合大规模、跨地区和跨行业的调查，方便抽样调查的组织和实施；最后，通过分层处理，可以使得样本的采集在总体中分布均匀，从而可以在某种程度上提高估计的精度。

分层抽样简要步骤为：第一，按照总体各部分特征将总体分成若干层。第二，按照具体情况和条件采用相应的抽样方法。例如，一些层采用等概率抽样，另一些层采用不等概率抽样。第三，获取并处理数据来对总体参数进行估计和分析。

例如，在对广州地区收视率情况进行分析时，将广州市按区划分为越秀区、海珠区、荔湾区、天河区、白云区、黄埔区、番禺区、花都区、南沙区、从化区和增城区共 11 层采集样本。之后选取 6～70 岁常住人口为调查对象，并以家庭户为单位随机抽取了全市 340 户家庭作为总样本，其中抽样调查的样本配额及分布如表 3-2 所示。

表 3-2　抽样调查的样本配额及分布

市区	样本户
合计	340
越秀区	55
海珠区	48
荔湾区	52
天河区	45
白云区	40

续表

市区	样本户
黄埔区	20
番禺区	20
花都区	20
南沙区	12
从化区	10
增城区	18

【例 3-1】 某企业生产产品的产量 $A = 44$ 吨，根据不同生产方法将全部产品分为三部分，第一部分产量 $A_1 = 14$ 吨，第二部分产量 $A_2 = 16$ 吨，第三部分产量 $A_3 = 14$ 吨，用容量为 0.1 吨的样本单位，按比例进行分层抽样，共抽取样本 $n = 22$。第一部分抽取 7 个样本单位，计算得到平均收益为 6.63 元/吨，方差为 9.5；第二部分抽取 8 个样本单位，平均收益为 14.13 元/吨，方差为 12.6；第三部分抽取 7 个样本，平均收益为 22.47 元/吨，方差为 20.8。试估计总体产品的平均收益及其抽样方差。

解 （1）抽取样本可看作不重复抽样。其总体产品平均收益估计值为

$$\bar{y}_{st} = \sum_{h=1}^{H} W_h \bar{y}_h = \frac{7}{22} \times 6.63 + \frac{8}{22} \times 14.13 + \frac{7}{22} \times 22.27 = 14.33$$

（2）第一部分可划分样本 140 个，故抽样比为

$$f_h = \frac{n_h}{N_h} = \frac{7}{140} = \frac{1}{20}$$

该平均收益的估计值方差为

$$S^2(\bar{y}_{st}) = \sum_{h=1}^{H} W_h^2 \frac{S_h^2}{n_h} (1 - f_h)$$

$$= \left(\frac{7}{22^2} \times 9.5 + \frac{8}{22^2} \times 12.6 + \frac{7}{22^2} \times 20.8 \right) \times \left(1 - \frac{1}{20} \right) = 0.61$$

3. 簇群抽样

簇群抽样（cluster sampling），也称整群抽样，就是先将总体依据存在的某种联系划分为几个簇群（cluster），即初级抽样单元，然后以群为单位进行抽样，进而对抽中的各个群中包含的所有个体单位（即次级抽样单元）进行观察和研究。例如，对某居民小区的户均网购情况进行调查，可以采取两种不同的抽样方法：一种方法是将住户看作基本抽样单元，采用简单随机抽样对被选中的住户进行调查；另一种方法是将小区内每栋居民楼看成一个群，随机抽取一定数量的居民楼，然后对楼内所有的住户进行调查。

设总体共有 N 个簇群，每个簇群包含 M_i 个单元，现从中抽取出 n 个簇群调查，且第 i 个簇群中的第 j 个单元观察值为 y_{ij} （$i = 1, 2, \cdots, n; j = 1, 2, \cdots, M_i$），则有第 i 个簇群总量

$y_i = \sum\limits_{j=1}^{M_i} y_{ij}$。此时，总体均值估计值 $\bar{y}_{cl}$ 为

$$\bar{y}_{cl} = \frac{1}{n} \sum\limits_{i=1}^{n} \frac{y_i}{\bar{M}} \qquad (3\text{-}8)$$

式中，总体群内平均单元数 $\bar{M} = \dfrac{\sum\limits_{i=1}^{N} M_i}{N}$。

均值估计值方差 $S^2(\bar{y}_{cl})$ 为

$$S^2(\bar{y}_{cl}) = \frac{1}{n(n-1)} \sum\limits_{i=1}^{n} \left(\frac{y_i}{\bar{M}} - \bar{y}_{cl} \right)^2 (1-f) \qquad (3\text{-}9)$$

式中，抽样比 $f = \dfrac{n}{N}$。

假设 α_i 为第 i 个簇群中具有某种特性的单元个数，则总体比例估计值 $\hat{P}_R$ 为

$$\hat{P}_R = \frac{\sum\limits_{i=1}^{n} \alpha_i}{\sum\limits_{i=1}^{n} M_i} \qquad (3\text{-}10)$$

估计值方差 $S^2(\hat{P}_R)$ 为

$$S^2(\hat{P}_R) = \frac{1}{n(n-1)} \cdot \frac{\sum\limits_{i=1}^{n} M_i^2 (p_i - \hat{P}_R)^2}{\bar{M}^2} (1-f) \qquad (3\text{-}11)$$

特别地，当各簇群单元数相同时，公式可简化为

$$S^2(\hat{P}_R) = \frac{1}{n(n-1)} \sum\limits_{i=1}^{n} (p_i - \hat{P}_R)^2 (1-f) \qquad (3\text{-}12)$$

在进行簇群抽样时，除了之前所提到的简要步骤以外，需要注意的是簇群与簇群之间不能有重叠部分且总体单元不能有遗漏，保证总体内任意一个单元属于且只属于某一个簇群。存在以下几种情况时就可以采用簇群抽样。

（1）当调查涉及范围较大，查寻和往返所消耗的时间和费用高时，采用簇群抽样可以节省大量往返的时间，减少统计费用，在预算经费不多的条件下获得更高的精度。

（2）总体内单元无法完全掌握或编制完整抽样框难度较大。例如，在对林木草地等进行调查时，采用簇群抽样即可利用区域划分将林木划分为自然群，方便进行抽样。

（3）总体内有自然形成的或现有的群且群内各单位差异明显，基本接近总体特征。例如，在调查广州市高中学生眼睛视力度数情况时，可从现有高中中随机抽取 5 所来进行调查，分析所抽取学校内的全部学生来简化调查。

簇群抽样的优点是抽样工作简单高效，而且当簇群内各单位差异明显，基本能够反

映和接近总体特征的时候，簇群抽样的精度较好；但是，如果抽中的簇群与总体特征差距明显，则会导致估计精度较低，效果较差。与分层抽样相比，簇群抽样是选择一个或者几个簇群作为总体的代表，而簇群的划分有时并没有一个客观的标准。因此，从抽样估计的总体精度考虑，簇群抽样要低于分层抽样。但由于簇群抽样调查单位相对集中，单位平均调查费用较少，因此可以适当扩大簇群样本量以提高簇群抽样的精度，同时使调查费用减少。

簇群既可以是自然形成的实体，如河流、地块等，也可以是现有的机构、组织，如企业、学校、街区、乡镇等，还可以是人为划分的单位，如对学生进行分班等。若簇群是自然形成的或现有的单位时，抽样框就确定了，此时抽样变得更方便。但当簇群需通过划分确定时，则需要考虑两个问题：一是如何定义簇群的组成，此时主要是以簇群的组成能使簇群样本估计量精度尽可能高为出发点；二是如何确定簇群的规模，此时考虑的问题主要是如何在精度与费用之间取得平衡。

【例3-2】 某大型工厂共有2072名工人，划分为53个工作小组，各小组内的工人人数不等，现从全部小组中随机抽取 14 个小组来调查全体工人平均每人生产的零件个数，结果如表3-3所示。

表3-3 各组工人生产零件数据

小组	1	2	3	4	5	6	7	8	9	10	11	12	13	14
人数	32	83	18	30	55	24	66	48	64	30	40	70	48	25
生产个数	351	906	316	287	914	284	598	359	784	393	489	516	793	401
达标人数	26	77	16	21	53	19	57	36	57	26	35	59	47	23

（1）试估计工厂工人平均生产零件个数及其方差。

（2）若工人生产零件数不少于 10 即为达标，且抽取的各小组工人达标人数如表3-3所示，求该工厂工人达标比例估计值及其方差。

解 该工厂各工作小组的平均人数为

$$\bar{M} = \frac{M_0}{N} = \frac{2072}{53} = 39.09$$

抽样比 $f = \dfrac{n}{N} = \dfrac{14}{53} = 0.264 = 26.4\%$

（1）所抽取样本小组平均生产零件个数为

$$\bar{y}_{cl} = \frac{1}{n} \sum_{i=1}^{n} \frac{y_i}{\bar{M}} = \frac{1}{14} \times 189.056 = 13.5 \text{（个/人）}$$

所估计均值的方差为

$$S^2(\bar{y}_{cl}) = \frac{1}{n(n-1)} \sum_{i=1}^{n} \left(\frac{y_i}{\bar{M}} - \bar{y}_{cl} \right)^2 (1-f) = \frac{452.12}{14 \times 13} \times (1-0.264) = 1.83$$

（2）该工厂工人达标比例估计值为

$$\hat{P}_R = \frac{\sum_{i=1}^{n}\alpha_i}{\sum_{i=1}^{n}M_i} = \frac{552}{633} = 0.872$$

达标比例估计值方差为

$$S^2\left(\hat{P}_R\right) = \frac{1}{n(n-1)} \cdot \frac{\sum_{i=1}^{n}M_i^2\left(p_i - \hat{P}_R\right)^2}{\bar{M}^2}(1-f)$$

$$= \frac{1}{14 \times 13} \times \frac{148.9415}{39.09^2} \times (1-0.264) = 0.000\,394$$

4. 等距抽样

把总体按照某种顺序进行排列，然后采取某种既定规则间隔抽取个体的抽样方式被称为等距抽样或系统抽样（systematic sampling），又称为机械抽样。

为了进一步提高抽样的效率，如果知道总体的大致分布状况，就可以对总体进行一个简单的排序，再采取等距的方式进行抽样，则可以极大提高抽样的效率，同时如果对总体的大致信息掌握较为充分，等距抽样还可以提高推断估计的精度。总体而言，等距抽样具有以下优点。首先，简单容易。当需要的样本容量很大时，简单随机抽样需要逐个产生随机数字来抽选，效率低下；而等距抽样因为已经对总体进行了简单排序，则可以设定间隔来快速抽取样本。其次，等距抽样的样本相对简单随机抽样来说，分布较为均匀，因此实际的抽样误差很可能低于简单随机抽样。

根据等距抽样的定义，可以看出它有一个显著的特点，就是等距抽样只需先随机抽取一个样本单位，然后按照某种规则，顺次得到整个样本。这里所提到的"某种规则"，是指实现样本单位抽取的一种规定和安排。在此基础上，等距抽样可以划分为直线等距抽样、循环等距抽样、修正直线等距抽样、对称等距抽样、不等概率等距抽样等。本节主要讨论直线等距抽样。

总体单元数为 N，样本容量为 n，当 N 是 n 的整数倍时，可以采用直线等距抽样的方法。方法如下：把总体单元排成一条直线，以 $k = N/n$ 为抽样间距，把总体分为 n 段，每段 k 个单元。然后从 1 至 k 之间随机抽取一个整数 r，即在第一段的 k 个单元中随机抽取一个单元为起点，假设为第 r 个单元，而后每隔 k 个单元抽出一个样本单元，直到抽满 n 个单元。这样总体中编号为 $r+(j-1)k$（$j=1,2,\cdots,n$）的单元全部入样。设 y_{ij} 表示以总体中第 i 个单元为起点所抽取样本中的第 j 个单元观测值。

将第 i 个样本为起点的样本组均值 $\bar{y}_i$ 作为总体均值 $\bar{y}_{sy}$ 的估计值，即

$$\bar{y}_{sy} = \bar{y}_i = \frac{1}{n}\sum_{j=1}^{n}y_{ij} \tag{3-13}$$

所估计值的方差 $S^2(\bar{y}_{sy})$ 为

$$S^2(\bar{y}_{sy}) = \frac{1}{n(n-1)} \sum_{j=1}^{n} (y_{ij} - \bar{y}_{sy})^2 \left(1 - \frac{n}{N}\right) \quad (3\text{-}14)$$

【例3-3】 一大学拟考察某专业 150 名学生的统计学成绩,采用了等距抽样的方式,抽样间距为 10,抽取了共 15 名同学的成绩作为样本,成绩(单位:分)分别为 85, 87, 81, 95, 75, 78, 83, 90, 86, 88, 80, 89, 91, 79, 85。试估计该专业平均分数及其方差。

解 该专业统计学成绩的均值估计值为

$$\bar{y}_{sy} = \bar{y}_i = \frac{1}{n} \sum_{j=1}^{n} y_{ij} = \frac{1}{15} \times 1272 = 84.8 \ (\text{分})$$

均值估计值的方差为

$$S^2(\bar{y}_{sy}) = \frac{1}{n(n-1)} \sum_{j=1}^{n} (y_{ij} - \bar{y}_{sy})^2 \left(1 - \frac{n}{N}\right)$$

$$= \frac{1}{15 \times 14} \times 420.4 \times (1 - 0.1) = 1.8$$

3.1.3 抽样调查实施案例

在对总体对象进行调查时,由于其复杂程度与特点不同,需要制定出详细的计划步骤和实施过程。一个完整的抽样调查过程的基本程序包括设计抽样方案、编制抽样框和设计调查表、试抽样调查、正式抽样调查、数据处理、推断分析、总结评估七个步骤。同时,在设计抽样方案时,需要根据调查的目标要求、总体分布的特点、区域地形等因素选择合适的抽样调查方法,如之前介绍的简单随机抽样、分层抽样、簇群抽样、等距抽样等。

【案例】 全国电视观众抽样调查方案(部分)

1. 调查目的、范围和对象

(1)调查目的:准确获取全国电视观众群体规模、构成以及分布情况;获取这些观众的收视习惯,对电视频道和栏目的选择倾向、收视人数、收视率与喜爱程度;为改进电视频道和栏目、开展电视观众行为研究提供新的依据。

(2)调查范围:31 个省、自治区、直辖市(港澳台地区除外)中所有电视信号覆盖区域。

(3)调查对象:全国城乡家庭户中 13 岁以上的可视居民以及 4~12 岁的儿童。包括有户籍的正式住户也包括所有临时的或其他的住户,只要已在本居(村)委会内居住满 6 个月或预计居住 6 个月以上,都包括在内。不包括住在军营内的现役军人、集体户及无固定住所的人口。

2. 抽样方案设计的原则与特点

1)设计原则

抽样方案设计按照科学、效率、便利的原则。首先,作为一项全国性抽样调查,整体方案必须是严格的概率抽样,要求样本对全国及某些指定的城市或地区有代表性。其次,抽样方案必须保证有较高的效率,即在相同样本量的条件下,方案设计应使调查精度尽可能高,也即目标量估计的抽样误差尽可能小。最后,方案必须有较强的可操作性,不仅便于具体抽样的实施,也要求便于后期的数据处理。

2)需要考虑的具体问题、特殊要求及相应的处理方法

A. 城乡区分

城市与农村的电视观众的收视习惯与爱好有很大的区别。理所当然地应分别研究,以便于对比。最方便的处理是将他们作为两个研究域进行独立抽样,但这样做的代价是样本量较大,调查的地域较为分散,相应的费用也较高。另一种处理方式是在第一阶抽样中不区分城乡,统一抽取抽样单元(如区、县),在其后的抽样中再区分城乡。这样做的优点是样本点相对集中,但数据处理较为复杂。综合考虑各种因素,建议采用第二种处理方式。

在样本区、县中,以居委会的数据代表城市;以村委会的数据代表农村。

B. 抽样方案的类型与抽样单元的确定

全国性抽样必须采用多阶抽样,而多阶抽样中设计的关键是各阶抽样单元的选择,其中尤以第一阶抽样单元最为重要。本项调查除个别直辖市及城市外,不要求对省、自治区进行推断,从而可不考虑样本对省的代表性。在这种情况下,选择区、县作为初级抽样单元最适宜。因为全国区、县的总量很大,区、县样本量也会比较大,因而第一阶的抽样误差比较小。另外对区、县的分层也可分得更为精细。

本抽样方案采用分层五阶抽样,各阶抽样单元确定如下。

第一阶抽样:区(地级市以上城市的市辖区)、县(包括县级市等)。

第二阶抽样:街道、乡、镇。

第三阶抽样:居委会、村委会。

第四阶抽样:家庭户。

第五阶抽样:个人。

为提高抽样效率,减少抽样误差,在第一阶抽样中对区、县按地域及类别分层;在每一层内前三阶抽样均采用与人口成正比的不等概率(probability proportional to size,PPS)系统抽样;而第四阶抽样采用等概率系统抽样,即等距抽样;第五阶抽样采用简单随机抽样。

……

3.2 中心极限定理

3.2.1 两个中心极限定理

样本均值 $\bar{X}$ 的抽样分布与总体和样本大小都有关系,并且有以下基本结论。

如果原有总体是正态分布,那么无论样本容量大小,样本均值 $\bar{X}$ 的抽样分布都服从正态分布。如果原有总体是非正态分布,则在样本容量足够大的时候($n \geqslant 30$),无论总

体服从何种分布，样本均值 $\bar{X}$ 都将趋近于正态分布，而且其分布的数学期望等于总体的数学期望 μ，方差为总体方差的 $1/n$。这就是著名的林德伯格–列维中心极限定理，即独立同分布的中心极限定理。

林德伯格–列维中心极限定理　设从均值为 μ、方差为 σ^2 的一个任意总体中抽取容量为 n 的样本，当 n 充分大（ $n \geqslant 30$ ）时，样本均值的抽样分布近似服从均值为 μ、方差为 σ^2/n 的正态分布。该定理可以用图 3-1 来表示。

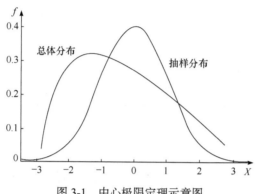

图 3-1　中心极限定理示意图

棣莫弗–拉普拉斯中心极限定理　设变量 Y 服从二项分布 $B(n,p)$，即 Y_n 表示 n 重伯努利试验中事件发生的次数。当 n 充分大（ np、$n(1-p) \geqslant 5$ ）时，Y_n 近似服从数学期望为 np、方差为 $np(1-p)$ 的正态分布。其也可理解为总体单位服从 0-1 分布，在样本容量足够大时，样本均值 $\bar{X}$ 趋近于数学期望为 p、方差为 $p(1-p)/n$ 的正态分布。同样地，样本均值 $\bar{X}$ 的数学期望等于总体的数学期望 p，方差为总体方差的 $1/n$。

3.2.2　中心极限定理的应用

设从均值为 μ、方差为 σ^2 的一个任意总体中抽取容量为 n 的样本。根据中心极限定理，当 n 充分大时，样本均值的抽样分布近似服从均值为 μ、方差为 σ^2/n 的正态分布。

在实际的调查与推断中，总体的分布往往是未知的。通过中心极限定理，只要抽样样本足够大，就可以利用正态分布的性质进行各种统计推断。下面用具体的例子介绍中心极限定理的应用。

【例 3-4】　临近重大节日，为了满足巨大的市场需求，副食品加工厂需要提高食品的生产规模，而此时工厂的质量管理人员对工厂生产的副食品进行质量检验，检验指标中主要是某个硝酸盐（ NO_3^- ）或亚硝酸盐（ NO_2^- ）的含量（＜45 毫克/千克）是否超标，一个生产商声明自己食品中硝酸盐或亚硝酸盐的含量为 43 毫克/千克，标准差为 5 毫克/千克。质量监督机构决定抽取 40 个样本来检测含量进行核实。假设如下。

（1）假设这个生产商的声明是真实的，请描述 40 个样本平均硝酸盐或亚硝酸盐含量的抽样分布。

（2）假设这个生产商的声明是真实的，则质量监督机构抽取 40 个样本硝酸盐或亚硝酸盐含量均值大于或等于 45 毫克/千克的概率是多少？

解 （1）尽管我们没有总体的分布信息，但是根据中心极限定理推断：对于这 40 个样本来说，平均硝酸盐或亚硝酸盐含量的抽样分布近似服从正态分布。因此这批样本的均值与总体的均值是相同的。根据生产商的声明，平均含量为 43 毫克/千克，标准差为 5 毫克/千克，假设此声明是真实的，那么这 40 个样本的硝酸盐或亚硝酸盐含量均值 $\bar{X}$ 的方差 $\sigma^2 = \dfrac{5^2}{40} = 0.625$，均值的抽样分布近似服从 $N(43,0.625)$，如图 3-2 所示。

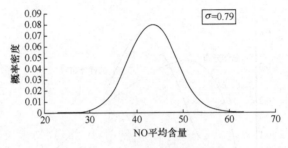

图 3-2　NO 平均含量的抽样分布

（2）假设生产商的声明是真实的，则对于 40 个样本的抽样来说，硝酸盐或亚硝酸盐含量均值大于或等于 45 毫克/千克的概率 $p\{\bar{x} \geqslant 45\}$ 计算如下。

因为 $\bar{X} \sim N\left(\mu, \dfrac{\sigma^2}{n}\right)$，令 $Z = \dfrac{\bar{X} - \mu}{\sigma / \sqrt{n}} \sim N(0,1)$，则

$$\frac{\bar{x} - \mu}{\sigma / \sqrt{n}} = \frac{45 - 43}{5 / \sqrt{40}} = 2.53$$

查表可知，$P\{Z \geqslant 2.53\} = 1 - 0.9943 = 0.0057$，即根据生产商的声明，硝酸盐或亚硝酸盐含量大于或等于 45 毫克/千克的概率为 0.0057。

【例 3-5】 某公司开发了一款盲盒产品，生产的每批盲盒中有 20% 是精美玩偶，80% 是普通卡片。用 X 表示任意抽取的 100 个盲盒里开出玩偶的个数。

（1）X 服从哪种分布？

（2）开出盲盒的数量不少于 14 个且不多于 30 个的概率近似是多少？

解 （1）X 服从 $n=100$、$p=0.2$ 的二项分布。

（2）根据棣莫弗-拉普拉斯中心极限定理，

$$P\{14 \leqslant X \leqslant 30\} = P\left\{\frac{14 - 20}{4} \leqslant \frac{X - E(X)}{\sqrt{D(X)}} \leqslant \frac{30 - 20}{4}\right\}$$

$$= P\left\{-1.5 \leqslant \frac{X - E(X)}{\sqrt{D(X)}} \leqslant 2.5\right\} \approx \Phi(2.5) - \Phi(-1.5) = 0.927$$

故开出盲盒的数量不少于 14 个且不多于 30 个的概率近似为 0.927。

3.3 抽样分布

3.3.1 基本概念

假设通过抽样来估计总体的均值μ，可以用一个样本统计量进行估计。此时，可以选择样本均值或者样本中位数作为估计量。但是哪一个样本统计量是更好的？如果要回答这个问题，可以先看一个例子：投掷一枚均匀的骰子，出现的点数为随机变量X，总体真实的均值$\mu = 3.5$。假设一次投掷试验中，投掷了3次，分别出现的点数值为1、3、4，此次事件中样本的均值为2.67，样本的中位数为3，显然在此次随机抽样中，中位数更接近总体真实的均值。第二次投掷试验依然是3次，此时的点数分别是2、1、6，此时这个样本的均值为3，而中位数为2，显然在这次随机试验中，样本均值更接近总体真实的均值。

从上面这个简单的抛掷骰子的随机试验中可以看出：单个样本均值和样本中位数并不总是落在总体真实均值的附近位置。因此，不能仅仅根据一个样本去比较这两个样本统计量或者任意两个样本统计量。相反，需要充分认识到样本统计量本身就是一个随机变量，因为不同的样本会导致样本统计量取值不同，而由于抽样本身的随机性，样本统计量也是一个随机变量。既然样本统计量是一个随机变量，我们就需要研究这些样本统计量可能存在的概率分布情况，即在大量重复抽样试验的基础上得到统计量取值集合以及相应的概率，进而做出判断和比较。这就是样本统计量抽样分布的概念。抽样分布就是由样本n个观察值计算的样本统计量的概率分布。在实际应用中，样本统计量的抽样分布可以通过数学推导或者计算机程序模拟而得。

【例3-6】 设一个总体（比如投掷骰子），含有6个元素（个体），即总体单位数$N=6$。每次投掷的点数可能出现的事件集合为$\{x_1=1, x_2=2, x_3=3, x_4=4, x_5=5, x_6=6\}$，每个事件出现的概率均为1/6，这是一个典型的均匀分布。总体的均值、方差为

$$\mu = \frac{\sum_{i=1}^{N} x_i}{N} = 3.5 \qquad (3\text{-}15)$$

$$\sigma^2 = \frac{\sum_{i=1}^{N}(x_i - \mu)^2}{N} = 2.9 \qquad (3\text{-}16)$$

投掷骰子事件总体的均值分布如图3-3所示。

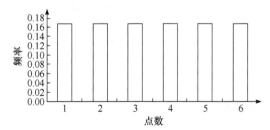

图3-3 投掷骰子事件总体的均值分布图

现从总体中抽取 $n=2$ 的简单随机样本，在重复抽样条件下，最多有 36 种试验组合，所有样本的观察结果如表 3-4 所示。

表 3-4 样本容量为 2 的 36 次重复抽样观察值

第一观察值	第二观察值					
	1	2	3	4	5	6
1	(1,1)	(1,2)	(1,3)	(1,4)	(1,5)	(1,6)
2	(2,1)	(2,2)	(2,3)	(2,4)	(2,5)	(2,6)
3	(3,1)	(3,2)	(3,3)	(3,4)	(3,5)	(3,6)
4	(4,1)	(4,2)	(4,3)	(4,4)	(4,5)	(4,6)
5	(5,1)	(5,2)	(5,3)	(5,4)	(5,5)	(5,6)
6	(6,1)	(6,2)	(6,3)	(6,4)	(6,5)	(6,6)

计算出各样本的均值，如表 3-5 所示；并给出样本均值的分布如图 3-4 所示。

表 3-5 样本均值一览表

第一观察值	第二观察值					
	1	2	3	4	5	6
1	1.0	1.5	2.0	2.5	3.0	3.5
2	1.5	2.0	2.5	3.0	3.5	4.0
3	2.0	2.5	3.0	3.5	4.0	4.5
4	2.5	3.0	3.5	4.0	4.5	5.0
5	3.0	3.5	4.0	4.5	5.0	5.5
6	3.5	4.0	4.5	5.0	5.5	6.0

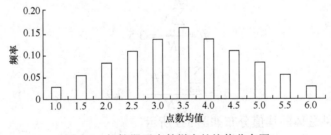

图 3-4 投掷骰子事件样本的均值分布图

从例 3-6 的分析可以看出，样本均值 $\bar{x}$ 的抽样分布与总体分布以及样本容量 n 之间存在某种关系。在实际应用中，我们不仅需要知道样本均值 $\bar{x}$ 的分布，还需要知道样本均值 $\bar{x}$ 的数学期望、方差等信息。

3.3.2 样本均值 $\bar{X}$ 的抽样分布形式

为了更好地说明总体分布和样本均值 $\bar{X}$ 分布之间的关系，图 3-5 列出了几种不同的总体分布在样本容量逐渐增大的情况下，样本均值 $\bar{X}$ 的抽样分布情况。

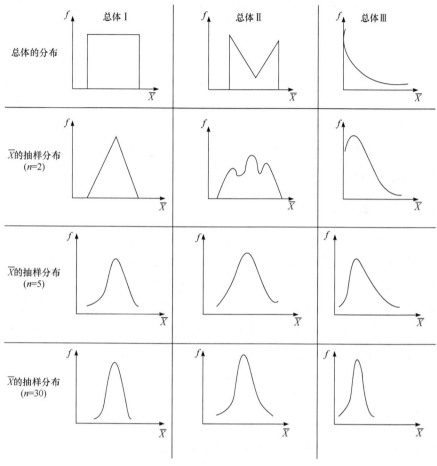

图 3-5　样本均值 $\bar{X}$ 抽样分布趋近正态分布的过程

从图 3-5 可以看出，无论总体是何种分布，当样本容量达到 30 的时候，样本均值的抽样分布都趋近于正态分布。而当样本容量较小时，当总体为非正态分布时，样本均值的抽样分布则不是正态分布，这时候就不能按照正态分布进行推断和估计。总体分布与样本均值抽样分布的关系可以用图 3-6 来描述。

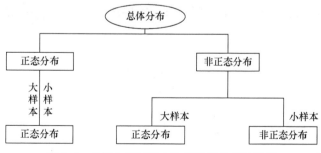

图 3-6　总体分布与样本均值抽样分布的关系

同时，对样本均值的抽样分布强调以下两点。

第一，样本均值抽样分布的标准差会随着样本容量的增大而减小。因此，样本容量越大，则样本统计量对总体参数的推断越准确。

第二，中心极限定理提供了一个非常有用的样本抽样均值的近似分布，即不论总体分布状况如何，只要样本量足够大（$n \geq 30$），就可以利用正态分布进行科学准确的推断。

此外，中心极限定理还对许多获取的独立无关数据的总量或均值近似正态分布这一事实提供了一个解释。在管理实践中获取的许多数值，实际上就是大量现象的平均数或者总和。例如，某公司一年的产品销售总额，就是多个产品销售额的总和。类似地，某个软件项目完成的时间就是各个功能模块完成时间的总和等。

3.3.3 单个样本统计量的抽样分布

1. 样本均值的抽样分布

由例 3-6 以及中心极限定理可知，样本均值 $\bar{X}$ 的数学期望和方差与总体的数学期望和方差存在明确的数量关联，因此这些统计特征显得尤为重要。同时，考虑到随机抽样有重复和不重复两种形式，对于不重复抽样，还需要进行一定的修正。

假设总体 X 共有 N 个单位，其均值为 μ、方差为 σ^2。从总体中抽取容量为 n（足够大）的样本 $X_1, X_2, X_3, \cdots, X_n$，样本均值 $\bar{X}$ 的数学期望记为 $E(\bar{X})$，样本均值 $\bar{X}$ 的方差记为 $\sigma_{\bar{X}}^2$，则无论是重复抽样还是不重复抽样，$\bar{X}$ 的数学期望始终等于总体的均值，即

$$E(\bar{X}) = \mu \tag{3-17}$$

注意，样本均值的方差与抽样方法有关。

1）重复抽样

在重复抽样的情形下，样本均值的方差为总体方差的 $1/n$，

$$\sigma_{\bar{X}}^2 = \frac{\sigma^2}{n} \tag{3-18}$$

即 $\bar{X} \sim N\left(\mu, \dfrac{\sigma^2}{n}\right)$，等价的有 $\dfrac{\bar{X} - \mu}{\sigma/\sqrt{n}} \sim N(0,1)$。

2）不重复抽样

在不重复抽样的情形下，样本均值的方差需要用修正系数 $\dfrac{N-n}{N-1}$ 来修正重复抽样时的样本均值方差，

$$\sigma_{\bar{X}}^2 = \frac{\sigma^2}{n}\left(\frac{N-n}{N-1}\right) \tag{3-19}$$

即 $\bar{X} \sim N\left(\mu, \dfrac{\sigma^2}{n}\left(\dfrac{N-n}{N-1}\right)\right)$。

这些结论可以通过前面的例 3-6 来检验，计算 36 个样本均值得

$$\mu_{\bar{x}} = \frac{\sum\limits_{i=1}^{n} \bar{x}_i}{M} = \frac{1.0 + 1.5 + \cdots + 6.0}{36} = 3.5 = \mu \qquad (3\text{-}20)$$

样本均值分布的方差为

$$\sigma_{\bar{x}}^2 = \frac{\sum\limits_{i=1}^{n} \left(\bar{x}_i - \mu_{\bar{x}}\right)^2}{M} = \frac{(1.0 - 3.5)^2 + \cdots + (6.0 - 3.5)^2}{36} = 1.45 = \frac{\sigma^2}{n} \qquad (3\text{-}21)$$

式中，M 为重复抽样条件下的最大抽样组合。

有两种情形可以忽略重复和不重复抽样的差别：对于近似无限总体，以及总体 N 很大而样本容量 n 很小的时候，修正系数趋近 1，都可以按照重复抽样来处理。

在样本均值的抽样分布中，如果总体的标准差未知，则可以用样本标准差代替，此时样本均值的抽样分布服从自由度为 $n-1$ 的 t 分布。

$$\frac{\bar{X} - \mu}{S/\sqrt{n}} \sim t(n-1) \qquad (3\text{-}22)$$

t 分布的密度函数和正态分布一样都是单峰偶函数，$t(n)$ 的密度函数两侧趋向于零的速度比负指数函数趋向于零的速度慢一些。因此，$t(n)$ 的密度函数两侧尾部都比标准正态分布 $N(0,1)$ 粗一些。同时，$t(n)$ 的方差比 $N(0,1)$ 也大一些。t 分布的数学期望和方差如下：

$$E(t) = 0, \quad n \geqslant 2 \qquad (3\text{-}23)$$

$$D(t) = \frac{n}{n-2}, \quad n \geqslant 3 \qquad (3\text{-}24)$$

t 分布又称为学生氏分布，是戈塞特于 1908 年发表的论文中首次提出，但是没有引起重视。后来，费希尔在他的农业实验中遇到了小样本问题，才发现 t 分布的实用价值。1923 年，在费希尔对 t 分布给出了严格而简单的证明，并于 1925 年编制出 t 分布表之后，戈塞特的小样本方法才得到统计学界的广泛认可。

2. 样本比例的抽样分布

在现实生活中，有许多情况要用到比例估计，即用样本的比例估计总体的比例。例如，在一批抽样的产品中，有合格产品和不合格产品，其中合格产品和不合格产品的比率就是一个值得关注的统计量。

比例问题适用于研究分类的变量。就一个具有 N 个单位的总体而言，具有某种属性的单位个数为 N_0；具有另外一种属性的单位个数为 N_1；将具有某种属性的单位与全部单位总数之比称为总体比例，用 π 表示，则有 $\pi = N_0/N$；而具有另外一种属性的单位数与总体数之比则为 $N_1/N = 1-\pi$。相应的样本比例用 p 表示，同样有 $p = n_0/n$，$n_1/n = 1-p$。其中，样本 n 中具有某种属性的单位个数为 n_0，具有另外一种属性的单位个数为 n_1。

在重复选取容量为 n 的样本时，由样本比例所有可能值形成的频数分布，称为样本比例的抽样分布。当样本量足够大时，样本比例的分布可以用正态分布来近似，足够大一般认为 $np \geqslant 5$ 和 $n(1-p) \geqslant 5$ 即可。

对于样本比例 p 的分布，也需要知道 p 的数学期望和方差。可以证明，样本比例 p 的数学期望等于总体的比例；而方差则与抽样方式是不是重复抽样有关，如果是不重复抽样，则需要进行修正。样本比例 p 的数学期望和方差如下：

$$E(p) = \pi \tag{3-25}$$

$$\sigma_p^2 = \begin{cases} \dfrac{\pi(1-\pi)}{n}, & \text{重复抽样} \\ \dfrac{\pi(1-\pi)}{n}\left(\dfrac{N-n}{N-1}\right), & \text{不重复抽样} \end{cases} \tag{3-26}$$

与样本均值分布的方差一样，对无限总体进行不重复抽样时，可以按照重复抽样来处理。对于有限总体，当 N 很大，样本容量不到总体数量的 5% 时，修正系数趋于 1，此时样本比例的方差也可以按式（3-26）中的重复抽样来处理和计算。

3. 样本方差的抽样分布

研究样本方差的目的是估计和推断总体的方差。用样本方差 S^2 去估计总体方差 σ^2，就需要知道样本方差 S^2 的抽样分布。在重复抽样情况下，选取样本容量为 n 的样本时，由样本方差的所有可能取值形成的相对频数分布就是样本方差的抽样分布。可以证明，对于来自正态总体的简单随机样本，比值 $(n-1)S^2/\sigma^2$ 服从自由度为 $n-1$ 的 χ^2 分布，即

$$\chi^2 = \frac{(n-1)S^2}{\sigma^2} \sim \chi^2(n-1) \tag{3-27}$$

χ^2 分布由阿贝（Abbe）于 1863 年首先给出，后来由海尔墨特（Hermert）和 K. 皮尔逊（K. Pearson）分别于 1875 年和 1900 年推导出来。

设 $X \sim N(\mu, \sigma^2)$，则 $Z = \dfrac{X-\mu}{\sigma} \sim N(0,1)$。

令 $Y = Z^2$，则 Y 服从自由度为 1 的 χ^2 分布，即 $Y \sim \chi^2(1)$。

当总体 $X \sim N(\mu, \sigma^2)$ 时，从中随机抽取容量为 n 的样本 $X_1, X_2, X_3, \cdots, X_n$，$\bar{X}$ 代表样本均值，则

$$\frac{\sum_{i=1}^{n}(X_i - \bar{X})^2}{\sigma^2} \sim \chi^2(n-1) \tag{3-28}$$

χ^2 分布具有以下特征。

（1）χ^2 分布的变量始终为正值。

（2）χ^2 分布的形状取决于自由度 n 的大小，通常为不对称的右偏分布，但随着自由

度的增大逐渐趋于对称，如图 3-7 所示。

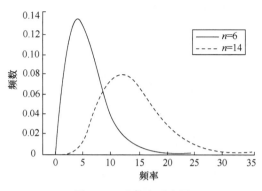

图 3-7 χ^2 分布示意图

（3）χ^2 分布的数学期望为 n，方差为 $2n$（n 为自由度）。

（4）χ^2 分布具有可加性。若 U 和 V 是两个独立的随机变量，分别服从自由度为 n_1 和 n_2 的 χ^2 分布，则随机变量 $U+V$ 也服从自由度为 n_1+n_2 的 χ^2 分布。

χ^2 分布通常用于总体方差的估计和非参数检验等。用 Excel 和 SPSS 等工具可以非常容易地计算 χ^2 分布的显著性水平，因此可以用来推断总体方差的区间。

3.3.4 两个样本统计量的抽样分布

在实际问题中，有时候我们所研究的是两个总体，即总体 1 和总体 2，所关心的总体参数主要是两个总体均值之差 $\mu_1-\mu_2$、两个总体比例之差 $\pi_1-\pi_2$、两个总体的方差比 σ_1^2/σ_2^2。相应地，用于推断这些参数的统计量分别为两个样本均值之差 $\bar{X}_1-\bar{X}_2$，两个样本比例之差 p_1-p_2、两个样本方差比 S_1^2/S_2^2 等。

1. 两个样本均值之差的抽样分布

从两个总体中独立抽取容量分别为 n_1 和 n_2 的样本，如果重复抽样，则由两个样本均值之差的所有可能取值形成的相对频数分布，称为两个样本均值之差的抽样分布。

当两个总体都为正态分布时，即 $X_1 \sim N\left(\mu_1,\sigma_1^2\right)$、$X_2 \sim N\left(\mu_2,\sigma_2^2\right)$，两个样本均值之差 $\bar{X}_1-\bar{X}_2$ 的抽样分布也服从正态分布，其分布的均值为两个总体均值之差，方差为各自样本均值的抽样方差之和，即

$$E(\bar{X}_1-\bar{X}_2)=\mu_1-\mu_2$$
$$\sigma_{\bar{X}_1-\bar{X}_2}^2 = \frac{\sigma_1^2}{n_1}+\frac{\sigma_2^2}{n_2} \tag{3-29}$$

则有

$$\bar{X}_1-\bar{X}_2 \sim N\left(\mu_1-\mu_2,\frac{\sigma_1^2}{n_1}+\frac{\sigma_2^2}{n_2}\right) \tag{3-30}$$

当两个总体为非正态分布，并且 n_1 和 n_2 足够大时，即 $n_1 \geqslant 30$、$n_2 \geqslant 30$，两个样本均值之差的抽样分布仍然可以用正态分布来近似。

2. 两个样本比例之差的抽样分布

设两个总体都服从二项分布，从中分别抽取容量为 n_1 和 n_2 的独立样本，当两个样本都是大样本时，则两个样本比例之差的抽样分布可用正态分布来近似，其均值和方差分别为

$$E(p_1 - p_2) = \pi_1 - \pi_2 \tag{3-31}$$

$$\sigma_{p_1-p_2}^2 = \frac{\pi_1(1-\pi_1)}{n_1} + \frac{\pi_2(1-\pi_2)}{n_2} \tag{3-32}$$

即

$$p_1 - p_2 \sim N\left(\pi_1 - \pi_2, \frac{\pi_1(1-\pi_1)}{n_1} + \frac{\pi_2(1-\pi_2)}{n_2}\right) \tag{3-33}$$

3. 两个样本方差比的抽样分布

从两个总体中独立抽取容量分别为 n_1 和 n_2 的样本，样本方差分别为 S_1^2 和 S_2^2。如果重复抽样，则由两个样本方差比所有可能取值形成的相对频数分布，称为两个样本方差比的抽样分布。

当两个总体都为正态分布时，即 $X_1 \sim N\left(\mu_1, \sigma_1^2\right)$、$X_2 \sim N\left(\mu_2, \sigma_2^2\right)$，从两个总体中独立抽取容量分别为 n_1 和 n_2 的样本，两个样本方差比 S_1^2/S_2^2 的抽样分布服从 F 分布，即

$$\frac{S_1^2/\sigma_1^2}{S_2^2/\sigma_2^2} \sim F \tag{3-34}$$

F 分布是由统计学家费希尔提出的，所以用其姓氏的第一个字母来命名。设 U 是服从自由度为 n_1 的 χ^2 分布的随机变量，即 $U \sim \chi^2(n_1)$，V 是服从自由度为 n_2 的 χ^2 分布的随机变量，即 $V \sim \chi^2(n_2)$，且 U 和 V 相互独立，则

$$F = \frac{U/n_1}{V/n_2} \tag{3-35}$$

称 F 为服从自由度 n_1 和 n_2 的 F 分布，记为 $F \sim F(n_1, n_2)$。

样本方差的抽样分布服从 $\chi^2(n-1)$ 分布，即

$$(n_1 - 1)S_1^2/\sigma_1^2 \sim \chi^2(n_1 - 1) \tag{3-36}$$

$$(n_2 - 1)S_2^2/\sigma_2^2 \sim \chi^2(n_2 - 1) \tag{3-37}$$

两个独立的 χ^2 分布除以自由度后相比得到 F 分布，即

$$\frac{S_1^2/\sigma_1^2}{S_2^2/\sigma_2^2} \sim F(n_1 - 1, n_2 - 1) \tag{3-38}$$

F 分布的图形如图 3-8 所示。

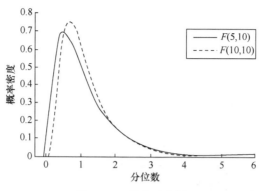

图 3-8 F 分布示意图

从图 3-8 可以看出，F 分布的图形是右偏的。F 分布除了用于两个总体方差比的估计外，还广泛应用于方差分析和回归分析等。

3.3.5 常用的几个概率分布的关系

众所周知，概率分布用于描述随机变量的统计规律性，许多常见的概率分布在不同的理论和实际问题中扮演着极其重要的角色。在随机变量是连续型的情况下，我们一般接触到的概率分布有正态分布、t 分布、χ^2 分布及 F 分布。然而它们彼此不是互相孤立的，而是具有一定的联系。下面我们简单介绍它们之间的关系。

1. 四种概率分布的关系

一般情况下，概率分布之间的关系主要有四种：极限关系、变换关系、独立同分布随机变量和的关系以及特殊情形。本节讨论的内容主要涉及前三种关系。

1）极限关系

极限关系是指当某个参数趋向于某值时，一个随机变量的概率分布函数逼近于另一个随机变量的概率分布函数。常见的极限关系如下。

（1）当 n 足够大时，则 $t(n)$ 分布渐近于标准正态分布 $N(0,1)$。

（2）设 $Z \sim N(0,1)$（下同），那么当 $n_1 = 1, n_2 \to \infty$ 时，$F(n_1, n_2)$ 分布渐近于 Z^2 分布。

（3）当 n 足够大时，则 $t^2(n)$ 分布渐近于 Z^2 分布。

（4）当 n 足够大时，则 $\chi^2(n)$ 分布渐近于标准正态分布 $N(0,1)$。

（5）当 $n_1 = n, n_2 \to \infty$ 时，则 $F(n_1, n_2)$ 分布渐近于 $\chi^2(n)/n$ 分布。

2）变换关系

变换关系是指对一个随机变量进行函数变换而得到的新变量。常见的变换关系如下。

（1）$Z \sim N(0,1), Q \sim \chi^2(n)$，$Z$ 与 Q 相互独立，则

$$T = \frac{Z}{\sqrt{Q/n}} \sim t(n)$$

（2）$Q_1 \sim \chi^2(n_1), Q_2 \sim \chi^2(n_2)$，$Q_1$ 与 Q_2 相互独立，则

$$F = \frac{Q_1/n_1}{Q_2/n_2} \sim F(n_1, n_2)$$

（3）$T \sim t(n)$，则 $T^2 \sim F(1, n)$。

（4）$Z \sim N(0,1)$，则 $Z^2 \sim \chi^2(1)$。

（5）$Q_1 \sim \chi^2(n), Q_2 \sim \chi^2(n)$，且 Q_1 与 Q_2 相互独立，则

$$K = \frac{\sqrt{n}Q_1 - Q_2}{2\sqrt{Q_1 Q_2}} \sim t(n)$$

3）独立同分布随机变量和的关系

有一些特殊的分布，当有 n 个独立的随机变量同分布于一种分布时，它们的和往往服从另一种新的分布，如下面的分布关系。

设 $Z_1, Z_2, \cdots, Z_n$ 独立同分布于标准正态分布，则

$$Z = \sum_{i=1}^{n} Z_i^2 \sim \chi^2(n)$$

2. 四种概率分布关系图

根据上述讨论，可以画出四种概率分布关系图（图 3-9）。在图 3-9 中，用"——→"表示变换关系，用"----→"表示极限关系，用"----→"表示独立同分布随机变量和的关系，用"——"表示同一变量函数。

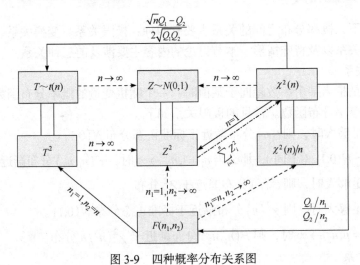

图 3-9　四种概率分布关系图

本 章 小 结

1. 在 3.1 节讨论了四种不同的抽样方法。简单随机抽样也称纯随机抽样，是等概率

抽样，也是概率抽样中最基本、最成熟、最简单的抽样设计。按抽样单位是否放回，简单随机抽样可分为放回简单随机抽样和不放回简单随机抽样，实际中一般采用不放回简单随机抽样。学习简单随机抽样，除了要掌握相关参数的估计外，还要掌握对样本量的确定。样本量的确定主要考虑两个因素：一是抽样估计量精度的要求；二是实际调查运作中的限制。分层抽样在实际中应用广泛，其精度通常比简单随机抽样高。与简单随机抽样相比，分层抽样在抽样之前需要对总体抽样框进行分层。除此之外，在总样本量 n 一定时，分层抽样还需研究各层应该分配多少样本量的问题，因为对总体参数进行估计时，估计量的方差不仅与各层的方差有关，还与各层所分配的样本量有关。簇群抽样是在被抽中的初级单元内对次级单元进行全部调查的抽样方法。当群规模相等时，对群可以采用简单随机抽样；当群规模不等时，对群可以采用等概率抽样，也可以采用不等概率抽样。簇群抽样的精度与群的划分有直接关系。为提高簇群抽样的精度，划分群时应使群内差异尽可能大，群间差异尽可能小。等距抽样也称系统抽样，它是先抽出一个随机起点单位，再按照某种规律抽出全部样本单位的一种抽样方式。等距抽样在大规模抽样中应用十分广泛，而且等距抽样与分层抽样和簇群抽样有着密切联系。

2. 本章在 3.2 节重点探讨了中心极限定理及其应用，为以后各章节的学习打好基础。

3. 抽样分布及其相关概念是本章的重点之一。从总体中随机地取出其中一部分样本进行观察研究，由此获得有关总体的信息，这一过程称为抽样。根据抽样方式不同，抽样可分为概率抽样与非概率抽样，两者的根本区别在于样本的抽取是否遵循随机原则。另外，在抽样中常用到总体总值、总体均值、总体比例和总体方差，相应地，常用的样本指标有样本总值、样本均值、样本比例和样本方差。只有理解了抽样分布，才能很好地了解上述指标，才能学好参数估计、假设检验等内容。从一个假定的小总体中进行抽样，并且观察所有可能样本均值形成的抽样分布，会发现随着样本量的增加，不论总体分布如何，样本均值形成的分布越来越趋近于正态分布，并且样本均值的数学期望等于总体的均值，样本均值的方差就等于总体方差除以样本容量 n。抽样分布这一性质为统计推断建立了理论基础，这就是中心极限定理。

4. 统计推断中，不仅仅关注总体的均值，在不同问题中也关注总体的比例和方差。了解了总体均值、总体比例和总体方差，就把握了总体的主要特征。因而本章在样本均值的基础上进一步介绍了样本比例的抽样分布和样本方差的抽样分布，两个样本均值之差、两个样本比例之差以及两个样本方差比的抽样分布。

5. 随机变量的概率分布是概率论和数理统计的重要内容。对抽样数据进行统计分析时，常用的概率分布有正态分布、χ^2 分布、t 分布和 F 分布。它们之间并不是相互孤立地存在，可以通过极限关系、变换关系及独立同分布随机变量和的关系把它们联系起来。理解它们之间的关系，有助于以后章节的学习。

思考题

1. 什么是中心极限定理？
2. 简述抽样调查的概念、特点及优越性。
3. 简单随机抽样、分层抽样、簇群抽样和等距抽样是如何操作的？

4. 什么是抽样分布？它包括哪两个基本要素？

5. 抽样误差的大小受哪些因素的影响？

6. 抽样推断有哪些基本特点？

7. 通过什么变换可以把正态分布、χ^2 分布、t 分布和 F 分布联系起来？

案例分析

随着新媒体时代加速到来，近几年抖音、快手等短视频平台迅速走红。中国互联网络信息中心发布的第 49 次《中国互联网络发展状况统计报告》数据显示，截至 2021 年 12 月，我国网民规模达 10.32 亿人，互联网普及率达 73.0%。其中，短视频用户规模达 9.34 亿人，由此可见抖音等平台凭借其多样化、碎片化的特性成为人们休闲娱乐的重要方式。

短视频的兴起极大地改变了过去传统媒介的单向性与时效性，现在人们在接收到各式各样信息的同时也可以随时随地分享自己的生活，大大提高了信息传播的互动性。如今，很多人习惯在闲暇时玩玩抖音，这些数十秒时长的视频所展现的内容却丰富多样，有研究将其内容分为五个主要种类：以帅哥、美女或萌娃为代表的颜值派；以幽默搞笑、炫技吸睛为代表的创意派；以语言教学、技能教学等为代表的知识派；以情感表达为代表的走心派；以美食、化妆为代表的娱乐派。短视频平台的这种碎片化传播模式刚好迎合了当今人们快节奏的生活，并且其贴近日常的内容也更容易使人产生共鸣。

或许正是因为抖音等短视频平台的用户涵盖了各个年龄阶段，尤其是以青少年为主，各界对其评价褒贬不一。有人认为短视频使得信息传播速度更快，有利于接收更多的知识；有人认为短视频内容中存在大量负面虚假的信息，容易对青少年产生误导。

鉴于此，某项目计划对全市青少年进行抽样调查，以摸清短视频平台对青少年健康发展的影响。但这是一项繁重且庞大的任务，需做好充分的准备。现在已掌握的数据有：全市初高中学校的分布、学校数量、各学校的学生人数及完成此项任务的经费。请思考以下问题。

1. 请根据上述提供的信息，简述简单随机抽样、分层抽样、簇群抽样和等距抽样分别如何设计？

2. 如果选择简单随机抽样或分层抽样，在经费确定的情况下，样本量或者各层样本量该如何分配？

第四章

参数估计

某高校大学生月支出情况调查

大学生的月生活费支出是同学及家长都比较关心的问题，为了更好地了解和掌握某高校大学生的每月总支出情况及每月购书支出情况，在全校 91 893 名学生中，用不重复简单随机抽样形式抽取一个容量为 30 的样本。现对他们进行问卷调查，每个抽中的大学生某月的总支出额和购书支出额如表 4-1 所示。

表 4-1　30 名大学生某月的总支出额和购书支出额的样本数据

样本序号	总支出额/元	购书支出额/元	样本序号	总支出额/元	购书支出额/元	样本序号	总支出额/元	购书支出额/元
1	996	84	11	1360	68	21	2100	256
2	1424	114	12	920	90	22	760	58
3	860	30	13	1760	92	23	1304	168
4	2200	166	14	1900	170	24	1340	130
5	1024	98	15	1054	64	25	840	90
6	760	40	16	980	98	26	1300	116
7	1242	124	17	1280	100	27	1802	190
8	1480	150	18	740	50	28	900	82
9	1120	90	19	1096	78	29	1780	126
10	1570	190	20	1700	72	30	1860	240

根据前面几个章节的学习，可以求得上述 30 名大学生某月的平均总支出额和平均购书支出额，即样本的平均总支出额和样本平均购书支出额，了解样本的月支出情况。但是，在此需要了解和掌握的是该高校所有大学生这一总体的每月总支出情况及每月购书支出情况。很显然，前面三章中学到的知识不能解决此问题。因此，需要寻求新的解决方法。

本章将介绍解决上述问题的方法，同时，本章的知识还可以用来回答以下几个问题。

1. 全体学生月平均总支出额的 95% 的置信区间怎样估计?
2. 全体学生月平均购书支出额的 90% 的置信区间怎样估计?
3. 全体学生月平均总支出额在 1200 元以上的比率的 95% 置信区间怎样估计?
4. 以上估计的基本理论依据是什么?

  一般来说, 要想得到总体的精确分布是十分困难的, 因而希望通过总体的部分样本来推断总体的统计特征, 如期望、方差等。在第三章已经研究了从总体进行抽样的问题, 本章将介绍统计推断的方法, 即通过样本来推断总体, 或者由部分推断总体。

  统计推断是数理统计学的核心内容, 它的基本问题包括两大类: 一类是估计理论; 另一类是假设检验。而估计理论又分为参数估计与非参数估计, 如总体的分布形态是否为正态分布等属于非参数估计, 总体的均值和方差估计属于参数估计。参数估计又分为点估计和区间估计两种。本章主要讨论参数估计问题。

  参数估计一般涉及样本选取、点估计、区间估计几个因素。它的基本步骤为: 按照一定的抽样方式抽取适当的样本作为估计总体统计特征的样本, 选择针对样本的最优估计方法, 计算估计值, 以此作为总体参数的点估计; 根据所要求的置信水平, 查正态分布表、t 分布表或其他分布表获得对应的概率度, 然后再计算置信区间对总体参数作区间推断。

4.1 点 估 计

4.1.1 点估计介绍

  点估计又称定值估计, 就是以实际样本观测数据为依据, 选择合适的统计量, 用实际样本计算出的具体统计值去估计总体的未知参数。比如用样本的均值 $\bar{X}$ 直接作为总体均值 μ 的点估计量; 用样本的方差 S^2 直接作为总体方差 σ^2 的点估计量。点估计是统计推断的基础, 它能给出一个明确的值, 一般通过点估计量作为总体的未知参数估计这一过程来实现由样本推断总体特征, 或者由部分推断总体特征的目的。下面介绍点估计的一般估计方法。

4.1.2 点估计量的求法

  设 θ 为总体 X 的分布函数含有的未知参数或总体的某些未知数字特征, $(X_1, X_2, \cdots, X_n)$ 是来自 X 的一个样本, $(x_1, x_2, \cdots, x_n)$ 是相应的一个样本值, 点估计问题就是构造一个适当的统计量 $\hat{\theta}(X_1, X_2, \cdots, X_n)$, 用其观察值 $\hat{\theta}(x_1, x_2, \cdots, x_n)$ 作为未知参数 θ 的近似值, 称 $\hat{\theta}(X_1, X_2, \cdots, X_n)$ 为参数 θ 的点估计量, $\hat{\theta}(x_1, x_2, \cdots, x_n)$ 为参数 θ 的点估计值, 在不至于混淆的情况下, 统称为点估计。由于估计量是样本的函数, 因此对于不同的样本值, θ 的估计值是不同的。

  点估计量的常用求解方法有矩估计法、最大似然法 (也叫极大似然法)、顺序统计量法、最小二乘法 (也叫最小平方法) 等。由于最小二乘法、矩估计法和极大似然法的应用较多, 因此下面主要介绍这三种方法。

1. 最小二乘法

最小二乘法是参数估计常用的方法之一。其基本思想是保证由待估参数得到的理论值与实际观测值之间误差的平方和最小。要想使误差平方和 Q 最小, 可通过求 Q 对待估参数的偏导数, 并令其等于 0, 以求得参数估计值。

【**例 4-1**】 从平均数为 μ 的总体 X 中抽取的样本值为 $(x_1, x_2, \cdots, x_n)$, 求估计量 $\hat{\mu}$。

解 总体平均数 μ 的最小二乘估计量就是使 x_i 与估计值 $\hat{\mu}$ 间的误差平方和最小, 即

$$Q = \sum_{i=1}^{n} (x_i - \hat{\mu})^2$$

最小。为获得其最小值, 求 Q 对 $\hat{\mu}$ 的导数, 并令导数等于 0, 可得

$$\frac{\partial Q}{\partial \hat{\mu}} = -2 \sum_{i=1}^{n} (x_i - \hat{\mu}) = 0$$

即

$$\sum_{i=1}^{n} x_i - n\hat{\mu} = 0$$

因而, 总体平均值 μ 的估计量 $\hat{\mu}$ 为

$$\hat{\mu} = \frac{1}{n} \sum_{i=1}^{n} x_i$$

2. 矩估计法

矩是描述随机变量的最简单的数字特征。英国统计学家 K. 皮尔逊首先提出通过矩估计法来估计总体的统计特征, 其基本思想是由于样本来源于总体, 样本矩在一定程度上反映了总体矩, 由大数定律可知, 样本矩依概率收敛于总体矩。因此, 只要总体的 k 阶原点矩存在, 就可以用样本矩作为相应总体矩的估计量, 用样本矩的函数作为总体矩的函数的估计量。具体做法如下。

对于总体 X 的待估参数 $\theta = (\theta_1, \theta_2, \cdots, \theta_l)$, 设 $(X_1, X_2, \cdots, X_n)$ 是来自 X 的一个样本, 则称 $A_k = \frac{1}{n} \sum_{i=1}^{n} X_i^k \, (k = 1, 2, \cdots)$ 为样本的 k 阶原点矩, $B_k = \frac{1}{n} \sum_{i=1}^{n} (X_i - \bar{X})^k \, (k = 1, 2, \cdots)$ 为样本的 k 阶中心矩。

由矩估计的思想, 在样本容量足够大的条件下, 样本的 k 阶原点矩

$$A_k = \frac{1}{n} \sum_{i=1}^{n} X_i^k, \quad k = 1, 2, \cdots$$

以概率收敛到总体 X 的 k 阶原点矩 $m_k = E(X^k)$, 即

$$A_k \xrightarrow{p} m_k (n \to \infty), \quad k = 1, 2, \cdots$$

令 $A_k = m_k (k=1,2,\cdots,l)$，得一个包含 l 个未知数 $\theta_1,\theta_2,\cdots,\theta_l$ 的方程组，从中解出 $\theta = (\theta_1,\theta_2,\cdots,\theta_l)$ 的一组解 $\hat{\theta} = (\hat{\theta}_1,\hat{\theta}_2,\cdots,\hat{\theta}_l)$，然后用这个方程组的解 $\hat{\theta}_1,\hat{\theta}_2,\cdots,\hat{\theta}_l$ 分别作为 $\theta_1,\theta_2,\cdots,\theta_l$ 的估计量，这种估计量称为矩估计量，矩估计量的观察值称为矩估计值。

矩估计法不必知道总体的分布类型，估计过程简单直观，因此得到了广泛的应用。但矩估计法也有局限性，其 k 阶原点矩必须存在，否则无法估计。此外，由于矩估计法不考虑总体分布类型，因此也就没有充分利用总体分布函数提供的信息，估计结果可能有偏差。

【例 4-2】 设总体 $X \sim B(n,p)$，n 为正整数，$0<p<1$，两者都是未知参数。$(X_1,X_2,\cdots,X_n)$ 是总体 X 的一个样本，试求 n、p 的矩估计量 $\hat{n}$、$\hat{p}$。

解 因为 $X \sim B(n,p)$，所以 $E(X)=np$，$D(X)=np(1-p)$，由

$$\begin{cases} E(X) = \bar{X} \\ D(X) = \dfrac{1}{n}\sum_{i=1}^{n}(X_i - \bar{X})^2 = B_2 \end{cases}$$

即

$$\begin{cases} np = \bar{X} \\ np(1-p) = B_2 \end{cases}$$

解之，得 n 和 p 的矩估计量为

$$\hat{n} = \left[\frac{\bar{X}^2}{\bar{X} - B_2}\right], \quad \hat{p} = 1 - \frac{B_2}{\bar{X}}$$

【例 4-3】 设总体 $X \sim N(\mu,\sigma^2)$，均值 μ 及方差 σ^2 都存在但均未知，又设 $(X_1,X_2,\cdots,X_n)$ 是来自总体 X 的一个样本，试求 μ、σ^2 的矩估计量 $\hat{\mu}$、$\hat{\sigma}^2$。

解 因为

$$\begin{cases} m_1 = E(X) = \mu \\ m_2 = E(X^2) = D(X) + [E(X)]^2 = \sigma^2 + \mu^2 \end{cases}$$

令

$$\begin{cases} m_1 = \bar{X} \\ m_2 = \dfrac{1}{n}\sum_{i=1}^{n} X_i^2 \end{cases} \Rightarrow \begin{cases} \hat{\mu} = \bar{X} \\ \hat{\sigma}^2 = \dfrac{1}{n}\sum_{i=1}^{n} X_i^2 - \bar{X}^2 = \dfrac{1}{n}\sum_{i=1}^{n}(X_i - \bar{X})^2 \end{cases}$$

3. 极大似然法

极大似然法是由费希尔提出的一种参数估计方法，是在矩估计法基础上改进的，其基本思想是设总体分布的函数形式已知，但有未知参数 θ，θ 可以取很多值，在 θ 的一切可能取值中选一个使样本观察值出现的概率最大的 θ 值作为 θ 的估计值，记作 $\hat{\theta}$，称

其为 θ 的极大似然值，这种求估计量的方法称为极大似然法。具体做法如下。

（1）设 $(X_1, X_2, \cdots, X_n)$ 是来自总体 X 的一个样本，$(x_1, x_2, \cdots, x_n)$ 是相对于样本的一个样本值。已知：样本 $(X_1, X_2, \cdots, X_n)$ 取到观测值 $(x_1, x_2, \cdots, x_n)$ 的概率为

$$p = P\{X_1 = x_1, X_2 = x_2, \cdots, X_n = x_n\} = \prod_{i=1}^{n} p(x_i, \theta)$$

令 $L(\theta) = L(x_1, x_2, \cdots, x_n) = \prod_{i=1}^{n} p(x_i, \theta)$（若数据为连续分布函数，可表示为密度函数

形式 $L(\theta) = L(x_1, x_2, \cdots, x_n) = \prod_{i=1}^{n} f(x_i, \theta)$，其中 $f(x_i, \theta)$ 为 x_i 的密度函数），则概率 p 随 θ 的取值变化而变化，它是 θ 的函数，其中 $L(\theta)$ 称为样本的似然函数。

（2）固定样本观测值 $(x_1, x_2, \cdots, x_n)$，在 θ 取值的可能范围内，挑选使似然函数 $L(x_1, x_2, \cdots, x_n; \theta)$ 达到最大（从而概率 p 达到最大）的参数值 $\hat{\theta}$ 作为参数 θ 的估计值，即 $L(x_1, x_2, \cdots, x_n; \hat{\theta}) = \max_{\theta \in \Theta} L(x_1, x_2, \cdots, x_n; \theta)$，这样得到的 $\hat{\theta}$ 与样本值 $(x_1, x_2, \cdots, x_n)$ 有关，常记为 $\hat{\theta}(x_1, x_2, \cdots, x_n)$，称之为参数 θ 的极大似然估计值，而相应的统计量 $\hat{\theta}(X_1, X_2, \cdots, X_n)$ 称为参数 θ 的极大似然估计量。这样将原来求参数 θ 的极大似然估计值问题转化为求似然函数 $L(\theta)$ 的最大值问题。

（3）为求 $L(x_1, x_2, \cdots, x_n; \hat{\theta}) = \max_{\theta \in \Theta} L(x_1, x_2, \cdots, x_n; \theta)$，根据似然函数的特点，常把它变为如下形式：

$$\ln L(\theta) = \sum_{i=1}^{n} \ln f(x_i, \theta) \quad \text{或} \quad \ln L(\theta) = \sum_{i=1}^{n} \ln p(x_i, \theta)$$

该式称为对数似然函数。由高等数学知：$L(\theta)$ 和 $\ln L(\theta)$ 的最大值点相同，令 $\dfrac{\partial \ln L(\theta)}{\partial \theta_i} = 0 \,(i = 1, 2, \cdots, n)$，求解得 $\theta = \theta(x_1, x_2, \cdots, x_n)$，从而可得参数 θ 的极大似然估计量为 $\hat{\theta} = \hat{\theta}(X_1, X_2, \cdots, X_n)$。

【例 4-4】 设 $X \sim B(1, p)$，p 为未知参数，$(x_1, x_2, \cdots, x_n)$ 是一个样本值，求参数 p 的极大似然估计。

解 因为总体 X 的分布律为

$$P\{X = x\} = p^x (1-p)^{1-x}, \quad x = 0, 1$$

故似然函数为

$$L(p) = \prod_{i=1}^{n} p^{x_i} (1-p)^{1-x_i} = p^{\sum_{i=1}^{n} x_i} (1-p)^{n - \sum_{i=1}^{n} x_i}, \quad x_i = 0, 1; \ i = 1, 2, \cdots, n$$

而

$$\ln L(p) = \left(\sum_{i=1}^{n} x_i\right)\ln p + \left(n - \sum_{i=1}^{n} x_i\right)\ln(1-p)$$

令

$$\left[\ln L(p)\right]' = \frac{\sum_{i=1}^{n} x_i}{p} + \frac{n - \sum_{i=1}^{n} x_i}{p-1} = 0$$

解得 p 的极大似然估计值为

$$\hat{p} = \frac{1}{n}\sum_{i=1}^{n} x_i = \bar{x}$$

所以 p 的极大似然估计量为

$$\hat{p} = \frac{1}{n}\sum_{i=1}^{n} X_i = \bar{X}$$

【例 4-5】 设 $X \sim N(\mu, \sigma^2)$，μ、σ^2 未知，$(X_1, X_2, \cdots, X_n)$ 为 X 的一个样本，$(x_1, x_2, \cdots, x_n)$ 是 $(X_1, X_2, \cdots, X_n)$ 的一个样本值，求 μ、σ^2 的极大似然估计值及相应的估计量。

解 因为

$$X \sim f(x; \mu, \sigma^2) = \frac{1}{\sqrt{2\pi}\sigma} e^{\frac{(x-\mu)^2}{2\sigma^2}}, \quad x \in \mathbf{R}$$

所以似然函数为

$$L(\mu, \sigma^2) = \prod_{i=1}^{n} \frac{1}{\sqrt{2\pi}\sigma} e^{\frac{(x_i-\mu)^2}{2\sigma^2}} = (2\pi\sigma^2)^{-\frac{n}{2}} e^{-\frac{1}{2\sigma^2}\sum_{i=1}^{n}(x_i-\mu)^2}$$

取对数

$$\ln L(\mu, \sigma^2) = -\frac{n}{2}(\ln 2\pi + \ln \sigma^2) - \frac{1}{2\sigma^2}\sum_{i=1}^{n}(x_i-\mu)^2$$

分别对 μ、σ^2 求导数，并令其等于零，得

$$\frac{\partial}{\partial \mu}(\ln L) = \frac{1}{\sigma^2}\sum_{i=1}^{n}(x_i-\mu) = 0 \tag{4-1}$$

$$\frac{\partial}{\partial \sigma^2}(\ln L) = -\frac{n}{2\sigma^2} + \frac{1}{2\sigma^4}\sum_{i=1}^{n}(x_i-\mu)^2 = 0 \tag{4-2}$$

由式（4-1）得

$$\mu = \frac{1}{n}\sum_{i=1}^{n} x_i = \bar{x}$$

代入式（4-2）得

$$\sigma^2 = \frac{1}{n}\sum_{i=1}^{n}(x_i - \mu)^2 = \frac{1}{n}\sum_{i=1}^{n}(x_i - \bar{x})^2$$

所以，μ、σ^2 的极大似然估计值分别为

$$\mu = \bar{x}, \quad \sigma^2 = \frac{1}{n}\sum_{i=1}^{n}(x_i - \bar{x})^2$$

μ、σ^2 的极大似然估计量分别为

$$\mu = \bar{X}, \quad \sigma^2 = \frac{1}{n}\sum_{i=1}^{n}(X_i - \bar{X})^2$$

【例 4-6】 设总体具有概率密度函数

$$f(x) = \begin{cases} \lambda e^{-\lambda(x-\theta)}, & x > \theta \\ 0, & x \leq \theta \end{cases}$$

式中，$\lambda > 0$，θ 为未知参数；$(X_1, X_2, \cdots, X_n)$ 为来自总体 X 的样本。试求 λ、θ 的矩估计量和极大似然估计量。

解 （1）矩估计的计算。
因为

$$E(X) = \int_{-\infty}^{+\infty} xf(x)\mathrm{d}x = \int_{\theta}^{+\infty} x \cdot \lambda e^{-\lambda(x-\theta)}\mathrm{d}x$$

$$\xrightarrow{t = x - \theta} \frac{1}{\lambda}\int_{0}^{+\infty} \lambda(t+\theta)e^{-\lambda t}\mathrm{d}(\lambda t)$$

$$= \frac{\Gamma(2)}{\lambda} + \theta\Gamma(1) = \frac{1}{\lambda} + \theta$$

$$D(X) = \int_{-\infty}^{+\infty}(x - E(X))^2 \cdot f(x)\mathrm{d}x = \int_{\theta}^{+\infty}\left(x - \theta - \frac{1}{\lambda}\right) \cdot \lambda e^{-\lambda(x-\theta)}\mathrm{d}x$$

$$\xrightarrow{t = x - \theta} \int_{0}^{+\infty}\left(t - \frac{1}{\lambda}\right)^2 e^{-\lambda t}\mathrm{d}(\lambda t) = \frac{1}{\lambda^2}\int_{0}^{+\infty}(t\lambda - 1)^2 e^{-\lambda t}\mathrm{d}(\lambda t)$$

$$= \frac{1}{\lambda^2}[\Gamma(3) - 2\Gamma(2) + \Gamma(1)] = \frac{1}{\lambda^2}$$

等式中，Γ 为伽马（gamma）函数，故由矩估计法得方程组：

$$\begin{cases} \frac{1}{\lambda} + \theta = \bar{X} \\ \frac{1}{\lambda^2} = B_2 \end{cases}$$

解得 λ、θ 的矩估计量为

$$\hat{\lambda} = \frac{1}{\sqrt{B_2}}, \quad \hat{\theta} = \bar{X} - \sqrt{B_2}$$

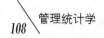

（2）极大似然估计的计算。

由 $f(x)$ 的表达式易得样本的极大似然函数为

$$L(\lambda,\theta) = \begin{cases} \lambda^n \mathrm{e}^{-\sum\limits_{i=1}^{n}\lambda(x_i-\theta)}, & x_i > \theta \\ 0, & \text{其他} \end{cases}$$

当 $x_i \leqslant \theta$ 时，取自然对数得

$$\ln L(\lambda,\theta) = n\ln\lambda - \sum_{i=1}^{n}\lambda(x_i-\theta)$$

上式两端分别对 λ、θ 求导，并令其等于 0，得

$$\begin{cases} \dfrac{\partial \ln L(\lambda,\theta)}{\partial \lambda} = \dfrac{n}{\lambda} - \sum_{i=1}^{n}(x_i-\theta) = 0 \\ \dfrac{\partial \ln L(\lambda,\theta)}{\partial \theta} = n\lambda = 0 \end{cases}$$

由第一个方程得 $1/\lambda + \theta = \overline{X}$，但由第二个方程求不出与 λ 有关的表示式，因而求不出 λ 的极大似然估计，于是回到似然函数 $L(\lambda,\theta)$。由似然函数的基本原理，当 λ 固定时，要使 $L(\lambda,\theta)$ 最大，只需 θ 最大。因 $\theta \leqslant x_1, x_2, \cdots, x_n$，要使 θ 尽量大，故 θ 只能取 $x_1, x_2, \cdots, x_n$ 中的最小者。

综上，令 $x_{(1)} = \min\limits_{1\leqslant i\leqslant n} x_i$，则 θ 的极大似然估计值及估计量分别为 $\hat{\theta} = x_{(1)}$，$\hat{\theta} = X_{(1)}$。因而 λ 的极大似然估计值及极大似然估计量分别为

$$\hat{\lambda} = \frac{1}{\overline{x} - x_{(1)}}, \quad \hat{\lambda} = \frac{1}{\overline{X} - X_{(1)}}$$

4.2 评价估计量的标准

4.1 节介绍了点估计的三种常用方法，即最小二乘法、矩估计法和极大似然法，给我们提供了通过样本推断总体统计特征的切入点；然而，这里还涉及一个点估计方法的选择问题，事实上，对于同一参数，用不同的估计方法求出的估计量可能不相同，用相同的方法也可能得到不同的估计量，也就是说，用样本估计量去推断总体参数，并非只能用一个样本估计量，而可能有多个估计量可供选择。那么采用哪一个估计量为好呢？这就涉及估计量的评价问题，而判断估计量好坏的标准，一般来说有三个：估计的无偏性、有效性和一致性（相合性）。

4.2.1 无偏性

无偏性指的是对同一个总体反复多次抽样，要求各个样本所得出的估计量（统计量）的平均值等于总体参数。它的直观意义是没有系统性误差，即从平均意义上，估计量的估计是没有偏差的。一般来说，无偏性是一个优良的估计量必须具备的性质。

定义 4-1 设 $\hat{\theta} = \hat{\theta}(X_1, X_2, \cdots, X_n)$ 是未知参数 θ 的估计量，若 $E(\hat{\theta})$ 存在，且对 $\forall \theta \in \Theta$，有 $E(\hat{\theta}) = \theta$，则称 $\hat{\theta}$ 是 θ 的无偏估计量，称 $\hat{\theta}$ 具有无偏性。

在统计学中，$E(\hat{\theta}) - \theta$ 称为以 $\hat{\theta}$ 作为 θ 的估计的系统误差，无偏估计的实际意义就是无系统误差。由图 4-1，根据无偏性的定义，此时 A 为无偏估计，B 为有偏估计。

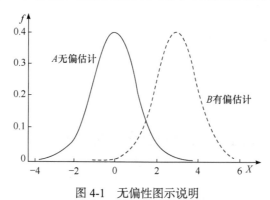

图 4-1 无偏性图示说明

【例 4-7】 设总体 X 的 k 阶原点矩 $m_k = E(X^k)(k \geqslant 1)$ 存在，$(X_1, X_2, \cdots, X_n)$ 是 X 的一个样本，证明：不论 X 服从什么分布，$A_k = \dfrac{1}{n}\sum_{i=1}^{n} X_i^k$ 是 m_k 的无偏估计。

证明 由于 $X_1, X_2, \cdots, X_n$ 与 X 同分布，所以

$$E\left(X_i^k\right) = E\left(X^k\right) = m_k, \quad i = 1, 2, \cdots, n$$

$$E\left(A_k\right) = \frac{1}{n}\sum_{i=1}^{n} E\left(X_i^k\right) = m_k$$

特别地，不论 X 服从什么分布，只要 $E(X)$ 存在，$\overline{X}$ 总是 $E(X)$ 的无偏估计。

【例 4-8】 设总体 X 的期望为 μ，方差为 σ^2，而 $(X_1, X_2, \cdots, X_m)$ 和 $(Y_1, Y_2, \cdots, Y_n)$ 是分别取自总体 X 的样本，证明：样本方差统计量

$$S^2 = \frac{1}{m+n-2}\left[\sum_{i=1}^{m}\left(X_i - \overline{X}\right)^2 + \sum_{i=1}^{n}\left(Y_i - \overline{Y}\right)^2\right]$$

是总体方差 σ^2 的无偏估计量。

证明 令

$$S_1^{\,2} = \frac{1}{m-1}\sum_{i=1}^{m}\left(X_i - \overline{X}\right)^2, \quad S_2^{\,2} = \frac{1}{n-1}\sum_{i=1}^{n}\left(Y_i - \overline{Y}\right)^2$$

则 $S_1^{\,2}, S_2^{\,2}$ 均为 σ^2 的无偏估计量，从而有

$$E\left[\sum_{i=1}^{m}\left(X_i - \overline{X}\right)^2\right] = (m-1)\sigma^2, \quad E\left[\sum_{i=1}^{n}\left(Y_i - \overline{Y}\right)^2\right] = (n-1)\sigma^2$$

于是

$$E\left(S^2\right) = \frac{1}{m+n-2} E\left[\sum_{i=1}^{m}\left(X_i - \bar{X}\right)^2 + \sum_{i=1}^{n}\left(Y_i - \bar{Y}\right)^2\right]$$

$$= \frac{1}{m+n-2}\left[(m-1)\sigma^2 + (n-1)\sigma^2\right] = \sigma^2$$

即 S^2 是 σ^2 的无偏估计量。

【例 4-9】 设总体 $X \sim E(\theta)$，密度为 $f(x;\theta) = \begin{cases} \theta e^{-\theta x}, & x \geqslant 0 \\ 0, & \text{其他} \end{cases}$，其中 $\theta > 0$ 且未知，又

$(X_1, X_2, \cdots, X_n)$ 是 X 的一样本，证明：$\bar{X}$ 和 $nZ = n[\min\{X_1, X_2, \cdots, X_n\}]$ 都是 $\frac{1}{\theta}$ 的无偏估计。

证明 因为 $E(\bar{X}) = E(X) = \frac{1}{\theta}$，所以 $\bar{X}$ 是 $\frac{1}{\theta}$ 的无偏估计。则

$$Z = \min\{X_1, X_2, \cdots, X_n\}$$

服从参数为 $n\theta$ 的指数分布，其密度为

$$f_{\min}(x;\theta) = \begin{cases} n\theta e^{-n\theta x}, & x \geqslant 0 \\ 0, & \text{其他} \end{cases}$$

所以

$$E(Z) = \frac{1}{n\theta} \Rightarrow E(nZ) = \frac{1}{\theta}$$

即 nZ 是 $\frac{1}{\theta}$ 的无偏估计。事实上，$(X_1, X_2, \cdots, X_n)$ 中的每一个均可作为 $\frac{1}{\theta}$ 的无偏估计。

那么，究竟哪个无偏估计更好、更合理，就要看哪个估计量的观察值更接近真实值，即估计量的观察值更密集地分布在真实值的附近。我们知道，方差反映随机变量取值的分散程度。所以无偏估计以方差最小者为最好、最合理。为此引入了估计量的有效性概念。

4.2.2 有效性

有效性要求用样本估计量估计和推断总体参数时，作为估计量的标准差比其他估计量的标准差小。如果某总体参数具有两个不同的无偏估计量，希望确定一个更有效的估计量，自然应该选择标准差小的那个。估计量的标准差越小，根据它推导出的总体参数的估计值越接近真实值。

定义 4-2 设 $\hat{\theta}_1 = \hat{\theta}_1(X_1, X_2, \cdots, X_n)$ 与 $\hat{\theta}_2 = \hat{\theta}_2(X_1, X_2, \cdots, X_n)$ 都是 θ 的无偏估计量，若有 $D(\hat{\theta}_1) < D(\hat{\theta}_2)$，则称 $\hat{\theta}_1$ 比 $\hat{\theta}_2$ 有效。若对 θ 的无偏估计量 $\hat{\theta}_0$ 和任何无偏估计量 $\hat{\theta}$ 都有：$D(\hat{\theta}_0) < D(\hat{\theta})$，则称 $\hat{\theta}_0$ 为 θ 的最小方差无偏估计，见图 4-2。

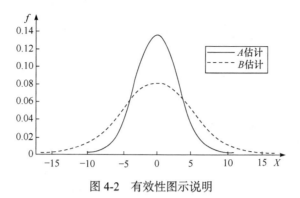

图 4-2　有效性图示说明

由图 4-2 可知，根据有效性的定义，此时 B 估计的方差大于 A 估计的方差，所以 A 估计更有效。

为了进一步计算最小方差无偏估计，给出如下定理。

克拉默-拉奥（Cramer-Rao，C-R）不等式　设总体 X 的分布密度为 $f(x;\theta)$，$(X_1,X_2,\cdots,X_n)$ 是 X 的一个样本，$\hat{\theta}$ 为 θ 的任一无偏估计，若 $f(x;\theta)$ 满足：

（1）集合 $G=\{x:f(x;\theta)\neq 0\}$ 与 θ 无关。

（2）$\dfrac{\partial f(x;\theta)}{\partial \theta}$ 对一切 θ,x 都存在，且 $\dfrac{\partial}{\partial \theta}\displaystyle\int_{-\infty}^{+\infty}f(x;\theta)\mathrm{d}x=\int_{-\infty}^{+\infty}\dfrac{\partial}{\partial \theta}f(x;\theta)\mathrm{d}x$。

（3）记 $I(\theta)=E\left[\dfrac{\partial}{\partial \theta}f(x;\theta)\right]^2$，满足 $0<I(\theta)<+\infty$，则 $D(\hat{\theta})\geqslant\dfrac{1}{nI(\theta)}$。其中 $I(\theta)$ 称为费希尔信息量。定理给出无偏估计方差的一个下界——C-R 下界，即若 $D(\theta)$ 达到 C-R 下界，则 $\hat{\theta}$ 一定是 θ 的最小方差无偏估计。

注意：在定理中，条件（1）、（2）称为正则条件，一般分布都满足，常见的分布 $U[0,\theta]$ 不满足（其中 θ 未知），因而不能用此定理。

定义 4-3　设 $\hat{\theta}$ 是 θ 的任一无偏估计，称 $e(\hat{\theta})=\dfrac{1}{nI(\theta)D(\hat{\theta})}$ 为无偏估计 $\hat{\theta}$ 的有效率。

定义 4-4　若存在 θ 的无偏估计 $\hat{\theta}$，使 $e(\hat{\theta})=1$，则称 $\hat{\theta}$ 是 θ 的有效估计。

有效估计一定是最小方差无偏估计，反之不然。有效估计要求得更为严格。在正态分布中，$\bar{x}$ 是 μ 的有效估计；而 S^2 虽然是 σ^2 的最小方差无偏估计，但不是有效估计，其效率为

$$e\left(S^2\right)=\frac{n-1}{n}$$

4.2.3　一致性（相合性）

无偏性和有效性是在样本容量固定的条件下提出的，我们希望伴随样本容量的增大，估计值能稳定于待估参数的真实值，为此引入一致性概念。

定义 4-5　设 $\hat{\theta}(X_1,X_2,\cdots,X_n)$ 是参数 θ 的估计量，如果对任意的 $\varepsilon>0$ 有

$$\lim_{n \to +\infty} P\left\{\left|\hat{\theta}(X_1, X_2, \cdots, X_n) - \theta\right| < \varepsilon\right\} = 1$$

则称 $\hat{\theta}(X_1, X_2, \cdots, X_n)$ 为参数 θ 的一致估计量，或渐近无偏估计量（approximation unbiased estimator）。

一致性要求用样本估计量估计和推断总体参数时要达到：样本容量 n 充分大时，样本估计量充分靠近总体参数，即随着 n 的无限增大，样本估计量与未知总体参数之间的绝对离差趋向于任意小，这一可能性成为实际上的必然，见图 4-3。

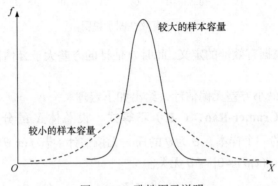

图 4-3 一致性图示说明

例如，在任何分布中，$\overline{X}$ 是 $E(x)$ 的一致估计；而 S^2 与 B_2 都是 $D(x)$ 的一致估计。

不过，一致性只有在 n 相当大时才能显示其优越性，而在实际中往往很难达到，因此，在实际工作中，关于估计量的选择要视具体问题而定。

一般而言，样本平均数 $\overline{X}$ 是总体平均数 μ 的无偏、有效、一致的点估计。样本标准差 S 是总体标准差 σ 的无偏、一致的点估计。

【例 4-10】 设有 k 台仪器，已知用第 i 台仪器测量时，测定值总体的标准差为 $\sigma_i (i=1, 2, \cdots, k)$。用这些仪器独立地对某一物理量 θ 各观察一次，分别得到 $X_1, X_2, \cdots, X_k$。设仪器都没有系统误差，即 $E(X_i) = \theta (i=1, 2, \cdots, k)$。问 $a_1, a_2, \cdots, a_k$ 应取何值，方能使用 $\hat{\theta} = \sum_{i=1}^{k} a_i X_i$ 估计 θ 时，$\hat{\theta}$ 是无偏的，并且 $D(\hat{\theta})$ 最小？

解 （1）由 $E(\hat{\theta}) = E\left(\sum_{i=1}^{k} a_i X_i\right) = \sum_{i=1}^{k} a_i E(X_i) = \left(\sum_{i=1}^{k} a_i\right)\theta = \theta$ 知，当 $\sum_{i=1}^{k} a_i = 1$ 时，$\hat{\theta}$ 是无偏的。

（2）在 $\sum_{i=1}^{k} a_i = 1$ 下求 $a_1, a_2, \cdots, a_k$ 应取何值使 $D(\hat{\theta})$ 最小。因为 $X_1, X_2, \cdots, X_k$ 独立，故

$$D(\hat{\theta}) = D\left(\sum_{i=1}^{k} a_i X_i\right) = \sum_{i=1}^{k} a_i^2 D(X_i) = \sum_{i=1}^{k} a_i^2 \sigma_i^2$$

令 $g(a_1, a_2, \cdots, a_k) = \sum_{i=1}^{k} a_i^2 \sigma_i^2$，于是问题归结为求多元函数 $g(a_1, a_2, \cdots, a_k)$ 在条件 $\sum_{i=1}^{k} a_i = 1$ 下的最小值。

做拉格朗日函数

$$G(a_1,a_2,\cdots,a_k;\lambda)=g(a_1,a_2,\cdots,a_k)+\lambda(a_1+a_2+\cdots+a_k-1)$$

由

$$\begin{cases} G'_{a_1}=2a_1\sigma_1^{~2}+\lambda=0 \\ G'_{a_2}=2a_2\sigma_2^{~2}+\lambda=0 \\ \qquad\vdots \\ G'_{a_k}=2a_k\sigma_k^{~2}+\lambda=0 \\ G'_{\lambda}=\sum_{i=1}^{k}a_i-1=0 \end{cases}$$

得

$$\begin{cases} a_1=-\dfrac{\lambda}{2\sigma_1^{~2}} \\ a_2=-\dfrac{\lambda}{2\sigma_2^{~2}} \\ \qquad\vdots \\ a_k=-\dfrac{\lambda}{2\sigma_k^{~2}} \\ 1=\sum_{i=1}^{k}a_i=-\dfrac{\lambda}{2}\sum_{i=1}^{k}\dfrac{1}{\sigma_i^{~2}} \end{cases}$$

令

$$\sigma_0^{~2}=\frac{1}{\sum_{i=1}^{k}\dfrac{1}{\sigma_i^{~2}}}$$

则

$$\lambda=-2\sigma_0^{~2}$$

于是

$$a_1=\frac{\sigma_0^{~2}}{\sigma_1^{~2}},\ a_2=\frac{\sigma_0^{~2}}{\sigma_2^{~2}},\ \cdots,\ a_k=\frac{\sigma_0^{~2}}{\sigma_k^{~2}}$$

即为所求。

　　点估计方法虽然能有效地通过样本推断出总体的统计特征，即只要得到样本观测值$(x_1,x_2,\cdots,x_n)$，点估计值$\hat{\theta}(x_1,x_2,\cdots,x_n)$就能给$\theta$值一个明确的数量概念，然而，点估计无法给出估计值接近总体参数程度的信息。由第三章的抽样方法知，样本具有一定随机性，虽然在重复抽样条件下，点估计的均值可能等于总体真值，然而抽出一个具体的样本得到的估计值很可能不同于总体真值，这对实际工作来说是不方便的，我们希望对点

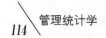

估计量进行可靠性评价，接下来介绍区间估计来研究这一问题。

4.3 区 间 估 计

4.3.1 置信区间

定义 4-6 设总体 X 的分布函数 $F(x;\theta)$ 含有一个未知参数 θ，对于给定的 $\alpha(0<\alpha<1)$，若由样本 $(X_1,X_2,\cdots,X_n)$ 确定的两个统计量 $\theta_1(X_1,X_2,\cdots,X_n)$ 和 $\theta_2(X_1,X_2,\cdots,X_n)$ 满足：

$$p\{\theta_1<\theta<\theta_2\}=1-\alpha$$

则称 (θ_1,θ_2) 为 θ 的置信度为 $1-\alpha$ 的置信区间，$1-\alpha$ 称为置信度或置信水平，θ_1 称为双侧置信区间的置信下限，θ_2 称为置信上限。样本均值的抽样分布见图 4-4。

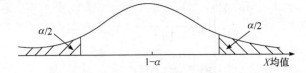

图 4-4 样本均值的抽样分布
$1-\alpha$ 的区间包含了 μ，α 区间不包含 μ

置信水平可直观理解成将构造置信区间的步骤重复很多次，置信区间包含总体参数真值的次数所占的比例。例如，任意构造一个置信水平为 95% 的置信区间，我们认为真值在这个置信区间的可能性有 95%。常用的置信水平值有 99%、95%、90%，相应的 α 为 0.01、0.05、0.10，α 称为显著水平。因此，置信区间只是统计上的意义，用一个具体的样本构造的区间是一个特定的区间，我们无法知道这个样本所产生的区间是否包含总体参数的真值。只能希望这个区间是大量包含总体参数真值的区间中的一个，但它也可能是少数几个不包含总体参数真值的区间中的一个。

需要注意的是，当 X 是连续型随机变量时，对于给定的 α，按要求 $p\{\theta_1<\theta<\theta_2\}=1-\alpha$ 求出置信区间；而当 X 是离散型随机变量时，对于给定的 α，常常找不到区间 (θ_1,θ_2) 使得 $p\{\theta_1<\theta<\theta_2\}$ 恰为 $1-\alpha$，此时 $p\{\theta_1<\theta<\theta_2\}$ 至少为 $1-\alpha$ 且尽可能接近 $1-\alpha$。

置信区间估计可认为是在点估计的基础上，给出总体参数估计的一个区间范围，该区间由样本统计量加减估计误差得到；事实上，由于 $\hat{\theta}_1,\hat{\theta}_2$ 是两个统计量，所以 (θ_1,θ_2) 实际上是一个随机区间，它覆盖 θ（即 $\theta\in(\hat{\theta}_1,\hat{\theta}_2)$）就是一个随机事件，而 $p\{\theta\in(\hat{\theta}_1,\hat{\theta}_2)\}$ 就反映了这个区间估计的可信程度；另外，区间长度 $\hat{\theta}_2-\hat{\theta}_1$ 也是一个随机变量，$E(\hat{\theta}_2-\hat{\theta}_1)$ 反映了区间估计的精确程度。我们希望反映可信程度越大越好，反映精确程度的区间长度越小越好。但在实际问题上，二者常常不能兼顾。为此，这里给出置信区间的概念，并给出在一定可信程度的前提下求置信区间的方法，使区间的平均长度最短。不同置信水平下的区间估计见图 4-5。

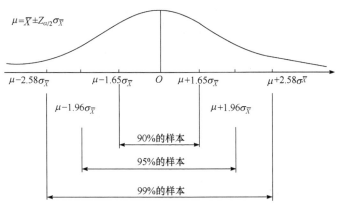

图 4-5 不同置信水平下的区间估计

【例 4-11】 设总体 $X \sim N\left(\mu, \sigma^2\right)$，$\sigma^2$ 已知，μ 未知，$(X_1, X_2, \cdots, X_n)$ 是来自 X 的一个样本，求 μ 的置信度为 $1-\alpha$ 的置信区间。

解 由前知 $\bar{X}$ 是 μ 的无偏估计，且有

$$Z = \frac{\sqrt{n}(\bar{X}-\mu)}{\sigma} \sim N(0,1)$$

据标准正态分布的 α 分位点的定义有 $P\left\{|Z| < Z_{\alpha/2}\right\} = 1-\alpha$，即

$$P\left\{\bar{X} - Z_{\alpha/2}\frac{\sigma}{\sqrt{n}} < \mu < \bar{X} + Z_{\alpha/2}\frac{\sigma}{\sqrt{n}}\right\} = 1-\alpha$$

所以 μ 的置信度为 $1-\alpha$ 的区间为

$$\left(\bar{X} - Z_{\alpha/2}\frac{\sigma}{\sqrt{n}}, \bar{X} + Z_{\alpha/2}\frac{\sigma}{\sqrt{n}}\right)$$

通过上述例子，可以得到寻求未知参数 θ 的置信区间的一般步骤。

（1）根据未知参数 θ 满足的统计特征，构造已知分布的统计量 $f(\theta)$，统计量只包含待估参数 θ，不包含其他未知参数。

（2）对于给定的置信度 $1-\alpha$，定出两个常数 a, b，使 $p\{a < \theta < b\} = 1-\alpha$，可转换为 $p\{a' < f(\theta) < b'\} = 1-\alpha$。

（3）根据 $f(\theta)$ 的分布确定 a, b，一般令

$$b = -a > 0$$

【例 4-12】 从某高校的 91 893 名大学生中随机不重复抽取 30 名学生进行月零花钱支出调查，经计算样本均值为 $\bar{x} = 639$ 元。设该高校全体大学生平均月零花钱支出服从正态分布，并已知总体方差为 $\sigma^2 = 55\,801$ 元，试估计该高校全体大学生平均月零花钱支出的 95% 的置信区间。

解 已知总体方差 $\sigma^2 = 55\,801$，样本平均数 $\bar{x} = 639$，样本容量 $n = 30$，由前知 $\bar{X}$ 是 μ 的无偏估计，且有

$$Z = \frac{\sqrt{n}\left(\bar{X} - \mu\right)}{\sigma} \sim N(0,1)$$

据标准正态分布的 95% 分位点的定义有

$$Z_{\alpha/2} = 1.96$$

所以该高校全体大学生平均月零花钱支出 μ 的 95% 的置信区间为

$$\bar{X} \pm Z_{\alpha/2} \frac{\sigma}{\sqrt{n}} = 639 \pm 1.96 \times \sqrt{\frac{55\,801}{30}} = 639 \pm 84.53 = (554.47, 723.53)$$

4.3.2　单个总体参数的区间估计

本节继续讨论总体参数的区间估计问题，与总体点估计相一致，本节讨论的内容包括总体均值、总体比例、总体方差的区间估计。本节将依照未知参数置信区间估计的一般步骤逐步推导出总体各参数的置信区间，并举例说明如何应用。

1. 总体均值的区间估计

设总体 X 服从正态分布，即 $X \sim N\left(\mu, \sigma^2\right)$，$\bar{X}$ 和 S^2 分别为样本的均值和方差。根据总体方差是否已知，将总体均值的区间估计按方差已知和未知两种情况讨论。

1）方差 σ^2 已知

可以证明，若总体 $X \sim N\left(\mu, \sigma^2\right)$，则 $\bar{X} \sim N\left(\mu, \dfrac{\sigma^2}{n}\right)$，标准化后得到随机变量

$$Z = \frac{\bar{X} - \mu}{\sigma / \sqrt{n}} \sim N(0,1)$$

给定置信水平 $1 - \alpha$，有

$$P\left\{\left|\frac{\bar{X} - \mu}{\sigma / \sqrt{n}}\right| < Z_{\alpha/2}\right\} = 1 - \alpha$$

式中，$Z_{\alpha/2}$ 为标准正态分布的右侧 $\alpha/2$ 分位点，$Z_{\alpha/2}$ 的值可以通过关系

$$\Phi(Z_{\alpha/2}) = 1 - \frac{\alpha}{2}$$

查正态分布表得到。进一步可得

$$P\left\{\bar{X} - Z_{\alpha/2} \frac{\sigma}{\sqrt{n}} < \mu < \bar{X} + Z_{\alpha/2} \frac{\sigma}{\sqrt{n}}\right\} = 1 - \alpha$$

根据置信区间的定义，均值 μ 的置信水平为 $1 - \alpha$ 的置信区间为

$$\left(\bar{X} - Z_{\alpha/2} \frac{\sigma}{\sqrt{n}}, \bar{X} + Z_{\alpha/2} \frac{\sigma}{\sqrt{n}}\right)$$

至此得到了方差已知情形下总体均值的置信区间。首先求出均值的点估计量，然后查表得到标准正态分布的右侧 $\alpha/2$ 分位点，便可以简单地求出总体均值的置信区间。

【**例 4-13**】　一家饮料制造企业以生产某种盒装饮料为主，为对饮料质量进行监测，企业质检部门经常要进行抽检，其中一项检查就是分析每盒饮料的净含量是否符合要求。现从某天生产的一批饮料中随机抽取 25 盒，测得每盒净含量如表 4-2 所示。已知产品净含量的分布服从正态分布，且总体标准差为 10 毫升。试估计该批饮料平均净含量的置信区间，置信水平为 95%。

表 4-2　25 盒饮料的净含量　　　　　　　　　单位：毫升

1120.5	1010.0	1030.0	1020.0	1000.5
1020.6	1070.5	950.0	1080.8	1150.6
1000.0	1230.5	1020.0	1010.6	1020.2
1160.6	950.4	970.8	1080.6	1050.0
1360.8	1020.8	1010.5	980.4	930.3

解　已知 $X \sim N\left(\mu, 10^2\right)$，$n = 25$，$1 - \alpha = 95\%$，$Z_{\alpha/2} = 1.96$。根据样本数据计算得 $\bar{X} = 1050$。总体均值 μ 在 $1 - \alpha$ 置信水平下的置信区间为

$$\bar{X} \pm Z_{\alpha/2} \frac{\sigma}{\sqrt{n}} = 1050 \pm 1.96 \times \frac{10}{\sqrt{25}} = 1050 \pm 3.92 = (1046.08, 1053.92)$$

该饮料平均净含量的置信区间为 $(1046.08, 1053.92)$。

2）方差 σ^2 未知

很多时候，我们并不知道总体 X 的方差 σ^2，但是可以求得 σ^2 的无偏估计量 S^2，借助 S^2 代替 σ^2 得到总体均值的区间估计。此时，总体均值不再服从标准正态分布，而是服从 t 分布，但在大样本的情况下可以用正态分布近似。实际应用中遇到的问题大多为方差未知的情形。

（1）大样本情形（样本容量 $n \geq 30$）。由中心极限定理可以知道，当样本容量足够大时（$n \geq 30$），可以用正态分布近似，即随机变量

$$\frac{\bar{X} - \mu}{S/\sqrt{n}}$$

近似服从标准正态分布 $N(0,1)$。故

$$P\left\{\left|\frac{\bar{X} - \mu}{S/\sqrt{n}}\right| < Z_{\alpha/2}\right\} = 1 - \alpha$$

展开得到

$$P\left\{\bar{X} - Z_{\alpha/2} \frac{S}{\sqrt{n}} < \mu < \bar{X} + Z_{\alpha/2} \frac{S}{\sqrt{n}}\right\} = 1 - \alpha$$

与方差已知时总体均值的区间估计类似，得到大样本情形下方差未知的总体均值 μ 在 $1 - \alpha$ 置信水平下的近似置信区间为

$$\left(\bar{X} - Z_{\alpha/2} \frac{S}{\sqrt{n}}, \bar{X} + Z_{\alpha/2} \frac{S}{\sqrt{n}} \right)$$

应该注意的是，这只是一个近似的置信区间，在样本容量足够大的情况下，误差通常很小；但在样本容量很小（$n<30$）的情况下，其误差往往比较大。故使用时必须实时判断是不是大样本，只有确定样本容量足够大时才可以使用该近似置信区间。

【例 4-14】 从某高校的 91 893 名大学生中随机重复抽取 30 名学生进行月购书支出调查，得到每位大学生的月购书支出数据如表 4-3 所示。设该高校全体大学生平均月购书支出额服从正态分布,试估计该高校全体大学生平均月购书支出额的 95%的置信区间。

表 4-3 30 位大学生的月购书支出数据

样本序号	购书支出额/元	样本序号	购书支出额/元	样本序号	购书支出额/元
1	84	11	68	21	256
2	114	12	90	22	58
3	30	13	92	23	168
4	166	14	170	24	130
5	98	15	64	25	90
6	40	16	98	26	116
7	124	17	100	27	190
8	150	18	50	28	82
9	90	19	78	29	126
10	190	20	72	30	240

解 已知 $n=30$, $1-\alpha=95\%$, $Z_{\alpha/2}=1.96$。根据样本数据计算得 $\bar{X}=114.1$, $S=55.84$。

总体均值 μ 在 $1-\alpha$ 置信水平下的近似置信区间为

$$\bar{X} \pm z_{\alpha/2} \frac{S}{\sqrt{n}} = 114.1 \pm 1.96 \times \frac{55.84}{\sqrt{30}} = 114.1 \pm 19.98 = (94.12, 134.08)$$

所以该高校全体大学生平均月购书支出额的 95%的置信区间(94.12,134.08)。

（2）小样本情形（样本容量 $n<30$）。可以证明，若总体 $X \sim N(\mu, \sigma^2)$，则随机变量

$$t = \frac{\bar{X} - \mu}{S/\sqrt{n}} \sim t(n-1)$$

给定置信水平 $1-\alpha$，有

$$P\left\{ \left| \frac{\bar{X} - \mu}{S/\sqrt{n}} \right| < t_{\alpha/2}(n-1) \right\} = 1-\alpha$$

式中，$t_{\alpha/2}(n-1)$ 为自由度为 $n-1$ 的 t 分布的右侧 $\alpha/2$ 分位点，$t_{\alpha/2}(n-1)$ 的值可以通过查 t 分布表得到。

进一步可以得到

$$P\left\{\overline{X}-t_{\alpha/2}(n-1)\frac{S}{\sqrt{n}}<\mu<\overline{X}+t_{\alpha/2}(n-1)\frac{S}{\sqrt{n}}\right\}=1-\alpha$$

故可以得到均值 μ 的置信水平为 $1-\alpha$ 的置信区间为

$$\left(\overline{X}-t_{\alpha/2}(n-1)\frac{S}{\sqrt{n}},\overline{X}+t_{\alpha/2}(n-1)\frac{S}{\sqrt{n}}\right)$$

事实上，这个 t 分布下的置信区间是方差未知情形下总体均值的精确置信区间，对于大样本情形也是适用的。如果对置信区间的准确度要求较高，则必须使用 t 分布下的置信区间，而不能使用正态分布下的置信区间。然而，当样本量非常大的时候，往往很难从 t 分布表中直接查找 t 分布分位点的值，需要编程计算或者用插值法计算，为了方便起见，通常使用正态分布下的近似区间。在实际应用中，如果是大样本的区间估计且对精度要求不太苛刻，往往使用正态分布下的近似置信区间。

【例 4-15】 某大学企业管理专业共有 145 名学生，现对其管理学成绩进行抽样调查，已知他们的管理学成绩服从正态分布。现从这 145 名学生中随机抽取 16 名学生，调查得到他们的管理学成绩如表 4-4 所示。试建立此大学企业管理专业学生的管理学平均成绩 95%的置信区间。

表 4-4　16 名学生的管理学成绩

学生编号	成绩/分	学生编号	成绩/分	学生编号	成绩/分	学生编号	成绩/分
1	80	5	95	9	86	13	87
2	87	6	71	10	78	14	76
3	90	7	75	11	93	15	88
4	89	8	79	12	96	16	89

解 已知 $X\sim N(\mu,\sigma^2)$，$n=16$，$1-\alpha=0.95$，$t_{\alpha/2}(n-1)=2.131$，根据样本数据计算得 $\overline{X}=84.9$，$S=7.5$。总体均值 μ 在 $1-\alpha$ 置信水平下的置信区间为

$$\overline{X}\pm t_{\alpha/2}(n-1)\frac{S}{\sqrt{n}}=84.9\pm2.131\times\frac{7.5}{\sqrt{16}}=84.9\pm4.0=(80.9,88.9)$$

则此大学企业管理专业学生的管理学平均成绩 95%的置信区间为(80.9,88.9)。

2. 总体比例的区间估计

设总体 X 服从二项分布，即 $X\sim B(n,\pi)$。易知二项分布的均值和方差分别为 $n\pi$ 和 $n\pi(1-\pi)$。记 p 为样本比例，假如样本容量足够大（通常要求 np、$n(1-p)\geqslant5$），由中心极限定理，随机变量

$$\frac{np-n\pi}{\sqrt{n\pi(1-\pi)}}=\frac{p-\pi}{\sqrt{\pi(1-\pi)/n}}$$

近似服从标准正态分布 $N(0,1)$，于是

$$P\left\{\left|\frac{p-\pi}{\sqrt{\pi(1-\pi)/n}}\right|<Z_{\alpha/2}\right\}=1-\alpha$$

展开得到

$$P\left\{p-Z_{\alpha/2}\sqrt{\frac{\pi(1-\pi)}{n}}<\pi<p+Z_{\alpha/2}\sqrt{\frac{\pi(1-\pi)}{n}}\right\}=1-\alpha$$

故总体比例在 $1-\alpha$ 置信水平下的近似置信区间为

$$\left(p-Z_{\alpha/2}\sqrt{\frac{p(1-p)}{n}},p+Z_{\alpha/2}\sqrt{\frac{p(1-p)}{n}}\right)$$

在大样本的情形下，所得到的近似置信区间的误差通常比较小。

【例 4-16】 某城市想要估计高校教职工中女性所占的比例，随机地抽取了 100 名高校教职工，其中 65 人为女性职工。试以 95%的置信水平估计该城市高校教职工中女性比例的置信区间。

解 已知 $n=100$ ，$p=65\%$ ，$1-\alpha=95\%$ ，$Z_{\alpha/2}=1.96$ 。总体比例 π 在 $1-\alpha$ 置信水平下的置信区间为

$$p\pm Z_{\alpha/2}\sqrt{\frac{p(1-p)}{n}}=65\%\pm1.96\times\sqrt{\frac{65\%(1-65\%)}{100}}=65\%\pm9.35\%=(55.65\%,74.35\%)$$

该城市高校教职工中女性比例的置信区间为(55.65%,74.35%)。

3. 总体方差的区间估计

设总体 X 服从正态分布，即 $X\sim N\left(\mu,\sigma^2\right)$ ，总体方差 σ^2 的点估计量为 S^2 ，样本容量为 n 。可以证明

$$\frac{(n-1)S^2}{\sigma^2}\sim\chi^2(n-1)$$

于是，给定置信水平 $1-\alpha$ ，有

$$P\left\{\chi^2_{1-\alpha/2}(n-1)<\frac{(n-1)S^2}{\sigma^2}<\chi^2_{\alpha/2}(n-1)\right\}=1-\alpha$$

总体方差置信区间如图 4-6 所示。

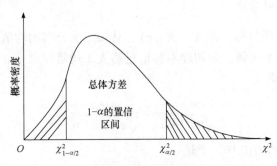

图 4-6 总体方差置信区间示意图

其中，$\chi_\alpha^2(n)$ 是自由度为 n 的 χ^2 分布的 α 分位点，其值可以通过查 χ^2 分布表得到。进一步展开得到

$$P\left\{\frac{(n-1)S^2}{\chi_{\alpha/2}^2(n-1)}<\sigma^2<\frac{(n-1)S^2}{\chi_{1-\alpha/2}^2(n-1)}\right\}=1-\alpha$$

故可以得到总体方差 σ^2 的置信水平为 $1-\alpha$ 的置信区间为

$$\left(\frac{(n-1)S^2}{\chi_{\alpha/2}^2(n-1)},\frac{(n-1)S^2}{\chi_{1-\alpha/2}^2(n-1)}\right)$$

与总体均值和总体比例置信区间的估计不同，这里需要知道 χ^2 分布的双侧分位点才可以估计出总体方差的置信区间。

【例 4-17】 从某高校的 91 893 名大学生中随机重复抽取 30 名学生进行月支出调查，得到每位大学生的月支出数据如表 4-5 所示。设该高校全体大学生平均月支出额服从正态分布，试估计该高校全体大学生平均月支出方差 95% 的置信区间。

表 4-5　30 名学生的月支出数据

样本序号	支出额/元	样本序号	支出额/元	样本序号	支出额/元
1	996	11	1360	21	2100
2	1424	12	920	22	760
3	860	13	1760	23	1304
4	2200	14	1900	24	1340
5	1024	15	1054	25	840
6	760	16	980	26	1300
7	1242	17	1280	27	1802
8	1480	18	740	28	900
9	1120	19	1096	29	1780
10	1570	20	1700	30	1860

解　已知 $n=30$，$1-\alpha=95\%$，根据样本数据计算得

$$S^2=170\,412.46$$

$$\chi_{\alpha/2}^2(n-1)=\chi_{0.025}^2(29)=45.722$$

$$\chi_{1-\alpha/2}^2(n-1)=\chi_{0.975}^2(29)=16.047$$

总体方差 σ^2 置信度为 95% 的置信区间为

$$\frac{(30-1)\times170\,412.46}{45.722}<\sigma^2<\frac{(30-1)\times170\,412.46}{16.047}$$

$$108\,087.165<\sigma^2<307\,967.928$$

该高校全体大学生平均月支出方差的置信区间为 (108 087.165,307 967.928)。

4.3.3 两个总体参数的区间估计

前面讨论了单个总体参数的置信区间，包括总体均值、总体比例、总体方差，这实际上是参数点估计的延续。有时候，人们除了需要了解单个总体的参数之外，还需要比较两个总体间的异同，如比较两个班级的成绩分布是否相同。两个不同参数的差异可以通过比较它们的差值或者比值来确定，但通常需要考虑所构造的两随机变量之差或者两随机变量之比是否服从现有简单的分布，如常用的正态分布、t分布、χ^2分布和F分布等。这里用均值之差、比例之差、方差之比来反映两个总体参数的相似程度。本节将讨论两个总体参数的区间估计问题，包括两个总体均值之差、两个总体比例之差和两个总体方差之比，并举例说明如何应用。

1. 两个总体均值之差的区间估计

两个总体均值之差$\mu_1-\mu_2$的置信水平为$1-\alpha$的置信区间的一种含义为：若置信下限大于零，则以$1-\alpha$置信水平判断$\mu_1>\mu_2$；若置信上限小于零，则以$1-\alpha$置信水平判断$\mu_1<\mu_2$；若置信区间包含零，则以$1-\alpha$置信水平判断两总体均值接近，有可能相等。

设总体X_1、X_2服从正态分布，即$X_1\sim N(\mu_1,\sigma_1^2)$，$X_2\sim N(\mu_2,\sigma_2^2)$，且总体$X_1$、$X_2$相互独立。记它们的样本均值和样本方差分别为$\bar{X}_1$、$\bar{X}_2$和$S_1^2$、$S_2^2$，样本容量分别为$n_1$、$n_2$。

1）大样本区间估计（$n_1\geqslant30$，$n_2\geqslant30$）

A. 总体方差σ_1^2、σ_2^2已知

可以证明，在两总体方差均已知的情况下，随机变量为

$$Z=\frac{(\bar{X}_1-\bar{X}_2)-(\mu_1-\mu_2)}{\sqrt{\dfrac{\sigma_1^2}{n_1}+\dfrac{\sigma_2^2}{n_2}}}$$

于是，给定置信水平$1-\alpha$，有

$$P\left\{\left|\frac{(\bar{X}_1-\bar{X}_2)-(\mu_1-\mu_2)}{\sqrt{\dfrac{\sigma_1^2}{n_1}+\dfrac{\sigma_2^2}{n_2}}}\right|<Z_{\alpha/2}\right\}=1-\alpha$$

进一步得到

$$P\left\{(\bar{X}_1-\bar{X}_2)-Z_{\alpha/2}\sqrt{\frac{\sigma_1^2}{n_1}+\frac{\sigma_2^2}{n_2}}<\mu_1-\mu_2<(\bar{X}_1-\bar{X}_2)+Z_{\alpha/2}\sqrt{\frac{\sigma_1^2}{n_1}+\frac{\sigma_2^2}{n_2}}\right\}=1-\alpha$$

故可以得到总体均值之差$\mu_1-\mu_2$的置信水平为$1-\alpha$的置信区间为

$$\left(\left(\overline{X}_1 - \overline{X}_2 \right) - Z_{\alpha/2} \sqrt{\frac{\sigma_1^2}{n_1} + \frac{\sigma_2^2}{n_2}}, \left(\overline{X}_1 - \overline{X}_2 \right) + Z_{\alpha/2} \sqrt{\frac{\sigma_1^2}{n_1} + \frac{\sigma_2^2}{n_2}} \right)$$

当方差已知的时候，对于小样本也可以使用该置信区间，但由于小样本均值之差的点估计量误差可能比较大，从而影响了置信区间的准确性，通常使用小样本情形的计算方法计算。

B. 总体方差 σ_1^2、σ_2^2 未知

可以证明，在两总体方差均未知但样本容量足够大的情况下，随机变量

$$Z = \frac{\left(\overline{X}_1 - \overline{X}_2 \right) - \left(\mu_1 - \mu_2 \right)}{\sqrt{\frac{S_1^2}{n_1} + \frac{S_2^2}{n_2}}}$$

近似服从标准正态分布 $N(0,1)$。于是，给定置信水平 $1-\alpha$，有

$$P\left\{ \left| \frac{\left(\overline{X}_1 - \overline{X}_2 \right) - \left(\mu_1 - \mu_2 \right)}{\sqrt{\frac{S_1^2}{n_1} + \frac{S_2^2}{n_2}}} \right| < Z_{\alpha/2} \right\} \approx 1-\alpha$$

进一步得到

$$\left(\overline{X}_1 - \overline{X}_2 \right) - Z_{\alpha/2} \sqrt{\frac{S_1^2}{n_1} + \frac{S_2^2}{n_2}} < \mu_1 - \mu_2 < \left(\overline{X}_1 - \overline{X}_2 \right) + Z_{\alpha/2} \sqrt{\frac{S_1^2}{n_1} + \frac{S_2^2}{n_2}} \approx 1-\alpha$$

故可以得到两总体均值之差 $\mu_1 - \mu_2$ 的置信水平为 $1-\alpha$ 的近似置信区间为

$$\left(\left(\overline{X}_1 - \overline{X}_2 \right) - Z_{\alpha/2} \sqrt{\frac{S_1^2}{n_1} + \frac{S_2^2}{n_2}}, \left(\overline{X}_1 - \overline{X}_2 \right) + Z_{\alpha/2} \sqrt{\frac{S_1^2}{n_1} + \frac{S_2^2}{n_2}} \right)$$

实际应用多为这种情况，样本容量比较大并且方差均是未知的。这种方法应用的一个重要的前提是样本容量比较大（通常要求 $n_1 \geqslant 30$，$n_2 \geqslant 30$），否则误差也可能会比较大，要注意甄别。

【例 4-18】 某商学院想估计该院市场营销专业和企业管理专业的学生的高等数学平均成绩之差，为此在市场营销专业抽取了 36 名学生，在企业管理专业抽取了 42 名学生，并通过调查获得有关数据，如表 4-6 所示。试建立该商学院两专业学生高等数学平均成绩之差 95% 的置信区间。

表 4-6 两个样本的有关数据

市场营销专业	$n_1=36$	$\overline{X}_1 = 88$	$S_1=5.8$
企业管理专业	$n_2=42$	$\overline{X}_2 = 82$	$S_2=7.2$

解 两个总体均值之差在 $1-\alpha$ 置信水平下的置信区间为

$$\left(\overline{X}_1 - \overline{X}_2\right) \pm Z_{\alpha/2} \sqrt{\frac{S_1^2}{n_1} + \frac{S_2^2}{n_2}} = (88-82) \pm 1.96 \times \sqrt{\frac{5.8^2}{36} + \frac{7.2^2}{42}} = 6 \pm 2.886 = (3.114, 8.886)$$

所以该商学院两专业学生高等数学平均成绩之差的 95% 的置信区间为 (3.114, 8.886)。

2）小样本区间估计（ $n_1 < 30$ ， $n_2 < 30$ ）

A. 两个总体方差未知但相等（ $\sigma_1^2 = \sigma_2^2$ ）

记总体方差的合并统计量 S_p^2 为

$$S_p^2 = \frac{(n_1-1)S_1^2 + (n_2-1)S_2^2}{n_1 + n_2 - 2}$$

则样本标准差为

$$\sqrt{\frac{S_p^2}{n_1} + \frac{S_p^2}{n_2}} = S_p \sqrt{\frac{1}{n_1} + \frac{1}{n_2}}$$

此时，可以证明随机变量

$$t = \frac{\left(\overline{X}_1 - \overline{X}_2\right) - (\mu_1 - \mu_2)}{S_p \sqrt{\frac{1}{n_1} + \frac{1}{n_2}}} \sim t(n_1 + n_2 - 2)$$

于是，给定置信水平 $1-\alpha$ ，有

$$P\left\{ \left| \frac{\left(\overline{X}_1 - \overline{X}_2\right) - (\mu_1 - \mu_2)}{S_p \sqrt{\frac{1}{n_1} + \frac{1}{n_2}}} \right| < t_{\alpha/2}(n_1 + n_2 - 2) \right\} = 1 - \alpha$$

进一步得到

$$P\left\{ \left(\overline{X}_1 - \overline{X}_2\right) - t_{\alpha/2}(n_1 + n_2 - 2) S_p \sqrt{\frac{1}{n_1} + \frac{1}{n_2}} < \mu_1 - \mu_2 < \right.$$

$$\left. \left(\overline{X}_1 - \overline{X}_2\right) + t_{\alpha/2}(n_1 + n_2 - 2) S_p \sqrt{\frac{1}{n_1} + \frac{1}{n_2}} \right\} = 1 - \alpha$$

故可以得到两总体均值之差 $\mu_1 - \mu_2$ 的置信水平为 $1-\alpha$ 的近似置信区间为

$$\left(\left(\overline{X}_1 - \overline{X}_2\right) - t_{\alpha/2}(n_1 + n_2 - 2) S_p \sqrt{\frac{1}{n_1} + \frac{1}{n_2}}, \left(\overline{X}_1 - \overline{X}_2\right) + t_{\alpha/2}(n_1 + n_2 - 2) S_p \sqrt{\frac{1}{n_1} + \frac{1}{n_2}} \right)$$

这种方法应用的前提是两个总体的方差事先可以确定是相等的。然而，实际应用中，通常很难确定两总体方差是否相等，因此这种方法应用比较少。

【例 4-19】　某连锁超市公司为了研究有奖销售和特价销售两种不同促销方式对商品销售额的影响，选择了某日常生活用品在其下的 2 个门店分别采用有奖销售和特价销售进行了 12 个月的试验，试验前该类日常生活用品在这 2 家门店的月销售额基本处于同一水平，试验结果如表 4-7 所示。

表 4-7 某日常生活用品的月销售额（一） 单位：万元

有奖销售		特价销售	
15.6	16.5	17.9	17.9
14.3	14.5	19.6	18.6
13.4	16.2	21.8	19.4
13.1	13.7	20.4	20.6
15.6	14.8	18.6	21.8
13.6	15.6	21.4	21.4

假定在这两种促销方式下，该日常生活用品的销售额都服从正态分布，且方差相等。试以 95%的置信水平建立这两种促销方式下该日常生活用品的平均销售额差值的置信区间。

解 根据样本数据计算得

$$\bar{X}_1 = 14.742, \ S_1^2 = 1.324, \ \bar{X}_2 = 19.95, \ S_2^2 = 2.195, \ n_1 = n_2 = 12$$

$$\alpha = 0.05, \ t_{\alpha/2}(n_1 + n_2 - 2) = t_{\alpha/2}(22) = 2.074$$

合并估计量为

$$S_p^2 = \frac{(12-1) \times 1.324 + (12-1) \times 2.195}{12 + 12 - 2} = 1.76$$

$$(\bar{X}_1 - \bar{X}_2) \pm t_{\alpha/2}(n_1 + n_2 - 2) S_p \sqrt{\frac{1}{n_1} + \frac{1}{n_2}} = (14.742 - 19.95) \pm 2.074 \times \sqrt{1.76 \times \left(\frac{1}{12} + \frac{1}{12}\right)}$$

$$= -5.208 \pm 1.123$$

$$= (-6.331, -4.085)$$

在 95%的置信水平下，有奖销售和特价销售这两种促销方式下该日常生活用品的平均销售额差值的置信区间为(-6.331,-4.085)。

B. 两个总体方差未知且不相等（$\sigma_1^2 \neq \sigma_2^2$）

可以证明，随机变量

$$t = \frac{(\bar{X}_1 - \bar{X}_2) - (\mu_1 - \mu_2)}{\sqrt{\frac{S_1^2}{n_1} + \frac{S_2^2}{n_2}}} \sim t(v)$$

式中，v 为自由度，由下式给出

$$v = \frac{\left(\frac{S_1^2}{n_1} + \frac{S_2^2}{n_2}\right)^2}{\frac{\left(S_1^2/n_1\right)^2}{n_1 - 1} + \frac{\left(S_2^2/n_2\right)^2}{n_2 - 1}}$$

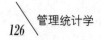
于是，给定置信水平 $1-\alpha$ ，有

$$P\left\{\left|\frac{(\bar{X}_1-\bar{X}_2)-(\mu_1-\mu_2)}{\sqrt{\dfrac{S_1^2}{n_1}+\dfrac{S_2^2}{n_2}}}\right|<t_{\alpha/2}\right\}=1-\alpha$$

进一步得到

$$P\left\{(\bar{X}_1-\bar{X}_2)-t_{\alpha/2}(v)\sqrt{\dfrac{S_1^2}{n_1}+\dfrac{S_2^2}{n_2}}<\mu_1-\mu_2<(\bar{X}_1-\bar{X}_2)+t_{\alpha/2}(v)\sqrt{\dfrac{S_1^2}{n_1}+\dfrac{S_2^2}{n_2}}\right\}=1-\alpha$$

故可以得到两总体均值之差 $\mu_1-\mu_2$ 的置信水平为 $1-\alpha$ 的置信区间为

$$\left((\bar{X}_1-\bar{X}_2)-t_{\alpha/2}(v)\sqrt{\dfrac{S_1^2}{n_1}+\dfrac{S_2^2}{n_2}},(\bar{X}_1-\bar{X}_2)+t_{\alpha/2}(v)\sqrt{\dfrac{S_1^2}{n_1}+\dfrac{S_2^2}{n_2}}\right)$$

同样，这对于大样本也是适用的，但由于数据获取上的困难，实际应用中很少在大样本中应用。在大样本情形下，通常在精度要求较高时适用该方法。

【例 4-20】 沿用前例，假定采用有奖销售进行了 12 个月的试验，采用特价销售进行了 8 个月的试验，即 $n_1=12$ ， $n_2=8$ ，所得的有关数据如表 4-8 所示。假定两种促销方式下，该日常生活用品的销售额均服从正态分布，且方差不相等。试以 95% 的置信水平建立两种促销方式下该日常生活用品的平均销售额差值的置信区间。

表 4-8　某日常生活用品的月销售额（二）　　　　　　　　单位：万元

有奖销售		特价销售	
15.6	16.5	17.9	17.9
14.3	14.5	19.6	18.6
13.4	16.2	21.8	
13.1	13.7	20.4	
15.6	14.8	18.6	
13.6	15.6	21.4	

解 根据样本数据计算得

$$\bar{X}_1=14.742,\ S_1^2=1.324,\ \bar{X}_2=19.525,\ S_2^2=2.351,\ n_1=12,\ n_2=8$$

自由度为

$$v=\frac{\left(\dfrac{1.324}{12}+\dfrac{2.351}{8}\right)^2}{\dfrac{(1.324/12)^2}{12-1}+\dfrac{(2.351/8)^2}{8-1}}=12.153\approx12$$

所以

$$t_{0.025}(12) = 2.179$$

$$\left(\bar{X}_1 - \bar{X}_2\right) \pm t_{\alpha/2}(v)\sqrt{\frac{S_1^2}{n_1} + \frac{S_2^2}{n_2}} = (14.742 - 19.525) \pm 2.179 \times \sqrt{\frac{1.324}{12} + \frac{2.351}{8}}$$

$$= -4.783 \pm 1.385$$

$$= (-6.168, -3.398)$$

两种促销方式下该日常生活用品的平均销售额差值的置信区间为(-6.168, -3.398)。

3）匹配样本估计

总体 X_1、X_2 的配对差 $X_d = X_1 - X_2$ 是指两者对应相减组成的随机变量。若总体 X_1、X_2 的一个样本分别为 $\{X_1^1, X_2^1, \cdots, X_n^1\}$、$\{X_1^2, X_2^2, \cdots, X_n^2\}$，则配对差 X_d 的匹配样本为 $\{X_1^1 - X_1^2, X_2^1 - X_2^2, \cdots, X_n^1 - X_n^2\}$。对于样本容量不相同的情形，按相同位置配对之后，不能配对的样本舍去，依然记匹配后的样本为 $\{X_1^1 - X_1^2, X_2^1 - X_2^2, \cdots, X_n^1 - X_n^2\}$。

由于总体 X_1、X_2 均服从正态分布，即 $X_1 \sim N\left(\mu_1, \sigma_1^2\right)$，$X_2 \sim N\left(\mu_2, \sigma_2^2\right)$，且两者相互独立，故两者配对差 $X_d = X_1 - X_2$ 也服从正态分布，即 $X_d \sim N\left(\mu_d, \sigma_d^2\right)$。易知三个正态分布均值间满足 $\mu_d = \mu_1 - \mu_2$。这样就可以直接使用两个总体的配对差 X_d 去求两个总体的均值之差。

A. 匹配大样本（$n \geqslant 30$）

设 $\bar{X}_d$、S_d^2 分别为配对差 X_d 的样本均值和样本方差。根据中心极限定理，当样本足够大的时候（$n \geqslant 30$），随机变量

$$\frac{\bar{X}_d - \mu_d}{S_d/\sqrt{n}}$$

近似服从标准正态分布 $N(0,1)$。给定置信水平 $1-\alpha$，有

$$P\left\{\left|\frac{\bar{X}_d - \mu_d}{S_d/\sqrt{n}}\right| < Z_{\alpha/2}\right\} \approx 1-\alpha$$

变形得到

$$P\left\{\bar{X}_d - Z_{\alpha/2}\frac{S_d}{\sqrt{n}} < \mu_d < \bar{X}_d + Z_{\alpha/2}\frac{S_d}{\sqrt{n}}\right\} \approx 1-\alpha$$

故可以得到两总体均值之差 $\mu_d = \mu_1 - \mu_2$ 的置信水平为 $1-\alpha$ 的近似置信区间为

$$\left(\bar{X}_d - Z_{\alpha/2}\frac{S_d}{\sqrt{n}}, \bar{X}_d + Z_{\alpha/2}\frac{S_d}{\sqrt{n}}\right)$$

B. 匹配小样本（$n < 30$）

设 $\bar{X}_d$、S_d^2 分别为配对差 X_d 的样本均值和样本方差。可以证明，随机变量

$$\frac{\bar{X}_d - \mu_d}{S_d/\sqrt{n}} \sim t(n-1)$$

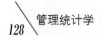

给定置信水平$1-\alpha$，有

$$P\left\{\left|\frac{\bar{X}_d-\mu_d}{S_d\big/\sqrt{n}}\right|<t_{\alpha/2}(n-1)\right\}=1-\alpha$$

变形得到

$$P\left\{\bar{X}_d-t_{\alpha/2}(n-1)\frac{S_d}{\sqrt{n}}<\mu_d<\bar{X}_d+t_{\alpha/2}(n-1)\frac{S_d}{\sqrt{n}}\right\}\approx 1-\alpha$$

故可以得到两总体均值之差 $\mu_d=\mu_1-\mu_2$ 的置信水平为$1-\alpha$ 的置信区间为

$$\left(\bar{X}_d-t_{\alpha/2}\frac{S_d}{\sqrt{n}},\bar{X}_d+t_{\alpha/2}\frac{S_d}{\sqrt{n}}\right)$$

匹配样本的区间估计与前面方法是类似的，所不同的是需要首次将数据配对计算得到新的样本，并且在两个总体样本容量不同的时候将无法进行配对的数据除去。

【例 4-21】 教育部为了了解大学 A 和大学 B 的商学院的教学质量，请了 10 名专家组成一个评估团，分别对大学 A 和大学 B 的商学院的教学质量进行评估，评估结果如表 4-9 所示。试建立这两所大学商学院得分之差 X_d 的 95%的置信区间。

表 4-9　10 名专家对两所大学商学院的评分

专家编号	大学 A	大学 B	差值 d_i
1	78	71	7
2	63	44	19
3	72	61	11
4	89	84	5
5	49	51	−2
6	91	74	17
7	68	55	13
8	76	60	16
9	85	77	8
10	55	39	16

解　根据样本数据计算得

$$\bar{X}_d=\frac{\sum_{i=1}^{n}d_i}{n_d}=\frac{110}{10}=11,\ S_d=\sqrt{\frac{\sum_{i=1}^{n}\left(d_i-\bar{d}\right)^2}{n_d-1}}=6.53$$

$$\bar{X}_d\pm t_{\alpha/2}(n-1)\frac{S_d}{\sqrt{n}}=11\pm 2.262\times\frac{6.53}{\sqrt{10}}=11\pm 4.67$$

两所大学商学院得分之差的置信区间为(6.33,15.67)。

2. 两个总体比例之差的区间估计

设两个总体 X_1、X_2 均服从二项分布，即 $X_1 \sim B(n_1, \pi_1)$、$X_2 \sim B(n_2, \pi_2)$，并且两个总体相互独立。记 p_1、p_2 分别为总体 X_1、X_2 的样本比例。根据中心极限定理，变量

$$\frac{p_1 - \pi_1}{\sqrt{\pi_1(1-\pi_1)/n_1}}, \quad \frac{p_2 - \pi_2}{\sqrt{\pi_2(1-\pi_2)/n_2}}$$

均近似服从标准正态分布 $N(0,1)$，故随机变量

$$\frac{(p_1 - p_2) - (\pi_1 - \pi_2)}{\sqrt{\dfrac{\pi_1(1-\pi_1)}{n_1} + \dfrac{\pi_2(1-\pi_2)}{n_2}}}$$

也近似服从标准正态分布 $N(0,1)$。给定置信水平 $1-\alpha$，有

$$P\left\{ \left| \frac{(p_1 - p_2) - (\pi_1 - \pi_2)}{\sqrt{\pi_1(1-\pi_1)/n_1} + \sqrt{\pi_2(1-\pi_2)/n_2}} \right| < Z_{\alpha/2} \right\} \approx 1-\alpha$$

变形得到

$$P\left\{ (p_1 - p_2) - Z_{\alpha/2}\sqrt{\frac{\pi_1(1-\pi_1)}{n_1} + \frac{\pi_2(1-\pi_2)}{n_2}} < \pi_1 - \pi_2 < \right.$$
$$\left. (p_1 - p_2) + Z_{\alpha/2}\sqrt{\frac{\pi_1(1-\pi_1)}{n_1} + \frac{\pi_2(1-\pi_2)}{n_2}} \right\} \approx 1-\alpha$$

故可以得到两总体比例之差 $\pi_1 - \pi_2$ 的置信水平为 $1-\alpha$ 的近似置信区间为

$$\left((p_1 - p_2) - Z_{\alpha/2}\sqrt{\frac{p_1(1-p_1)}{n_1} + \frac{p_2(1-p_2)}{n_2}}, (p_1 - p_2) + Z_{\alpha/2}\sqrt{\frac{p_1(1-p_1)}{n_1} + \frac{p_2(1-p_2)}{n_2}} \right)$$

两个总体比例之差 $\pi_1 - \pi_2$ 的置信水平为 $1-\alpha$ 的置信区间的一种含义为：若置信下限大于零，则以 $1-\alpha$ 置信水平判断 $\pi_1 > \pi_2$；若置信上限小于零，则以 $1-\alpha$ 置信水平判断 $\pi_1 < \pi_2$；若置信区间包含零，则以 $1-\alpha$ 置信水平判断两个总体比例比较接近，两个总体的比例可能相等。

【例 4-22】 分别在两个不同的城市对大学生的月生活费水平进行调查，在城市 A 随机抽取了 400 名大学生，其中有 198 名学生的月生活费超过 1600 元；在城市 B 随机抽取 600 名大学生，其中有 325 名学生的月生活费超过 1600 元。试以 95% 的置信水平估计城市 B 和城市 A 月生活费超过 1600 元的大学生比例之差的置信区间。

解 已知 $n_1 = 600$，$n_2 = 400$，$p_1 = 0.542$，$p_2 = 0.495$，$1-\alpha = 95\%$，$Z_{\alpha/2} = 1.96$。
总体比例之差 $\pi_1 - \pi_2$ 置信度为 95% 的置信区间为

$$(0.542 - 0.495) \pm 1.96 \times \sqrt{\frac{0.542 \times (1-0.542)}{600} + \frac{0.495 \times (1-0.495)}{400}}$$

$$= 0.047 \pm 0.063 = (-0.016, 0.11)$$

所以城市 B 和城市 A 月生活费超过 1600 元的大学生比例之差的置信区间为

(-0.016,0.11)。

3. 两个总体方差比的区间估计

要比较两个值之间的差异，除了用两者之差，还可以用两者之比来比较，通过比较两个总体 X_1、X_2 的方差比来判断两者方差的差异程度。设总体 X_1、X_2 均服从正态分布，即 $X_1 \sim N(\mu, \sigma_1^2)$，$X_2 \sim N(\mu, \sigma_2^2)$，且两个总体相互独立。记两个总体 X_1、X_2 的样本方差为 S_1^2、S_2^2。

可以证明，随机变量

$$F = \frac{S_1^2 / S_2^2}{\sigma_1^2 / \sigma_2^2} \sim F(n_1 - 1, n_2 - 1)$$

给定置信水平 $1-\alpha$，有

$$P\left\{F_{1-\alpha/2}(n_1-1, n_2-1) < \frac{S_1^2 / S_2^2}{\sigma_1^2 / \sigma_2^2} < F_{\alpha/2}(n_1-1, n_2-1)\right\} = 1-\alpha$$

总体方差比的置信区间如图 4-7 所示。

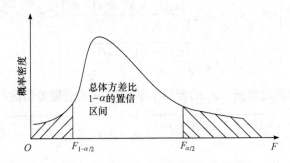

图 4-7　总体方差比的置信区间示意图

$F_\alpha(n_1, n_2)$ 是自由度为 (n_1, n_2) 的 F 分布的右侧 α 分位点，可以通过查 F 分布表得到。将上式变形得

$$P\left\{\frac{S_1^2 / S_2^2}{F_{\alpha/2}(n_1-1, n_2-1)} < \frac{\sigma_1^2}{\sigma_2^2} < \frac{S_1^2 / S_2^2}{F_{1-\alpha/2}(n_1-1, n_2-1)}\right\} = 1-\alpha$$

故可以得到两个总体方差比 σ_1^2 / σ_2^2 的置信水平为 $1-\alpha$ 的置信区间为

$$\left(\frac{S_1^2 / S_2^2}{F_{\alpha/2}(n_1-1, n_2-1)}, \frac{S_1^2 / S_2^2}{F_{1-\alpha/2}(n_1-1, n_2-1)}\right)$$

两个总体方差比 σ_1^2 / σ_2^2 的置信水平为 $1-\alpha$ 的置信区间的一种含义为：若置信下限大于 1，则以 $1-\alpha$ 置信水平判断 $\sigma_1^2 > \sigma_2^2$；若置信上限小于 1，则以 $1-\alpha$ 置信水平判断 $\sigma_1^2 < \sigma_2^2$；若置信区间包含 1，则以 $1-\alpha$ 置信水平判断两总体方差比较接近，可能相等。

【例 4-23】 管理学院为了研究该院男女学生每年在书籍购买花费上的差异，在 2023

级随机抽取 25 名男学生和 25 名女学生，得到下面的结果。

男学生：$\bar{X}_1 = 520$，$S_1^2 = 260$。女学生：$\bar{X}_2 = 480$，$S_2^2 = 280$。

试以 90% 置信水平估计男女学生每年购买书籍花费方差比的置信区间。

解 计算自由度，$n_1 - 1 = n_2 - 1 = 24$，查表得

$$F_{\alpha/2}(24,24) = 1.98, \quad F_{1-\alpha/2}(24,24) = 1/1.98 = 0.505$$

σ_1^2 / σ_2^2 置信度为 90% 的置信区间为

$$\frac{260/280}{1.98} < \frac{\sigma_1^2}{\sigma_2^2} < \frac{260/280}{0.505}$$

该学院男女学生每年购买书籍花费方差比的置信区间为 (0.47, 1.84)。

表 4-10 为前几节介绍的正态总体参数估计方法小结。

表 4-10 正态总体参数的置信区间

总体	待估参数	条件	置信区间	分布
单个总体	μ	正态总体 $\sigma = \sigma_0$	$\left(\bar{X} - Z_{\alpha/2}\dfrac{\sigma_0}{\sqrt{n}}, \bar{X} + Z_{\alpha/2}\dfrac{\sigma_0}{\sqrt{n}} \right)$	$N(0,1)$
		正态总体 σ 未知	$\left(\bar{X} - t_{\alpha/2}\dfrac{S}{\sqrt{n}}, \bar{X} + t_{\alpha/2}\dfrac{S}{\sqrt{n}} \right)$	$t(n-1)$
	σ^2	μ 未知	$\left(\dfrac{(n-1)S^2}{\chi_{\alpha/2}^2}, \dfrac{(n-1)S^2}{\chi_{1-\alpha/2}^2} \right)$	$\chi^2(n-1)$
两个总体	$\mu_1 - \mu_2$	σ_1、σ_2 已知	$\left(\bar{X}_1 - \bar{X}_2 \right) \pm Z_{\alpha/2}\sqrt{\dfrac{\sigma_1^2}{m} + \dfrac{\sigma_2^2}{n}}$	$N(0,1)$
		σ_1、σ_2 未知，但有 $\sigma_1 = \sigma_2$	$\left(\bar{X}_1 - \bar{X}_2 \right) \pm t_{\alpha/2} S_p \sqrt{\dfrac{1}{m} + \dfrac{1}{n}}$	$t(m+n-2)$
	σ_1^2 / σ_2^2	μ_1、μ_2 未知	$\left(\dfrac{S_1^2/S_2^2}{F_{\alpha/2}}, \dfrac{S_1^2/S_2^2}{F_{1-\alpha/2}} \right)$	$F(m-1, n-1)$

4.3.4 样本容量的确定

在解决实际问题时，往往要考虑样本的容量该多大。如果取得的样本容量较大，收集的信息就较多，估计精度比较高，所投入的费用、人力和时间等也会相应多一些；如果取得的样本容量较小，所投入的费用、人力和时间等也少，但是收集的信息少而导致估计精度比较低。到底应该用多大的样本呢？决定样本容量大小的因素有以下三点。

（1）受总体方差 σ^2 数值大小的影响。总体方差大，抽样误差大，则样本容量应大一些。反之，则可少抽一些。

（2）可靠度 $1-\alpha$ 的高低。要求可靠度越高，所需的样本容量就越大。

（3）允许绝对误差 E 的大小。若要求推断比较精确，允许误差应该低一些，随之抽取的样本容量也要求大一些。反之，若允许的误差可以大一些，样本容量也可以小一些。

1. 单个总体样本量的确定

1) 估计单个总体均值时样本量的确定

在简单随机重复抽样的条件下，设样本 $X_1, X_2, X_3 \cdots, X_n$ 来自正态总体 $N(\mu, \sigma^2)$，总体均值 μ 的点估计为样本均值 $\overline{X}$。如果要求以 $\overline{X}$ 估计 μ 时的允许绝对误差为 E，可靠度为 $1-\alpha$，即要求

$$P\left\{\left|\overline{X} - \mu\right| \leqslant E\right\} = 1-\alpha$$

由

$$P\left\{\left|\frac{\overline{X} - \mu}{\sigma / \sqrt{n}}\right| \leqslant Z_{\alpha/2}\right\} = 1-\alpha$$

知

$$P\left\{\left|\overline{X} - \mu\right| \leqslant Z_{\alpha/2} \frac{\sigma}{\sqrt{n}}\right\} = 1-\alpha$$

故只需取绝对误差

$$E = Z_{\alpha/2} \frac{\sigma}{\sqrt{n}}$$

对上式两端平方并移项得

$$n = \frac{Z_{\alpha/2}^2 \sigma^2}{E^2} \quad （重复抽样条件下）$$

同理，在简单随机不重复抽样的条件下，只需取绝对误差

$$E = Z_{\alpha/2} \frac{\sigma}{\sqrt{n}} \sqrt{\frac{N-n}{N-1}}$$

对上式两端平方并移项得

$$n = \frac{N Z_{\alpha/2}^2 \sigma^2}{(N-1)E^2 + Z_{\alpha/2}^2 \sigma^2} \quad （不重复抽样条件下）$$

【例 4-24】 某科技公司 2023 年手机发布价格的标准差约为 1000 元，假定想要估计发布价格的 95% 的置信区间，希望估计误差为 200 元，应抽取多少样本？

解 已知 $\sigma = 1000$，$E = 200$，$Z_{\alpha/2} = 1.96$。

所需样本量为 $n = \dfrac{Z_{\alpha/2}^2 \sigma^2}{E^2} = \dfrac{1.96^2 \times 1000^2}{200^2} = 96.04$，向上取整得 $\lceil 96.04 \rceil = 97$。

2) 估计单个总体比例时样本量的确定

在简单随机重复抽样条件下，估计单个总体比例时，由于

$$E = Z_{\alpha/2} \sqrt{\frac{P(1-P)}{n}}$$

从而得到样本容量：

$$n = \frac{Z_{\alpha/2}^2 P(1-P)}{E^2} \quad （重复抽样条件下）$$

同理，在简单随机不重复抽样的条件下，只需取绝对误差

$$E=Z_{\alpha/2}\sqrt{\frac{P(1-P)}{n}}\sqrt{\frac{N-n}{N-1}}$$

对上式两端平方并移项得

$$n=\frac{NZ_{\alpha/2}^2P(1-P)}{(N-1)E^2+Z_{\alpha/2}^2P(1-P)}\quad（不重复抽样条件下）$$

【例 4-25】 根据以往的成绩统计，某学院学生管理统计学考试成绩的优秀率约为80%，现要求估计误差为5%，在95%的置信区间下，应抽取多少位同学的成绩作为样本？

解 已知 $P=80\%$，$E=5\%$，$\alpha=0.05$，$Z_{\alpha/2}=1.96$。

应抽取样本量为

$$n=\frac{Z_{\alpha/2}^2P(1-P)}{E^2}=\frac{1.96^2\times0.8\times(1-0.8)}{0.05^2}=245.8624\approx246$$

【例 4-26】 某节能灯企业质量管理部门欲对其产品进行质量检验，根据以往的数据，节能灯的寿命的标准差稳定在 40 小时，其合格率为 90%。新的质检部领导希望在这样的期待下进行，即寿命的极限误差不超过 8 小时和合格率的极限误差不超过 5%。试计算必要的样本容量为多少？（假定置信水平为 95%）

解 由已知条件可得 $n_1=\frac{Z_{\alpha/2}^2\sigma^2}{E^2}=\frac{1.96^2\times40^2}{8^2}=96.04$，向上取整得 $\lceil96.04\rceil=97$。

$$n_2=\frac{Z_{\alpha/2}^2P(1-P)}{E^2}=\frac{1.96^2\times0.9\times(1-0.9)}{0.05^2}=138.2976$$，向上取整得 $\lceil138.2976\rceil=139$。

两者取更大的 139 作为样本容量。

2. 两个总体样本量的确定

1）估计两个总体均值之差时样本量的确定

设总体 X_1、X_2 均服从正态分布，即 $X_1\sim N(\mu,\sigma_1^2)$，$X_2\sim N(\mu,\sigma_2^2)$，其样本容量分别为 n_1、n_2，并且 $n_1=n_2=n$，两个总体相互独立。根据均值之差的区间估计公式可以得到两个样本的容量 n 为

$$n_1=n_2=n=\frac{Z_{\alpha/2}^2(\sigma_1^2+\sigma_2^2)}{E^2}$$

【例 4-27】 某生产企业想要估计两种产品 A 和 B 测试性能分数均值之差的置信区间。要求置信水平为 95%，预先估计两种产品测试性能分数的方差分别为：A 产品 $\sigma_1^2=90$，B 产品 $\sigma_2^2=120$。现要求估计误差不超过 5 分，在两种产品中应分别抽取多少件进行调查？

解 已知 $\sigma_1^2=90$，$\sigma_2^2=120$，$E=5$，$\alpha=0.05$，$Z_{\alpha/2}=1.96$。

应抽取样本量为 $n_1=n_2=\frac{Z_{\alpha/2}^2(\sigma_1^2+\sigma_2^2)}{E^2}=\frac{1.96^2\times(90+120)}{5^2}=32.269$，向上取整得 $\lceil32.269\rceil=33$。

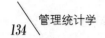

2）估计两个总体比例之差时样本量的确定

设两个总体 X_1、X_2 均服从二项分布，即 $X_1 \sim B(n_1, \pi_1)$、$X_2 \sim B(n_2, \pi_2)$，其样本容量分别为 n_1、n_2，并且 $n_1 = n_2 = n$，两个总体相互独立。根据比例之差的区间估计公式可以得到两个样本的容量 n 为

$$n_1 = n_2 = n = \frac{Z_{\alpha/2}^2 [P_1(1-P_1) + P_2(1-P_2)]}{E^2}$$

【例 4-28】 一家食品饮料公司想要调查其新型饮料的广告效果情况，在投放广告前后分别从市场营销区各抽选消费者随机样本，并询问这些消费者是否听说过这种新型饮料。这家公司想以 10% 的误差范围和 95% 的置信区间估计投放广告前后知道该新型饮料消费者的比例之差，抽取的消费者随机样本应包括多少人（假设两个样本量相等）？

解 已知 $E = 10\%$，$\alpha = 0.05$，$Z_{\alpha/2} = 1.96$，由于没有 P 的信息，可以用 0.5 代替，此时方差 $P(1-P)$ 最大，得到的样本容量最大，可以适用任意一种情况。

应抽取样本量为

$$n_1 = n_2 = \frac{Z_{\alpha/2}^2 [P_1(1-P_1) + P_2(1-P_2)]}{E^2} = \frac{1.96^2 \times [0.5 \times (1-0.5) + 0.5 \times (1-0.5)]}{0.1^2} = 192.08$$

向上取整得 $\lceil 192.08 \rceil = 193$。

4.4 Excel 辅助参数估计

4.4.1 总体方差未知的情况

【例 4-29】 某工厂想检验一批显示器的质量，抽取 10 个样本检测综合得分，结果如下：

    1821   1832   1845   1889   1856   1878   1896   1849   1908   1897

假设该总体服从正态分布，试以 95% 的置信度估计这批显示器的平均耐用时间。

分析 根据题目，正态总体方差未知，所以计算显示器平均耐用时间的置信区间用下面的公式：

$$\left(\bar{X} - t_{\alpha/2} \frac{S}{\sqrt{n}}, \bar{X} + t_{\alpha/2} \frac{S}{\sqrt{n}} \right)$$

由已知，$n = 10$，$F(x) = 95\%$，需要根据已知条件先计算出均值、样本标准差 S 和 t 值，进而根据上面的公式得出置信区间。

具体操作步骤如下，图 4-8 为步骤和结果显示。

（1）新建"参数估计.xls"工作表，将例 4-29 中数据输入 A 列。

	A	B	C	D	E
1	1821			10	
2	1832			1867.1	
3	1845			30.36244	
4	1889			9.601447	
5	1856			95%	
6	1878			2.262157	
7	1896			21.71998	
8	1849			1845.38	
9	1908			1888.82	
10	1897				

图 4-8　置信区间计算示意图

（2）选择单元格 D1，插入计数函数 COUNT。单击"确定"按钮，打开计数函数对话框。

（3）在"Value1"中输入数据范围。单击 A 列列头拖选，或输入"A:A"，这相当于选择整个列，包括标题和所有的空单元格。单击"确定"按钮。单元格 D1 中会显示结果为 10，即 A 列中数据的个数。

（4）在单元格 D2 中输入公式"=AVERAGE(A:A)"，计算 A 列的均值，显示值为 1867.1。

在单元格 D3 中输入公式"=STDEV(A:A)"，计算 A 列的标准差，显示值为 30.362 44。

在单元格 D4 中输入公式"=D3/SQRT(D1)"，计算标准误差（平均误差），即标准差除以样本容量的平方根，D4 中显示 9.601 447。

在单元格 D5 中输入置信度 95%。

在单元格 D6 中使用 TINV 函数计算在给定置信度和自由度下的 t 值。

（5）选择单元格 D6，插入 TINV 函数。单击"确定"按钮，打开 TINV 函数对话框。

（6）在"Probability"中输入"1–D5"，显示的值是 0.05；在"Deg_freedom"中输入自由度的表达式，即"D1–1"，显示值是 9，单击"确定"按钮，单元格 D6 中显示值为 2.262 157。

（7）在单元格 D7 中输入计算抽样极限误差的公式，它是 t 值和标准误差（平均误差）的乘积，公式为"=D6*D4"，显示值为 21.719 98。

（8）在单元格 D8 和 D9 中输入计算置信区间上限和下限的公式，下限为样本均值减抽样极限误差，上限为样本均值加抽样极限误差。其公式分别为"=D2–D7"和"=D2+D7"，显示值为 1845.38 和 1888.82。

这样，总体均值的 95% 的置信区间为 (1845.38,1888.82)。

4.4.2　总体方差已知的情况

【例 4-30】　如果有一正态总体，其方差已知为 81，采取重复抽样的方法，随机抽取 36 个样本，其平均数为 60，试利用 Excel 计算总体平均数的 95% 的置信区间。

分析　根据题目，总体方差已知，所以计算总体平均数的置信区间用下面的公式：

$$\left(\bar{X} - Z_{\alpha/2}\frac{\sigma}{\sqrt{n}}, \bar{X} + Z_{\alpha/2}\frac{\sigma}{\sqrt{n}} \right)$$

题中已知总体方差 $\sigma^2 = 81$，$n = 36$，样本平均数 $\bar{X} = 60$，$1 - \alpha = 0.95$，只需计算 Z 值就可以得出置信区间。

具体操作步骤如下，相关结果显示如图 4-9 所示。

	A	B	C
1			
2			81
3			36
4			60
5			95%
6			1.959964
7			57.06005
8			62.93995

图 4-9 方差已知的总体置信区间

（1）新建"参数估计.xls"工作表。

（2）在 C2 中输入 81，在 C3 中输入 36，C4 输入 60，C5 输入 95%。

（3）选择 C6，插入 NORMSINV 函数。单击"确定"按钮，打开 NORMSINV 函数对话框，用此函数计算 Z 值。在"Probability"中输入"1-(1-C5)/2"，单击确定按钮，C6 单元格显示的值为 1.959 964。

（4）选中 C7，输入"=C4-C6*SQRT(C2/C3)"结果为 57.060 05。

（5）选中 C8，输入"=C4+C6*SQRT(C2/C3)"结果为 62.939 95。

由此得出该总体平均数的置信区间为(57.06,62.94)。

4.4.3 总体比例（成数）区间估计

【例 4-31】 某公益机构为了调查生态环境保护意识在某地区的普及程度，在该地区随机抽取了 1000 个成年人作为访问对象，其中一个问题是"你在日常生活中有环境保护意识并身体力行吗"，在 1000 个成年人中有 369 个回答有环保意识且身体力行，根据这一回答情况可分析环保意识在该地区成年人中的认知实践状况。给定 95%的置信度，估计该地区成年人对生态环保认知且身体力行的比例区间。

分析 根据题目可以得出样本比例 $p = 369/1000$，又知样本个数 $n = 1000$，置信度为 95%，根据下面的公式求出置信区间。

$$\left(p - Z_{\alpha/2}\sqrt{\frac{p(1-p)}{n}}, p + Z_{\alpha/2}\sqrt{\frac{p(1-p)}{n}} \right)$$

具体操作步骤如下，相关结果显示如图 4-10 所示。

（1）新建"比例估计.xls"工作表。

（2）在单元格 B2 中输入 n 值为 1000。

（3）在单元格 B3 中键入公式"=369/1000"，计算得出抽样比例 p 值为 0.369。

（4）在单元格 B4 中键入公式 "=SQRT(B3*(1-B3)/B2)"计算比例标准误差（平均误差），其显示值为 0.015 259。

	A	B	C	D	E
1					
2		1000			0.95
3		0.369			1.959964
4		0.015259			0.029907
5					0.3390928
6					0.3989072

图 4-10　总体比例置信区间

（5）在单元格 E2 中键入置信度 0.95。

（6）选定 E3 单元格，输入公式"=NORMSINV(1–(1–E2)/2)"或"=NORMSINV(E2+(1–E2)/2)"，便可确定 Z 值，单元格 E3 中将显示 1.959 964。

（7）在 E4 单元格中输入公式"=E3*B4"，计算极限误差，其结果显示为 0.029 907。

（8）在单元格 E5 中输入"=B3–E4"计算估计下限，在 E6 单元格中输入"=B3+E4"计算估计上限。结果分别显示为 0.339 092 8 和 0.398 907 2。

本 章 小 结

1. 参数估计分为点估计与区间估计两种。在点估计时，要注意估计方法的优良性要求，即无偏性、有效性和一致性（相合性）要求。在区间估计时，要注意给出估计的概率保证的特殊要求。

2. 点估计一般是指用样本估计量的某个取值直接作为总体参数的估计值。点估计是统计推断的基础，一般通过点估计量作为总体的估计这一过程来实现由样本推断总体特征，或者由部分推断总体特征的目的。点估计的求解方法主要有最小二乘法、矩估计法、最（极）大似然法。

3. 区间估计以点估计为依据，用一个具有一定可靠程度的区间范围来估计总体参数，也就是要在一定的概率保证下，想办法找出两个值 θ_1 和 θ_2（$\theta_1 < \theta_2$），使 θ 处于这两个值之间。区间(θ_1, θ_2)就被称为置信区间或估计区间，θ_1 被称为置信区间的下限，θ_2 被称为置信区间的上限。

4. 本章介绍了一个总体参数的区间估计及两个总体参数的区间估计。参数估计方法见表 4-10。

■ 思考题

1. 在参数估计时，评价估计量好坏的标准是什么？
2. 简述样本容量与置信水平、总体方差、允许误差间的关系。
3. 什么是点估计和区间估计？举例说明。
4. 简述点估计求解的最小二乘法、矩估计法和最大似然法。
5. 解释置信区间和置信水平的联系。

案例分析　电商销售

随着网络的发展，越来越多的人喜欢在网上购买东西，因为方便、快捷、便宜。2021年11月12日，一年一度的"双十一"伴随着12日零点的钟声落下帷幕，天猫、京东等电商平台纷纷发布了各自的战报。作为"双十一"主场，天猫总交易额定格在5403亿元，创下新高，比2020年4982亿元的交易额增长了8.45%。京东"双十一"累计下单金额超3491亿元，创造了新的纪录，比2020年2715亿元的交易额增长了28.58%。

现对2020年某电商平台女装和男装的销售情况进行调查，调查结果如表4-11所示。通常来说，男性消费者多倾向于数码、家具家电、运动鞋以及户外用品等单价比较高的商品，而女性消费者主要在服装、食品以及饰品等小额消费上比较多，这就造成了男性消费总额超过女性，且单笔成交金额较高的情况。该平台相关人士表示，即便是在服装这一相同行业，男装的消费均价也高于女装，这一结论从表4-11也能体现出来。进一步对2021年平台女装和男装每月的销售情况进行调查，结果如表4-12所示。

表4-11　2020年某电商平台女装和男装的销售情况

类别	平台全网成交量/亿元	平台全网总销量/亿笔	直播带货成交量/亿元	直播带货总销量/万笔
女装	383	3.5	28.1	2202.6
男装	142.5	1	21.3	1394.2

表4-12　2021年某电商平台女装和男装每月的销售额

月份	女装销售额/元	男装销售额/元
1月	4 685 657 387	583 083 032
2月	2 166 426 947	392 647 308
3月	4 249 477 400	229 100 181
4月	4 187 683 580	346 548 909
5月	4 246 558 522	244 784 581
6月	3 975 143 006	240 440 310
7月	3 569 146 433	283 773 169
8月	3 666 342 252	213 857 784
9月	5 489 301 270	424 107 912
10月	7 258 434 991	675 906 679
11月	10 165 610 164	1 312 329 538
12月	12 445 890 822	1 087 328 567

试求解以下问题。

1. 分别计算2020年电商平台女装和男装的直播带货成交量在全网成交量中所占的

比例以及直播带货总销量在全网总销量中所占的比例。

2. 在 95%的置信水平下,分别估计电商平台女装和男装的直播带货总销量在全网总销量中所占比例的置信区间。

3. 在 90%的置信水平下,分别估计电商平台女装和男装的直播带货总销量在全网总销量中所占比例之差的置信区间。

4. 2021 年电商平台女装销售额和男装销售额的变化趋势如何?它们各自平均每月的销售量是多少?方差是多少?

5. 假设电商平台女装和男装的销售额均服从正态分布,在 95%的置信水平下,分别求它们各自销售额均值和方差的置信区间,以及均值差和方差比的置信区间。

分析

1. 2020 年度电商平台女装和男装的直播带货成交量在全网成交量中所占的比例 p_1 和 p_2 以及直播带货总销量在全网总销量中所占的比例 p_3 可以很快地计算出来,这里不详细介绍,请读者自己思考。

2. 记女装的销售地为 X_1,男装的销售地为 X_2。认真分析题目后,不难知道 X_1 和 X_2 可以是直播带货或者非直播带货,因此可以认为 X_1 和 X_2 均服从二项分布,即 $X_1 \sim B(n_1, \pi_1)$ 和 $X_2 \sim B(n_2, \pi_2)$,p_1、p_2 分别为总体比例 π_1、π_2 的估计量。由题意可知 $n_1 = 3.5$ 亿笔,$n_2 = 1$ 亿笔,满足 $np \geqslant 5$ 和 $n(1-p) \geqslant 5$,从而可以看作大样本。由中心极限定理,可知随机变量

$$\frac{p_1 - \pi_1}{\sqrt{\pi_1(1-\pi_1)/n_1}} \sim N(0,1)$$

和

$$\frac{p_2 - \pi_2}{\sqrt{\pi_2(1-\pi_2)/n_2}} \sim N(0,1)$$

在此题中总体比例 π_1、π_2 未知,则在 95%的置信水平下,女装和男装的直播带货总销量在全网总销量中所占比例的置信区间分别为

$$\left(p_1 - Z_{\alpha/2}\sqrt{\frac{p_1(1-p_1)}{n_1}},\, p_1 + Z_{\alpha/2}\sqrt{\frac{p_1(1-p_1)}{n_1}} \right)$$

和

$$\left(p_2 - Z_{\alpha/2}\sqrt{\frac{p_2(1-p_2)}{n_2}},\, p_2 + Z_{\alpha/2}\sqrt{\frac{p_2(1-p_2)}{n_2}} \right)$$

3. 此题与第 2 小题类似。

4. 2021 年电商平台女装销售额 Y_1 和男装销售额 Y_2 的变化趋势可以通过画出销售额与时间的图像来分析。月平均销售额 $\bar{Y}_1$ 和 $\bar{Y}_2$,方差 S_1^2 和 S_2^2 可以用 Excel 计算。

5. 由已知可知:电商平台女装销售额服从正态分布,样本容量 n_1 为 12(小于 30),总体的方差均未知。

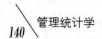

对于均值，有随机变量

$$t = \frac{\overline{Y}_1 - \mu_1}{S_1 / \sqrt{n_1}} \sim t(n_1 - 1)$$

则女装的销售额均值 μ_1 的置信水平 $1 - \alpha$ 的置信区间为

$$\left(\overline{Y}_1 - t_{\alpha/2}(n_1 - 1)\frac{S_1}{\sqrt{n_1}}, \overline{Y}_1 + t_{\alpha/2}(n_1 - 1)\frac{S_1}{\sqrt{n_1}} \right)$$

对于方差，有

$$\frac{(n_1 - 1)S_1^2}{\sigma_1^2} \sim \chi^2(n_1 - 1)$$

则女装销售额总体方差 σ^2 的置信水平 $1 - \alpha$ 的置信区间为

$$\left(\frac{(n_1 - 1)S_1^2}{\chi_{\alpha/2}^2(n_1 - 1)}, \frac{(n_1 - 1)S_1^2}{\chi_{1-\alpha/2}^2(n_1 - 1)} \right)$$

平台男装销售额均值和方差的置信区间可以类似得到。

两者均值差和方差比的置信区间留给读者自己分析。

第五章

假设检验

"土坑"酸菜事件

2022 年央视"3·15"晚会曝光"土坑"酸菜生产内幕。据报道,被调查供应商的菜地旁边就是酸菜发酵大坑,员工将从地里拉来的芥菜倒到土坑里,并不清洗,有些甚至带着枯萎发黄的叶子,放置好后,加水、盐等,用薄膜包上,盖上土直接腌制。湖南某食品有限公司经理还毫不惭愧地直言,这些酸菜的防腐剂含量超标 2～10 倍。国家市场监督管理总局对此事高度重视,迅速派出督导组赴有关省督促其市场监管部门严格落实属地责任,严厉查处相关食品生产经营违法行为。

市场监管部门对酸菜的防腐剂含量进行检查,假设只有酸菜中防腐剂含量超标的不合格品率 p 不超过 p_0 时,才能通过检验。事实上,市场监管部门是在进行假设检验。这里有两个要被证明的假设:第一个称为原假设,用 H_0 表示,它表示酸菜不合格品率 p 不超过 p_0;第二个假设称为备择假设,用 H_1 表示,它表示酸菜不合格品率 p 超过 p_0。

当然,市场监管部门最初并不知道哪个假设是正确的,他们得通过随机抽样收集检验相关的数据。这里结果只有两种可能:酸菜不合格品率 p 不超过 p_0 或酸菜不合格品率 p 超过 p_0。在统计应用中,判定酸菜不合格品率 p 超过 p_0 就相当于拒绝原假设;而判定酸菜不合格品率 p 不超过 p_0 也就相当于不能拒绝原假设。应当注意,此时并不意味着就能接受原假设。

当进行假设检验时,存在两种可能的错误。第 I 类错误是当原假设正确时,却拒绝了它。第 II 类错误被定义为当原假设有错误时,却并没有拒绝。在上面的例子中,第 I 类错误就是:当酸菜不合格品率 p 不超过 p_0 时却判定它的不合格品率 p 超过 p_0。当酸菜不合格品率 p 超过 p_0 却判定它的不合格品率 p 没有超过 p_0 时,第 II 类错误就发生了。把发生第 I 类错误的概率记为 α,通常它也被称作显著性水平。把第 II 类错误发生的概率记为 β。发生错误的概率 α 和 β 是跷跷板的关系,这就意味着任何尝试减少某一类错误的方法都会使另一类错误发生的概率增加。

通过学习本章内容,能够更加深入理解上述案例,并解决以下问题。

1. 市场监管部门对酸菜的防腐剂含量进行检查时,采用假设检验的目的是什么?

2. 该假设检验过程是怎样的?

3. 在假设检验过程中，如何设置原假设和备择假设？

4. 在假设检验过程中，如何判定是否有"足够的证据"支持备择假设成立？

5. 在假设检验过程中，如何协调发生两种错误的概率？

假设检验（hypothesis testing）是统计推断的核心环节，广泛应用于工商管理等多个领域，并在各类统计分析中占据重要地位。它又称为显著性检验（significance test），依赖于样本统计量的抽样分布特性。通过计算检验统计量，并运用恰当的统计技术，我们可以评估假设成立的概率。若该概率极低，我们倾向于否定原假设；反之，若概率较高，则不宜轻易接受原假设，需进一步考量。

5.1 假设检验的基本问题

5.1.1 假设的陈述

假设检验是事先做出关于总体参数、分布形式、相互关系等相关命题的假设，然后通过样本信息来判断该命题是否成立的统计方法。

定义 5-1 对总体的统计特征所做的陈述，称为假设，或称为统计假设。

一个假设的提出总是以一定的理由为基础，但这些理由通常又是不完全充分的，因而产生了"检验"的需求。例如，可以根据样本数据对以下各类问题进行检验：产品生产线工作是否正常？某种产品的合格率是否达到要求？某种新生产方法是否会降低产品成本？治疗某疾病的新药是否比旧药疗效更高？厂商声称产品质量符合标准，是否可信？等等。

定义 5-2 先对总体的统计特征提出某种假设，然后利用样本信息判断假设是否成立的过程，称为假设检验。

假设检验又分为参数假设检验和非参数假设检验。如果假设检验的对象是总体分布的某个未知参数，即针对总体的参数（如总体均值、比例、方差等）进行检验，则称为参数假设检验；如果假设检验的对象是总体的分布形式或其他需要检验的内容，即总体统计特征跟参数无关，则称为非参数假设检验。

假设检验的基本原理是：小概率事件在一次试验中几乎不会发生。如果对总体的某种假设是真实的（如产品合格率≥95%），那么不利于或不能支持假设事件 A（小概率事件，如抽样合格率为 55%）在一次试验中几乎不可能发生；若在一次试验中 A 竟然发生了（抽样合格率为 55%），就有理由怀疑该假设的真实性，拒绝提出的假设。

假设检验采用的是逻辑上的反证法，利用统计学中的"小概率事件原理"，事先对总体参数或分布提出假设，然后从假设条件出发，如果能够推导出一个矛盾的结论，就可以证明假设条件不成立。

在假设检验中，首先需要提出两种假设，即原假设和备择假设。

定义 5-3 通常将研究者想收集证据予以反对的假设称为原假设，或称为零假设，用 H_0 表示。

原假设通常含有符号 =、≤或≥，之所以用零来修饰原假设，其原因是原假设的内容总是表示没有差异或没有改变，或变量间没有关系，等等。

定义 5-4 通常将研究者想收集证据予以支持的假设称为备择假设，或称为研究假设，用 H_1 表示。

备择假设通常含有符号 ≠、<或>，用于支持正确的看法。比如某人正在做一项研究，并想使用假设检验来支持自己的说法，就应该把认为正确的看法作为备择假设。假如开发了一种新药以提高疗效，想要提供这种药物疗效有显著提高的证据，就应该把想要支持的说法作为备择假设。当检验一种食品的质量是否达标时，如果想使得食品质量达到一个高的要求，要收集一些支持这种食品的质量没有达到规定要求的证据，就应该把想要支持的说法作为备择假设。

下面通过几个例子来说明原假设和备择假设的建立方法。

【例 5-1】 假设市场监管部门对酸菜的防腐剂含量进行检查，并估计酸菜的不合格品率 p 超过 1%，因而不能允许该酸菜投放到市场。假设酸菜的不合格率 p 服从二项分布，即 $p \sim B(n, p)$。为了检验某段时间生产的一批酸菜能否放行，现从该批产品中随机抽取 100 包进行检验，发现有 2 包不合格酸菜。试陈述用来检验该批产品不合格率是否达到要求的原假设和备择假设。

分析 现在的问题就是要判断选定的这批酸菜的不合格率 p 是大于 1%，即 $p > 0.01$，还是小于或等于 1%，即 $p \leq 0.01$。如果是前者，说明此批产品不能放行；若是后者，则说明此批产品能放行。我们把两种情况用假设来表示。假设 $p \leq 0.01$ 表示此批产品能放行；假设 $p > 0.01$ 表示此批产品不能放行。把第一个假设作为原假设，用符号"$H_0 : p \leq 0.01$"表示；第二个假设作为备择假设，用符号"$H_1 : p > 0.01$"表示。至于把第一个假设作为原假设，第二个作为备择假设的原因，通常是把要拒绝的作为原假设，把准备接受的作为备择假设。在该问题中，市场监管部门想收集证据予以支持的假设是"酸菜的不合格品率 p 超过 1%"，所以将酸菜的不合格率不超过 1%作为原假设，将酸菜的不合格率超过 1%作为备择假设。

解 建立的原假设和备择假设应为

$$H_0 : p \leq 0.01 \text{（酸菜的不合格率不超过 1\%，可以放行）}$$

$$H_1 : p > 0.01 \text{（酸菜的不合格率超过 1\%，不能放行）}$$

【例 5-2】 某公司想从国外引进一种自动加工装置，这种装置的工作温度 X 服从正态分布 $N(\mu, 5^2)$，厂方说它的平均工作温度是 80 ℃。从该装置试运转中随机测试 16 次，得到的平均工作温度是 83 ℃。试陈述用于检验的原假设与备择假设。

解 研究者想收集证据予以反对的假设是"厂商的说法不正确，即这种装置的平均工作温度不是 80 ℃"。所以建立的原假设和备择假设为

$$H_0 : \mu = 80 \quad \text{（这种装置的平均工作温度是 80 ℃）}$$

$$H_1 : \mu \neq 80 \quad \text{（这种装置的平均工作温度不是 80 ℃）}$$

关于建立假设，有以下几点需要注意。

（1）一般地，原假设和备择假设是一个完备事件组，而且相互对立。

（2）先确定备择假设，再确定原假设。

（3）等号"="总是放在原假设上。

（4）因研究目的不同，对同一问题可能提出不同的假设（也可能得出不同的结论）。假设本质上带有一定的主观色彩，因为"研究者想收集证据予以反对的假设"和"研究者想收集证据予以支持的假设"显然最终仍都取决于研究者本人的意向。

（5）假设检验的目的主要是收集证据拒绝原假设。原假设最初被假设是成立的，之后就是要根据样本数据，确定是否有足够的不符合原假设的证据以拒绝原假设。这与法庭上对被告的定罪类似：先要假定被告是无罪的，直到有证据证明他是有罪的。被告人在审判前被认为是无罪的（原假设被认为是真），审判中需要提供证据。如果有足够的证据与原假设（被告无罪）不符，则拒绝原假设（被告被认为有罪）。如果没有足够的证据证明被告有罪，法庭就不能认定被告有罪。但这里也没有证明被告是清白的。

定义 5-5 备择假设没有特定的方向性，并含有符号"≠"的假设检验，称为双侧检验或双尾检验。

定义 5-6 备择假设具有特定的方向性，并含有符号">"或"<"的假设检验，称为单侧检验或单尾检验。

单侧检验又可分为左侧检验和右侧检验。备择假设的方向为"<"，称为左侧检验；备择假设的方向为">"，称为右侧检验。

以总体均值的检验为例，设 μ 为总体均值，μ_0 为假设的参数的具体数值，可将假设检验的基本形式总结如表 5-1 所示。

表 5-1　假设检验的基本形式

假设	双侧检验	单侧检验	
		左侧检验	右侧检验
原假设	$H_0 : \mu = \mu_0$	$H_0 : \mu \geqslant \mu_0$	$H_0 : \mu \leqslant \mu_0$
备择假设	$H_1 : \mu \neq \mu_0$	$H_1 : \mu < \mu_0$	$H_1 : \mu > \mu_0$

5.1.2　两类错误与显著性水平

由于样本的随机性，进行统计学检验时，最后做出的推断结论不管是拒绝 H_0 还是接受 H_0，均不是百分之百正确，假设检验过程中可能犯两类错误。

定义 5-7 当原假设为正确时拒绝原假设，所犯的错误称为第 I 类错误，又称弃真错误。犯第 I 类错误的概率通常记为 α。

定义 5-8 当原假设为错误时没有拒绝原假设，所犯的错误称为第 II 类错误，又称取伪错误。犯第 II 类错误的概率通常记为 β，假设检验中的两类错误见表 5-2。

表 5-2　假设检验中的两类错误

结论	H_0 为真	H_0 为假
接受 H_0	正确($1-\alpha$)	第 II 类错误(β)
拒绝 H_0	第 I 类错误(α)	正确($1-\beta$)

为了更好地理解 α 与 β，设

$$\alpha=P(犯第 I 类错误)=P(拒绝H_0|H_0成立)=P(\overline{X}>c|\mu=\mu_0 为真)$$

$$\beta=P(犯第 II 类错误)=P(接受H_0|H_0不成立)=P(\overline{X}\leqslant c|\mu=\mu_1 为真)$$

则 α 与 β 的几何意义如图 5-1 所示。

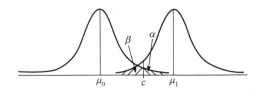

图 5-1　犯两类错误概率的几何意义示意图

【**例 5-3**】　某超市欲从厂家购进一批袋装牛奶，根据合同规定，每袋牛奶的灌装容量不得低于 230 毫升，已知该牛奶灌装容量服从正态分布，标准差为 0.5 毫升。批发商为判定是否购买该批牛奶，在总体中随机抽取 50 袋，并建立原假设和备择假设分别为

$$H_0:\mu\geqslant230$$

$$H_1:\mu<230$$

若该批牛奶的实际总体平均灌装容量为 232 毫升，但经抽检得到的样本平均灌装容量为 228 毫升，并判定不购买该批牛奶，这时就犯了第 I 类错误；若该批牛奶的实际总体平均灌装容量为 228 毫升，但经抽检得到的样本平均灌装容量为 232 毫升，并判定购买该批牛奶，这时就犯了第 II 类错误。

允许犯第 I 类错误的概率 α 称为显著性水平，是一个概率值，由研究者事先确定。根据 α 可以确定检验统计量的临界值，从而进一步得出检验结论。"显著的"一词的意义在这里并不是"重要的"，而是"非偶然的"。在假设检验中，如果样本提供的证据拒绝原假设，我们说检验的结果是显著的，如果不拒绝原假设，我们则说结果是不显著的。一项检验在统计上是"显著的"，意思是指：这样的（样本）结果不是偶然得到的，或者说，不是靠机遇能够得到的。拒绝原假设，表示这样的样本结果并不是偶然得到的；不拒绝原假设（拒绝原假设的证据不充分），则表示这样的样本结果只是偶然得到的。α 通常取 0.01、0.05、0.1。

我们把拒绝一个错误的原假设的能力叫作检验能力。根据 β 的定义，β 是指没有拒绝一个错误的原假设的概率。这也就是说，$1-\beta$ 是指拒绝一个错误的原假设的概率，这

个概率被称为检验能力，也被称为检验的势或检验的功效。检验能力也可解释为正确拒绝一个错误的原假设的概率，定义 M 为功效系数，则有

$$M = \begin{cases} \alpha, & H_0 \text{为真} \\ 1-\beta, & H_0 \text{为假} \end{cases}$$

当原假设为真，M 反映了犯第 I 类错误的概率；当原假设为假，M 反映了否定原假设的能力。假设检验的功效受到样本容量 n、显著性水平 α 和总体之间差异的影响：其他条件不变时，样本容量 n 越大，功效越大；其他条件不变时，显著性水平 α 越大，功效越大；其他条件不变时，总体均值之间的差异越大，功效越大。进行功效检验的目的是在给定 α 水平下，选择使 $1-\beta$ 最大的值进行检验。

【例 5-4】 某品牌服装销售公司为了解旗下专卖店在某地区某月单店平均月销量与上一年度同月单店平均月销量是否有显著性差异，每月抽取该地区 9 家门店进行销售情况调查。上一年度某月，该地区单店平均月销量为 1000 件，标准差为 37.5 件，本年度同月抽取样本的单店平均月销量为 990 件。已知销量服从正态分布，问其检验的功效为多少？（$\alpha = 0.05$）

解 建立的原假设和备择假设为

$$H_0 : \mu = 1000 \text{（本年度同月单店平均月销量是 1000 件）}$$

$$H_1 : \mu \neq 1000 \text{（本年度同月单店平均月销量不是 1000 件）}$$

可得问题的接受域为

$$-1.96 < \frac{Z-1000}{37.5 / \sqrt{9}} < 1.96$$

求得 $975.5 < Z < 1024.5$，即接受 H_0。如果原假设非真，即本年度同月单店平均月销量为 990 件，则样本均值服从以 990 为中心的正态分布，样本均值仍然有可能落入接受域内，导致第 II 类错误。此时，$\beta = P(\text{接受} H_0 (\text{实际的真值} H_1 = 990))$，所以

$$\beta = P(975.5 \leqslant \text{抽样均值} \leqslant 1024.5)$$

即

$$\beta = P \left(\frac{975.5-990}{37.5 / \sqrt{9}} \leqslant Z \leqslant \frac{1024.5-990}{37.5 / \sqrt{9}} \right)$$

$$\beta = P(-1.16 \leqslant Z \leqslant 2.76) = 0.8741$$

也就是说，当总体均值实际为 990 件的时候，而我们认为它是 1000 件而接受 H_0 的概率为 0.8741，即犯第 II 类错误的概率为 0.8741，因此检验的功效为 $M = 1 - \beta = 0.1259$。在本例中，本年度同月抽取样本的单店平均月销量为 990 件，如果抽取样本的单店平均月销量在 950～1050 件，那么其对应的第 II 类错误概率和功效系数如表 5-3 所示。

表 5-3 例 5-4 中不同备择假设值对应的功效系数

备择假设的可能值/件	第 II 类错误概率	功效系数 $1-\beta$
950	0.0207	0.9793
970	0.3300	0.6700
980	0.6406	0.3594
990	0.8741	0.1259
1000	$1-\alpha=0.95$	$\alpha=0.05$
1010	0.8741	0.1259
1020	0.6406	0.3594
1030	0.3300	0.6700
1050	0.0207	0.9793

绘制表 5-3 在不同备择假设的可能值情况下，对应的功效系数和第 II 类错误概率如图 5-2 所示。可知功效系数曲线 PC 越陡峭，其 "V" 形曲线中间的面积越狭窄，说明检验功效越大。

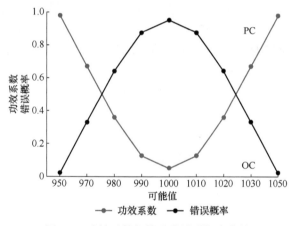

图 5-2 功效系数与第 II 类错误概率曲线

在假设检验中犯两类错误是不可避免的。在样本容量 n 固定的条件下，若犯一类错误的概率减少，则犯另一类错误的概率将增大；增大样本容量 n 可使犯两类错误的概率同时减少。在假设检验中通常的做法是控制犯第 I 类错误的概率不超过某个水平 α，在满足该条件的前提下使犯第 II 类错误的概率尽量小。

在样本量固定的情况下，把显著性水平定为 0.01，就是允许产生 1%的第 I 类错误；把显著性水平定为 0.05，就是允许产生 5%的第 I 类错误，前者比后者犯第 I 类错误的概率小，但这时，犯第 II 类错误的概率就增大了。选择显著性水平应考虑两类错误对所要研究的事物的影响哪一个重要。一般来说，定 0.05 为显著性水平是比较适宜的。增大样本容量可使犯第 II 类错误的概率减少，所以样本容量应尽可能大一些，同时正确的实验设计与严格规定实验操作方法，能够减少抽样误差，提高检验效果，这一点也很重要。在实际生产生活中，显著性水平的设定要对生产者和消费者都进行保护，如果生产者的产品质量高，人们希望 α（弃真）小，否则希望 β（取伪）小。那么如何权衡呢？这就是最佳样本量问题。

以图 5-1 为例，同时考虑两类错误的样本量计算推导过程如下：

$$Z_\alpha = \frac{c - \mu_0}{\sigma_{\overline{X}}}, \quad Z_\beta = \frac{c - \mu_1}{\sigma_{\overline{X}}}, \quad \sigma_{\overline{X}} = \frac{\sigma_0}{\sqrt{n}}$$

$$P(Z \geq Z_\alpha) = \alpha, \quad P(Z \leq Z_\beta) = \beta$$

$$c = \frac{\mu_1 Z_\alpha - \mu_0 Z_\beta}{Z_\alpha - Z_\beta}$$

$$n = \frac{(Z_\alpha - Z_\beta)^2 \cdot \sigma_0^2}{(\mu_1 - \mu_0)^2}$$

实际中，为了避免正负号的麻烦，可以使用

$$n = \frac{(|Z_\alpha| + |Z_\beta|)^2 \cdot \sigma_0^2}{(\mu_1 - \mu_0)^2}$$

【例 5-5】 某品牌服装销售公司为了解旗下专卖店在某地区某月单店平均月销量是与上一年度同月单店平均月销量差异更显著，还是与上一年度整年单店平均月销量差异更显著，现每月抽取该地区门店进行销售情况调查。上一年度某月该地区单店平均月销量为 1000 件，上一年度整年单店平均月销量为 1030 件，已知正态总体方差为 37.5，给定 0.05 显著性水平和 0.10 的 β 水平，试求符合要求的最小样本量。

由题意可知

$$H_0: \mu_0 = 1000$$
$$H_1: \mu_1 = 1030$$

查表可分别计算得

$$Z_\alpha = 1.645$$
$$Z_\beta = -1.28$$

代入计算得 $n = 13.37$，即符合要求的最小样本量为 14，此时 c（即临界值，接受域和拒绝域的分界线）约为 1016.87。

一般来说，两类错误的大小可以从以下两个方面进行控制。

（1）对于一个给定的样本，如果犯第 I 类错误的代价比犯第 II 类错误的代价相对较高，则将犯第 I 类错误的概率定得低些较为合理；反之，如果犯第 I 类错误的代价比犯第 II 类错误的代价相对较低，则将犯第 I 类错误的概率定得高些。

（2）发生哪一类错误的后果更为严重，就应该首先控制哪类错误发生的概率。但由于犯第 I 类错误的概率是可以由研究者控制的，因此在假设检验中，人们往往先控制第 I 类错误的发生概率。

5.1.3 检验统计量与拒绝域

定义 5-9 根据样本观测结果计算得到的，并据以对原假设和备择假设做出决策的某个样本统计量，称为检验统计量。

检验统计量是用于假设检验的统计量，实际上是对总体参数的点估计量，但点估计量不能直接作为检验的统计量，只有将其标准化后，才能用于度量它与原假设的参数值之间的差异程度；而对点估计量的标准化依据原则如下。

（1）原假设 H_0 为真。

（2）点估计量的抽样分布为正态分布或 t 分布。

通常将标准化统计量简称为检验统计量。标准化的统计量可表示为

$$标准化统计量 = \frac{点估计量 - 假设值}{点估计量的抽样标准差}$$

定义 5-10 能够拒绝原假设的检验统计量的所有可能取值的集合，称为拒绝域；不能够拒绝原假设的检验统计量的所有可能取值的集合称为接受域；根据给定的显著性水平确定的拒绝域的边界值，称为临界值。

拒绝域就是由显著性水平 α 围成的区域。如果利用样本观测结果计算出来的检验统计量的具体数值落在了拒绝域内，就拒绝原假设，否则就不能拒绝原假设。

拒绝域的大小与人们事先选定的显著性水平有一定关系。在确定了显著性水平 α 之后，就可以根据 α 值的大小确定出拒绝域的具体边界值。

在给定显著性水平后，查统计表就可以得到具体的临界值（也可以直接由 Excel 中的函数命令计算得到）。将检验统计量的值与临界值进行比较，就可做出拒绝或不拒绝原假设的决策。

当样本量固定时，拒绝域的面积随着 α 的减小而减小。α 值越小，拒绝原假设所需要的检验统计量的临界值离原假设的参数值就越远。拒绝域的位置取决于检验是单侧检验还是双侧检验。双侧检验的拒绝域在抽样分布的两侧。而单侧检验中，如果备择假设具有符号"<"，拒绝域位于抽样分布的左侧，称为左侧检验；如果备择假设具有符号">"，拒绝域位于抽样分布的右侧，称为右侧检验。

在给定显著性水平 α 下，拒绝域和临界值如图 5-3 所示。

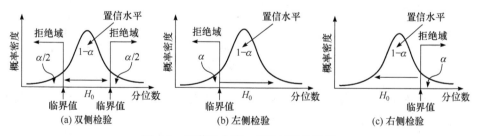

图 5-3 显著性水平、拒绝域和临界值

统计决策所依据的规则如下。

（1）给定显著性水平 α，查表得出相应的临界值 Z_α 或 $Z_{\alpha/2}$，t_α 或 $t_{\alpha/2}$。

（2）将检验统计量的值与 α 水平的临界值进行比较。

（3）做出决策。

双侧检验：|统计量的值|>临界值，拒绝 H_0。

左侧检验：统计量的值<−临界值，拒绝 H_0。

右侧检验：统计量的值>临界值，拒绝 H_0。

5.1.4　利用 P 值进行决策

定义 5-11　如果原假设为真，所得到的样本结果像实际观测结果那么极端或更极端的概率，称为 P 值，也被称为观察到的（或实测的）显著性水平。

P 值是反映实际观测到的数据与原假设 H_0 之间不一致程度的一个概率值。P 值越小，说明实际观测得到的数据与 H_0 之间不一致的程度就越大，检验的结果也就越显著。如果原假设是正确的，很小的 P 值告诉我们得到这样的数据是多么的不可能。不可能得到的数据，就是原假设不成立的合理证据。我们永远不会知道原假设是否正确，就像我们永远不知道天有多高一样。如果 P 值为 5%，我们只能说：在原假设成立的条件下，这样的数据只有 5%的可能性会发生。

P 值也是用于确定是否拒绝原假设的另一个重要工具，它有效地补充了 α 提供的关于检验可靠性的有限信息。在现代统计检验中，不再需要给出 5%或 1%之类传统的显著性水平。P 值提供了更多的信息，它让人们可以选择任意水平来评估结果是否具有统计上的显著性。只要具有这么大的 P 值就算是显著了，就可以在这样的 P 值水平上拒绝原假设。当然，传统的显著性水平，如 1%、5%、10%等，已被人们普遍认为是"拒绝原假设的足够证据"的标准。大概可以说：$P<0.10$ 代表有"一些证据"不利于原假设；$P<0.05$ 代表有"适度证据"不利于原假设；$P<0.01$ 代表有"很强证据"不利于原假设。

P 值的含义可以用图 5-4 来说明。

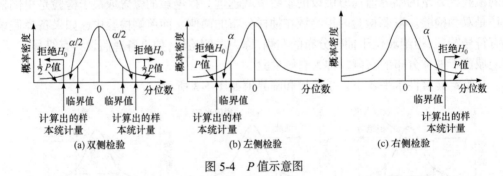

图 5-4　P 值示意图

利用 P 值进行决策的规则十分简单。在已知 P 值的条件下，将其与给定的显著性水平 α 值进行比较，就可以确定是否应该拒绝原假设。从图 5-4 可以看出：单侧检验中，P 值位于抽样分布的一侧；而双侧检验中，P 值则位于分布的两侧，每一侧为 1/2 的 P 值。通常，将两侧面积的总和定义为 P 值，这样定义的好处是可以将 P 值直接与给定的显著性水平 α 进行比较。因此，不论是单侧检验还是双侧检验，用 P 值进行决策准则都是：如果 P 值<α，拒绝 H_0；如果 P 值$\geqslant\alpha$，不拒绝 H_0。

P 值可以通过查表求得，但很麻烦，幸运的是，多数统计软件都能输出有关假设检验的主要计算结果，其中就包括 P 值。

下面对 P 值决策与统计量检验进行比较。

（1）用 P 值进行决策比根据统计量检验可提供更多的信息。

（2）统计量检验是人们事先给出一个显著性水平，以此为标准进行决策，无法知道实际的显著性水平究竟是多少。

根据统计量进行检验时，只要统计量的值落在拒绝域，拒绝原假设得出的结论都是一样的，即结果显著。但实际上，统计量落在拒绝域不同的地方，实际的显著性是不同的，统计量落在临界值附近与落在远离临界值的地方，实际的显著性就有较大差异。而 P 值给出的是实际算出的显著水平，它告诉我们实际的显著性水平是多少。与其人为地把显著性水平 α 固定在某一水平上，不如干脆选取检验统计量的 P 值；与其大致知道犯第 I 错误的概率，不如干脆知道一个确切的犯第 I 类错误的概率（ P 值）；与其为选取"适当的" α 而苦恼，不如干脆把真正的 α （ P 值）算出来。

5.1.5 统计显著与实际显著性

当原假设被拒绝时，称样本结果在统计上是显著的；当不拒绝原假设时，称样本结果在统计上是不显著的。P 值越小，表明结果越显著。但检验结果究竟是"显著的"、"中度显著的"，还是"高度显著的"，需要研究者根据 P 值大小和实际问题来决定。在"显著"和"不显著"之间没有清晰的界限，只是在 P 值越来越小时，就有越来越强的证据，检验的结果也就越来越显著。

一个在统计上显著的结论在实际中却不见得很重要，也不意味着有实际意义。因为 P 值不仅和样本的大小密切相关，也和总体参数的真值有关。样本容量越大，P 值就越小。大的样本几乎总是导致拒绝原假设。在样本足够大的情况下，数据是会"屈服"的，会得到想要的结果。

在实际检验中，注意不要把统计上的显著性与实际上的显著性混同起来。当设定一个原假设，比如，$H_0:\mu=1$，其意义很可能是接近于 1，且接近到这样一种程度，以致为了实际目的都可以把它看作 1。然而，1.1 是否"实际上无异于"1？这在某种程度上已不是一个统计学问题，而是一个与研究相关联的实际问题，因而不能靠假设检验来解决这个问题。样本容量对检验结果的影响如下。

（1）较大的样本会让显著性检验比较敏感。

（2）用小样本做的显著性检验敏感度又常常不够。

（3）在总体真值不变的情况下，大的样本会使 P 值变小，而小的 P 值也不一定就有实际的显著性。

（4）无论总体的状况如何，观测值多一点，就可以把 P 值抓得更准确些。

在假设检验时，不仅要报告 P 值，而且要报告样本的大小。

例如，抛硬币时，不同次数下的正面分布情况是不一样的，次数越多，正面朝上的概率越接近 0.5，如图 5-5 所示。

5.1.6 假设检验结论的表述

拒绝原假设时，称样本结果是统计上显著的，拒绝原假设的结论是清楚的；不拒绝原假设时，称样本结果是统计上不显著的。不拒绝原假设时，并未给出明确的结论，不能说原假设是正确的，也不能说它是不正确的。

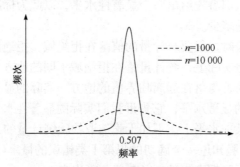

图 5-5　不同样本容量产生的检验结果

假设检验的目的在于试图找到证据拒绝原假设，而不在于证明什么是正确的。当没有足够证据拒绝原假设时，不采用"接受原假设"的表述，而采用"不拒绝原假设"的表述。"不拒绝"的表述实际上意味着并未给出明确的结论，没有说原假设正确，也没有说它不正确。"接受"的说法有时会产生误导，因为这种说法似乎暗示着原假设已经被证明是正确的了。但事实上，H_0 的真实值永远无法知道，H_0 只是对总体真实值的一个假定值，由样本提供的信息也就自然无法证明它是否正确。

例如，原假设为 $H_0: \mu = 10$，从该总体中抽出一个随机样本，得到 $\bar{X} = 9.8$，在 $\alpha = 0.05$ 的水平上，样本提供的证据没有推翻这一假设，我们说"接受"原假设，这意味着样本提供的证据已经证明 $\mu = 10$ 是正确的。如果将原假设改为 $H_0: \mu = 10.5$，同样，在 $\alpha = 0.05$ 的水平上，样本提供的证据也没有推翻这一假设，我们又说"接受"原假设。但这两个原假设究竟哪一个是"真实的"呢？我们不知道。

表述为"接受"一个原假设，应该注意到另一个原假设也可能同样与数据相符。因此，我们宁愿说"不拒绝"。

当然，在实际检验中，针对一个具体问题，将检验结果表述为"不拒绝"原假设，这似乎让人感到无所适从。比如，想购买一批产品，检验的结果没有拒绝原假设，即达到合同规定的标准要求，是否购买这批产品呢？这时可以对检验的结果采取某种默认态度，退一步说，可以将检验结果表述为"可以接受"原假设，但这并不等于说"确实接受"它。

假设检验一般可以分为以下几个步骤。

（1）陈述原假设和备择假设。

（2）从所研究的总体中抽出一组随机样本。

（3）确定一个适当的检验统计量，并利用样本数据算出其具体数值。

（4）确定一个适当的显著性水平 α，并计算出其临界值，指定拒绝域。

（5）将统计量的值与临界值进行比较，做出决策，统计量的值落在拒绝域，拒绝 H_0，

否则不拒绝 H_0，也可以直接利用 P 值做出决策。

5.2 单个总体的参数检验

与参数估计类似，当研究一个总体时，要检验的参数主要是总体均值 μ、总体比例 π 和总体方差 σ^2。图 5-6 展示了单个总体的参数检验。

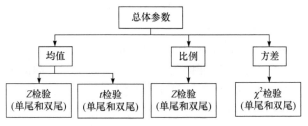

图 5-6 单个总体的参数检验

5.2.1 总体均值的检验

在对总体均值进行假设检验时，采用什么检验步骤和检验统计量取决于所抽取的样本是大样本（$n \geq 30$）还是小样本（$n < 30$），此外还需要区分总体是否服从正态分布、总体方差 σ^2 是否已知等几种情况。图 5-7 为根据总体方差是否已知进行的检验。

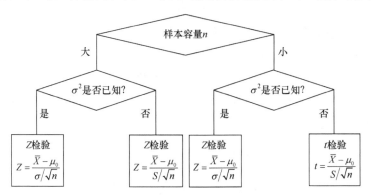

图 5-7 总体均值检验结构图

1. 大样本的检验方法

在大样本情况下，样本均值的抽样分布近似服从正态分布，其抽样标准差为 $\sigma / \sqrt{n}$。将样本均值 $\bar{X}$ 标准化即可得到检验的统计量。可以证明，样本均值经过标准化后服从标准正态分布，因而采用正态分布的检验统计量。设假设的总体均值为 μ_0，当总体方差 σ^2 已知时，总体均值检验的统计量为

$$Z = \frac{\bar{X} - \mu_0}{\sigma / \sqrt{n}}$$

这种检验方法通常称为"Z 检验"。

当总体方差 σ^2 未知时，可以用样本方差 S^2 代替总体方差，此时总体均值检验的统计量为

$$Z = \frac{\bar{X} - \mu_0}{S/\sqrt{n}}$$

【例 5-6】 某公司想从国外引进一种自动加工装置。这种装置的工作温度 X 服从正态分布 $N(\mu, 5^2)$，厂方说它的平均工作温度是 80 ℃。从该装置试运转中随机测试 100 次，得到的平均工作温度是 83 ℃。在显著性水平 $\alpha = 0.05$ 下，问厂商的说法是否可以接受，即这种装置的平均工作温度是 80 ℃吗？

解 由已知可知，这种装置的工作温度 X 服从正态分布 $N(\mu, 5^2)$，要对均值 μ 进行检验。

（1）提出假设。研究者想收集证据予以反对的假设是"厂商的说法不正确，即这种装置的平均工作温度不是 80 ℃"。所以建立的原假设和备择假设为

$$H_0 : \mu = 80 \text{（这种装置的平均工作温度是 80 ℃）}$$
$$H_1 : \mu = 80 \text{（这种装置的平均工作温度不是 80 ℃）}$$

（2）建立检验统计量并确定其分布，

$$Z = \frac{\bar{X} - \mu_0}{\sigma/\sqrt{n}} \sim N(0,1)$$

（3）求出检验统计量数值，

$$Z = \frac{83 - 80}{5/\sqrt{100}} = 6$$

检验统计量数值的含义是，样本均值与假设的总体均值相比，相差 6 个抽样标准差。根据给定的显著性水平 $\alpha = 0.05$，查标准正态分布表得

$$Z_{\alpha/2} = Z_{0.025} = 1.96$$

由于 $|Z| = 6 > 1.96$，故拒绝原假设 H_0，即可认为这种装置的平均工作温度不是 80 ℃。拒绝域如图 5-8 所示。

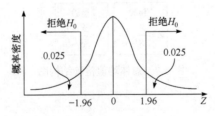

图 5-8　例 5-6 中的拒绝域

此题也可以利用 P 值进行检验。P 值可以利用 Excel 中统计函数"计算检验"的功能来计算，具体操作步骤如下。

（1）进入 Excel 表格界面，点击"公式—$f(x)$（插入函数）"命令。

（2）在函数分类中点击"统计"，并在函数名菜单下选择"NORM.S.DIST"，然后点击确定。

（3）将 Z 的绝对值 $|Z| = 6$ 录入，在"Cumulative"栏中，输入"TRUE"（表明函数

为累积分布函数，如果为概率密度函数，则输入"FALSE"）。得到的标准正态分布函数值为 0.999 999 999。此时出现的界面如图 5-9 所示。

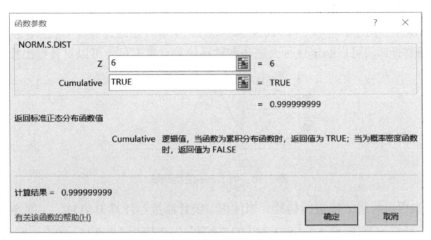

图 5-9 统计量 P 值计算过程

检验的 P 值为

$$P = 2P\left(Z \geqslant \left|\frac{83-80}{5/\sqrt{100}}\right|\right) = 2(1-\varPhi(6)) = 2 \times (1-0.999\ 999\ 999) = 0.000\ 000\ 002$$

因为 P 值小于 0.05，所以应拒绝 H_0，可认为这种装置的平均工作温度不是 80 ℃，而是偏高。

【例 5-7】 市场监管部门准备对某厂生产的大瓶碳酸饮料进行检查，以确定是否符合其标签上注明的"重量至少是 3 磅[①]"的说法。现抽取一个由 49 瓶组成的随机样本，样本平均值为 2.91 磅，样本标准差为 0.129 磅。假定该饮料包装重量近似服从正态分布，市场监管部门能否由此断定该厂生产的大瓶碳酸饮料包装重量不足，并对其提出投诉？（$\alpha = 0.01$）

解 该问题属于单侧检验问题，而且属于左侧检验，假设该饮料包装重量 X 服从正态分布 $N(\mu, \sigma^2)$，要对总体均值 μ 进行检验。

（1）建立假设如下，

$$H_0 : \mu \geqslant 3$$
$$H_1 : \mu < 3$$

（2）由于总体方差未知，用样本标准差 S 代替总体标准差 σ，建立检验统计量并确定其分布，

$$Z = \frac{\overline{X} - \mu_0}{S/\sqrt{n}} \sim N(0,1)$$

（3）求出检验统计量数值，

---

① 1 磅等于 0.453 592 千克。

$$Z = \frac{2.91 - 3}{0.129/\sqrt{49}} = -4.883\,720\,93$$

根据给定的显著性水平 $\alpha = 0.01$，查标准正态分布表得 $Z_{1-\alpha} = Z_{0.99} = -2.33$，拒绝域如图 5-10 所示。由于 $Z = -4.883\,720\,93 < -2.33$，所以，拒绝原假设 H_0，接受备择假设 H_1，市场监管部门可以断定该种大瓶碳酸饮料包装重量不足，可以对其提出投诉。

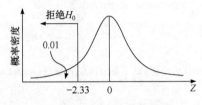

图 5-10 例 5-7 中的拒绝域

此例也可以利用 P 值进行检验，当使用"统计函数"计算 P 值时，与例 5-6 给出的步骤完全一致。若直接输入 $-4.883\,720\,93$，可得出 P 值为 $5.205\,12 \times 10^{-7}$（因为该命令给出的是分布的左侧面积，恰好就是 P 值）；若输入 $4.883\,720\,93$，给出的左侧面积为 $0.999\,999\,479$，P 值则为 $1 - 0.999\,999\,479 = 5.205\,12 \times 10^{-7}$。因为 $P < 0.01$，所以应拒绝原假设 H_0，接受备择假设 H_1，市场监管部门可以断定该种大瓶碳酸饮料包装重量不足，可以对其提出投诉。

【例 5-8】 某一农作物的平均产量为 5000 千克/公顷。一家研究机构对该庄稼品种进行了改良以期提高产量。为检验改良后的新品种产量是否有显著提高，随机抽取了 36 个地块进行试种，得到的样本平均产量为 5200 千克/公顷，标准差为 110 千克/公顷。试检验改良后的新品种产量是否有显著提高？（$\alpha = 0.05$）

解 研究机构自然希望新品种产量能提高，因而也就想收集证据支持"产量有显著提高"的假设，也就是 $\mu > 5000$。因此属于单侧检验问题，而且属于右侧检验。提出的假设为

$$H_0 : \mu \leqslant 5000$$
$$H_1 : \mu > 5000$$

计算检验统计量的具体数值得

$$Z = \frac{5200 - 5000}{110/\sqrt{36}} = 10.909\,090\,91$$

根据给定的显著性水平 $\alpha = 0.05$，查标准正态分布表得 $Z_\alpha = Z_{0.05} = 1.645$，拒绝域如图 5-11 所示。由于 $Z = 10.909\,090\,91 > 1.645$，所以拒绝原假设。检验结果表明：改良后的新品种产量有显著提高。

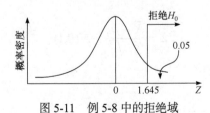

图 5-11 例 5-8 中的拒绝域

利用 Excel 计算 P 值为 0.000 909 796$<$0.05，同样拒绝原假设。

前面通过三个例题介绍了一个总体均值的检验方法和步骤，这些步骤对以后介绍的其他检验也普遍适用。下面对大样本总体均值的检验问题做总结（表 5-4）。

表 5-4　单个总体均值的检验方法（大样本）

项目	双侧检验	左侧检验	右侧检验
假设形式	$H_0:\mu=\mu_0$ $H_1:\mu\neq\mu_0$	$H_0:\mu\geqslant\mu_0$ $H_1:\mu<\mu_0$	$H_0:\mu\leqslant\mu_0$ $H_1:\mu>\mu_0$
统计量	σ 已知	$Z=\dfrac{\bar{X}-\mu_0}{\sigma/\sqrt{n}}$	
	σ 未知	$Z=\dfrac{\bar{X}-\mu_0}{S/\sqrt{n}}$	
拒绝域	$|Z|>Z_{\alpha/2}$	$Z<-Z_\alpha$	$Z>Z_\alpha$
P 值决策	若 $P<\alpha$，拒绝 H_0		

2. 小样本的检验方法

在小样本（$n<30$）情况下，检验统计量的选择与总体是否服从正态分布、总体方差是否已知有密切关系。当总体方差 σ^2 已知时，即使是在小样本情况下，用检验统计量对总体均值进行检验，检验的程序与大样本时完全相同，不再赘述。总体均值检验的统计量为

$$Z=\frac{\bar{X}-\mu_0}{\sigma/\sqrt{n}}$$

这种检验方法通常称为"Z 检验"。

当总体方差 σ^2 未知时，可以用样本方差 S^2 代替总体方差，改用检验统计量 t，

$$t=\frac{\bar{X}-\mu_0}{S/\sqrt{n}}$$

根据中心极限定理，此时统计量 t 服从 t 分布，即 $t\sim t(n-1)$。

表 5-5 总结了在小样本抽样情况下的总体均值的检验方法。

表 5-5　小样本时总体均值的检验方法

项目	双侧检验	左侧检验	右侧检验
假设形式	$H_0:\mu=\mu_0$ $H_1:\mu\neq\mu_0$	$H_0:\mu\geqslant\mu_0$ $H_1:\mu<\mu_0$	$H_0:\mu\leqslant\mu_0$ $H_1:\mu>\mu_0$
统计量	σ 已知	$Z=\dfrac{\bar{X}-\mu_0}{\sigma/\sqrt{n}}$	
	σ 未知	$t=\dfrac{\bar{X}-\mu_0}{S/\sqrt{n}}$	
Z 拒绝域	$|Z|>Z_{\alpha/2}$	$Z<-Z_\alpha$	$Z>Z_\alpha$
t 拒绝域	$|t|>t_{\alpha/2}(n-1)$	$t<-t_\alpha(n-1)$	$t>t_\alpha(n-1)$
P 值决策	若 $P<\alpha$，拒绝 H_0		

【**例 5-9**】　某品牌手机广告宣传称某款手机的电池充足电后可连续待机至少 150 小时。电池待机时间服从正态分布。现检测 10 台该款手机,充足电后电池的连续待机时间(单位:小时)分别为:143,145,148,151,155,156,156,158,160,161。试问在显著性水平 $\alpha = 0.05$ 下,该广告是否真实可信?

解　由题意可知: $\bar{X} = 153.3$, $S = 6.25$,且 σ^2 未知,则在显著性水平 $\alpha = 0.05$ 下可建立假设如下

$$H_0 : \mu \geqslant \mu_0 = 150$$
$$H_1 : \mu < \mu_0 = 150$$

由于 $n < 30$ 为小样本,所以采用检验统计量 t,而且属于左侧 t 检验。

统计量

$$t = \frac{\bar{X} - \mu_0}{S/\sqrt{n}} \sim t(n-1)$$

式中, $n = 10$, $S = 6.25$, $\bar{X} = 153.3$,查 t 分布表可得

$$t_\alpha(n-1) = t_{0.05}(10-1) = 1.833$$

$$t = \frac{\bar{X} - \mu_0}{S/\sqrt{n}} = \frac{153.3 - 150}{6.25/\sqrt{10}} = 1.67 > -t_{0.05}(9) = -1.833$$

不拒绝原假设 H_0,即可暂时认为该广告是真实的。

上面的决策过程可以用图 5-12 来表示。

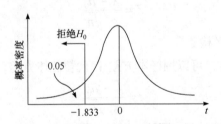

图 5-12　例 5-9 中的 t 分布拒绝域

t 检验的 P 值同样可以利用 Excel 计算,具体操作步骤如下(沿用例 5-9 数据)。

第 1 步:进入 Excel 表格界面,点击"公式—$f(x)$(插入函数)"命令。

第 2 步:在函数分类中点击"统计",并在函数名菜单下选择"T.DIST.RT"(假设检验通常采用右尾分布),然后点击确定。

第 3 步:在出现对话框的"X"栏中输入计算出的 $|t| = 1.67$,在"Deg_freedom"(自由度)栏中,输入例 5-9 中的自由度"9"。

用 Excel 计算 P 值的结果为 0.064 629 216,如图 5-13 所示。

因为 P 值为 $0.064\ 629\ 216 > 0.05$,所以不拒绝原假设 H_0,即可暂时认为该广告是真实的。

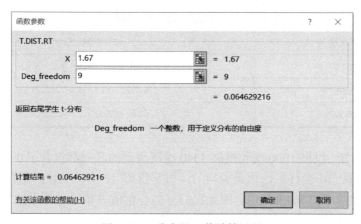

图 5-13 t 分布的 P 值计算过程

5.2.2 置信区间和假设检验

做一项统计检验，不能只看是否有统计上的显著性，还要看置信区间，置信区间的宽度会帮助我们把真正的总体参数定位得更准确。

（1）对于双侧检验来说，如何用置信区间进行检验呢？

在正态总体、小样本的情形下，可求出双侧检验均值的置信区间如下。

σ^2 已知时，置信区间为

$$\left(\bar{X} - Z_{\alpha/2} \frac{\sigma}{\sqrt{n}}, \bar{X} + Z_{\alpha/2} \frac{\sigma}{\sqrt{n}} \right)$$

σ^2 未知时，置信区间为

$$\left(\bar{X} - t_{\alpha/2} \frac{S}{\sqrt{n}}, \bar{X} + t_{\alpha/2} \frac{S}{\sqrt{n}} \right)$$

若总体的假设值 μ_0 在置信区间外，拒绝 H_0。

（2）对于单侧检验来说，又是如何用置信区间进行检验呢？

对于左侧检验，求出左侧检验均值的置信下限如下：

$$\bar{X} - Z_{\alpha} \frac{\sigma}{\sqrt{n}} \quad \text{或} \quad \bar{X} - t_{\alpha} \frac{S}{\sqrt{n}}$$

若总体的假设值 μ_0 小于单边置信下限，拒绝 H_0。

对于右侧检验，求出右侧检验均值的置信上限如下：

$$\bar{X} + Z_{\alpha} \frac{\sigma}{\sqrt{n}} \quad \text{或} \quad \bar{X} + t_{\alpha} \frac{S}{\sqrt{n}}$$

若总体的假设值 μ_0 大于单边置信上限，拒绝 H_0。

例如，投掷一枚均匀的硬币，在样本容量分别为 $n = 1000$、$n = 4040$ 和 $n = 10\ 000$ 时，样本的正面比例为 $p = 0.507$，出现正面比例的 95% 置信区间如表 5-6 所示。

表 5-6　出现正面比例的95%置信区间

投掷次数	95%的置信区间
$n=1000$	$0.507 \pm 0.031 = (0.476, 0.538)$
$n=4040$	$0.507 \pm 0.015 = (0.492, 0.522)$
$n=10\ 000$	$0.507 \pm 0.003 = (0.504, 0.510)$

由表 5-6 可知，投掷 1000 次和投掷 4040 次所得到的区间都包含了 0.5 这个数字（总体参数），所以我们不会怀疑硬币是否均匀。可是投掷 10 000 次时，我们却有信心相信真正的总体参数落在(0.504,0.510)。因此我们有信心相信 P 值（总体参数）不是 0.5。

5.2.3　总体比例的检验

在实际问题中，检验总体中具有某种特征的个体所占的比例是否为某个假设值 π_0，是经常遇到的。比如，一批产品中的次品率，适龄儿童的入学率，电视节目的收视率，等等。由中心极限定理可知，在大样本情形下，样本比例 p 渐近服从正态分布，因而可用 Z 统计量进行检验。通常用 π 表示总体比例，在构造检验统计量时，仍然利用样本比例 p 与总体比例 π 之间的距离等于多少个标准差来衡量，因为在大样本情形下统计量 p 服从正态分布。将统计量标准化：

$$Z = \frac{p - \pi_0}{\sqrt{\dfrac{\pi_0(1 - \pi_0)}{n}}}$$

则近似服从标准正态分布。

Z 就是总体比例检验的统计量。总体比例的检验适用的数据类型有数值型数据和品质数据。其中，数值型数据包括离散数据和连续数据。总体比例检验的三种基本形式如下。

双侧检验：$H_0 : \pi = \pi_0$；$H_1 : \pi \neq \pi_0$。

左侧检验：$H_0 : \pi \geqslant \pi_0$；$H_1 : \pi < \pi_0$。

右侧检验：$H_0 : \pi \leqslant \pi_0$；$H_1 : \pi > \pi_0$。

在给定显著性水平 α 的条件下，总体比例检验的显著性水平、拒绝域和临界值的图示参见图 5-3。表 5-7 总结了大样本情形下总体比例的检验方法。

表 5-7　大样本情形下总体比例的检验方法

项目	双侧检验	左侧检验	右侧检验
假设形式	$H_0 : \pi = \pi_0$ $H_1 : \pi \neq \pi_0$	$H_0 : \pi \geqslant \pi_0$ $H_1 : \pi < \pi_0$	$H_0 : \pi \leqslant \pi_0$ $H_1 : \pi > \pi_0$
统计量	$Z = \dfrac{p - \pi_0}{\sqrt{\dfrac{\pi_0(1 - \pi_0)}{n}}}$		
拒绝域	$\lvert Z \rvert > Z_{\alpha/2}$	$Z < -Z_{\alpha}$	$Z > Z_{\alpha}$
P 值决策	若 $P < \alpha$，拒绝 H_0		

【**例 5-10**】 某生产奶粉的公司声称他们奶粉的不合格率不超过 1%，为了检测他们的声称是否可信，市场监管部门对其奶粉进行检查。现从该批产品中随机抽取 100 包奶粉进行检验，发现有 2 包不合格奶粉。在给定显著性水平 $\alpha = 0.05$ 下，该公司的声称是否可靠？

解 这是一个有关总体比例的单侧检验问题。

（1）提出假设

$$H_0 : \pi \leqslant 1\%$$
$$H_1 : \pi > 1\%$$

（2）根据抽样结果计算得

$$p = \frac{2}{100} = 2\%$$

检验统计量为

$$Z = \frac{p - \pi_0}{\sqrt{\dfrac{\pi_0(1-\pi_0)}{n}}} = \frac{0.02 - 0.01}{\sqrt{\dfrac{0.01 \times (1-0.01)}{100}}} = 1.005$$

（3）当 $\alpha = 0.05$ 时，查正态分布表，得临界值 $Z_\alpha = Z_{0.05} = 1.65$。

（4）由于 $|Z| = 1.005 < Z_\alpha = 1.65$，故不拒绝 H_0，所以认为在显著性水平 $\alpha = 0.05$ 下，该公司的声称是可靠的。图 5-14 显示了 0.05 显著性水平的拒绝域。

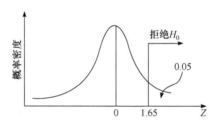

图 5-14 0.05 显著性水平的拒绝域

若利用 P 值进行此题的检验，利用 Excel 中的统计函数"计算检验"的功能来计算，得出 P 值为 0.158 66，因为 $P = 0.158\ 66 > \alpha = 0.05$，所以不拒绝 H_0，所以认为在显著性水平 $\alpha = 0.05$ 下，该公司的声称是可靠的。

通过以上利用 P 值决策进行检验的几个例子，不难发现，对于同一个检验，不同的显著性水平将会得出不同的结论。这是自然的，请读者领悟其中的道理。

总体比例左侧检验和右侧检验中拒绝域的建立，读者可直接参照相应的大样本情形下总体均值的检验方法，这里不再另做总结。

5.2.4 总体方差的检验

对于多数生产和生活领域而言，仅仅保证所观测到的样本均值维持在特定水平范围之内并不意味着整个过程的运转正常，方差的大小是否适度是需要考虑的另外一个重要因素。一个方差大的产品自然意味着其质量或性能不稳定。因此，总体方差 σ^2 的检验也是假设检验的重要内容之一。

一个总体方差的检验所利用的是 χ^2 分布。此外，总体方差的检验，不论样本容量 n 是大还是小，都要求总体服从正态分布，这是由检验统计量的抽样分布决定的。

用 σ_0^2 表示假定的总体方差的某一取值，总体方差假设检验的三种基本形式如下。

双侧检验：$H_0: \sigma^2 = \sigma_0^2$; $H_1: \sigma^2 \neq \sigma_0^2$。

左侧检验：$H_0: \sigma^2 \geqslant \sigma_0^2$; $H_1: \sigma^2 < \sigma_0^2$。

右侧检验：$H_0: \sigma^2 \leqslant \sigma_0^2$; $H_1: \sigma^2 > \sigma_0^2$。

检验的统计量及其分布为

$$\chi^2 = \frac{(n-1)S^2}{\sigma_0^2} \sim \chi^2(n-1)$$

表 5-8 总结了一个总体方差检验的一般方法。

表 5-8　一个总体方差检验的一般方法

项目	双侧检验	左侧检验	右侧检验
假设形式	$H_0: \sigma^2 = \sigma_0^2$ $H_1: \sigma^2 \neq \sigma_0^2$	$H_0: \sigma^2 \geqslant \sigma_0^2$ $H_1: \sigma^2 < \sigma_0^2$	$H_0: \sigma^2 \leqslant \sigma_0^2$ $H_1: \sigma^2 > \sigma_0^2$
统计量	\multicolumn{3} $\chi^2 = \frac{(n-1)S^2}{\sigma_0^2}$		
拒绝域	$\chi^2 > \chi_{\alpha/2}^2(n-1)$ 或 $\chi^2 < \chi_{1-\alpha/2}^2(n-1)$	$\chi^2 < \chi_{1-\alpha}^2(n-1)$	$\chi^2 > \chi_{\alpha}^2(n-1)$
P 值决策	若 $P < \alpha$，拒绝 H_0		

【例 5-11】　某厂生产的某品牌手机的电池充足电后可连续待机时间服从方差 $\sigma^2 = 25$ 的正态分布，现有一批这种电池，从生产的情况来看，连续待机时间的波动性有所改变，现随机地抽取 10 个该款手机电池，充足电后电池的连续待机时间(单位：小时)分别为 143, 145, 148, 151, 155, 156, 156, 158, 160, 161。在显著性水平 $\alpha = 0.02$ 下，根据这一数据能否推断这批电池连续待机时间的波动性较以往有显著性的变化。

解　由已知可得 $S^2 = 39.12$。建立检验假设如下

$$H_0: \sigma^2 = 25; \quad H_1: \sigma^2 \neq 25$$

选取统计量

$$\chi^2 = \frac{(n-1)S^2}{\sigma_0^2} \sim \chi^2(n-1)$$

由 $\alpha = 0.02, n = 10$，查 χ^2 分布表可得

$$\chi_{\alpha/2}^2(n-1) = \chi_{0.01}^2(9) = 21.666, \quad \chi_{1-\alpha/2}^2(n-1) = \chi_{0.99}^2(9) = 2.088$$

又

$$2.088 = \chi^2_{0.99}(9) < \chi^2 = \frac{(n-1)S^2}{\sigma_0^2} = \frac{(10-1) \times 39.12}{25} = 14.08 < \chi^2_{0.01}(9) = 21.666$$

故不能拒绝原假设 H_0，即认为这批电池连续待机时间的波动性较以往没有显著性的变化。

若需要计算 P 值，可使用 Excel 统计函数中的 CHISQ.DIST.RT 函数。上面检验的统计量和拒绝域可用图 5-15 表示。

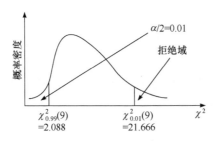

图 5-15 例 5-11 χ^2 分布检验拒绝域

实际应用中，右侧检验是最为常见的总体方差检验形式。一般情况下，在涉及时间、含量、尺寸等测度的场合，人们总希望其变化幅度很小，也就是有较小的方差，大的方差往往不被接受。针对这种情况，通常将"总体方差大于某一最大容许值"作为备择假设，其对立面作为原假设，再利用右侧检验的步骤做决策。

上面所介绍的都是一个总体参数假设检验的问题，大部分例题都详细总结了总体均值、总体比例以及总体方差的分析过程和拒绝域的图示，目的是帮助读者系统地掌握假设检验的一般方法和程序。下节介绍两个总体参数的假设检验，其程序也是一样的，Excel 都有现成的程序，因此在介绍上也主要是以 Excel 的应用为主，一般不再给出拒绝域的图示。

5.3 两个总体的参数检验

5.3.1 两个总体均值之差的检验

在许多实际问题和科学研究中，人们需要比较两个总体的参数，看它们是否有显著性差别。例如，两个试验品种的农作物产量是否有明显的差异；在相同的年龄组中，高学历和低学历的职工收入是否有差异；两种农药杀虫效果的比较；等等。这些都属于两个总体均值之差 $\mu_1 - \mu_2$ 的检验问题。

两个总体均值之差的三种基本假设检验形式如下。

双侧检验：$H_0: \mu_1 - \mu_2 = 0; \ H_1: \mu_1 - \mu_2 \neq 0$。

左侧检验：$H_0: \mu_1 - \mu_2 \geq 0; \ H_1: \mu_1 - \mu_2 < 0$。

右侧检验：$H_0: \mu_1 - \mu_2 \leq 0; \ H_1: \mu_1 - \mu_2 > 0$。

图 5-16 展示了两个总体参数的检验。

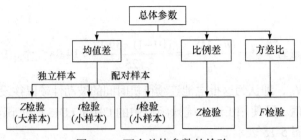

图 5-16 两个总体参数的检验

1. 两个总体均值之差的检验：独立样本

两个总体均值之差检验的统计量是以两个样本均值之差 $\bar{X}_1 - \bar{X}_2$ 的抽样分布为基础构造出来的。对于大样本和小样本两种情形，由于两个样本均值之差经标准化后的分布不同，检验的统计量也略有差异。

1）大样本的检验方法

在大样本情形下，两个样本均值之差 $\bar{X}_1 - \bar{X}_2$ 的抽样分布近似服从正态分布，而 $\bar{X}_1 - \bar{X}_2$ 经过标准化后则服从标准正态分布。如果两个总体的方差 σ_1^2、σ_2^2 已知，则采用检验统计量

$$Z = \frac{(\bar{X}_1 - \bar{X}_2) - (\mu_1 - \mu_2)}{\sqrt{\dfrac{\sigma_1^2}{n_1} + \dfrac{\sigma_2^2}{n_2}}}$$

当两个总体分布和总体方差未知时，可以分别用样本方差 S_1^2、S_2^2 替代，此时检验统计量为

$$Z = \frac{(\bar{X}_1 - \bar{X}_2) - (\mu_1 - \mu_2)}{\sqrt{\dfrac{S_1^2}{n_1} + \dfrac{S_2^2}{n_2}}}$$

表 5-9 描述了独立大样本情形下两个总体均值之差的检验方法。

表 5-9 独立大样本情形下两个总体均值之差的检验方法

项目		双侧检验	左侧检验	右侧检验
假设形式		$H_0: \mu_1 - \mu_2 = 0$ $H_1: \mu_1 - \mu_2 \neq 0$	$H_0: \mu_1 - \mu_2 \geq 0$ $H_1: \mu_1 - \mu_2 < 0$	$H_0: \mu_1 - \mu_2 \leq 0$ $H_1: \mu_1 - \mu_2 > 0$
统计量	σ_1^2、σ_2^2 已知	$Z = \dfrac{(\bar{X}_1 - \bar{X}_2) - (\mu_1 - \mu_2)}{\sqrt{\dfrac{\sigma_1^2}{n_1} + \dfrac{\sigma_2^2}{n_2}}}$		
	σ_1^2、σ_2^2 未知	$Z = \dfrac{(\bar{X}_1 - \bar{X}_2) - (\mu_1 - \mu_2)}{\sqrt{\dfrac{S_1^2}{n_1} + \dfrac{S_2^2}{n_2}}}$		
拒绝域		$|Z| > Z_{\alpha/2}$	$Z < -Z_\alpha$	$Z > Z_\alpha$
P 值决策		若 $P < \alpha$，拒绝 H_0		

【例 5-12】 某商学院想了解该院市场营销专业和企业管理专业学生的高等数学平均成绩是否有差别，为此在市场营销专业抽取了 36 名学生，在企业管理专业抽取了 42 名学生，并通过调查获得他们的数据，如表 5-10 所示。试问，在显著性水平为 0.05 的条件下，能否认为该商学院市场营销专业和企业管理专业学生的高等数学平均成绩有显著性差别。

表 5-10 两个样本的有关数据

专业	样本量	样本均值	样本标准差
市场营销专业	$n_1 = 36$	$\bar{X}_1 = 88$	$S_1 = 5.8$
企业管理专业	$n_2 = 42$	$\bar{X}_2 = 82$	$S_2 = 7.2$

解 这是两个总体均值之差的显著性检验，没有涉及方向，所以是双侧检验。由于两个样本均为大样本且总体方差未知，但是总体方差可以用样本方差来代替，因而可用检验统计量

$$Z = \frac{(\bar{X}_1 - \bar{X}_2) - (\mu_1 - \mu_2)}{\sqrt{\dfrac{S_1^2}{n_1} + \dfrac{S_2^2}{n_2}}}$$

首先，提出假设

$$H_0 : \mu_1 - \mu_2 = 0; \ H_1 : \mu_1 - \mu_2 \neq 0$$

然后，根据样本计算实际检验量的值

$$Z = \frac{(\bar{X}_1 - \bar{X}_2) - (\mu_1 - \mu_2)}{\sqrt{\dfrac{S_1^2}{n_1} + \dfrac{S_2^2}{n_2}}} = \frac{88 - 82}{\sqrt{\dfrac{5.8^2}{36} + \dfrac{7.2^2}{42}}} = 4.074$$

当 $\alpha = 0.05$ 时，查正态分布表得 $Z_{\alpha/2} = Z_{0.025} = 1.96$。因为 $Z = 4.074 > Z_{0.025} = 1.96$，故拒绝 H_0，认为该商学院市场营销专业和企业管理专业学生的高等数学平均成绩有显著性差异。

2）小样本的检验方法

在两个样本都为独立小样本的情况下，检验两个总体的均值之差时，需要假定两个总体都服从正态分布。检验时有以下四种情况。

（1）总体服从正态分布，当两个总体的方差 σ_1^2、σ_2^2 已知时，无论样本容量大小，两个样本均值之差 $\bar{X}_1 - \bar{X}_2$ 的抽样分布都服从正态分布，这时可以检验统计量

$$Z = \frac{(\bar{X}_1 - \bar{X}_2) - (\mu_1 - \mu_2)}{\sqrt{\dfrac{\sigma_1^2}{n_1} + \dfrac{\sigma_2^2}{n_2}}}$$

（2）总体服从正态分布，当两个总体的方差 σ_1^2、σ_2^2 未知但相等时，即 $\sigma_1^2 = \sigma_2^2$，

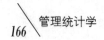

则需要用两个样本的方差 S_1^2、S_2^2 来估计，这时需要将两个样本的数据组合在一起，以给出总体方差的合并估计量，用 S_p^2 表示，计算公式为

$$S_p^2 = \frac{(n_1-1)S_1^2 + (n_2-1)S_2^2}{n_1+n_2-2}$$

这时，两个样本均值之差经标准化后服从自由度为 n_1+n_2-2 的 t 分布，因而采用的检验统计量为

$$t = \frac{(\overline{X}_1 - \overline{X}_2) - (\mu_1 - \mu_2)}{S_p\sqrt{\dfrac{1}{n_1} + \dfrac{1}{n_2}}}$$

（3）总体服从正态分布，当两个总体的方差 σ_1^2、σ_2^2 未知但不相等时，即 $\sigma_1^2 \neq \sigma_2^2$，两个样本均值之差经标准化后不再服从自由度为 n_1+n_2-2 的 t 分布，而是近似服从自由度为 v 的 t 分布。这时检验的统计量为

$$t = \frac{(\overline{X}_1 - \overline{X}_2) - (\mu_1 - \mu_2)}{\sqrt{\dfrac{S_1^2}{n_1} + \dfrac{S_2^2}{n_2}}}$$

该统计量的自由度为 v，其计算公式为

$$v = \frac{\left(\dfrac{S_1^2}{n_1} + \dfrac{S_2^2}{n_2}\right)^2}{\dfrac{(S_1^2/n_1)^2}{n_1-1} + \dfrac{(S_2^2/n_2)^2}{n_2-1}}$$

该式计算的自由度一般为非整数，需四舍五入后再查 t 分布表。

【例 5-13】 某连锁超市公司为了研究有奖销售和特价销售两种不同促销方式对商品销售额的影响，选择了某日常生活用品，在其下的两个门店分别采用有奖销售和特价销售进行了 12 个月的试验。试验前该类日常生活用品在这两家门店的月销售额基本处于同一水平，试验结果如表 5-11 所示。假定在这两种促销方式下，该日常生活用品的销售额分别服从正态分布 $N(\mu_1, \sigma_1^2)$、$N(\mu_2, \sigma_2^2)$，在 $\alpha = 0.05$ 的显著性水平下，样本数据是否提供证据支持"在这两种促销方式下，该日常生活用品的平均销售额有显著性差异"的看法？

表 5-11 某日常生活用品的月销售额（一） 单位：万元

有奖销售		特价销售	
202.8	214.5	232.7	232.7
185.9	188.5	254.8	241.8
174.2	210.6	283.4	252.2
170.3	178.1	265.2	267.8
202.8	192.4	241.8	283.4
176.8	202.8	278.2	278.2

解　这是两个总体均值之差的显著性检验，没有涉及方向，所以是双侧检验。由于两个样本均为小样本，两个总体方差未知，假设总体方差相等，即 $\sigma_1^2 = \sigma_2^2$，则需要计算总体方差的合并估计量。

首先，提出假设

$$H_0: \mu_1 - \mu_2 = 0; \ H_1: \mu_1 - \mu_2 \neq 0$$

然后，根据样本数据计算得

$$\overline{X}_1 = 191.64, \ S_1^2 = 223.84, \ \overline{X}_2 = 259.35, \ S_2^2 = 371.03, \ n_1 = n_2 = n = 12$$

$$\alpha = 0.05, \ t_{\alpha/2}(n_1 + n_2 - 2) = t_{0.025}(22) = 2.074$$

总体方差的合并估计量为

$$S_p^2 = \frac{(n_1 - 1)S_1^2 + (n_2 - 1)S_2^2}{n_1 + n_2 - 2} = \frac{(12 - 1) \times 223.84 + (12 - 1) \times 371.03}{12 + 12 - 2}$$
$$= 297.44$$

计算的检验统计量为

$$t = \frac{(\overline{X}_2 - \overline{X}_1) - (\mu_1 - \mu_2)}{S_p \sqrt{\dfrac{1}{n_1} + \dfrac{1}{n_2}}} = \frac{259.35 - 191.64}{\sqrt{297.43} \times \sqrt{\left(\dfrac{1}{12} + \dfrac{1}{12}\right)}} = 9.617$$

由于 $t = 9.617 > t_{0.025}(22) = 2.074$，所以检验统计量的值落入了拒绝域，因而拒绝原假设。也就是说，在 0.05 的显著性水平下，总体方差相等时，有理由认为"在这两种营销方式下，该日常生活用品的平均销售额有显著性差异"。

在原有数据的情况下，上述检验也可由 Excel 提供的检验程序进行，具体步骤如下。

（1）将原始数据输入 Excel 工作表中。

（2）点击"数据"，并选择其中的"数据分析"选项。

（3）在"数据分析"对话框中，选择"*t*-检验：双样本等方差假设"。

（4）当对话框出现后，在"变量 1 的区域"方框中输入第一个样本的数据区域；在"变量 2 的区域"方框中输入第二个样本的数据区域；在"假设平均差"方框中输入两个总体均值之差的假定值（本例为 0）；在"α"方框中输入给定的显著性水平（本例为 0.05）；在"输出区域"选择计算结果的输出位置。

上述过程如图 5-17 所示。

（5）单击"确定"。Excel 将给出例 5-13 的检验结果，如图 5-18 所示。

可以看到，上述输出结果的样本均值、样本方差、合并估计量、检验统计量的值与前面计算得到的结果基本一致。由于例题中提出的是双侧检验，所以只需将检验统计量的值与输出结果中的"*t* 双尾临界"值进行比较，或是将 $P(T \leq t)$ 双尾值 $2.446\,63 \times 10^{-9}$ 与 $\alpha = 0.05$ 进行比较，就可以得到完全相同的决策结果。

假设总体方差不相等，即 $\sigma_1^2 \neq \sigma_2^2$，由于两个样本容量相等，所以采用统计量

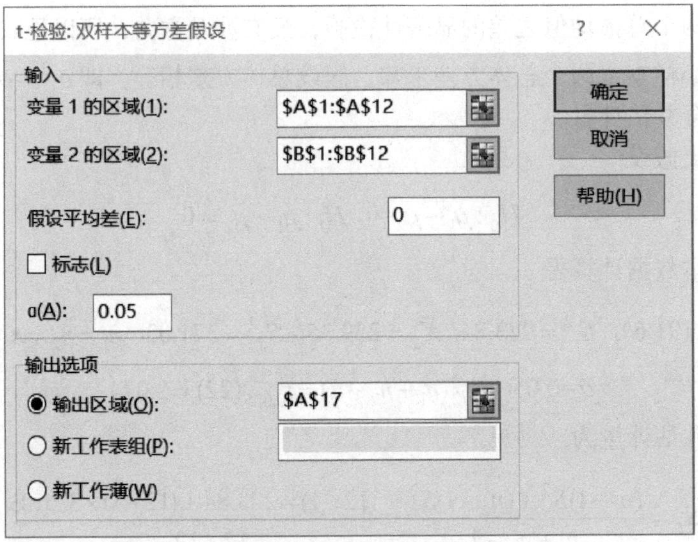

图 5-17 Excel 的检验过程

t-检验: 双样本等方差假设

	变量 1	变量 2
平均	191.6416667	259.35
方差	223.8353788	371.0318182
观测值	12	12
合并方差	297.4335985	
假设平均差	0	
df	22	
t Stat	-9.616626218	
P(T<=t) 单尾	1.22332E-09	
t 单尾临界	1.717144374	
P(T<=t) 双尾	2.44663E-09	
t 双尾临界	2.073873068	

图 5-18 Excel 输出的检验结果（一）

$$t = \frac{(\overline{X}_1 - \overline{X}_2) - (\mu_1 - \mu_2)}{\sqrt{\dfrac{S_1^2}{n_1} + \dfrac{S_2^2}{n_2}}} = \frac{(\overline{X}_1 - \overline{X}_2) - (\mu_1 - \mu_2)}{\sqrt{\dfrac{S_1^2 + S_2^2}{n}}}$$

在采用 Excel 进行检验时，与上述步骤一样，只需将第（3）步中的"t-检验：双样本等方差假设"改成"t-检验：双样本异方差假设"即可。由 Excel 给出的检验结果如图 5-19 所示。

由于 $P(T \leqslant t)$ 双尾值 $3.824\,48 \times 10^{-9} < \alpha = 0.05$，所以拒绝原假设。在 0.05 的显著性水平下，有理由认为"在这两种促销方式下，该日常生活用品的平均销售额有显著性差异"。

2. 两个总体均值之差的检验：匹配样本

独立样本提供的数据值可能因为样本个体在其他因素方面的"不同质"而对所提供的有关总体均值的信息产生干扰，为有效地排除样本个体之间这些"额外"差异带来的误差，可以考虑选用匹配样本。为便于介绍匹配样本两个总体均值之差的假设检验，首先定义几个新的变量的符号。

t-检验: 双样本异方差假设	变量 1	变量 2
平均	191.6416667	259.35
方差	223.8353788	371.0318182
观测值	12	12
假设平均差	0	
df	21	
t Stat	-9.616626218	
P(T<=t) 单尾	1.91224E-09	
t 单尾临界	1.720742903	
P(T<=t) 双尾	3.82448E-09	
t 双尾临界	2.079613845	

图 5-19 Excel 输出的检验结果（二）

X_d：第 $i(i=1,2,\cdots,n)$ 个配对样本数据的差值。

$\bar{X}_d$：配对样本数据差的平均值，即

$$\bar{X}_d = \frac{\sum_{i=1}^{n} X_{d_i}}{n}$$

S_d^2：配对样本数据差值的方差，即

$$S_d^2 = \frac{\sum_{i=1}^{n} (X_{d_i} - \bar{X}_d)^2}{n-1}$$

在检验时，需要假定两个总体配对差值构成的总体服从正态分布，而且配对差是从差值总体中随机抽取的。对于小样本情形，配对差值经标准化后服从自由度为 $n-1$ 的 t 分布。因此选择的检验统计量为

$$t = \frac{\bar{X}_d - (\mu_1 - \mu_2)}{S_d / \sqrt{n}}$$

匹配小样本情形下，令 $d = \bar{X}_d - d_0$，两个总体均值之差的检验方法如表 5-12 所示。

表 5-12　匹配小样本情形下两个总体均值之差的检验方法

项目	双侧检验	左侧检验	右侧检验
假设形式	$H_0: d = 0$ $H_1: d \neq 0$	$H_0: d \geqslant 0$ $H_1: d < 0$	$H_0: d \leqslant 0$ $H_1: d > 0$
统计量	$t = \dfrac{\bar{X}_d - d_0}{S_d / \sqrt{n}}$		
拒绝域	$\|t\| > t_{\alpha/2}(n-1)$	$t < -t_\alpha(n-1)$	$t > -t_\alpha(n-1)$
P 值决策	若 $P < \alpha$，拒绝 H_0		

【**例 5-14**】 教育部为了了解大学 A 和大学 B 两商学院的教学质量，请了 10 名专家组成一个评估团，分别对大学 A 和大学 B 两商学院的教学质量进行评估，评估结果如表 5-13 所示。假设评分结果服从正态分布，试根据所得数据，说明两所大学商学院的评分结果有无显著差异（取显著性水平 $\alpha = 0.05$ ）。

表 5-13 10 名专家对两所大学商学院的评估结果

专家编号	大学 A	大学 B	差值 d
1	78	71	7
2	63	44	19
3	72	61	11
4	89	84	5
5	49	51	−2
6	91	74	17
7	68	55	13
8	76	60	16
9	85	77	8
10	55	39	16

解 设 μ_1 为大学 A 的商学院的平均得分，μ_2 为大学 B 的商学院的平均得分。

依题意建立的原假设与备择假设为

$$H_0 : \mu_1 - \mu_2 = 0; \quad H_1 : \mu_1 - \mu_2 \neq 0$$

利用 Excel 中的"t-检验：平均值的成对双样本分析"，给出的检验结果如图 5-20 所示。

t-检验：成对双样本均值分析

	变量 1	变量 2
平均	72.6	61.6
方差	198.0444444	217.8222222
观测值	10	10
泊松相关系数	0.898419594	
假设平均差	0	
df	9	
t Stat	5.325352101	
P(T<=t) 单尾	0.000238801	
t 单尾临界	1.833112933	
P(T<=t) 双尾	0.000477601	
t 双尾临界	2.262157163	

图 5-20 Excel 输出的检验结果（三）

由于 $P(T \leq t)$ 双尾值 = 0.000 477 601 < $\alpha = 0.05$ ，所以拒绝原假设，有理由认为两所大学商学院的评分结果有显著差异。

为了更好地说明两个总体均值之差检验的不同情形，图 5-21 总结了不同情况下的统计量选择情况。

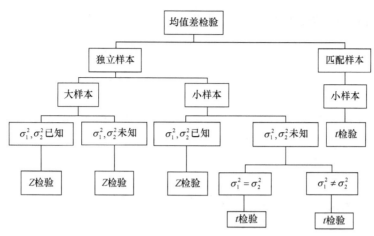

图 5-21　两个总体均值之差检验的不同情形及统计量的选择

5.3.2　两个总体比例之差的检验

两个总体比例之差 $\pi_1 - \pi_2$ 的检验与两个总体均值之差的检验一样，区别仅是比例之差检验的两个总体均假定服从两点分布，即对两个总体中具有某种特征的个体的比例进行比较。由于涉及两个总体，在形式上相对复杂一些。

当 $n_1 p_1$、$n_1(1-p_1)$、$n_2 p_2$、$n_2(1-p_2)$ 都大于或等于 5 时，就可以认为是大样本。根据两个样本比例之差的抽样分布，可以得到两个总体比例之差检验的统计量：

$$Z = \frac{(p_1 - p_2) - (\pi_1 - \pi_2)}{\sigma_{p_1 - p_2}}$$

其中，

$$\sigma_{p_1 - p_2} = \sqrt{\frac{\pi_1(1-\pi_1)}{n_1} + \frac{\pi_2(1-\pi_2)}{n_2}}$$

即两个样本比例之差抽样分布的标准差。

但由于两个总体的比例 π_1 和 π_2 是未知的，需要利用两个样本比例 p_1 和 p_2 来估计 $\sigma_{p_1 - p_2}$。这时有两种情况，第一种情况是原假设成立，即 $H_0 : \pi_1 - \pi_2 = 0$ 或 $H_0 : \pi_1 = \pi_2 = \pi$，最佳估计量是将两个样本合并后得到的合并比例 p。如果设 x_1 表示样本 1 中具有某种属性的单位数，x_2 表示样本 2 中具有某种属性的单位数，则合并后的比例为

$$p = \frac{x_1 + x_2}{n_1 + n_2} = \frac{n_1 p_1 + n_2 p_2}{n_1 + n_2}$$

这时两个样本比例之差 $p_1 - p_2$ 抽样分布的标准差 $\sigma_{p_1 - p_2}$ 的最佳估计量为

$$\sigma_{p_1 - p_2} = \sqrt{\frac{\pi_1(1-\pi_1)}{n_1} + \frac{\pi_2(1-\pi_2)}{n_2}} = \sqrt{\frac{p(1-p)}{n_1} + \frac{p(1-p)}{n_2}}$$

$$= \sqrt{p(1-p)\left(\frac{1}{n_1} + \frac{1}{n_2}\right)}$$

将该标准差的值代入检验统计量 Z 中，可得

$$Z = \frac{(p_1 - p_2) - (\pi_1 - \pi_2)}{\sigma_{p_1 - p_2}} = \frac{p_1 - p_2}{\sqrt{p(1-p)\left(\frac{1}{n_1} + \frac{1}{n_2}\right)}}$$

第二种情况是，当要检验假设 $H_0: \pi_1 - \pi_2 = d_0$，$d_0 \neq 0$ 时，可直接用两个样本的比例 p_1 和 p_2 来作为相应两个总体比例 π_1 和 π_2 的估计量，从而得到两个样本比例之差抽样分布的标准差 $\sigma_{p_1 - p_2}$ 的估计：

$$\sigma_{p_1 - p_2} = \sqrt{\frac{\pi_1(1-\pi_1)}{n_1} + \frac{\pi_2(1-\pi_2)}{n_2}} = \sqrt{\frac{p_1(1-p_1)}{n_1} + \frac{p_2(1-p_2)}{n_2}}$$

这时得到两个总体比例之差检验的统计量：

$$Z = \frac{p_1 - p_2 - d_0}{\sqrt{\frac{p_1(1-p_1)}{n_1} + \frac{p_2(1-p_2)}{n_2}}}$$

与两个总体均值之差类似，两个总体比例之差的检验方法概括在表 5-14 中。

表 5-14　两个总体比例之差的检验方法

项目	双侧检验 d_0	左侧检验	右侧检验
假设形式	$H_0: \pi_1 - \pi_2 = d_0$ $H_1: \pi_1 - \pi_2 \neq d_0$	$H_0: \pi_1 - \pi_2 \geq d_0$ $H_1: \pi_1 - \pi_2 < d_0$	$H_0: \pi_1 - \pi_2 \leq d_0$ $H_1: \pi_1 - \pi_2 > d_0$
统计量	$Z = \dfrac{p_1 - p_2}{\sqrt{p(1-p)\left(\frac{1}{n_1} + \frac{1}{n_2}\right)}}$ （$d_0 = 0$） $Z = \dfrac{p_1 - p_2 - d_0}{\sqrt{\frac{p_1(1-p_1)}{n_1} + \frac{p_2(1-p_2)}{n_2}}}$ （$d_0 > 0$）		
拒绝域	$|Z| > Z_{\alpha/2}$	$Z < -Z_\alpha$	$Z > Z_\alpha$
P 值决策	若 $P < \alpha$，拒绝 H_0		

【例 5-15】　分别在两个不同的城市对大学生的月生活费水平进行调查，在城市 A 随机抽取 600 名大学生，其中有 325 名学生的月生活费超过 1500 元；在城市 B 随机抽取 400 名大学生，其中有 198 名学生的月生活费超过 1500 元。试以 $\alpha = 0.1$ 的显著性水平推断城市 A 和城市 B 月生活费超过 1500 元的大学生比例是否有显著性差异。

解　设 π_1 表示城市 A 月生活费超过 1500 元的大学生比例；π_2 表示城市 B 月生活费超过 1500 元的大学生比例。

由已知得

$$n_1 = 600, \quad n_2 = 400, \quad p_1 = 0.542, \quad p_2 = 0.495, \quad 1 - \alpha = 90\%$$

提出假设

$$H_0: \pi_1 - \pi_2 = 0; \quad H_1: \pi_1 - \pi_2 \neq 0$$

再根据调查样本数据计算检验量的值

$$p = \frac{325 + 198}{600 + 400} = 0.523$$

$$Z = \frac{p_1 - p_2}{\sqrt{p(1-p)\left(\dfrac{1}{n_1} + \dfrac{1}{n_2}\right)}} = \frac{0.542 - 0.495}{\sqrt{0.523 \times (1-0.523) \times \left(\dfrac{1}{600} + \dfrac{1}{400}\right)}} = 1.458$$

当 $\alpha = 0.1$ 时，查正态分布表得 $Z_{\alpha/2} = Z_{0.05} = 1.645$。由于 $Z = 1.458 < Z_{0.05} = 1.645$，所以不能拒绝原假设，即没有理由认为城市 A 和城市 B 月生活费超过 1500 元的大学生比例有显著性差异。

【例 5-16】 用两种方法生产同一种产品，方法 1 的生产成本较高但次品率较低，方法 2 的生产成本较低但次品率较高。管理人员在选择生产方法时，决定对两种方法的次品率进行比较，如方法 1 比方法 2 的次品率低 8% 以上，则决定采用方法 1，否则就采用方法 2。管理人员从方法 1 生产的产品中随机抽取 300 个，发现有 33 个次品；从方法 2 生产的产品中也随机抽取 300 个，发现有 84 个次品。用显著性水平 $\alpha = 0.01$ 进行检验，说明管理人员应决定采用哪种方法进行生产。

解 设 π_1 为方法 1 的次品率，π_2 为方法 2 的次品率。依题意提出如下假设

$$H_0: \pi_2 - \pi_1 \leqslant 8\%; \quad H_1: \pi_2 - \pi_1 > 8\%$$

两个样本的比例分别为 $p_1 = 11\%$，$p_2 = 28\%$。因为要检验"方法 1 的次品率是否比方法 2 低 8%"（不是检验二者的差值是否等于 0），所以选择检验统计量

$$Z = \frac{p_2 - p_1 - d_0}{\sqrt{\dfrac{p_1(1-p_1)}{n_1} + \dfrac{p_2(1-p_2)}{n_2}}}$$

代入数值，计算结果为

$$Z = \frac{0.28 - 0.11 - 0.08}{\sqrt{\dfrac{0.11 \times (1-0.11)}{300} + \dfrac{0.28 \times (1-0.28)}{300}}} = 2.85$$

由于 $Z = 2.85 > Z_{0.01} = 2.33$，所以拒绝原假设，表明方法 1 的次品率显著地比方法 2 低 8%，所以应采用方法 1 进行生产。由 Excel 计算的 P 值为 $0.002 < 0.01$，同样拒绝原假设。

5.3.3 两个总体方差比的检验

在实际应用中，经常要对两个总体的方差进行比较。在比较两个总体方差时，通常是对其比值 σ_1^2/σ_2^2（或 σ_2^2/σ_1^2）进行推断。当两个样本是从两个正态总体中分别独立地抽取时，方差比 σ_1^2/σ_2^2 的估计量的抽样分布是已知的。通常将原假设与备择假设的基本形式表示成两个总体方差比值与数值 1 之间的比较关系。

由于两个样本方差比值 S_2^2/S_1^2 是两个总体方差比值 σ_2^2/σ_1^2 的理想估计量，而当样本容量为 n_1 和 n_2 的两个样本分别独立地取自两个正态总体时，统计量

$$F = \frac{S_1^2/\sigma_1^2}{S_2^2/\sigma_2^2} \sim F(n_1 - 1, n_2 - 1)$$

故选择上式作为两个总体方差比检验的统计量。当原假设成立时，检验统计量变为

$$F = \frac{S_1^2}{S_2^2} \text{ 或 } F = \frac{S_2^2}{S_1^2}$$

图 5-22 是方差比 F 检验示意图。

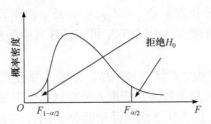

图 5-22 方差比 F 检验示意图

两个总体方差比的检验方法如表 5-15 所示。

表 5-15 两个总体方差比的检验方法

项目	双侧检验	左侧检验	右侧检验
假设形式	$H_0: \sigma_1^2/\sigma_2^2 = 1$ $H_1: \sigma_1^2/\sigma_2^2 \neq 1$	$H_0: \sigma_1^2/\sigma_2^2 \geqslant 1$ $H_1: \sigma_1^2/\sigma_2^2 < 1$	$H_0: \sigma_1^2/\sigma_2^2 \leqslant 1$ $H_1: \sigma_1^2/\sigma_2^2 > 1$
统计量	$F = \dfrac{S_1^2}{S_2^2}$ 或 $F = \dfrac{S_2^2}{S_1^2}$		
拒绝域	$F > F_{\alpha/2}(n_1 - 1, n_2 - 1)$ 或 $F < F_{1-\alpha/2}(n_1 - 1, n_2 - 1)$	$F < F_{1-\alpha}(n_1 - 1, n_2 - 1)$	$F > F_\alpha(n_1 - 1, n_2 - 1)$
P 值决策	若 $P < \alpha$，拒绝 H_0		

可以看到，两个总体方差比的双侧检验是用较大的样本方差除以较小的样本方差（实际上顺序是任意的），这样做是为了保证拒绝域总发生在抽样分布的右侧，所以只需要将检验统计量的值与右侧的 $\alpha/2$ 位数进行比较即可做出判断。

而单侧检验时，也可以将任何一个单侧检验问题安排为右侧检验。如果想检验 σ_1^2 是否大于 σ_2^2，备择假设设为 $\sigma_1^2/\sigma_2^2 > 1$；如果想检验 σ_1^2 是否小于 σ_2^2，备择假设设为 $\sigma_1^2/\sigma_2^2 < 1$。所以无论是两个总体方差比的左侧检验还是右侧检验，二者的拒绝域相同。而 F 分布右侧的任何分位数都可以查表得到或由 Excel 算出。

【例 5-17】 某连锁超市公司为了研究买一送一销售和特价销售两种不同促销方式

对商品销售额的影响，选择了某日常生活用品在其下的两个门店分别采用买一送一销售和特价销售进行试验。试验前该类日常生活用品在这两家门店的月销售额基本处于同一水平，试验结果如表 5-16 所示。假定在这两种促销方式下，该日常生活用品的销售额分别服从正态分布 $N(\mu_1, \sigma_1^2)$、$N(\mu_2, \sigma_2^2)$。在 $\alpha = 0.05$ 的显著性水平下，两种销售方式下的销售额的方差是否有显著差异？

表 5-16 某日常生活用品的月销售额（二） 单位：万元

买一送一销售		特价销售	
232.7	257.4	232.7	232.7
234.0		254.8	241.8
245.7		283.4	252.2
247.0		265.2	267.8
241.8		241.8	283.4
263.9		278.2	278.2

解 建立原假设与备择假设为

$$H_0 : \sigma_1^2 / \sigma_2^2 = 1; \ H_1 : \sigma_1^2 / \sigma_2^2 \neq 1$$

尽管可以用统计量进行检验，这里还是利用 Excel 提供的检验程序。与上面给出的步骤类似，在"数据分析"对话框中选择"F-检验 双样本方差"即可。

需要特别注意的是：Excel 只给出了单侧检验程序。

（1）当 $s_1^2 / s_2^2 < 1$ 时，做的是左侧检验。建立假设检验如下

$$H_0 : \sigma_1^2 \geqslant \sigma_2^2; \ H_1 : \sigma_1^2 < \sigma_2^2$$

检验的拒绝域为

$$F < F_{1-\alpha}(n_1 - 1, n_2 - 1)$$

（2）当 $s_1^2 / s_2^2 > 1$ 时，做的是右侧检验。建立假设检验如下

$$H_0 : \sigma_1^2 \leqslant \sigma_2^2; \ H_1 : \sigma_1^2 > \sigma_2^2$$

检验的拒绝域为

$$F > F_{\alpha}(n_1 - 1; n_2 - 1)$$

实际上，这个问题也可以做双侧检验。给定显著性水平为 α 的双侧检验，可以先用 Excel 做显著性水平为 $\alpha / 2$ 的单侧检验。当 $F = S_1^2 / S_2^2 < 1$ 时，输出结果给出了左尾的临界值 $F_{1-\alpha/2}(n_1 - 1, n_2 - 1)$；当 $F = S_1^2 / S_2^2 > 1$ 时，输出结果给出了右尾的临界值 $F_{\alpha/2}(n_1 - 1, n_2 - 1)$。

对于双侧检验，当 $F = S_1^2 / S_2^2 < 1$ 时，由于右侧临界值 $F_{\alpha/2}(n_1 - 1, n_2 - 1) > 1$，所以只要将 F 值与左侧临界值 $F_{1-\alpha/2}(n_1 - 1, n_2 - 1)$ 相比，若 $F < F_{1-\alpha/2}(n_1 - 1, n_2 - 1)$，则拒绝原假设；同理，当 $F = S_1^2 / S_2^2 > 1$ 时，只需将 F 值与右侧临界值 $F_{\alpha/2}(n_1 - 1, n_2 - 1)$ 相比，若

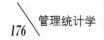

$F > F_{\alpha/2}(n_1 - 1, n_2 - 1)$，则拒绝原假设。

将买一送一销售作为样本 1，特价销售作为样本 2。本例得到的检验结果如图 5-23 所示。

F-检验 双样本方差分析

	变量 1	变量 2
平均	246.0714286	259.35
方差	131.6590476	371.0318182
观测值	7	12
df	6	11
F	0.354845706	
P(F<=f) 单尾	0.107419945	
F 单尾临界	0.248296559	

图 5-23　Excel 输出的检验结果（四）

由于 $S_1^2 / S_2^2 < 1$，进行左侧检验，所以将检验统计量与左侧临界值 $F_{1-\alpha/2}(n_1 - 1, n_2 - 1)$ 进行比较。由于 $F = 0.354\,845\,706 > F_{1-0.025}(6,11) = 1/F_{0.025}(11,6) = 1/5.4275 = 0.1842$，不拒绝原假设。利用 P 值进行检验，由于 $P = 2 \times 0.107\,419\,945 = 0.214\,84 > \alpha = 0.05$，同样也不拒绝原假设。没有证据认为这两个总体的方差有显著差异。

如果将样本 1 和样本 2 互换，即将特价销售定为样本 1，将买一送一销售定为样本 2，则由 Excel 输出的结果如图 5-24 所示。

F-检验 双样本方差分析

	变量 1	变量 2
平均	259.35	246.0714286
方差	371.0318182	131.6590476
观测值	12	7
df	11	6
F	2.81812625	
P(F<=f) 单尾	0.107419945	
F 单尾临界	4.027442042	

图 5-24　Excel 输出的检验结果（五）

由于 $S_1^2 / S_2^2 > 1$，进行右侧检验，所以将检验统计量与右侧临界值 $F_{\alpha/2}(n_1 - 1, n_2 - 1)$ 进行比较。由于 $F = 2.818\,126\,25 < F_{0.025}(6,11) = 3.88$，不拒绝原假设。若利用 P 值进行检验，则需将 Excel 输出的 P 值乘以 2，即 $P = 2 \times 0.107\,419\,945 = 0.214\,84 > \alpha = 0.05$，同样也不拒绝原假设。即没有证据认为这两个总体的方差有显著差异，检验结果与上面完全一致。

本 章 小 结

1. 假设检验是事先做出关于总体参数、分布形式、相互关系等的命题，然后通过样本信息来判断该命题是否成立的统计方法。

2. 根据检验的目的不同，假设检验可以分为双侧检验和单侧检验两类。

3. 双侧检验是指同时注意总体参数估计值与其假设值相比的偏高和偏低倾向的检验，检验的目的只是判断总体参数值是否与某一假设值有显著差异，而不管这种差异是正差还是负差。

4. 单侧检验是指只注意总体参数估计值比其假设值偏高或偏低倾向的检验，它是单方向的，检验目的是判断总体参数值是否大于或小于某一假设的值。单侧检验又分为左侧检验和右侧检验。

5. 统计检验的步骤较规范，一般包括以下几步。

（1）确定原假设和备择假设。

（2）构造检验统计量。

（3）给出显著水平，确定检验统计量的临界值与拒绝域。

（4）根据样本数据，计算检验统计量的数值。

（5）判断或决策。

6. 本章出现的检验方法见表 5-4、表 5-5、表 5-7、表 5-8、表 5-9、表 5-12、表 5-14、表 5-15。

■ 思考题

1. 什么是假设检验？其作用是什么？

2. 参数估计与假设检验有哪些联系和区别？

3. 在假设检验中，什么是显著性水平和检验临界值？试举例说明。

4. 如何区别双侧检验和单侧检验，左侧检验和右侧检验？

5. 什么是第Ⅰ类错误、第Ⅱ类错误？试举例说明假设检验中的两类错误。为什么说第Ⅰ类错误的概率 α 和第Ⅱ类错误的概率 β 是一对矛盾？如何协调这个矛盾？

6. 正态分布与 t 分布有什么区别？

7. 检验统计量和 P 值的定义分别是什么？

8. 陈述假设检验的步骤。

9. 用 Z 统计量检验非正态分布的总体指标，其使用依据是什么？

案例分析　女企业家与男企业家

就人数来讲，中国女企业家占企业家总数的比例相对较低，欧洲和其他发达国家女企业家的比例一般在 30%~50%，而我国却在 30% 以下；从中国女企业家所从事的行业看，从事加工制造业及工业的占 50% 左右；从事服务业的占 45% 左右。虽然人少，但从企业利润看，中国女企业家经营的企业亏损面仅有 2%，其余均为盈利企业。那么，女性经营企业是否确实比男性经营企业更容易盈利呢？

研究小组 1 为了证实女企业家比男企业家经营企业更容易盈利，随机抽取 50 名女企业家和 50 名男企业家，对他们所经营企业的营业利润情况进行调查统计，结果如表 5-17 所示。

178

表 5-17　50 名女企业家和 50 名男企业家所经营企业的营业利润　　单位：万元

女企业家营业利润					男企业家营业利润				
230	348	425	387	256	345	376	480	360	54
360	268	238	335	239	146	150	258	446	68
150	250	146	485	165	87	140	320	426	245
465	480	58	87	274	290	93	350	356	168
430	64	459	460	489	357	245	400	278	152
430	64	459	460	489	345	68	376	360	482
238	268	239	335	360	357	152	245	278	400
146	250	165	485	150	87	245	140	426	320
425	348	256	387	230	146	68	150	446	258
67	480	274	87	465	290	168	93	356	350

研究小组 2 研究了女企业家和男企业家对"成功"的理解。给他们提供了几个备选答案：快乐/自我实现；销售/利润，成功/挑战。根据他们所经营企业的营业利润将其分为几组。营业利润在 100 万～500 万元的为一组，少于 100 万元的为另一组。研究小组采访了 100 名所经营企业的营业利润在 100 万～500 万元的女企业家，其中有 35 人将销售/利润定义为成功；采访了 100 名所经营企业的营业利润低于 100 万元的女企业家，其中有 20 人把销售/利润定义为成功。同时，该研究小组还采访了 150 名所经营企业的营业利润在 100 万～500 万元的男企业家，其中有 65 人将销售/利润定义为成功；采访了 120 名所经营企业的营业利润低于 100 万元的男企业家，其中有 36 人把销售/利润定义为成功。

试回答以下问题。

1. 为研究小组 1 建立假设检验，并说明：在 95% 的置信水平下，他们得到的数据是否足以证明女企业家比男企业家更容易盈利？

2. 在显著性水平 $\alpha = 0.01$ 下，把销售/利润定义为成功的、所经营企业的营业利润在 100 万～500 万元的女企业家的比例是否显著高于把销售/利润定义为成功的、所经营企业的营业利润少于 100 万元的女企业家的比例？

3. 在显著性水平 $\alpha = 0.02$ 下，把销售/利润定义为成功的、所经营企业的营业利润在 100 万～500 万元的男企业家的比例是否显著高于把销售/利润定义为成功的、所经营企业的营业利润少于 100 万元的男企业家的比例？

分析

类似这种根据样本观测值来判断一个有关总体的假设是否成立的问题，就是假设检验的问题。把任一关于总体分布的假设，统称为统计假设，简称假设。假设检验中包含两种假设，即原假设与备择假设。原假设与备择假设相互对立，两者有且只有一个正确。备择假设的含义是一旦否定原假设 H_0，备择假设 H_1 被选择。假设检验问题就是要判断原假设 H_0 是否正确，决定接受还是拒绝原假设，若拒绝原假设，就接受备择假设。

那么，怎么确定原假设和备择假设呢？通常将研究者想收集证据予以反对的假设称为原假设，或称为零假设，用 H_0 表示；将研究者想收集证据予以支持的假设称为备择假设，或称为研究假设，用 H_1 表示。以题 1 为例，由于研究者想要验证的是"女企业家比男企业家更容易盈利"这一结论，因此，应该把女企业家所经营企业的平均总收益大于男企业家所经营企业的平均总收益作为备择假设，备择假设确定后，原假设就很容易确定了。

第六章

方差分析与试验设计

智能手机已经成为人们生活的一部分,无论是通信、出行、支付都离不开它。自2007年苹果公司推出iPhone以来,伴随着移动互联网的发展,智能手机热潮席卷全球。无数厂商纷纷投身这一浪潮,中国的手机厂商也抓住这一变革时机,华为、小米、OPPO、vivo等厂商都成功地闯出一片天,国产品牌不仅在国内大受欢迎,也在全球智能手机市场中占有一席之地。中国在过去几年中贡献了全球27%~32%份额的智能手机需求,2021年中国市场智能手机出货量达到3.43亿部,同比增长15.9%。

作为全球第一大电子消费市场,中国虽然拥有巨大的智能手机市场容量,但近年来的高速发展也使得市场接近饱和。消费者不再单纯地追求品牌的知名度,而是将注意力转移到例如外观、摄像头、屏幕等产品特点上。面对越来越激烈的市场竞争,厂商需要清楚了解消费者偏好对产品销量产生的影响,以便选择更好的营销策略来提升产品的竞争力。假若某手机公司推出了一款新型号的智能手机,该智能手机有银色、金色、石墨色、远峰蓝色、苍岭绿色五种颜色,除颜色外,包装、产品广告、价格、性能、屏幕大小等其他因素全部相同。为了解不同颜色对手机销售状况是否有影响,以便制定合理的产品营销策略进行有针对性的市场推广,该公司现从地理位置、经营规模相仿的六家手机卖场同时收集该种手机在一个月内的销售情况,用以分析。结果如表6-1所示。

表6-1 五种不同颜色手机的销售量   单位:台

手机卖场	银色	金色	石墨色	远峰蓝色	苍岭绿色
1	31	32	25	25	28
2	30	29	23	26	29
3	34	31	26	26	27
4	32	30	27	28	28
5	29	31	24	27	29
6	32	28	25	26	30

如果用第五章假设检验的方法分析这五种不同颜色手机的销售量是否有显著差异,

则需要进行 $C_5^2 = 10$ 次 t 检验的比较，显然随着影响因素的增多，这种烦琐的两两检验方法已经无法适应检验的需要。因此需要引入新的方法来解决这类问题，本章所介绍的方差分析就是根据试验结果进行分析，是鉴别各因素对试验结果影响程度的一种有效方法。

方差分析是由英国统计学家罗纳德·费希尔在 1923 年进行试验设计时为处理试验数据而率先引入的统计方法，目前，方差分析方法广泛应用于生产管理和科学试验的试验数据处理。从形式上看，方差分析是比较多个总体的均值是否相等，但本质上是关于观测值变异原因的变量之间关系的研究。本章将介绍方差分析的基本内容，包括单因素方差分析、双因素方差分析以及试验设计等基本知识。

6.1　方差分析引论

生产和科学研究中经常需要进行多个总体间差异的显著性检验，与假设检验方法相比，方差分析方法不仅能够提高检验的效率，同时由于它将所有的样本信息结合在一起，增加了分析的可靠性。例如，要检验上述五种不同颜色手机的销售量是否有差异的问题，一般的假设检验，像 t 检验，需要两两均值比较 10 次，如果每次检验犯第 I 类错误的概率是 $\alpha = 0.05$，则做多次检验会使犯第 I 类错误的概率相应地增加。检验完成时，可以算出犯第 I 类错误的概率变为 $1 - (1 - \alpha)^n = 0.4013$，远远大于 0.05，而置信水平也降低到了 0.5987。

一般来说，随着个体显著性检验次数的增加，偶然因素导致差别的可能性也会增加。方差分析方法则是同时考虑所有样本，因此排除了错误累计的概率，从而避免拒绝一个真实的原假设。

6.1.1　方差分析的基本概念

方差分析（analysis of variance，ANOVA）是对两个及两个以上总体的均值差进行显著性检验的一种统计方法。通过各水平因素偏差与重复试验数据偏差的比值建立检验统计量，对来自不同总体试验指标均值是否相等进行检验，从而研究因素对试验指标的影响程度。

在试验中，不同条件下得到的试验结果称为试验指标，用 X 来表示。试验中需要考察的、可以控制的条件称为因素或因子（factor），用 A、B、C 来表示。如果在试验中变化的因素只有一个，则称为单因素方差分析；如果在试验中变化的因素不止一个则称为多因素方差分析，其中双因素方差分析是多因素方差分析的最简单情形。因素所处的不同状态称为水平（level），如果某因素 A 有 r 个不同的状态，就称它是 r 水平。每个因子水平下得到的样本数据称为观测值。

比如，表 6-1 数据例子中，这里手机的销售量是不同颜色下所得到的试验结果，称为"试验指标"。手机的颜色是所要考察的对象，称为"因子"或"因素"。银色、金色、石墨色、远峰蓝色和苍岭绿色是手机颜色这一因子不同状态的具体表现。在手机卖场中收集的每种颜色手机的销售量样本数据称为"观测值"。由于这里只涉及"手机颜色"一个因素，因此将该问题称为单因素五水平的试验。因素的每一个水平可以看成一个总体，即银色、金色、石墨色、远峰蓝色和苍岭绿色是五个总体，观测值则可以看成是从这五个总体中抽取的样本数据。

另外，对于只有一个因素的单因素方差分析，涉及两个变量：自变量和因变量。例如，研究手机的颜色对销售量是否有影响，即手机的颜色是自变量，它是一个分类型变量；销售量就是因变量，是一个数值型变量；不同颜色手机的销售量就是因变量的取值。方差分析所要研究的就是分析分类型的自变量对数值型的因变量是否有显著的影响。

6.1.2 方差分析的基本假定

方差分析中有三个基本假定，具体如下。

1. 每个总体都服从正态分布

总体满足 $X_i \sim N(\mu_i, \sigma_i^2)$，其中 $i = 1, 2, \cdots, r$，也就是说，对于因素的每一个水平，其观测值是来自正态分布总体的简单随机样本。

2. 各个总体的方差相同

总体 X_i 的方差 $\sigma_i^2 (i = 1, 2, \cdots, r)$ 是相等的，即样本数据是从具有相同方差的正态分布总体中抽取的。

3. 观测值是独立的

在各总体 X_i 下，各个观测值 $X_{ij}(j = 1, 2, \cdots, n_i)$ 是独立同分布的，并且满足分布 $X_{ij} \sim N(\mu_i, \sigma_i^2)$，$i = 1, 2, \cdots, r$；$j = 1, 2, \cdots, n_i$。

在上述假设成立的前提下，方差分析实际上就是要检验影响因素各水平的均值是否相等。比如，要判断手机的颜色对销售量是否有显著的影响，实际上就是要检验这五个具有相同方差的正态总体的销售量均值是否相等。

一般来说，尽管总体分布是已知的正态分布，但往往很多场合不可能获得对所有个体元素的观察值，很难知道总体的均值，因此通常采用样本数据来检验它们是否相等。事实上，样本数据的均值越接近，推断总体均值相等的证据就越充分。反之，样本均值越不同，推断总体均值不同的证据也越充分。例如，在本章引例中，如果样本均值变动越小，越支持假设 $H_0: \mu_1 = \mu_2 = \cdots = \mu_5$，意味着每个样本都来自均值为 μ、方差为 σ^2 的同一个正态总体。由样本均值的抽样分布可知，来自正态总体的一个简单随机样本的样本均值 $\bar{x}$ 服从均值为 μ、方差为 σ^2 / n 的正态分布。

原假设 H_0 成立时，$\bar{x}$ 的抽样分布如图 6-1 所示。反之，如果原假设 H_0 不成立，则说明五个样本总体中至少有两个的均值是不同的，意味着至少有两个样本是分别来自均值不同的正态分布总体。这里假设只有样本 3 与其他样本是来自不同的总体，即有 $\mu_1 \neq \mu_3$ 但 $\mu_1 = \mu_2 = \mu_4 = \mu_5$，如图 6-2 所示，在这种情况下，样本均值也不像 H_0 为真时那么接近了。

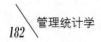
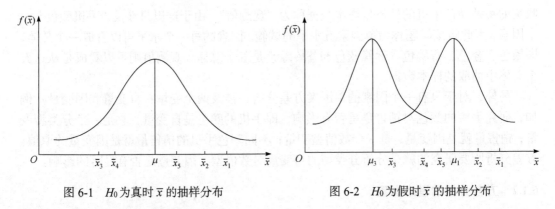

图 6-1 H_0 为真时 $\bar{x}$ 的抽样分布   图 6-2 H_0 为假时 $\bar{x}$ 的抽样分布

6.1.3　方差分析的前提假定检验

方差分析作为多个样本的分析方法，与前几章介绍的单样本及双样本方法一样，也被称为参数方法，其原因在于：它们都用于对参数进行估计和假设检验，而且很多情况下假定也是关于参数的。因此，方差分析中的假定也被称为参数假设。

6.1.2 小节已经给出了方差分析的三个基本假定，像 t 检验那样，在正态分布的假定下，方差分析是相当稳健的，尤其在假定方差齐性、样本容量相等时，它更加稳健。但是如果过分偏离假定的正态性、独立性和方差齐性之一，就有可能对方差分析的效果产生严重的影响，所以在分析数据之前有必要查看所要研究数据的前提假定条件是否得到了满足。下面介绍独立样本假定、正态性假定和方差齐性假定的相关说明与检验方法，并给出相关的实例分析。

1. 独立样本假定检验

在方差分析中，必须满足一个基本的抽样假设，即进行独立随机抽样获得观测值。独立性表现为从总体中抽取一个元素不影响其他任何元素的抽取概率。本来应该给出一个描述来判断问题的独立性条件是否满足，但事实上，如果随机样本是来自无限容量的总体或者是来自有放回的有限容量的总体，观测值的独立性假定都能得到满足，在计算中一般假设样本的独立条件是满足的。实践中，人们常常使用 KMO（Kaiser-Meyer-Olkin）检验，KMO 统计量取值在 0 和 1 之间，KMO 值越接近于 1，意味着变量间的相关性越强；KMO 值越接近于 0，意味着变量间的相关性越弱。

对表 6-1 中的数据，使用 SPSS 软件中的"分析"→"降维"→"因子"模块进行处理后，可得 KMO 值为 0.215，满足独立性条件，如图 6-3 所示。

2. 正态性假定检验

对于正态性假定，可以用粗略的样本数据分布图来判断，或者使用 P-P 图进行检验。观察样本分布的形状、相对频数分布或茎叶图分布，其偏斜、单峰情况如果不太明显，则可以判断其为正态分布。或者在正态概率纸上画出样本的累计百分数分布，如果其图形类似于一条直线，则可以判断为满足正态分布假定。银色和金色两个总体的 P-P 图如

图 6-4 所示。

KMO 和巴特利特检验

KMO 取样适切性量数。		.215
巴特利特球形度检验	近似卡方	10.670
	自由度	10
	显著性	.384

图 6-3　KMO 和 Bartlett（巴特利特）检验结果

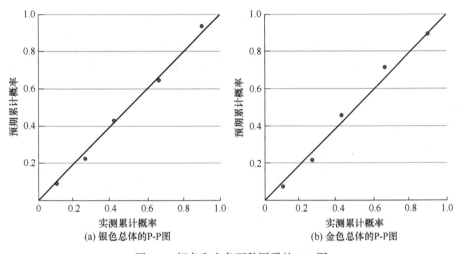

(a) 银色总体的P-P图　　　(b) 金色总体的P-P图

图 6-4　银色和金色两种因子的 P-P 图

　　如果检验表明存在与正态性严重偏离的数据，则下一步便是试图对数据进行变换。在变换中，通常是用线性测量尺度将数据变换到另一测量尺度，目标就是寻求一个能满足所偏离的假定的尺度。虽然目前并没有明确的变换规则，但根据经验和数据的实际情况，可以采用对数变换、平方根变换、平方变换等方法。如果变换成功且基本满足检验的假定，则可对变换后的数据进行假设检验，但描述结果的报告中必须指出所做出的变换。如果原始数据严重偏离假定，且找不到合适的变换来满足假定，则不能进行参数检验，但是还可以用不需要严格假定的非参数检验方法来分析数据的其他方面。

　　此外，可以用 SPSS 软件对数据的正态性进行检验，如使用"非参数检验"中的单样本检验，进行柯尔莫戈洛夫-斯米诺夫检验（Kolmogorov-Smirnov test，又译作科尔莫戈罗夫-斯米尔诺夫检验）。对表 6-1 中的数据进行检验，结果如图 6-5 所示。根据检验结果，可以认为样本总体满足正态分布假定。

3. 方差齐性假定检验

　　方差分析中的各个总体方差相同也是一个重要的假定，因此面对试验结果，在对假设没有充分把握时有必要先对其进行检验。不过，在前提假定遭到破坏时，由于方差分析比 *t* 检验更加稳健，在样本容量相同的情况下，对于方差齐性可以不做要求。

假设检验摘要

	原假设	检验	显著性[a]	决策
1	银色的分布为正态分布，平均值为31，标准差为1.751。	单样本柯尔莫戈洛夫-斯米诺夫检验	.764	保留原假设。
2	金色的分布为正态分布，平均值为30，标准差为1.472。	单样本柯尔莫戈洛夫-斯米诺夫检验	.539	保留原假设。
3	石墨色的分布为正态分布，平均值为25，标准差为1.414。	单样本柯尔莫戈洛夫-斯米诺夫检验	.886	保留原假设。
4	远峰蓝色的分布为正态分布，平均值为26，标准差为1.033。	单样本柯尔莫戈洛夫-斯米诺夫检验	.111	保留原假设。
5	苍岭绿色的分布为正态分布，平均值为29，标准差为1.049。	单样本柯尔莫戈洛夫-斯米诺夫检验	.777	保留原假设。

a. 显著性水平为.050。基于10000蒙特卡洛样本且起始种子为2000000的里利氏法。

图 6-5　柯尔莫戈洛夫-斯米诺夫检验结果

对于一般情况下样本容量不同的，方差分析前有必要对方差齐性进行检验。对于多个样本的方差检验法有很多，如 Cochran's Q 检验、Bartlett 检验、Hartley 检验、Levene 检验和 Fligner-Killeen 检验，这里介绍一种最常用的方法——Bartlett 检验。

Bartlett 方差齐性检验法的步骤如下。

（1）提出假设。

$$H_0: \sigma_1^2 = \sigma_2^2 = \cdots = \sigma_r^2 \text{（样本总体的方差是相同的）}$$

$$H_1: \sigma_1^2, \sigma_2^2, \cdots, \sigma_r^2 \text{ 不全相等（至少有两个样本总体的方差不同）}$$

（2）计算方差，构造统计量。Bartlett 检验法所用的检验统计量为随机变量 B，它近似服从自由度为 $r-1$ 的 χ^2 分布。为了确定随机变量 B 的观测值 b，从而完成检验过程，首先需要计算均方差，有

$$S_i^2 = \frac{1}{n_i - 1} \sum_{j=1}^{n_i} (x_{ij} - \bar{x}_i)^2 \tag{6-1}$$

$$S^2 = \frac{\sum_{i=1}^{r}(n_i-1)S_i^2}{n-r}, \quad n = \sum_{i=1}^{r} n_i \tag{6-2}$$

随机变量 B 的观测值 b 为

$$b = 2.3026 \frac{q}{l} \tag{6-3}$$

其中，

$$q = (n-r)\log S^2 - \sum_{i=1}^{r}(n_i-1)\log S_i^2 \tag{6-4}$$

$$l = 1 + \frac{1}{3(r-1)}\left(\sum_{i=1}^{r}\frac{1}{n_i-1} - \frac{1}{n-r}\right) \tag{6-5}$$

原假设 $H_0: \sigma_1^2 = \sigma_2^2 = \cdots = \sigma_r^2$ 成立时，满足 $B \sim \chi_\alpha^2(r-1)$。判断方差是否相同的决策规则为：当 $b > \chi_\alpha^2(r-1)$ 时，则拒绝原假设 H_0，即认为至少有两个处理组数据的方差是不

相等的；否则，认为数据满足分析中方差齐性的要求。

以表 6-1 中的数据为例，首先提出检验的假设，该问题的原假设 "$H_0 : \sigma_1^2 = \sigma_2^2 = \cdots = \sigma_5^2$" 表示样本总体的方差是相同的，备择假设 "$H_1 : \sigma_1^2, \sigma_2^2, \cdots, \sigma_5^2$ 不全相等" 表示至少有两个样本总体的方差是不同的。

接着计算各统计量数值，具体如下。

由式（6-1）计算得因素各水平之间的均方差：

$$S_1^2 = 3.066\,667，S_2^2 = 2.166\,667，S_3^2 = 2，S_4^2 = 1.066\,667，S_5^2 = 1.1$$

由式（6-2）计算得总均方差：

$$S^2 = \frac{\sum_{i=1}^{r}(n_i - 1)S_i^2}{n - r} = 1.88$$

由式（6-4）计算 q 得

$$q = 6.853\,946 - 5.964\,55 = 0.889\,396$$

由式（6-5）计算 l 得

$$l = 1 + \frac{1 - 1/25}{3 \times 4} = \frac{27}{25}$$

因此，由式（6-3）得随机变量 B 的观测值 b：

$$b = 2.3026 \times 0.889\,396 \div \frac{27}{25} = 1.896\,225$$

由于统计量 $B > \chi_\alpha^2(r-1)$，可查表得 $\chi_{0.05}^2(4) = 9.448$，通过比较 b 与 $\chi_{0.05}^2(4)$ 的大小可知，$b < \chi_{0.05}^2(4)$，因此不能拒绝原假设 H_0，即可以认为样本总体的方差是相同的，满足方差齐性。

Bartlett 检验同样可以通过 SPSS 软件实现（图 6-3），在 SPSS 中还可以使用 Levene 检验对方差齐性进行检验。在"分析"→"描述统计"→"探索"模块中进行相应设置后，所得结果如图 6-6 所示，可以看到基于平均值的显著性 P 值为 0.696（大于 0.005），同样可以得出样本总体符合方差齐性的结论。

方差齐性检验

		莱文统计	自由度1	自由度2	显著性
销量	基于平均值	.557	4	25	.696
	基于中位数	.619	4	25	.653
	基于中位数并具有调整后自由度	.619	4	22.361	.654
	基于剪除后平均值	.563	4	25	.692

图 6-6　Levene 检验结果

6.1.4　方差分析的基本思想和原理

为判断不同的手机颜色对其销售量是否有显著影响，需要从数据误差来源的分析入手。方差分析就是通过对数据误差进行分析来判断不同总体的均值是否相等，进而分析分类型的自变量对数值型的因变量是否有显著的影响。下面结合表 6-1 的数据说明数据之间的误差来源及其分解过程。

首先，同一种颜色手机在不同手机卖场得到的样本观测值是不同的，这是由于手机卖场是随机抽取的，因此它们之间的差异可以看成是由随机因素的误差造成的。这种来自水平内部的数据误差也称为组内（within groups）误差。显然，组内误差只含有随机误差。

其次，不同颜色手机之间得到的样本观测值也不同，这种差异可能是抽样本身形成的随机误差，也可能是手机颜色本身的系统性因素造成的系统误差。这种来自不同水平之间的数据误差称为组间（between groups）误差。显然，组间误差是随机误差和系统误差的总和。

在方差分析中，数据的误差用平方和（sum of squares）来表示。反映全部数据误差大小的平方和称为总误差平方和，即反映全部观测值的离散状况，记为 SST。反映组内误差大小的平方和称为组内误差平方和，即反映每个水平下样本观测值的总离散状况，记为 SSE。反映组间误差大小的平方和称为组间误差平方和，即反映不同水平之间均值的差异程度，记为 SSA。

另外，可以看到组间方差反映出不同的因子对样本波动的影响，组内方差则不考虑组间方差的纯随机影响。如果不同水平对结果没有影响，那么在组间方差中仅有随机因素的差异而没有系统性因素的差异，它与水平内部的组内方差就应该很接近，两个方差的比值就会接近于 1。反之，两个方差的比值就会显著地大于 1，当这个比值大到某个程度，或者说达到某临界点，就可以判断出不同水平之间存在着显著性差异，也就是说自变量对因变量有显著的影响。因此，要判断手机的不同颜色对销售量是否有显著影响，实际上就是要检验销售量的差异是由什么原因导致的。如果这种差异是系统误差，则说明不同颜色对销售量有显著影响。因此，研究不同手机颜色对其销售量是否有显著影响的问题，就转化成检验这五种不同颜色手机的销售量均值是否相等的问题。

6.2 单因素方差分析

单因素方差分析（one-way analysis of variance）是对来自一个因素、多个总体（水平）的试验指标均值是否相等进行检验的统计分析方法，是方差分析中最简单的情形。例如，检验不同颜色手机的销售量均值是否相等，这里只涉及"手机颜色"一个因素，因此属于单因素方差分析情形。

6.2.1 数据结构

设某研究中，影响因素 A 有 r 个水平（总体）$A_1, A_2, \cdots, A_r$，在 A_i 水平下进行试验，得到的是一个随机变量 $X_i \sim N(\mu_i, \sigma^2)$，其中 $i = 1, 2, \cdots, r$，假定 $X_1, X_2, \cdots, X_r$ 相互独立。现在，在水平 $A_i(i = 1, 2, \cdots, r)$ 下分别进行 $n_i(n_i \geq 2)$ 次抽样观测试验，得到的第 i 个水平下

的第 j 个观测值记为 x_{ij}（在此，统计量与观测值在记号上不加区别）。其中，从不同水平的试验中所抽取的样本量可以相等，也可以不相等。

单因素方差分析试验的数据结构如表 6-2 所示。

表 6-2 单因素方差分析试验的数据结构

观测值（j）	因素（A）			
	A_1	A_2	$\cdots$	A_r
1	x_{11}	x_{21}	$\cdots$	x_{r1}
2	x_{12}	x_{22}	$\cdots$	x_{r2}
$\vdots$	$\vdots$	$\vdots$		$\vdots$
n_i	x_{1n_i}	x_{2n_i}	$\cdots$	x_{rn_i}
平均值 $\bar{x}_i$	$\bar{x}_1$	$\bar{x}_2$	$\cdots$	$\bar{x}_r$
总平均值	$\bar{\bar{x}}$			

表 6-2 中，$\bar{x}_i$ 表示从第 i 个总体中抽取容量为 n_i 的简单样本的均值，其计算公式为

$$\bar{x}_i = \frac{\sum_{j=1}^{n_i} x_{ij}}{n_i}, \quad i = 1, 2, \cdots, r \tag{6-6}$$

$\bar{\bar{x}}$ 表示全部观测值的总平均值，其计算公式为

$$\bar{\bar{x}} = \frac{\sum_{i=1}^{r} \sum_{j=1}^{n_i} x_{ij}}{n} = \frac{\sum_{i=1}^{r} n_i \bar{x}_i}{n}, \quad n = \sum_{i=1}^{r} n_i \tag{6-7}$$

6.2.2 分析步骤

为检验自变量对因变量是否有显著影响，首先需要提出两个变量在总体中没有关系的一个原假设，然后构造一个用于检验的统计量来检验这一假设是否成立。具体来说，方差分析过程包括提出假设、构造检验统计量、决策分析等步骤。

1. 提出假设

方差分析中，设某影响因素有 r 个水平（总体），每个水平的均值分别用 $\mu_1, \mu_2, \cdots, \mu_r$ 表示，假设所描述的是检验该因素的 r 个水平（总体）的均值是否相等，因此需要提出如下形式的假设：

$H_0: \mu_1 = \mu_2 = \cdots = \mu_r$（自变量对因变量没有显著影响）

$H_1: \mu_1, \mu_2, \cdots, \mu_r$ 不全相等（自变量对因变量有显著影响）

如果不拒绝原假设 H_0，则不能认为自变量对因变量有显著的影响，即 r 个水平间无

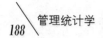

显著差异；如果拒绝原假设 H_0 ，则意味着自变量和因变量之间有显著的关系。但需要注意的是，当拒绝 H_0 时，只是表明至少有两个总体的均值不相等，并不是意味着所有的均值都不相等。

2. 构造检验统计量

为检验 H_0 是否成立，需要确定检验的统计量。由 6.1.4 小节可知，如果 H_0 成立，所有的 x_{ij} 可视为来自同一个样本总体 $N(\mu, \sigma^2)$ ，各 x_{ij} 间的差异只是由随机因素引起的。如 H_0 不成立，则所有的误差中，除了随机波动外，还应包括由于因素 A 的不同水平作用产生的差异。如果不同水平作用产生的系统差异比随机因素引起的差异大得多，就认为因素 A 对试验结果有显著的影响。由此可以通过系统误差和随机误差之间的关系构造检验统计量。

首先需要计算三个误差平方和。

总误差平方和 SST：各观测值与总均值 $\bar{\bar{x}}$ 的误差平方和。其计算公式为

$$\text{SST} = \sum_{i=1}^{r} \sum_{j=1}^{n_i} (x_{ij} - \bar{\bar{x}})^2 \qquad (6\text{-}8)$$

组间误差平方和 SSA：各组均值 $\bar{x}_i$ 与总均值 $\bar{\bar{x}}$ 的误差平方和。其计算公式为

$$\text{SSA} = \sum_{i=1}^{r} n_i (\bar{x}_i - \bar{\bar{x}})^2 \qquad (6\text{-}9)$$

组内误差平方和 SSE：每组观测值 x_{ij} 与其组均值 $\bar{x}_i$ 的误差平方和。其计算公式为

$$\text{SSE} = \sum_{i=1}^{r} \sum_{j=1}^{n_i} (x_{ij} - \bar{x}_i)^2 \qquad (6\text{-}10)$$

根据式（6-6）～式（6-10），显然有 SST = SSA + SSE （读者可自己证明）。

其次，要分析三个误差平方和对应的自由度。

SST 对应的自由度：各观测值要受 $\sum_{i=1}^{r} \sum_{j=1}^{n_i} (x_{ij} - \bar{\bar{x}}) = 0$ 这一条件的约束，故总自由度等于全部观测值的总个数减 1，即 $n-1$ 。

SSA 对应的自由度：由于各组平均值 $\bar{x}_i$ 受 $\sum_{i=1}^{r} (\bar{x}_i - \bar{\bar{x}}) = 0$ 这一条件约束，故组间的自由度等于因素的水平个数减 1，即 $r-1$ 。

SSE 对应的自由度：由于每一组观测值都要受 $\sum_{j=1}^{n_i} (x_{ij} - \bar{x}_i) = 0$ 这一条件约束，即要受 r 个约束条件限制，故组内的自由度等于全部观测值的总个数减 r ，即 $n-r$ 。

在 H_0 成立的条件下，由抽样分布定理，可得

$$\frac{\text{SST}}{\sigma^2} \sim \chi^2(n-1) , \quad \frac{\text{SSA}}{\sigma^2} \sim \chi^2(r-1) , \quad \frac{\text{SSE}}{\sigma^2} \sim \chi^2(n-r)$$

且 SSA 与 SSE 独立（请读者自己证明）。

若组间差异比组内差异大得多，则说明因素的不同水平之间有显著差异，应拒绝 H_0。否则，可接受 H_0，意味着因素各水平间的差异不显著。为此，根据该原理选取统计量

$$F = \frac{\text{SSA}/(r-1)}{\text{SSE}/(n-r)} \qquad (6\text{-}11)$$

记 $\text{MSA} = \text{SSA}/(r-1)$，$\text{MSE} = \text{SSE}/(n-r)$，统称为均方差。其中，SSA 的均方差称为组间均方差，记作 MSA；SSE 的均方差称为组内均方差，记作 MSE。当原假设 H_0 为真时，由 F 统计量的定义知

$$F = \frac{\text{MSA}}{\text{MSE}} \sim F(r-1, n-r) \qquad (6\text{-}12)$$

3. 决策分析

判断某因素的各水平是否对其试验指标有显著的影响，实际上就是比较组间方差和组内方差之间差异的大小。那么，它们之间的差异大到何种程度才表明因素的水平是对其试验指标有显著的影响呢？这就需要用检验统计量来判断。将统计量 F 与给定的显著性水平 α 下的临界值 F_α 进行比较，从而做出对原假设 H_0 是否拒绝的决策。图 6-7 描述了 F 统计量的抽样分布及其显著性水平 α 下的拒绝域。

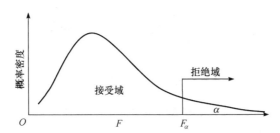

图 6-7　F 统计量的抽样分布及其显著性水平 α 下的拒绝域

如果影响因素 A 的各水平对总体的影响显著，那么 MSA 值相对较大，因而 F 值也较大。由此可见，在给定显著性水平 α 的情况下，关于 α 的拒绝域为 $K_0 = \{F > F_\alpha(r-1, n-r)\}$，即当计算出的 F 值大于查表值 $F_\alpha(r-1, n-r)$ 时，则拒绝假设 H_0，表明 μ_i（$i = 1, 2, \cdots, r$）之间的差异是显著的。反之，当计算出的 F 值小于查表值 $F_\alpha(r-1, n-r)$ 时，则没有证据表明 μ_i（$i = 1, 2, \cdots, r$）之间有显著差异。

要注意的是，当使用统计软件（如 Excel 等）进行方差分析时，通常软件程序输出 P 值，此时的 $P = P\{F > (r-1, n-r)\}$，称为尾概率。当 $P < \alpha$ 时，拒绝原假设，这种判断方式与通过 α 拒绝域的判断方式本质上是完全相同的。

在实际进行方差分析时，通常将有关统计量和计算过程列在一张表内，使得分析结果一目了然，这张表称为方差分析表（analysis of variance table），单因素方差分析表的一般形式如表 6-3 所示。

表 6-3 单因素方差分析表

误差来源	自由度 df	误差平方和 SS	均方差 MS	F 值	F 临界值	P 值
组间	$r-1$	SSA	MSA	$F = \dfrac{\text{MSA}}{\text{MSE}}$	$F_\alpha(r-1, n-r)$	P
组内	$n-r$	SSE	MSE			
总和	$n-1$	SST	—	—	—	—

6.2.3 应用实例分析

对于本章在开篇所提到的"不同颜色手机的销售量是否有差异？"一例，由于其只涉及"手机颜色"一个因素，因此属于单因素情形。结合该例子，下面给出单因素方差分析的应用实例。

取 $\alpha = 0.05$，要检验不同的手机颜色是否对销售量有影响，需给出要检验的假设：

$H_0 : \mu_1 = \mu_2 = \cdots = \mu_5$（手机的颜色对销售量没有影响）

$H_1 : \mu_1, \mu_2, \cdots, \mu_5$ 不全相等（手机的颜色对销售量有影响）

由题意知，$r = 5$，$n_i = 6$（$i = 1, 2, \cdots, 5$），$n = 30$，结合表 6-1 中的数据和单因素方差分析理论方法，有

$$SST = \sum_{i=1}^{r} \sum_{j=1}^{n_i} (x_{ij} - \overline{\overline{x}})^2 = 211.8667$$

$$SSE = \sum_{i=1}^{r} \sum_{j=1}^{n_i} (x_{ij} - \overline{x}_i)^2 = 47$$

$$SSA = SST - SSE = 164.8667$$

从而检验统计量 F 的值为

$$F = \frac{SSA/(r-1)}{SSE/(n-r)} = \frac{164.8667/4}{47/25} = 21.9238$$

当 $\alpha = 0.05$ 时，查表可得临界值为

$$F_\alpha(r-1, n-r) = F_{0.05}(4, 25) = 2.76$$

由于 $F > F_{0.05}(4, 25)$，拒绝原假设 H_0，说明手机的颜色对销售量是有显著影响的。为清楚看出计算过程和结果，可以列出表 6-4。

表 6-4 单因素应用实例方差分析表

误差来源	自由度	误差平方和	均方差	F 值	F 临界值	P 值
组间	4	164.8667	41.2167	21.9238	2.76	—
组内	25	47	1.88			—
总和	29	211.8667	—	—	—	—

6.2.4 关系强度的测量

以上例子的方差分析结果显示，不同手机颜色的销售量均值是有显著差异的，这意味着自变量（手机颜色）对因变量（销售量）的影响是显著的。表 6-4 给出的组间的平方和，就是自变量对因变量的影响效应。实际上，只要自变量的组间误差平方和不等于 0，就表明两个变量之间是有关系的，只是是否显著的问题。当自变量的组间误差平方和比组内误差平方和大，而且大到一定程度时，就意味着两个变量之间的关系显著，大得越多，表明它们之间的关系就越强。反之，当自变量的组间误差平方和比组内误差平方和小时，就意味着两个变量之间的关系不显著，小得越多，表明它们之间的关系就越弱。

那么，怎么度量它们之间的关系强度呢？可以用自变量的组间误差平方和占总误差平方和的比例大小来反映。将这一比例记为 R^2，即

$$R^2 = \frac{\text{SSA}}{\text{SST}} \qquad (6\text{-}13)$$

其中，R^2 的算术平方根 R 可以用来度量两个变量之间的关系强度。

根据表 6-4 的数据结果可以计算得

$$R^2 = \frac{\text{SSA}}{\text{SST}} = \frac{164.8667}{211.8667} = 77.82\% \qquad (6\text{-}14)$$

这表明，自变量（手机颜色）对因变量（销量）的影响效应占总效应的 77.82%，而其他因素（残差变量）的影响效应占 22.18%。也就是说，手机颜色对销售量的差异解释比例达到 77% 以上，而其他因素所解释的比例接近 23%。

此外，对 $R^2 = 77.82\%$ 开平方根，算得 $R=88.21\%$，这表明手机颜色与销售量之间有较强的关系。

6.2.5 用 Excel 进行单因素方差分析

从前面介绍的分析过程可以看出，方差分析过程所涉及的工作量大，手工计算是十分烦琐的，因此有必要借助软件辅助，理解方差分析的基本原理，进而对计算机输出结果进行合理的解释和分析。下面，利用大多数人所熟悉的 Excel 2016 软件，结合表 6-1 中的数据，给出 Excel 实现方差分析的步骤和结果。

首先要加载数据分析工具：在 Excel 最上方工具栏空白处右击→选择"自定义快速访问工具栏"→在弹出的窗口的左边选择"加载项"→选择"分析工具"→左下角点击"转到"即可加载完成。

（1）选择"工具栏"中"数据"项的"数据分析"选项。

（2）在分析工具中选择"方差分析：单因素方差分析"，然后选择"确定"。

（3）在单因素方差分析对话框中，在"输入区域"方框内键入数据单元格 B1:F7，"分组方式"选择"列"（如果水平为行变量，则选择"行"），勾选"标志位于第一行"，取 $\alpha = 0.05$（显著性水平根据实际需要确定），在"输出选项"选中输出的区域（这里选"新工作表组"，取名为"单因素方差分析"），如图 6-8 所示。

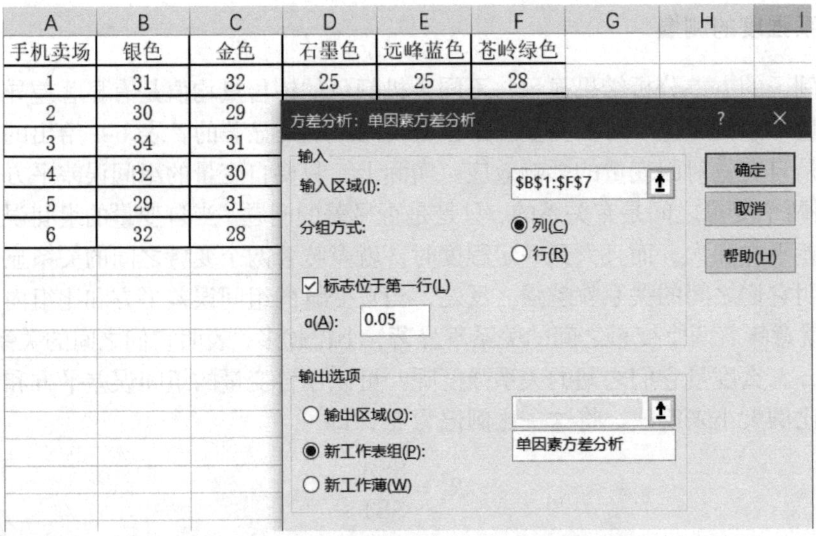

A	B	C	D	E	F	G	H	I
手机卖场	银色	金色	石墨色	远峰蓝色	苍岭绿色			
1	31	32	25	25	28			
2	30	29						
3	34	31						
4	32	30						
5	29	31						
6	32	28						

方差分析：单因素方差分析

输入

输入区域(I): $B$1:$F$7

分组方式： ● 列(C) ○ 行(R)

☑ 标志位于第一行(L)

α(A): 0.05

输出选项

○ 输出区域(O):

● 新工作表组(P): 单因素方差分析

○ 新工作簿(W)

确定 取消 帮助(H)

图 6-8　Excel 进行单因素方差分析的步骤

选择"确定"后，得到单因素方差分析的输出结果，如图 6-9 所示。

图 6-9 中，SS 表示误差平方和；df 表示自由度；MS 表示均方差；F 表示检验的统计量；P-value 表示检验统计量 F 对应的尾概率；F crit 表示给定的显著性水平 α 下的临界值。

方差分析：单因素方差分析

SUMMARY

组	观测数	求和	平均	方差
银色	6	188	31.33333	3.066667
金色	6	181	30.16667	2.166667
石墨色	6	150	25	2
远峰蓝色	6	158	26.33333	1.066667
苍岭绿色	6	171	28.5	1.1

方差分析

差异源	SS	df	MS	F	P-value	F crit
组间	164.8667	4	41.21667	21.92376	7.18E-08	2.75871
组内	47	25	1.88			
总计	211.8667	29				

图 6-9　单因素方差分析 Excel 输出结果

从图 6-9 中可以看到，由于 $F = 21.92376 > F_{0.05}(4, 25) = 2.75871$，所以拒绝原假设 H_0，说明均值 $\mu_1, \mu_2, \cdots, \mu_5$ 不全相等，也就是说，有 95% 的把握认为手机的颜色对销售量的影响是显著的。在进行决策时，也可以直接利用方差分析结果表中给出的 P-value 与给

定的显著性水平 α 作比较。由于 P-value=$7.18 \times 10^{-8} \ll \alpha$=0.05，因此拒绝原假设 H_0，这与使用 F 统计量进行检验的结果是一致的。

6.2.6 方差分析中的多重比较

6.2.5 小节的实例分析拒绝了原假设 $H_0: \mu_1 = \mu_2 = \cdots = \mu_5$，说明至少有两种不同颜色手机的销售量均值是不同的，由此，可进一步提出：究竟是哪些颜色的销售量均值存在差异呢？这就需要两两比较，如果多次重复进行双总体均值差的 t 检验，就增大了犯第 I 类错误的风险，特此引入新方法——多重比较方法（multiple comparison procedures），它是通过总体均值之间的配对比较来进一步检验到底哪些均值之间存在差异。在上一实例中即是要比较 μ_1 和 μ_2、μ_1 和 μ_3、μ_1 和 μ_4、μ_1 和 μ_5、μ_2 和 μ_3、μ_2 和 μ_4、μ_2 和 μ_5、μ_3 和 μ_4、μ_3 和 μ_5、μ_4 和 μ_5 之间是哪两个颜色手机销售量的均值不同。

多重比较方法有很多种，如 Tukey 检验、Bonferroni 检验、Sidak 检验等，这里介绍两种最常用的方法，即由罗纳德·费希尔提出的最小显著差数（least significant difference，LSD）法和 Duncan 提出的新复极差检验法 [又称最短显著极差（shortest significant range，SSR）法]。

1. LSD 法

1）理论内容

LSD 是 t 检验的一个简单变形（总体方差估计用 MSE 代替得到），它并未对检验水准做出任何修正，只是在标准误的计算上充分利用样本信息，为所有组的均值统一估计出一个更为稳健的标准误。使用该方法进行检验的具体步骤如下。

（1）提出假设。

$$H_0: \mu_i = \mu_j \text{（第 } i \text{ 个总体的均值等于第 } j \text{ 个总体的均值，} i \neq j \text{）}$$

$$H_1: \mu_i \neq \mu_j \text{（第 } i \text{ 个总体的均值不等于第 } j \text{ 个总体的均值，} i \neq j \text{）}$$

（2）计算检验统计量：$\bar{x}_i - \bar{x}_j$。

（3）计算 LSD。

$$\text{LSD}_{ij} = t_{\alpha/2}(n-r)\sqrt{\text{MSE}\left(\frac{1}{n_i} + \frac{1}{n_j}\right)} \tag{6-15}$$

式中，$t_{\alpha/2}(n-r)$ 为 t 分布的临界值，可通过查表得到；α 为给定的显著性水平；MSE 为组内均方差；$n-r$ 为组内均方差的自由度；n_i 和 n_j 分别为第 i 个样本和第 j 个样本的观测值个数。

（4）根据给定的显著性水平 α 做出统计决策。如果均值差 $|\bar{x}_i - \bar{x}_j| > \text{LSD}_{ij}$，则拒绝 H_0；否则接受 H_0。

2）实例分析

根据表 6-1 中的数据，对该手机五种不同颜色的销售量均值做多重比较（取 $\alpha = 0.05$）。

（1）提出假设。

检验 1： $H_{01}:\mu_1=\mu_2$ ， $H_{11}:\mu_1\neq\mu_2$ 。 检验 2： $H_{02}:\mu_1=\mu_3$ ， $H_{12}:\mu_1\neq\mu_3$ 。

检验 3： $H_{03}:\mu_1=\mu_4$ ， $H_{13}:\mu_1\neq\mu_4$ 。 检验 4： $H_{04}:\mu_1=\mu_5$ ， $H_{14}:\mu_1\neq\mu_5$ 。

检验 5： $H_{05}:\mu_2=\mu_3$ ， $H_{15}:\mu_2\neq\mu_3$ 。 检验 6： $H_{06}:\mu_2=\mu_4$ ， $H_{16}:\mu_2\neq\mu_4$ 。

检验 7： $H_{07}:\mu_2=\mu_5$ ， $H_{17}:\mu_2\neq\mu_5$ 。 检验 8： $H_{08}:\mu_3=\mu_4$ ， $H_{18}:\mu_3\neq\mu_4$ 。

检验 9： $H_{09}:\mu_3=\mu_5$ ， $H_{19}:\mu_3\neq\mu_5$ 。 检验 10： $H_{010}:\mu_4=\mu_5$ ， $H_{110}:\mu_4\neq\mu_5$ 。

（2）计算检验统计量。

$$|\bar{x}_1-\bar{x}_2|=|31.3333-30.1667|=1.1666 ， |\bar{x}_1-\bar{x}_3|=|31.3333-25|=6.3333$$

$$|\bar{x}_1-\bar{x}_4|=|31.3333-26.3333|=5 ， |\bar{x}_1-\bar{x}_5|=|31.3333-28.5|=2.8333$$

$$|\bar{x}_2-\bar{x}_3|=|30.1667-25|=5.1667 ， |\bar{x}_2-\bar{x}_4|=|30.1667-26.3333|=3.8334$$

$$|\bar{x}_2-\bar{x}_5|=|30.1667-28.5|=1.6667 ， |\bar{x}_3-\bar{x}_4|=|25-26.3333|=1.3333$$

$$|\bar{x}_3-\bar{x}_5|=|25-28.5|=3.5 ， |\bar{x}_4-\bar{x}_5|=|26.3333-28.5|=2.1667$$

（3）计算 LSD。

由表 6-4 可得 MSE=1.88。由于抽取五个总体的样本量相同，都是 6，因此各总体样本检验的 LSD 是一样的。查表得 $t_{0.025}(25)=2.0595$ 。

各检验的 LSD 值为

$$\text{LSD}_i=2.0595\times\sqrt{1.88\times\left(\frac{1}{6}+\frac{1}{6}\right)}=1.6303, \quad i=1,2,\cdots,10$$

（4）做出决策。

$|\bar{x}_1-\bar{x}_2|=1.1666<1.6303$ ；不拒绝 H_{01} ，不认为银色和金色手机销售量有显著差异。

$|\bar{x}_1-\bar{x}_3|=6.3333>1.6303$ ；拒绝 H_{02} ，银色和石墨色销售量手机有显著差异。

$|\bar{x}_1-\bar{x}_4|=5>1.6303$ ；拒绝 H_{03} ，银色和远峰蓝色手机销售量有显著差异。

$|\bar{x}_1-\bar{x}_5|=2.8333>1.6303$ ；拒绝 H_{04} ，银色和苍岭绿色手机销售量有显著差异。

$|\bar{x}_2-\bar{x}_3|=5.1667>1.6303$ ；拒绝 H_{05} ，金色和石墨色手机销售量有显著差异。

$|\bar{x}_2-\bar{x}_4|=3.8334>1.6303$ ；拒绝 H_{06} ，金色和远峰蓝色手机销售量有显著差异。

$|\bar{x}_2-\bar{x}_5|=1.6667>1.6303$ ；拒绝 H_{07} ，金色和苍岭绿色手机销售量有显著差异。

$|\bar{x}_3-\bar{x}_4|=1.3333<1.6303$ ；不拒绝 H_{08} ，不认为石墨色和远峰蓝色手机销售量有显著差异。

$|\bar{x}_3-\bar{x}_5|=3.5>1.6303$ ；拒绝 H_{09} ，石墨色和苍岭绿色手机销售量有显著差异。

$|\bar{x}_4-\bar{x}_5|=2.1667>1.6303$ ；拒绝 H_{010} ，远峰蓝色和苍岭绿色手机销售量有显著差异。

2. SSR 法

1）理论内容

SSR 法是不同平均数间用不同的显著差数标准进行比较的方法，依据极差范围内所包含的处理数据（也称为秩次距） k 的不同而采用不同的检验尺度。使用该方法进行检验的具体步骤如下。

（1）提出假设。

$$H_0: \mu_i = \mu_j \text{（第 } i \text{ 个总体的均值等于第 } j \text{ 个总体的均值，} i \neq j\text{）}$$

$$H_1: \mu_i \neq \mu_j \text{（第 } i \text{ 个总体的均值不等于第 } j \text{ 个总体的均值，} i \neq j\text{）}$$

（2）确定间距 k。将因素的 r 个水平对应的样本均值 $\bar{x}_1, \bar{x}_2, \cdots, \bar{x}_r$ 由小到大排序，得 $\bar{x}_{(1)} < \bar{x}_{(2)} < \cdots < \bar{x}_{(r)}$，根据所比较的两个平均数的差是几个平均数间的极差分别确定间距 k，如 $\bar{x}_{(i)}$ 和 $\bar{x}_{(j)}$ 之间的间距 $k = |j - i + 1|$。

（3）计算检验统计量 $\bar{x}_{(i)} - \bar{x}_{(j)}$。

（4）计算 SSR。

$$\text{SSR}_{ij} = \text{SSR}_\alpha(k, \text{df}_E) \sqrt{\frac{\text{MSE}}{2} \left(\frac{1}{n_i} + \frac{1}{n_j} \right)} \qquad （6\text{-}16）$$

式中，$\text{SSR}_\alpha(k, \text{df}_E)$ 为显著性水平为 α、间距为 k、组内方差自由度为 df_E 的标准显著极差值，可通过 SSR 表（请读者自行查阅相关文献）查得；n_i 和 n_j 分别为第 i 个样本和第 j 个样本的观测值个数。

（5）根据给定的显著性水平 α 做出统计决策，如果均值差 $|\bar{x}_{(i)} - \bar{x}_{(j)}| > \text{SSR}_{ij}$，则拒绝 H_0；否则接受 H_0。

2）实例分析

可以看出 SSR 与 LSD 法的检验步骤基本相同，区别主要是 SSR 需要将所有样本平均值按照由小到大的顺序排列并确定其间距 k，这里不再详细介绍。请读者自己根据表 6-1 的数据进行 SSR 分析。

6.3 双因素方差分析

在许多实际问题的研究中，往往不只是单个因素的各水平状态对试验指标有影响，而是需要同时考虑几个可能的影响因素对试验指标的影响。例如，6.2 节中提到的手机销售量不仅受"手机颜色"单个因素的影响，可能还有手机性能、屏幕大小、镜头个数、广告策略、广告媒体等因素的影响。其中，把研究两种因素 A 和 B 对试验指标的影响程度的方法称为双因素方差分析（two-way analysis of variance）法。

双因素方差分析实际就是分析在可能影响试验指标的两个因素中，是只有一个因素起作用、两个因素都起作用，还是两个因素都不起作用，其间不可避免地要讨论这两个因素对试验指标的影响是否相互独立的问题。如果两个因素对试验指标产生的效应是相互独立的，不存在相互关系，则称为无交互作用的双因素方差分析，或者称为无重复双因素方差分析；如果两个因素结合在一起会对试验指标产生一种新的影响效应，则称为有交互作用的双因素方差分析，或者称为可重复双因素方差分析。例如，某个年龄段的消费者对某种手机颜色有特殊的偏好，这就是手机的"消费者年龄段"和"颜色"两个

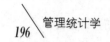

因素结合后产生的新的影响效应，属于有交互作用的情况，否则就是无交互作用的情况。

下面将分别介绍无交互作用的双因素方差分析和有交互作用的双因素方差分析。

6.3.1 无交互作用的双因素方差分析

1. 数据结构

设某双因素研究中，影响因素 A 有 r 个水平（总体）$A_1, A_2, \cdots, A_r$，称为行因素；影响因素 B 有 k 个水平 $B_1, B_2, \cdots, B_k$，称为列因素；在行因素和列因素的每一个水平搭配成的一个组合 (A_i, B_j) 下进行一次试验，并假设试验结果是相互独立的，即在由行因素的 r 个水平和列因素的 k 个水平所组成的 rk 个具有相同方差 σ^2 的正态分布总体中分别抽取样本量为 1 的独立随机样本。其中，将所抽取的随机样本的观测值记为 x_{ij}（$i = 1, 2, \cdots, r; j = 1, 2, \cdots, k$）。

试验得到的数据结构如表 6-5 所示。

表 6-5　无交互作用的双因素方差分析数据结构

行因素 A	列因素 B				行平均值 $\bar{x}_{i.}$
	B_1	B_2	$\cdots$	B_k	
A_1	x_{11}	x_{12}	$\cdots$	x_{1k}	$\bar{x}_{1.}$
A_2	x_{21}	x_{22}	$\cdots$	x_{2k}	$\bar{x}_{2.}$
$\vdots$	$\vdots$	$\vdots$		$\vdots$	
A_r	x_{r1}	x_{r2}	$\cdots$	x_{rk}	$\bar{x}_{r.}$
列平均值 $\bar{x}_{.j}$	$\bar{x}_{.1}$	$\bar{x}_{.2}$	$\cdots$	$\bar{x}_{.k}$	$\bar{\bar{x}}$

表 6-5 中，$\bar{x}_{i.}$ 表示行因素第 i 个水平抽取的各观测值的均值，其计算公式为

$$\bar{x}_{i.} = \frac{\sum\limits_{j=1}^{k} x_{ij}}{k}, \quad i = 1, 2, \cdots, r \qquad （6\text{-}17）$$

$\bar{x}_{.j}$ 表示列因素第 j 个水平抽取的各观测值的均值，其计算公式为

$$\bar{x}_{.j} = \frac{\sum\limits_{i=1}^{r} x_{ij}}{r}, \quad j = 1, 2, \cdots, k \qquad （6\text{-}18）$$

$\bar{\bar{x}}$ 表示全部 rk 个样本观测值的均值，其计算公式为

$$\bar{\bar{x}} = \frac{\sum\limits_{i=1}^{r} \sum\limits_{j=1}^{k} x_{ij}}{kr} \qquad （6\text{-}19）$$

2. 分析步骤

与单因素方差分析类似，无交互作用的双因素方差分析也包括提出假设、构造检验统计量、决策分析等步骤。

1）提出假设

设影响因素 A 的 r 个水平的均值分别用 $\mu_{1\cdot}, \mu_{2\cdot}, \cdots, \mu_{r\cdot}$ 表示，因素 B 的 k 个水平的均值分别用 $\mu_{\cdot 1}, \mu_{\cdot 2}, \cdots, \mu_{\cdot k}$ 表示，为检验两个因素对因变量的影响情况，需要对两个因素分别提出如下形式的假设。

对行因素 A 提出的假设为

$$H_{0A} : \mu_{1\cdot} = \mu_{2\cdot} = \cdots = \mu_{r\cdot} \text{（行变量对因变量没有显著影响）}$$

$$H_{1A} : \mu_{1\cdot}, \mu_{2\cdot}, \cdots, \mu_{r\cdot} \text{不全相等（行变量对因变量有显著影响）}$$

对列因素 B 提出的假设为

$$H_{0B} : \mu_{\cdot 1} = \mu_{\cdot 2} = \cdots = \mu_{\cdot k} \text{（列变量对因变量没有显著影响）}$$

$$H_{1B} : \mu_{\cdot 1}, \mu_{\cdot 2}, \cdots, \mu_{\cdot k} \text{不全相等（列变量对因变量有显著影响）}$$

如果不拒绝原假设 H_{0A}（或 H_{0B}），则不能认为自变量（行变量或列变量）对因变量有显著的影响，否则意味着自变量和因变量之间有显著的关系。

2）构造检验统计量

为检验 H_{0A}（或 H_{0B}）是否成立，需要分别确定检验行因素和列因素的统计量。与单因素方差分析构造统计量方法类似，需要从组间误差和组内随机误差之间的关系入手。

（1）计算误差平方和。

总误差平方和 SST：各观测值 x_{ij} 与总均值 $\bar{\bar{x}}$ 的误差平方和。其计算公式为

$$\text{SST} = \sum_{i=1}^{r} \sum_{j=1}^{k} (x_{ij} - \bar{\bar{x}})^2 \tag{6-20}$$

行因素组间误差平方和 SSA：各行均值 $\bar{x}_{i\cdot}$ 与总均值 $\bar{\bar{x}}$ 的误差平方和。其计算公式为

$$\text{SSA} = \sum_{i=1}^{r} k(\bar{x}_{i\cdot} - \bar{\bar{x}})^2 \tag{6-21}$$

列因素组间误差平方和 SSB：各列均值 $\bar{x}_{\cdot j}$ 与总均值 $\bar{\bar{x}}$ 的误差平方和。其计算公式为

$$\text{SSB} = \sum_{j=1}^{k} r(\bar{x}_{\cdot j} - \bar{\bar{x}})^2 \tag{6-22}$$

组内误差平方和 SSE：由于组内随机误差涉及行变量和列变量，很难直观地写出其公式，但考虑到总误差平方和除了行因素和列因素组间误差平方和外，还包括除行、列因素之外的剩余因素影响产生的误差平方和，这就是组内误差平方和，也称组内随机误差平方和。因此可以将总误差平方和进行分解，其满足 SST=SSA+SSB+SSE。SSE 的计算公式为

$$\text{SSE} = \text{SST} - \text{SSA} - \text{SSB} = \sum_{i=1}^{r} \sum_{j=1}^{k} (x_{ij} - \bar{x}_{i\cdot} - \bar{x}_{\cdot j} + \bar{\bar{x}})^2 \tag{6-23}$$

（2）分析误差平方和对应的自由度。与单因素方差分析的自由度确定类似，各误差平方和对应的自由度分别是：总误差平方和 SST 的自由度为 $kr-1$；行因素组间误差平方和 SSA 的自由度为 $r-1$；列因素组间误差平方和 SSB 的自由度为 $k-1$；组内误差平方和 SSE 的自由度为 $(k-1)(r-1)$。

在 H_{0A} 和 H_{0B} 成立的条件下，由抽样分布定理，可得

$$\frac{\text{SSA}}{\sigma^2}\sim\chi^2(r-1)，\frac{\text{SSB}}{\sigma^2}\sim\chi^2(k-1)，\frac{\text{SSE}}{\sigma^2}\sim\chi^2((k-1)(r-1))$$

且 SSA、SSB、SSE 相互独立（请读者自己证明）。

行因素的均方差记为 MSA $=$ SSA$/(r-1)$，列因素的均方差记为 MSB $=$ SSB$/(k-1)$，随机误差项的均方差记为 MSE $=$ SSE$/[(r-1)(k-1)]$。因此，当 H_{0A} 和 H_{0B} 为真时，构造 F 统计量，有

$$F_A=\frac{\text{MSA}}{\text{MSE}}\sim F\big(r-1,(r-1)(k-1)\big)，F_B=\frac{\text{MSB}}{\text{MSE}}\sim F\big(k-1,(r-1)(k-1)\big)$$

3）决策分析

计算出检验统计量 F_A 和 F_B，根据实际给定的显著性水平 α 和自由度，查表得 F 统计量的临界值。H_{0A} 的拒绝域为 $K_{0A}=\{F_A>F_\alpha(r-1,(r-1)(k-1))\}$，即当计算出的 F_A 值大于查表值 $F_\alpha(r-1,(r-1)(k-1))$ 时，则拒绝假设 H_{0A}，表明行因素均值 μ_i（$i=1,2,\cdots,r$）之间的差异是显著的。反之，当计算出的 F_A 值小于查表值 $F_\alpha(r-1,(r-1)(k-1))$ 时，则没有证据表明 μ_i（$i=1,2,\cdots,r$）之间有显著差异。同理可处理列因素对试验指标影响的显著关系，H_{0B} 的拒绝域为 $K_{0B}=\{F_B>F_\alpha(k-1,(r-1)(k-1))\}$。

为使计算过程和结果更清晰，同样将有关统计量和分析结果列在方差分析表中，无交互作用双因素方差分析表的一般形式如表 6-6 所示。

表 6-6 无交互作用双因素方差分析表

误差来源	自由度	误差平方和	均方差	F 值	F 临界值	P 值
行因素	$r-1$	SSA	MSA	$F_A=\dfrac{\text{MSA}}{\text{MSE}}$	$F_\alpha(r-1,(r-1)(k-1))$	P_A
列因素	$k-1$	SSB	MSB	$F_B=\dfrac{\text{MSB}}{\text{MSE}}$	$F_\alpha(k-1,(r-1)(k-1))$	P_B
组内	$(r-1)(k-1)$	SSE	MSE	—	—	—
总和	$kr-1$	SST	—	—	—	—

3. 应用实例分析

继续单因素方差分析的例子，假定手机的销售量不仅受到"颜色"因素的影响，还受"消费者年龄段"的影响，但是这两个因素对试验指标的影响是独立的。现在研究五种不同颜色的手机在三个不同消费者年龄段的销售情况，每种颜色手机在各年龄段的销

售量数据如表 6-7 所示。试分析颜色和消费者年龄段对手机的销售量是否有显著的影响（取 $\alpha = 0.05$）。

表 6-7　五种不同颜色手机在三个不同年龄段的销售量数据　　　单位：台

年龄	银色	金色	石墨色	远峰蓝色	苍岭绿色
19 岁以下	50	45	39	41	48
19~35 岁	53	48	36	41	45
35 岁以上	54	44	35	42	44

依题意知：$r=3$，$k=5$。要检验颜色和消费者年龄段对手机销售量是否有显著影响，给出要检验的假设：

$$H_{0A}: \mu_{1\cdot} = \mu_{2\cdot} = \mu_{3\cdot}, \qquad H_{1A}: \mu_{1\cdot}, \mu_{2\cdot}, \mu_{3\cdot} \text{不全相等}$$

$$H_{0B}: \mu_{\cdot 1} = \mu_{\cdot 2} = \cdots = \mu_{\cdot 5}, \qquad H_{1B}: \mu_{\cdot 1}, \mu_{\cdot 2}, \cdots, \mu_{\cdot 5} \text{不全相等}$$

经计算得各统计量：$SST = 441.3333$，$SSA = 2.1333$，$SSB = 406$，$F_A = 0.257$，$F_B = 24.4578$。查表得：$F_{0.05}(2,8) = 4.459$，$F_{0.05}(4,8) = 3.838$。

接着进行决策分析，对于行因素，由于 $F_A < F_{0.05}(2,8)$，则不拒绝假设 H_{0A}，说明在不同年龄段的销售量是没有显著差异的。同理，对于列因素，由于 $F_B > F_{0.05}(4,8)$，则拒绝假设 H_{0B}，说明不同手机颜色的销售量是有显著差异的。

为清楚看出计算过程和结果，可以列出表 6-8。

表 6-8　无交互作用双因素方差分析表——应用实例

误差来源	自由度	误差平方和	均方差	F 值	F 临界值
行因素	2	2.1333	1.0667	0.257	4.459
列因素	4	406	101.5	24.4578	3.838
组内	8	33.2	4.15	—	—
总和	14	441.3333	—	—	—

4. 关系强度的测量

上面的分析结果表明，不同颜色手机的销售量是有显著差异的，这意味着列变量（手机颜色）对因变量（销售量）的影响是显著的；但在不同消费者年龄段的销售量是没有显著差异的，说明行变量（消费者年龄段）对因变量（销售量）的影响是不显著的。那么，两个变量合起来与销售量之间的关系强度究竟如何呢？

表 6-8 中，行因素组间误差平方和度量了"消费者年龄段"这个自变量对因变量的影响效应；列因素组间误差平方和度量了"手机颜色"对因变量的影响效应。这两个平方和加在一起则度量了两个自变量对因变量的联合影响效应，这里将联合效应与总误差平方和的比值定义为 R^2，其算术平方根 R 度量了变量之间的关系强度，即

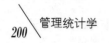

$$R^2 = \frac{\text{SSA+SSB}}{\text{SST}} \tag{6-24}$$

根据表 6-8 的数据结果可以计算得

$$R^2 = \frac{\text{SSA+SSB}}{\text{SST}} = \frac{2.1333+406}{441.3333} = 92.48\% \tag{6-25}$$

这表明，"手机颜色"和"消费者年龄段"两个因素合起来共同解释了销售量差异的 92.48%，而其他因素（残差变量）只解释了销售量差异的 7.52%。$R = 0.9616$，表明"手机颜色"和"消费者年龄段"两个因素合起来与销售量之间有较强的关系。

当然，也可以分别考察"手机颜色"和"消费者年龄段"两个因素与销售量之间的关系，这就需要分别做每个变量与销售量的方差分析，并在分别计算每个 R^2 之后再进行比较分析，其步骤类似于单因素方差分析的关系强度的测量，请读者自己进行分析。

其中有一点要强调，在双因素方差分析中，组内误差平方和不包括两个自变量中的任何一个，因而减少了残差效应。而在单因素方差分析中，将行因素作为自变量时，列因素被包括在残差中；同样，将列因素作为自变量时，行因素被包括在残差中。因此，对于两个自变量而言，进行双因素方差分析要优于分别对两个因素进行的单因素方差分析。

5. 用 Excel 进行无交互作用双因素方差分析

一般双因素方差分析的计算比较复杂，可以用 Excel 辅助给出其计算结果和相关分析。使用表 6-7 中的数据进行分析，无交互作用双因素方差分析的步骤与单因素方差分析类似，只需要将在分析工具中选择"方差分析：单因素方差分析"改为选择"方差分析：无重复双因素分析"即可。

Excel 辅助输出的结果如图 6-10 所示。

方差分析：无重复双因素分析

SUMMARY	观测数	求和	平均	方差
19岁以下	5	223	44.6	21.3
19岁-35岁	5	223	44.6	42.3
35岁以上	5	219	43.8	46.2
银色	3	157	52.33333	4.333333
金色	3	137	45.66667	4.333333
石墨色	3	110	36.66667	4.333333
远峰蓝色	3	124	41.33333	0.333333
苍岭绿色	3	137	45.66667	4.333333

方差分析

差异源	SS	df	MS	F	P-value	F crit
消费者年龄段	2.133333	2	1.066667	0.257028	0.779496	4.45897
颜色	406	4	101.5	24.45783	0.000153	3.837853
误差	33.2	8	4.15			
总计	441.3333	14				

图 6-10　无交互作用双因素方差分析 Excel 输出结果

从方差分析结果可以看到，由于行因素的 F_A=0.257 028＜$F_{0.05}(2,8)$=4.458 97，所以不拒绝原假设 H_{0A}，即认为 $\mu_{1.}=\mu_{2.}=\mu_{3.}$ 成立，说明均值 $\mu_{1.},\mu_{2.},\mu_{3.}$ 之间没有显著性差异。也就是说，有 95% 的把握认为不同的消费者年龄段对销售量的影响是不显著的。同样分析列因素，由于 F_B=24.457 83＞$F_{0.05}(4,8)$=3.837 853，所以拒绝原假设 H_{0B}，说明均值 $\mu_{.1},\mu_{.2},\cdots,\mu_{.5}$ 之间有显著性差异。也就是说，有 95% 的把握认为不同颜色的手机对销售量的影响是显著的。

直接利用方差分析结果中给出的 P-value 与给定的显著性水平 α 作比较，结论也一样。用于检验行因素的 P-value=0.779 496＞α=0.05，因此不拒绝原假设 H_{0A}；用于检验列因素的 P-value=0.000 153≪α=0.05，因此拒绝原假设 H_{0B}。

6.3.2 有交互作用的双因素方差分析

在上面的分析中，假设两个因素对因变量的影响是独立的，但如果两个因素搭配在一起会对因变量产生一种新的效应，就需要考虑因素之间的交互作用对因变量的影响，这就是有交互作用的双因素方差分析，即不仅分析两个因素各个独立的效应，还应分析两个因素的组合所产生的交互作用。

1. 数据结构

设有交互作用的双因素研究中，影响因素 A 有 r 个水平 $A_1,A_2,\cdots,A_r$，称为行因素；影响因素 B 有 k 个水平 $B_1,B_2,\cdots,B_k$，称为列因素；由于因素之间存在交互作用，为了区分随机误差和交互作用，需要对两个因素的任意组合进行多次重复试验，获得多项观测值。假设在行因素和列因素的每一个水平搭配成的一个组合 (A_i,B_j) 下分别进行 s 次试验，得到的试验结果是相互独立的具有相同方差的正态分布总体的样本数据。其中，所抽到的随机样本的观测值记为 $x_{ijt}(i=1,2,\cdots,r;j=1,2,\cdots,k;t=1,2,\cdots,s)$。

试验得到的数据结构如表 6-9 所示。

表 6-9　有交互作用的双因素方差分析数据结构

行因素 A	列因素 B				均值 $\bar{x}_{i..}$
	B_1	B_2	$\cdots$	B_k	
A_1	x_{111}	x_{121}	$\cdots$	x_{1k1}	$\bar{x}_{1..}$
	x_{112}	x_{122}	$\cdots$	x_{1k2}	
	$\vdots$	$\vdots$		$\vdots$	
	x_{11s}	x_{12s}	$\cdots$	x_{1ks}	
均值 $\bar{x}_{ij.}$	$\bar{x}_{11.}$	$\bar{x}_{12.}$	$\cdots$	$\bar{x}_{1k.}$	
A_2	x_{211}	x_{221}	$\cdots$	x_{2k1}	$\bar{x}_{2..}$
	x_{212}	x_{222}	$\cdots$	x_{2k2}	

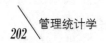

续表

行因素 A	列因素 B				均值 $\bar{x}_{i..}$
	B_1	B_2	$\cdots$	B_k	
A_2	$\vdots$	$\vdots$		$\vdots$	
	x_{21s}	x_{22s}	$\cdots$	x_{2ks}	$\bar{x}_{2..}$
均值 $\bar{x}_{ij.}$	$\bar{x}_{21.}$	$\bar{x}_{22.}$	$\cdots$	$\bar{x}_{2k.}$	
$\vdots$	$\vdots$	$\vdots$		$\vdots$	$\vdots$
	x_{r11}	x_{r21}	$\cdots$	x_{rk1}	
	x_{r12}	x_{r22}	$\cdots$	x_{rk2}	
A_r	$\vdots$	$\vdots$		$\vdots$	$\bar{x}_{r..}$
	x_{r1s}	x_{r2s}	$\cdots$	x_{rks}	
均值 $\bar{x}_{ij.}$	$\bar{x}_{r1.}$	$\bar{x}_{r2.}$	$\cdots$	$\bar{x}_{rk.}$	
均值 $\bar{x}_{.j.}$	$\bar{x}_{.1.}$	$\bar{x}_{.2.}$	$\cdots$	$\bar{x}_{.k.}$	$\bar{\bar{x}}$

表 6-9 中，$\bar{x}_{ij.}$ 表示行、列因素搭配成的组合 (A_i, B_j) 做的 s 次试验观测值的均值，其计算公式为

$$\bar{x}_{ij.} = \frac{\sum_{t=1}^{s} x_{ijt}}{s}, \quad i=1,2,\cdots,r; j=1,2,\cdots,k \qquad (6\text{-}26)$$

$\bar{x}_{i..}$ 表示第 i 个行因素抽取的各观测值的均值，其计算公式为

$$\bar{x}_{i..} = \frac{\sum_{j=1}^{k}\sum_{t=1}^{s} x_{ijt}}{ks}, \quad i=1,2,\cdots,r \qquad (6\text{-}27)$$

$\bar{x}_{.j.}$ 表示第 j 个列因素抽取的各观测值的均值，其计算公式为

$$\bar{x}_{.j.} = \frac{\sum_{i=1}^{r}\sum_{t=1}^{s} x_{ijt}}{rs}, \quad j=1,2,\cdots,k \qquad (6\text{-}28)$$

$\bar{\bar{x}}$ 表示全部 rks 个样本观测值的均值，其计算公式为

$$\bar{\bar{x}} = \frac{\sum_{i=1}^{r}\sum_{j=1}^{k}\sum_{t=1}^{s} x_{ijt}}{krs} \qquad (6\text{-}29)$$

2. 分析步骤

与无交互作用的双因素方差分析类似，有交互作用的方差分析也包括提出假设、构造检验统计量、决策分析等步骤。提出假设时需要对行因素 A、列因素 B 和因素 $A \times B$

的交互效应分别提出假设。与无交互作用的方差分析理论一样，所不同的是增加了 $A \times B$ 交互作用的讨论，这时统计量分析和结果的解释都复杂化了。有交互作用的方差分析类似于无交互作用方差分析的讨论，这里对其理论公式的推导过程不再赘述，而仅给出方差分析表和各值的含义，有交互作用的双因素方差分析表如表 6-10 所示。

表 6-10　有交互作用的双因素方差分析表

误差来源	自由度	误差平方和	均方差	F 值	F 临界值	P 值
行因素	$r-1$	SSA	MSA	$F_A = \dfrac{\text{MSA}}{\text{MSE}}$	$F_\alpha(r-1, kr(s-1))$	P_A
列因素	$k-1$	SSB	MSB	$F_B = \dfrac{\text{MSB}}{\text{MSE}}$	$F_\alpha(k-1, kr(s-1))$	P_B
交互作用	$(r-1)(k-1)$	SSAB	MSAB	$F_{A \times B} = \dfrac{\text{MSAB}}{\text{MSE}}$	$F_\alpha((k-1)(r-1), kr(s-1))$	$P_{A \times B}$
组内	$rk(s-1)$	SSE	MSE	—	—	—
总和	$krs-1$	SST	—	—	—	—

表 6-10 中，总误差平方和 SST 即各观测值 x_{ijt} 与总均值 $\bar{\bar{x}}$ 的误差平方和，其计算公式为

$$\text{SST} = \sum_{i=1}^{r} \sum_{j=1}^{k} \sum_{t=1}^{s} (x_{ijt} - \bar{\bar{x}})^2 \tag{6-30}$$

行因素组间误差平方和 SSA 即各均值 $\bar{x}_{i..}$ 与总均值 $\bar{\bar{x}}$ 的误差平方和，其计算公式为

$$\text{SSA} = \sum_{i=1}^{r} ks(\bar{x}_{i..} - \bar{\bar{x}})^2 \tag{6-31}$$

列因素组间误差平方和 SSB 即各均值 $\bar{x}_{.j.}$ 与总均值 $\bar{\bar{x}}$ 的误差平方和，其计算公式为

$$\text{SSB} = \sum_{j=1}^{k} rs(\bar{x}_{.j.} - \bar{\bar{x}})^2 \tag{6-32}$$

交互作用误差平方和 SSAB 的计算公式为

$$\text{SSAB} = s \sum_{i=1}^{r} \sum_{j=1}^{k} (\bar{x}_{ij.} - \bar{x}_{i..} - \bar{x}_{.j.} + \bar{\bar{x}})^2 \tag{6-33}$$

组内误差平方和 SSE 的计算公式为

$$\text{SSE} = \text{SST} - \text{SSA} - \text{SSB} - \text{SSAB} = \sum_{i=1}^{r} \sum_{j=1}^{k} \sum_{t=1}^{s} (x_{ijt} - \bar{x}_{ij.})^2 \tag{6-34}$$

均方差的计算公式如下：

$$\text{MSA} = \text{SSA}/(r-1)，\qquad\qquad \text{MSB} = \text{SSB}/(k-1)$$

$$\text{MSAB} = \text{SSAB}/[(r-1)(k-1)]，\qquad \text{MSE} = \text{SSE}/[rk(s-1)]$$

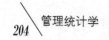

因此，对于给定的显著性水平 α，检验规则如下。

若 $F_A > F_\alpha(r-1, kr(s-1))$，则认为因素 A 的各水平之间有显著差异。

若 $F_B > F_\alpha(k-1, kr(s-1))$，则认为因素 B 的各水平之间有显著差异。

若 $F_{A\times B} > F_\alpha((k-1)(r-1), kr(s-1))$，则认为交互作用 $A \times B$ 是显著的。

3. 应用实例分析

某手机公司为研究其不同颜色产品在不同消费者年龄段销售量的差异，经调查得知某些年龄段的消费者对某种颜色有特殊的偏好，因此对不同消费者年龄段、不同颜色的销售量进行了多次的数据调查。每种颜色在各消费者年龄段的销售量数据如表6-11所示，试分析手机颜色、消费者年龄段及手机颜色和消费者年龄段交互作用对其销售量是否有显著的影响（取 α=0.05）。

表6-11 五种不同颜色手机在三个不同消费者年龄段的销售量数据 单位：台

年龄	银色	金色	石墨色	远峰蓝色	苍岭绿色
	53	48	42	43	51
19 岁以下	56	46	43	48	53
	54	50	45	46	56
	56	51	38	43	48
19~35 岁	59	54	40	40	46
	61	56	42	35	51
	50	46	37	45	46
35 岁以上	46	43	40	42	42
	46	42	35	42	43

有交互作用方差分析的过程和结果分析类似于无交互作用的方差分析讨论，但由于多了有交互作用的情况，有数据量大和计算复杂等特点，导致手算工作量大，因此这里对其过程不再手工计算，只给出 Excel 辅助分析的计算结果。

4. 用 Excel 进行有交互作用双因素方差分析

有交互作用双因素方差分析的步骤与单因素方差分析类似，选择表 6-11 中的数据进行分析；只需要将在分析工具中选择"方差分析：单因素方差分析"改为选择"方差分析：可重复双因素分析"即可。

Excel 辅助分析输出的结果如图 6-11 所示。

在方差分析中，用统计量 F 值与临界值 F_α 比较或用 P 值与给定的显著性水平 α 比较均可分析变量的显著性问题。这里，直接比较 P 值。用于检验行因素的 P-value=$1.78\times10^{-7} \ll \alpha = 0.05$，因此拒绝原假设 H_{0A}，说明不同年龄段的销售量有显著的差异，即消费者

方差分析：可重复双因素分析

SUMMARY	银色	金色	石墨色	远峰蓝色	苍岭绿色	总计
19岁以下						
观测数	3	3	3	3	3	15
求和	163	144	130	137	160	734
平均	54.33333	48	43.33333	45.66667	53.33333	48.93333
方差	2.333333	4	2.333333	6.333333	6.333333	22.6381
19岁-35岁						
观测数	3	3	3	3	3	15
求和	176	161	120	118	145	720
平均	58.66667	53.66667	40	39.33333	48.33333	48
方差	6.333333	6.333333	4	16.33333	6.333333	66.71429
35岁以上						
观测数	3	3	3	3	3	15
求和	142	131	112	129	131	645
平均	47.33333	43.66667	37.33333	43	43.66667	43
方差	5.333333	4.333333	6.333333	3	4.333333	14.42857
总计						
观测数	9	9	9	9	9	
求和	481	436	362	384	436	
平均	53.44444	48.44444	40.22222	42.66667	48.44444	
方差	28.02778	22.52778	9.944444	14	21.77778	

方差分析

差异源	SS	df	MS	F	P-value	F crit
不同年龄段	305.3778	2	152.6889	27.26587	1.78E-07	3.31583
颜色	988.0889	4	247.0222	44.11111	3.76E-12	2.689628
交互	296.8444	8	37.10556	6.625992	5.55E-05	2.266163
内部	168	30	5.6			
总计	1758.311	44				

图 6-11　有交互作用双因素方差分析 Excel 输出结果

年龄段对手机销售量有显著影响；用于检验列因素的 P-value=$3.76×10^{-12}$ ≪ α=0.05，因此拒绝原假设 H_{0B}，说明不同颜色的销售量有显著的差异，即颜色对手机销售量有显著影响；用于检验行、列因素交互作用的 P-value=$5.55×10^{-5}$ ≪ α=0.05，因此拒绝原假设 H_{0AB}，说明颜色和消费者年龄段两个因素的交互作用对销售量有显著的影响。

同样，也可以用各组间误差平方和（SSA、SSB、SSAB）占总误差平方和 SST 的比例 R^2 来反映手机颜色、消费者年龄段、它们的交互作用对手机销售量的影响。请读者仿照前边的方法进行分析。

6.4 试 验 设 计

试验设计（design of experiment）是以概率论和数理统计为理论基础，经济、科学地安排试验以收集样本数据的一项技术。其中，收集样本数据的过程称为试验。

试验设计通过明确试验指标、寻找影响试验指标的可能因素、根据实际问题选择适用的试验设计方法和科学分析试验结果等四个步骤科学安排试验，使人们用尽可能少的试验获得尽可能多的可靠结论。

试验设计必须遵循的三个基本原则即"可重复性""随机化""局部控制"。重复是指试验中将同一试验处理设置在两个或两个以上的试验单元（接受各试验水平的对象称为试验单元）上；同一试验处理所设置的试验单元数称为重复数，"可重复性"就是在每个试验条件下试验是可重复进行的。"随机化"是指试验的每一个处理都有同等机会设置在重复中的任何一个试验单元上。"局部控制"指当试验单元之间差异较大时，即存在某种系统干扰因素时，可以将全部试验单元按干扰因素的不同水平分成若干个小组，在小组内部使非试验处理因素尽可能一致，实现试验条件的局部一致性。

本节主要介绍试验设计的基本知识，包括完全随机化设计、随机化区组设计、因子设计、正交设计等不同类型的设计方法。

6.4.1 完全随机化设计

完全随机化设计（completely randomalized design）是指用随机化的方法处理指派试验序号和试验对象的试验设计。在此种试验设计中仅有一个试验因素，分为 r 个水平（$r > 2$），用随机化的方法将试验单元分为 r 组，每个试验组被随机地指派接受一种试验处理。

试验设计过程包括明确试验指标、寻找影响试验指标的可能因素、根据实际问题选择适用的试验设计方法、科学分析试验结果等四个步骤。例如，某一科技公司研发了一款新的手机，需要考察其市场销售量的影响因素。其中，手机的销售量就是试验的指标，经过经验分析和数据比较，发现可能影响试验指标的是手机运行内存的大小，其有 3 种不同的内存大小：4GB、6GB 和 8GB（以下分别称为 A 型、B 型、C 型）。为适应市场的需要，须研究确定不同的运行内存大小对其销售量是否有影响。为此需要选择一些手机卖场（假设所选手机卖场地理位置、经营规模都相仿，可视为试验环境相同），在每个手机卖场销售不同型号的产品，然后收集其实际销售量，进而分析手机运行内存对销售量的影响是否显著。这一过程就是试验设计的过程，下面给出完全随机化设计的具体步骤，由于单因素完全随机化设计只涉及一个因素，显然满足"局部控制"原则。

1. "随机化"的设计过程

这里的运行内存是试验因素，A 型、B 型、C 型是因素的 3 个水平，选取 3 个手机卖场为试验单元，然后将不同型号的产品随机指派给其中的一个试验单元，如 A 型手机可以随机指派给手机卖场 2，B 型手机可以随机指派给手机卖场 3，剩余的 C 型手机指派给手机卖场 1。

2. "可重复性"的设计过程

完全随机化设计除符合"随机化"要求外，还必须符合"可重复性"原则。例如，上例中由于只抽取了 3 家手机卖场作为试验单元，只能获得 3 组销售量的数据，也就是对于每个处理，样本容量为 1。为了获得每个不同运行内存更多销售量的数据，必须重复基本试验步骤。例如，假定不是抽取了 3 家手机卖场，而是 15 家手机卖场，然后将每个不同型号的手机随机指派给其中的 5 家手机卖场，这就相当于重复做了 5 次试验。

3. 在满足设计规则和要求之后，获取试验数据

3 种不同运行内存的手机在 15 家手机卖场的销售量样本数据如表 6-12 所示。

表 6-12　3 种型号手机在 15 家手机卖场的销售量　　　　　单位：台

型号	销售量				
A 型	37	35	33	34	38
B 型	33	30	32	35	35
C 型	46	43	40	43	45

有了试验数据后，需要分析每个型号手机的销售量均值是否相同，也就是要分析不同运行内存对销售量的影响是否显著。显然，可利用单因素方差分析法进行分析。通过计算，由表 6-12 的数据得到的分析结果如图 6-12 所示。

方差分析：单因素方差分析

SUMMARY

组	观测数	求和	平均	方差
A型	5	177	35.4	4.3
B型	5	165	33	4.5
C型	5	217	43.4	5.3

方差分析

差异源	SS	df	MS	F	P-value	F crit
组间	296.5333	2	148.2667	31.5461	1.67E-05	3.885294
组内	56.4	12	4.7			
总计	352.9333	14				

图 6-12　3 种不同运行内存的手机销售量方差分析结果

由于 P-value=$1.67 \times 10^{-5} \ll \alpha=0.05$（这里取显著性水平 $\alpha=0.05$），表明手机的运行内存大小对销售量有显著的影响。

6.4.2　随机化区组设计

完全随机化设计看起来似乎很公平，但其实是在比较理想的假设条件下进行的，即使假设试验环境相同，但实际上不同手机卖场的销售情况有时是不同的。这就使得完全

随机化设计存在缺点：只考虑不同组间的误差，把组内随机差异理解为试验误差而不加以控制，从而增大了试验误差。如何消除这种由"随机"造成的不公平呢？随机化区组设计就是从试验误差中将被试验的个别差异区分出来的方法，它增加了试验数据的有效信息，降低了试验误差。

在试验中将试验单元按一定的标准划分为数个区组，使得区组内试验单元的差异尽可能小，保证区组内的同质性，满足"局部控制"原则。如上例中，根据手机卖场的销售能力强弱，将其分成几个区组，假定分成 5 个，区组 1、区组 2、区组 3、区组 4、区组 5，满足"可重复性"原则，每个区组有 3 个手机卖场。接着在每个区组内的 3 个手机卖场以抽签方式随机决定销售哪种运行内存的手机，满足"随机化"原则。这种分组后将每个型号随机指派给每个区组的设计称为随机化区组设计。

满足了设计规则和要求之后就可以获取试验数据，3 种不同型号的手机在 5 个区组的销售量样本数据如表 6-13 所示。

表 6-13　3 种不同的运行内存的手机在 5 个区组的销售量　　　单位：台

型号	区组 1	区组 2	区组 3	区组 4	区组 5
A 型	45	42	37	40	43
B 型	50	46	40	44	42
C 型	47	44	43	42	44

由于每个区组内每个处理仅有一次观测值，因此属于无交互作用的双因素方差分析。通过计算，得到的结果如图 6-13 所示。

方差分析：无重复双因素分析						
SUMMARY	观测数	求和	平均	方差		
A 型	5	207	41.4	9.3		
B 型	5	222	44.4	14.8		
C 型	5	220	44	3.5		
区组1	3	142	47.33333	6.333333		
区组2	3	132	44	4		
区组3	3	120	40	9		
区组4	3	126	42	4		
区组5	3	129	43	1		
方差分析						
差异源	SS	df	MS	F	P-value	F crit
行	26.53333	2	13.26667	4.795181	0.042782	4.45897
列	88.26667	4	22.06667	7.975904	0.006782	3.837853
误差	22.13333	8	2.766667			
总计	136.9333	14				

图 6-13　3 种不同运行内存的手机在 5 个区组的方差分析结果

从方差分析数据可看出，行因素（手机型号）所对应的 P-value=0.042 782＜α=0.05（这里取显著性水平α=0.05），表明手机的运行内存对销售量有显著的影响。

需要注意的是，试验是根据手机运行内存这一单个因素设计的，手机卖场销售能力强弱的划分只是从误差项中消除了其随机性的影响。如果我们感兴趣的不仅是手机运行内存这一因素，手机卖场销售能力的强弱也是希望研究的另一个因素，就有必要引入另外一种试验设计——因子设计。

6.4.3 因子设计

假定该公司除了关心手机运行内存对其销售量的影响外，还关心不同销售地区对销售量的影响，这时关注的因素有两个：手机的运行内存和销售地区。假定有甲、乙、丙 3 个地区，这样 3 种不同运行内存型号和 3 个地区的搭配共有 3×3=9 种。如果选择 36 家（从每个地区分别选取无试验环境差异的 12 家）手机卖场进行试验，每一种搭配可以做 4 次试验，即对每个处理重复进行 4 次试验。这种考虑两个因素的搭配试验设计称为因子设计，该设计主要用于分析两个因素及其交互作用对试验结果的影响。

满足了设计规则和要求之后就可以获取试验数据，3 种不同型号的手机在 3 个地区的销售量样本数据如表 6-14 所示。

表 6-14　3 种不同型号的手机在 3 个地区的销售量　　单位：台

型号	甲	乙	丙
A 型	42	39	49
	45	42	48
	44	40	50
	44	40	48
B 型	50	46	55
	49	44	52
	49	42	50
	51	45	53
C 型	45	45	53
	49	40	50
	44	41	49
	42	41	51

由于涉及两个因素及其交互作用的情况，因此使用有交互作用的双因素方差分析方法对其进行分析和结果解释。通过 Excel 辅助计算，得到的数据分析结果如图 6-14 所示。

从方差分析结果可以看出，当给定显著性水平α=0.05 时，运行内存因素所对应的 P-value=4.07×10^{-6} ≪ α=0.05，表明手机的运行内存对销售量有显著影响；销售地区因素所对应的 P-value=2.34×10^{-11} ≪ α=0.05，表明手机的销售地区对销售量有显著影响；用于检验行、列因素交互作用的 P-value=0.502 359＞α=0.05，则没有证据表明手机的运行内存和销售地区的交互作用对销售量有显著的影响。

方差分析：可重复双因素分析				
SUMMARY	甲	乙	丙	总计
A型				
观测数	4	4	4	12
求和	175	161	195	531
平均	43.75	40.25	48.75	44.25
方差	1.583333	1.583333	0.916667	14.38636
B型				
观测数	4	4	4	12
求和	199	177	210	586
平均	49.75	44.25	52.5	48.83333
方差	0.916667	2.916667	4.333333	15.06061
C型				
观测数	4	4	4	12
求和	180	167	203	550
平均	45	41.75	50.75	45.83333
方差	8.666667	4.916667	2.916667	19.60606
总计				
观测数	12	12	12	
求和	554	505	608	
平均	46.16667	42.08333	50.66667	
方差	10.33333	5.537879	4.787879	

方差分析						
差异源	SS	df	MS	F	P-value	F crit
样本	130.0556	2	65.02778	20.35652	4.07E-06	3.354131
列	442.3889	2	221.1944	69.24348	2.34E-11	3.354131
交互	10.94444	4	2.736111	0.856522	0.502359	2.727765
内部	86.25	27	3.194444			
总计	669.6389	35				

图 6-14 手机运行内存与地区双因素因子试验的方差分析结果

6.4.4 正交设计

前面我们已经研究了一个或两个影响因素的试验设计问题，但在实践中，经常会需要同时考虑三个或三个以上影响因素的试验设计问题。对任意多个因素都用前面的方法进行方差分析时，问题的讨论过程将相当烦琐，并且公式表达也存在一定的困难。因为前面的分析方法实际上是对各因素的所有水平的组合都进行了全面的试验，如在 4 因素 3 水平的情况下，全面试验要进行 $3^4 = 81$ 次，不仅经济上耗费巨大，时间上也不允许。

因此必须引入一种新的试验设计的方法，在保证试验结果的前提下，尽可能减少工作量。正交设计正是在这一思想指导下建立起来的，它通过巧妙地安排试验，使得试验因素水平搭配均衡，不仅大大降低了试验的次数，而且试验结果的代表性强，能从中迅速找到各因素的最优水平组合。

1. 正交表

正交表是正交试验设计的基本而又重要的工具，试验的安排和对试验结果的分析均可在正交表上进行。下面以正交表 $L_9(3^4)$ 为例来介绍正交表的基本结构，见表 6-15。

表 6-15 正交表 $L_9(3^4)$

试验号	列号			
	1	2	3	4
1	1	1	1	1
2	1	2	2	2
3	1	3	3	3
4	2	1	2	3
5	2	2	3	1
6	2	3	1	2
7	3	1	3	2
8	3	2	1	3
9	3	3	2	1

表 6-15 中字母 L 表示正交表，L 的下标 9 表示表中有 9 行，即表示使用该正交表需要做 9 次试验；括号内的 3 表示该表适合于每个因素安排 3 个水平，表中的主要部分仅有三个数字"1"、"2"和"3"，代表三个不同的水平；4 表示这张表有 4 列，每一列可以安排一个因素或一种交互作用，即最多安排 4 个因素。一般都要留出一列空列，为误差列，如果没有空列，则要在每一组水平搭配下重复做多次试验。

从表 6-15 可以看出正交表有以下特点。第一是每一列中，不同数字出现的次数相等。因此用正交表安排试验时，每个因素的不同水平都可出现相同的次数，从而使得不同水平的试验结果具有可比性。第二是任意两列中，把同一行的两个数字看成一对有序对，不同的有序数对出现的次数相等。这使得在使用正交表时，对于任意两个因素都是全面试验，从而保证了试验结果具有较强的代表性。

2. 无交互作用的正交设计及方差分析

下面通过一个例子来说明如何对无交互作用的方差分析问题应用正交表做正交设计，并做相应的统计分析。

某手机公司需要增加产品的销售量，经分析研究，决定选取如表 6-16 所列的因素及水平进行试验，目的是寻找提高产品销售量的影响因素。正交设计试验可按如下步骤进行。

表 6-16 某手机销售量研究的因素水平表（一）

水平	因素	
	销售地区（A）	手机运行内存（B）
1	地区 1	6 GB
2	地区 2	8 GB

（1）确定试验目标和研究的试验指标。本试验的目的是寻找提高产品销售量的影响因素，试验指标是手机的销售量。

（2）确定因素和水平。明确目标后，要根据以往的经验和相关专业知识来分析影响这一试验指标的诸多因素，并从中选出影响较大且目前还没有把握的因素作为试验中考察的条件；接着根据本公司的实践和同行的经验、理论数据，为各影响因素确定若干有代表性的试验点，即选取试验水平。本试验中经分析选取的是 2 因素 2 水平试验。

（3）选择正交表，设计表头。根据因素水平数量选用适当的正交表，为节省试验的次数，一般应尽量选取较小的表。在不考虑交互作用的情况下，正交表的每一列可安排一个因素。本试验为 2 因素 2 水平试验，不考虑交互作用，因此选择正交表 $L_4(2^3)$ 是最合适的。接着设计表头，将各因素置于所选正交表表头的相应列中。本例中的 2 个因素可分别置于表头的 1、2 列中（注：具体哪一列放哪个因素完全任意）。本例的表头设计如表 6-17 所示。

表 6-17　无交互作用情况下的正交表表头设计

列号	1	2	3
因素	销售地区（A）	手机运行内存（B）	空列

（4）制订试验方案，记录试验结果。把每个因素的 2 个水平与正交表中的代表数字 1、2、3 ——对应，为避免系统误差，其对应关系可由抽签或随机办法决定，建立如表 6-18 所示的试验方案和试验结果表，给出计划做 4 次试验应采取的水平搭配。例如，第 3 次试验搭配为 2 和 1，即取地区 2 和运行内存 1。之后按照方案做试验，记录下结果 $y_1, y_2, \cdots, y_n$，标在最后一列。

表 6-18　试验方案和试验结果表

试验号	销售地区（A）	手机运行内存（B）	空列	试验结果
1	1	1	1	y_1
2	1	2	2	y_2
3	2	1	2	y_3
4	2	2	1	y_4

（5）定义统计量，并计算各统计量的观测值。假定每个因素取 r 个水平，每种水平在试验方案中出现了 m 次，即总的试验次数为 $n=rm$。令 K_{jl} 表示第 j 列中相应于水平 l 的 m 个试验结果之和，记

$$K = \sum_{l=1}^{r} K_{jl}$$

易见，K 是全体试验结果之和。令

$$P = \frac{K^2}{n}, \quad Q_j = \frac{\sum_{l=1}^{r} K_{jl}^2}{m}, \quad S_j^2 = Q_j - P, \quad Q = \sum_{i=1}^{n} y_i^2, \quad \text{SST} = Q - P$$

不难证明

$$\text{SST} = \sum_j S_j^2$$

（6）方差分析。要考察每个因素在各水平下的效应是否有显著差异，即要分别对每个因素提出对应的假设检验。方差分析中因素的误差平方和恰是表头设计中该因素所在列相应的 S_j^2，其自由度为该因素的水平数减 1。总误差平方和 SST 的自由度为总的试验次数减 1。要注意的是，如果存在空列，则 SSE 恰好是空列对应的 S_j^2 之和，其自由度为 SST 的自由度减去诸因素误差平方和的自由度之和。通过与之前方差分析类似的讨论，构造比较统计量，将计算过程列成方差分析表，便于理解其过程。

（7）给出结论。由方差分析表计算得出的 F 值和给定显著性水平下 F_α 值的比较，给出相关因素是否显著的结论。

根据表 6-18 中的数据，计算得到的无交互作用的正交试验结果如表 6-19 所示。

表 6-19　无交互作用正交试验结果计算表

试验号	销售地区（A）	手机运行内存（B）	空列	试验结果
1	1	1	1	33
2	1	2	2	39
3	2	1	2	36
4	2	2	1	41
K_{j1}	72	69	74	$K = 149$
K_{j2}	77	80	75	$P = 5550.25$
Q_j	5556.5	5580.5	5550.5	$Q = 5587$
S_j^2	6.25	30.25	0.25	SST = 36.75

接着进行方差分析，要检验每个因素各水平的效应是否有显著的差异，根据前面的步骤（6）和表 6-19 的计算结果，可知 $\text{SSA} = S_1^2 = 6.25$，$\text{SSB} = S_2^2 = 30.25$，$\text{SSE} = S_3^2 = 0.25$。当取显著性水平 $\alpha=0.1$ 时，计算得到的方差分析表如表 6-20 所示。

表 6-20　无交互作用正交试验设计方差分析表

误差来源	自由度	误差平方和	均方差	F 值	F 临界值
因素 A	1	6.25	6.25	25	39.9
因素 B	1	30.25	30.25	121	39.9
组内	1	0.25	0.25	—	—
总和	3	36.75	—	—	—

由表 6-19 和表 6-20 的计算结果可以给出相关的结论。比较行、列因素计算出的 F 值和显著性水平下的临界值 F_α，由于 $F_A < F_\alpha(1,1)$、$F_B > F_\alpha(1,1)$，即因素 A 的作用是不显著的，可认为销售地区对该手机的销售量影响是不显著的。因素 B 的作用是显著的，

即认为运行内存对该手机的销售量影响是显著的，同时从计算结果中还看出 $K_{22} > K_{12}$，说明运行内存 2 是较优的水平。另外，由于 $K_{11} > K_{21}$，因此本例中较好的因素水平搭配是 B_2A_1 或 B_2A_2。

3. 有交互作用的正交设计及方差分析

下面通过一个例子来说明如何对有交互作用的方差分析问题应用正交表进行正交设计，并做相应的统计分析。其处理方法与无交互作用方差分析类似，故相同之处不再赘述。

假设因素水平表如表 6-21 所示，此处考虑有交互作用的正交设计和方差分析，正交设计的大致步骤如下。

表 6-21　某手机销售量研究的因素水平表（二）

水平	因素		
	销售地区（A）	手机运行内存（B）	广告媒体（C）
1	地区 1	6GB	社交网站
2	地区 2	8GB	短视频平台

（1）选择正交表，设计表头。由于每个因素有两个水平，应该选 2 水平的正交表。根据专业人员的意见，必须重视两两交互作用，但 3 个因素之间的交互作用可以忽略不计。这样，所选取的正交表至少要有 6 列，因此，选用正交表 $L_8(2^7)$ 是最合适的。把因素 A 放在第一列，因素 B 放在第二列，这时交互作用 $A×B$ 放在第三列，以此类推将因素及其交互作用安排在表头，剩余的列为空列。表头的设计如表 6-22 所示。

表 6-22　有交互作用的正交表表头设计

列号	1	2	3	4	5	6	7
因素	A	B	$A×B$	C	$C×A$	$C×B$	空列

（2）制订试验方案，记录试验结果。按照正交表 $L_8(2^7)$ 设计有交互作用的试验方案，结果如表 6-23 所示（注：实际试验方案不包括 $A×B$、$C×A$、$C×B$ 列）。如第 3 次试验搭配为 1、2、1，即取销售地区 1、手机运行内存 2 和社交网站 1 的搭配。之后按照方案做试验，记录下结果 $y_1, y_2, \cdots, y_n$，标在最后一列。

表 6-23　有交互作用的试验方案和试验结果表

试验号	A	B	$A×B$	C	$C×A$	$C×B$	空列	试验结果
1	1	1	1	1	1	1	1	y_1
2	1	1	1	2	2	2	2	y_2
3	1	2	2	1	1	2	2	y_3
4	1	2	2	2	2	1	1	y_4
5	2	1	2	1	2	1	2	y_5
6	2	1	2	2	1	2	1	y_6

试验号	A	B	$A \times B$	C	$C \times A$	$C \times B$	空列	试验结果
7	2	2	1	1	2	2	1	y_7
8	2	2	1	2	1	1	2	y_8

（3）计算各统计量的观测值。在无交互作用情形下给出的计算公式依然有效，这里不再赘述。需要注意的是，因素 A 和因素 B 的交互作用 $A \times B$ 的自由度为 A 的自由度与 B 的自由度的乘积。

（4）方差分析。

（5）给出结论。

具体的实例分析类似于无交互作用试验设计，这里不再给出分析，请读者自己分析。

4. 使用 SPSS 进行正交设计及方差分析

使用 SPSS 可以简单地生成正交表并进行正交分析，得到想要的数据。接下来以无交互作用的方差分析问题（表 6-19 中的数据）为例，使用 SPSS 进行操作。

首先，在 SPSS 的菜单栏里找到"数据"（Data）→"正交设计"（Orthogonal Design）→"生成"（Generate），输入需要进行正交设计的因素和水平，即可生成正交表，如图 6-15 和图 6-16 所示。然后在图 6-16 中的"STATUS_"（状态）一列中将试验结果一一对应填入。（注意：SPSS 会根据因素个数自动生成正交表，只需按需删除多余的组合即可。）

生成正交表后，在 SPSS 的菜单栏里找到"分析"（Analyze）→"一般线性模型"（General Linear Model）→"单变量"（Univariate），如图 6-17 所示。在图 6-18 中的"因变量"（Dependent Variable）一栏插入正交表中的"STATUS_"（状态）列，在"固定因子"（Fixed Factor(s)）一栏中插入"A"列、"B"列和"NULL"（空）列，调整"模型"（Model）选项并完成分析，如图 6-18 所示。最终生成的方差分析报告如图 6-19 所示。

图 6-15 SPSS 进行正交表生成的步骤

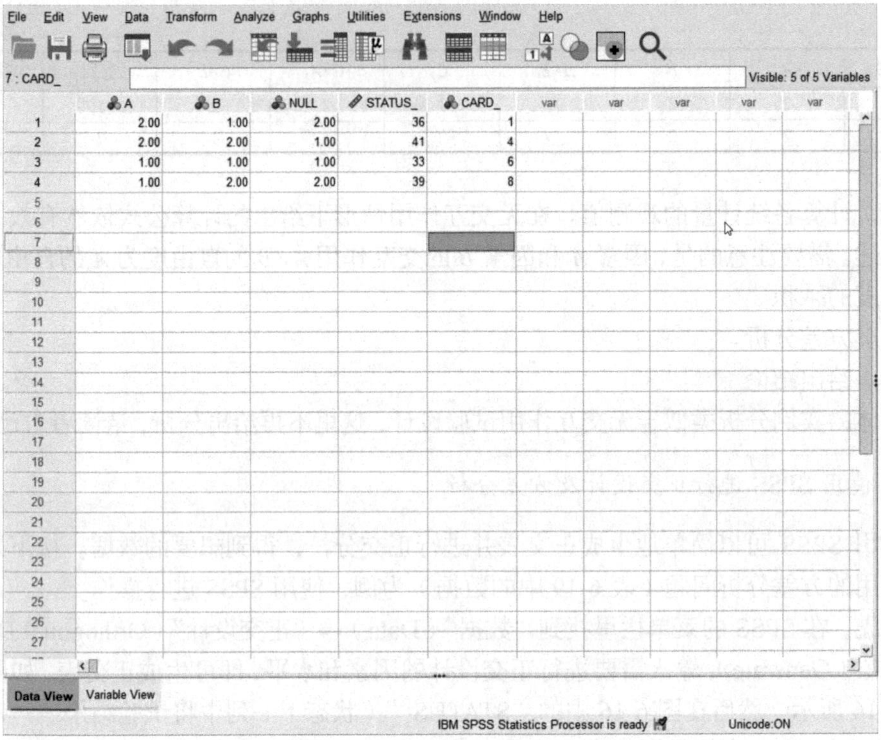

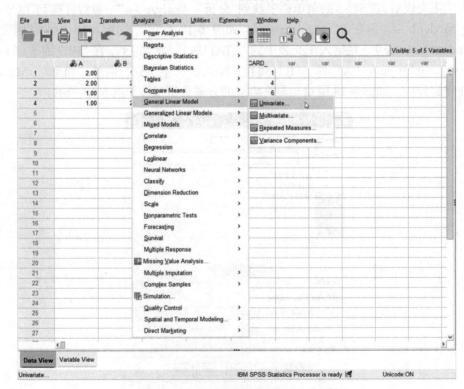

图 6-16　SPSS 生成的正交表

图 6-17　SPSS 方差分析中的单变量分析模块

图 6-18　单变量分析中的正交状态栏

主体间效应检验

因变量:STATUS_

源	III 类平方和	自由度	均方	F	显著性
修正模型	36.500ᵃ	2	18.250	73.000	.082
截距	5550.250	1	5550.250	22201.000	.004
A	6.250	1	6.250	25.000	.126
B	30.250	1	30.250	121.000	.058
误差	.250	1	.250		
总计	5587.000	4			
修正后总计	36.750	3			

a. R 方 = .993（调整后 R 方 = .980）

图 6-19　方差分析报告

　　可以看到，图 6-19 方差分析报告中的数据与表 6-20 计算结果一致。读者可以尝试参照以上操作，自己输入合适的数据，使用 SPSS 对相关试验数据的例子进行有交互作用的方差分析，并做相应的统计分析。

本 章 小 结

　　1. 方差分析。方差分析是对两个及两个以上总体的均值差别进行显著性检验的一种统计方法。这种方法通过比较组内变异和组间变异的大小，来确定不同组别（总体）的均值是否存在统计学上的显著差异。根据试验中变化的因素是一个还是多个，分为单因素方差分析和多因素方差分析，其中双因素方差分析是多因素方差分析的特例。

　　2. 单因素方差分析法和双因素方差分析法。单因素方差分析是对来自一个因素、多个总体（水平）的试验指标均值是否相等进行检验的统计分析方法，是方差分析中最简单的情形。双因素方差分析法是研究两种因素 A 和 B 对试验指标的影响程度的方法。其中，如果两个因素的效应是相互独立的，不存在相互关系，称为无交互作用的双因素方差分析；如果两个因素结合在一起会产生出一种新的影响效应，称为有交互作用的双因素方差分析。

3. 试验设计。试验设计的目的是通过科学安排试验，使人们用尽可能少的试验获得尽可能多的信息。本章介绍了试验设计的三个基本原则和完全随机化设计、随机化区组设计、因子设计和正交设计四种基本试验类型。其中，完全随机化设计的数据可由单因素方差分析法来分析；随机化区组设计的数据可由无交互作用的双因素方差分析法来分析，因子设计的数据可由有交互作用的双因素方差分析法来分析；正交设计的数据可根据其是否有交互作用分别采用无交互作用的双因素方差分析法和有交互作用的双因素方差分析法来分析。

■ 思考题

1. 什么是方差分析？它的主要目的是什么？
2. 方差分析有哪些基本的假定？
3. 简述方差分析的基本思想和基本步骤。
4. 检验两个均值是否相等的 F 统计量与 t 统计量之间有什么关系？
5. 方差分析中的多重比较的作用是什么？
6. 除了 LSD 和 SSR 多重检验方法之外，还有什么检验方法可以进行多重比较？这些多重比较方法有什么不同？
7. 解释无交互作用和有交互作用的双因素方差分析。
8. 解释 R^2 的含义和作用。
9. 解释试验、试验设计、试验单元的含义。
10. 简述试验设计的基本原则。
11. 简述完全随机化设计、随机化区组设计、因子设计的含义和区别。
12. 简述正交设计的含义和设计步骤。

案例分析

某厂家开发了一种新产品，该产品有一些吸引消费者的特性。首先，它与目前市场上销售的同类产品相比具有携带方便的优点。其次，新产品的质量至少不会低于同类产品。最后，新产品的价格要略低于市场上的同类产品。营销经理需要决定的是如何宣传这种新产品，他可以通过强调产品的便利性、高品质或价格优势来推销。为了决定采用何种广告战略，他分别在三个小城市开展试验。在第一个城市推出产品时，他将广告的重点放在宣传新产品的便利性（如可以很方便地从商店搬回家）上。在第二个城市，他则大力宣传产品的质量。接下来在第三个城市，广告则聚焦在产品的第三大亮点——相对较低的价格上。相关人员记录了营销战略开始后 20 个星期的周销量，如表 6-24 所示（假定除广告战略外，三个城市的其他条件完全相同）。

表 6-24 某产品在不同广告方案下的市场销售量调查结果　单位：台

周数	城市 1：便利性	城市 2：高质量	城市 3：低价格	周数	城市 1：便利性	城市 2：高质量	城市 3：低价格
1	529	804	672	11	498	492	691
2	439	647	785	12	824	714	866
3	728	403	545	13	514	674	521
4	481	412	637	14	739	800	852
5	853	678	622	15	635	797	426
6	481	527	668	16	724	792	773
7	847	607	719	17	494	616	629
8	499	564	749	18	662	430	451
9	535	697	802	19	866	521	643
10	756	778	789	20	631	529	629

假设除了营销策略不同之外，厂商还决定使用两种新媒体平台中的一种来发布该产品的广告：短视频平台和社交网站。于是，试验按照如下的方法重新进行了一次。选择6 个不同的小城市：在城市 1，营销的重点是便利性，广告采用在短视频平台投放的形式；在城市 2，营销重点依然是便利性，但广告采用在社交网站投放的形式；在城市 3，营销的重点是高质量，广告投放在短视频平台；在城市 4，营销的重点也是高质量，但广告投放在社交网站上；城市 5 和城市 6 的营销重点都是低价格，但城市 5 采用在短视频平台投放的形式，而城市 6 采用在社交网站投放的形式。记录下每个城市 10 周中每周的销售情况，数据如表 6-25 所示（假设 6 个城市的试验条件完全相同）。

表 6-25 某产品在不同广告方案和广告媒体下的市场销售量调查结果　单位：台

周数	便利性		高质量		低价格	
	城市 1：短视频平台	城市 2：社交网站	城市 3：短视频平台	城市 4：社交网站	城市 5：短视频平台	城市 6：社交网站
1	647	641	504	626	631	864
2	524	890	765	844	868	516
3	454	851	600	550	830	878
4	779	724	897	846	788	786
5	647	884	529	580	704	738
6	494	665	699	493	772	559
7	409	722	552	828	688	485
8	525	634	762	749	456	842
9	815	836	681	480	796	523
10	543	788	531	740	401	882

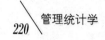

讨论题:

1. 根据上述案例所给的广告方案和广告媒体形式,给出对其进行显著性检验的假设。
2. 检验该产品的三种不同广告方案下的销售量均值是否相同。
3. 检验该产品的三种广告方案和两种广告媒体组合下的销售量均值是否相同。
4. 对上述检验方法进行讨论。

第七章

相关与回归分析

1978 年改革开放以来，我国的国民经济一直保持着较高的增长速度，人民生活水平有了大幅度提高。近年来，随着全球化竞争加剧，以及我国对外开放程度的进一步加深，国民经济的发展面临着诸多挑战。市场经济的引入，使得宏观调控对国民经济的发展起着至关重要的作用。财政政策作为国家宏观调控的重要手段，对于国家的宏观经济有着决定性的影响力，因此政府每年都会制定年度财政预算，以尽量实现财政平衡，避免财政赤字。

在财政政策的制定上，我国多年来基本上延续使用的是"量入为出"的方法。在进行国家收入预算时，我们需要比较准确地测定次年度的财政收入，以此拟定预算支出，保障经济平稳发展。为了对现实经济活动的指导提供有效的参考，需要通过统计的方法研究多项因素对我国财政收入的影响，以建立合适的财政收入预测模型。

财政收入水平的高低是反映一国经济实力的重要标志。在一定时期内，财政收入规模大小受许多因素的影响，相关研究表明：一个国家的三大产业总产值、社会总人口、最终消费、是否受灾等，是决定一个国家一定时期内财政收入规模大小的主要影响因素。

另外，税收水平高低、GDP 规模大小、进出口额大小、社会从业人数的多少、其他收入的多少等也在一定程度上影响着财政收入。为了简化起见，我们可以只取上述一些主要的变量作为解释变量，分析它们对财政收入的影响程度，从而达到预测未来财政收入的目的。请思考以下问题。

1. 何种度量指标可以衡量变量与财政收入变化的密切程度呢？
2. 如何建立预测模型并应用该模型预测未来财政收入呢？
3. 如何有效检验回归模型的精度，一般从哪几个方面考量？

分析变量之间的关系，常用的基本模型有相关模型和回归模型两种。在相关分析中，变量 X 和 Y 都被看作是随机变量；而在回归分析中，变量 Y 是随机变量，变量 X 被假定为控制变量，可以进行事先设定。例如，考虑上述财政收入与第三产业总产值之间的关系问题。我们选择过去一段时间内财政收入与第三产业总产值数据。首先，应用相关模型分析这二者之间的相关程度；其次，在相关程度较高的基础上，采用回归模型估计第三产业总产值对财政收入的影响程度。在回归分析中，第三产业总产值作为解释变量（自变量），用来解释被解释变量（财政收入）的变动情况。

在以上案例中，我们需要寻找被解释变量和解释变量之间的统计关系，而相关分析与回归分析便是现代统计学中测度这二者关系的主要方法和核心内容。本章基于管理学和社会经济领域的典型案例，从相关与线性回归分析的基本概念和原理入手，以一元线性回归分析为基础，探讨线性回归分析的参数估计、模型识别、模型检验与模型应用等内容，并将一元线性回归分析拓展至多元线性回归与非线性回归之中。

7.1 相关分析

7.1.1 相关分析的概念及原理

1. 相关关系的概念

在社会经济的各个领域，一种现象与另一种现象之间往往存在着相互影响、相互制约的关系，如某种产品销售额与促销费用、销售额与销售量之间的关系等。当用变量来描述这些现象的特征时，便表现为变量间的依存关系。这种依存关系大致可分成两种类型：一类是函数关系，另一类是相关关系。

1）函数关系

函数关系是指变量之间严格的、确定的依存关系。在这种关系中，当一个或几个变量发生变化时，另一变量也会随之发生变化，而且有确定的值与之相对应。例如，银行的存款利率与到期本息的关系，股票的成交额与成交量的关系，产品的总成本与产量和单位成本的关系等，这些都可以使用固定的函数关系式来描述现象之间的关系，称为函数关系。

2）相关关系

相关关系是指变量之间存在一定的依存关系，但在数量上又不是确定的和严格依存的。在这种关系中，当某个变量发生变化时，与之相联系的变量就有若干个可能的取值与之相对应，从而表现出一定的波动性。例如，某产品的成本与产品利润的关系，成本越低，利润越高，但这种关系却是不确定的；某个地区的财政收入与房地产业的总产值的关系是正向影响的，但房地产业并非决定某地区财政收入的唯一因素。统计学所研究的主要就是这种关系。

相关关系和函数关系既有联系，又有区别。在实际的问题中，具有函数关系的变量之间往往由于测量误差等随机因素的干扰，常常借助相关关系表现出来；而对具有相关关系的变量关系进行认识时，假设其他可控变量全部不变，其数量间的规律性也可以借助函数关系来呈现。

对于统计研究中具有相关关系的某些现象，如果某一或若干现象的变化是引起另一现象变化的原因，则将这种相关关系称为因果关系。具有因果关系的变量之中，用来解释另一个变量变化的原因的变量，一般是给定的并且是可以控制的值，将其称为自变量

（或解释变量）；另一个变量的变化是自变量变化的结果，它是不确定的随机变量，将其称为因变量（或被解释变量）。例如，投入与产出之间，有投入才有产出，因此投入为自变量，产出为因变量。

2. 相关关系的种类

（1）按变量相关的程度可分为完全相关、不完全相关和不相关。当一个变量的变化完全由另一个变量所决定时，称变量间的这种关系为完全相关。这种严格的依存关系实际上就是函数关系，如在价格不变情形下的销售额和销售量的关系。当两个变量的变化彼此互不影响，其数量变化各自独立时，称这两个变量之间的关系为不相关或零相关。例如，学生的考试成绩与学生的身高一般被认为是不相关的，此时的不相关就是概率论知识里面的独立，即变量间没有任何关系，因此不能用任何线性或非线性模型来进行分析。当变量之间的关系介于完全相关和不相关之间时，即现象间存在着不严格的依存关系时，称为不完全相关。不完全相关是现实当中主要的相关表现形式，也是相关分析的主要研究对象。

（2）按变量相关的方向可分为正相关和负相关。当一个变量的数值随着另一个变量的数值增加而增加、减少而减少时，即变量之间同向发生变化时，称为正相关。例如，家庭消费与家庭收入之间的关系，一般地，随着家庭收入的增加，家庭消费也会随之增加。当一个变量随着另一个变量的增加而减少（抑或减少而增加）时，即变量之间反向进行变化时，称为负相关。例如，某产品产量与单位成本之间的关系，单位成本会随着产品产量的增加而减少，从而呈现出负相关关系。

（3）按变量相关的形式可分为线性相关和非线性相关。当变量之间的依存关系大致呈现为线性形式，即当一个变量发生变动，另一个变量也随之发生大致均等的增/减量变动（从图形上看，其观测值的分布近似表现为直线形式）时，就称为线性相关。若变量间的关系不按固定比例，而呈现出某种曲线形式变化时，就称为非线性相关。

上述的这些相关关系如图 7-1 所示。

（4）按相关变量的数量可分为单相关、复相关和偏相关。当现象的变化仅限于两个变量之间的依存关系时，称为单相关，又称一元相关。若一个变量的变化与两个或两个以上的其他变量有关，这种相关称为复相关。例如，家庭消费与家庭收入的关系中，家庭消费除了与家庭收入有关以外，还与市场的价格水平有关，从而呈现出一种复相关。

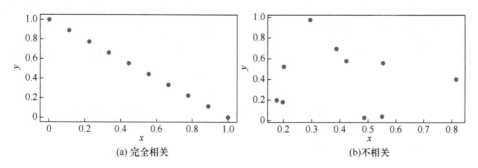

(a) 完全相关　　　　(b) 不相关

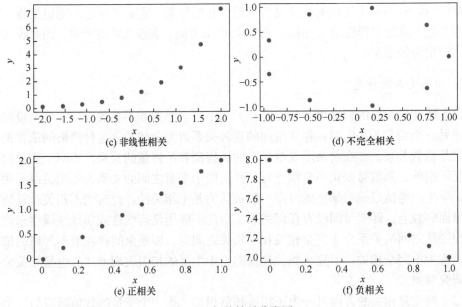

图 7-1　相关关系分类图

在复相关研究中，假定其他变量不变，专门考察因变量（被解释变量）和某个自变量（解释变量）之间的相关关系时，称这种相关关系为偏相关。

7.1.2　相关关系的测定

变量之间的相关关系需要用相关分析的方法来进行识别和判断。相关分析的方法，就是指借助于图形和某些分析指标对变量之间的依存关系及其相关程度进行测定的具体方法。这些方法包括定性分析和定量分析。

1. 定性分析

定性分析是根据研究者的理论知识、专业知识和经验，对客观现象之间是否存在相关关系，有何种相关关系，以及相关关系的密切程度，做出直观的大致判断。定性分析一般通过编制相关表和绘制相关图的方法进行。

1）相关表

相关表是根据变量之间的原始资料，将某一变量按其取值从小到大进行顺序排列，然后将另一变量的数值对应排列，便可得到简单的相关统计表。

【例 7-1】　本章引例中 2009～2019 年我国财政收入与第三产业总产值的相关情况如表 7-1 所示。

表 7-1　财政收入与第三产业总产值相关表

年份	财政收入 y/亿元	第三产业总产值 x/亿元
2009	68 518.30	148 038.00
2010	83 101.51	176 623.00

续表

年份	财政收入 y/亿元	第三产业总产值 x/亿元
2011	103 874.43	210 545.00
2012	117 253.52	238 530.00
2013	129 209.64	276 315.00
2014	140 370.03	305 501.00
2015	152 269.23	337 578.00
2016	159 604.97	380 404.00
2017	172 592.77	432 342.00
2018	183 359.84	485 629.00
2019	190 390.08	530 257.00

资料来源：国家统计局

从表 7-1 中可以直观地看出，随着第三产业总产值的增加，我国的财政收入同向增加，二者之间存在着一定程度的正相关关系。

2）相关图

相关图又称散点图，它是用直角坐标系的横轴代表一个变量，纵轴代表另一个变量，将两个变量间的成对数据用坐标点的形式描绘出来，用以表明两变量之间相关关系的图形。通过相关图，可以大致看出两个变量之间有无相关关系以及相关关系的形态、方向和密切程度。以表 7-1 的数据为例，用 Excel 分别绘制散点图和相关图，结果如图 7-2 所示。

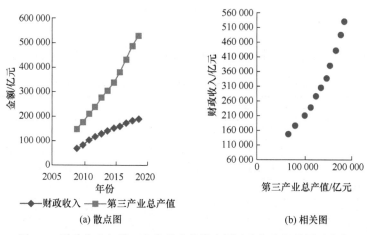

(a) 散点图　　　　　　　(b) 相关图

图 7-2　财政收入与第三产业总产值散点图（左）和相关图（右）

从图 7-2 可以直观地看出，我国的财政收入与第三产业总产值之间密切相关，且具有线性的正相关关系。

2. 定量分析

相关表和相关图虽然有助于识别变量之间的相关关系和相关方向，但它无法对这种关系进行精确的计量。在统计学的研究中，除了初步判定变量间存在某种相关关系外，还需要计算相关关系的密切程度，比较常用的度量指标是相关系数。

在具体的研究中，依据现象之间的不同相关特征，其统计指标的名称有所不同。将反映两变量间线性相关关系的统计指标称为相关系数（相关系数的平方称为判定系数）；将反映两变量间曲线相关关系的统计指标称为非线性相关系数（非线性相关系数的平方称为非线性判定系数）；将反映多变量线性相关关系的统计指标称为复相关系数（复相关系数的平方称为复判定系数）等。

1）相关系数的定义

对于连续变量之间的参数统计，最常用的是皮尔逊相关系数，即协方差与两变量标准差乘积的比值，是没有量纲的、标准化的协方差。相关系数用 r 表示，它的基本公式为

$$r = \frac{\dfrac{\sum\left(x_i - \overline{x}\right)\left(y_i - \overline{y}\right)}{n}}{\sqrt{\dfrac{\sum\left(x_i - \overline{x}\right)^2}{n}}\sqrt{\dfrac{\sum\left(y_i - \overline{y}\right)^2}{n}}} \tag{7-1}$$

式中，n 为数据项数；x 为自变量；y 为因变量。如果以上数据是针对总体的，则称为总体相关系数，如果是针对样本的，则称为样本相关系数。

2）相关系数的计算

根据相关系数的定义，公式（7-1）可以整理得到简化形式：

$$r = \frac{n\sum xy - \sum x \sum y}{\sqrt{n\sum x^2 - \left(\sum x^2\right)} - \sqrt{n\sum y^2 - \left(\sum y^2\right)}} \tag{7-2}$$

以表 7-1 中的数据为例，用 Excel 计算的相关系数见表 7-2。

表 7-2　财政收入与第三产业总产值的相关系数计算表

年份	财政收入 y/亿元	第三产业总产值 x/亿元	y^2	x^2	xy
2009	68 518.30	148 038.00	4 694 757 434.89	21 915 249 444.00	10 143 312 095.40
2010	83 101.51	176 623.00	6 905 860 964.28	31 195 684 129.00	14 677 638 000.73
2011	103 874.43	210 545.00	10 789 897 207.82	44 329 197 025.00	21 870 241 864.35
2012	117 253.52	238 530.00	13 748 387 952.39	56 896 560 900.00	27 968 482 125.60
2013	129 209.64	276 315.00	16 695 131 068.93	76 349 979 225.00	35 702 561 676.60
2014	140 370.03	305 501.00	19 703 745 322.20	93 330 861 001.00	42 883 184 535.03
2015	152 269.23	337 578.00	23 185 918 404.79	113 958 906 084.00	51 402 742 124.94
2016	159 604.97	380 404.00	25 473 746 448.70	144 707 203 216.00	60 714 369 007.88
2017	172 592.77	432 342.00	29 788 264 256.27	186 919 604 964.00	74 619 103 367.34
2018	183 359.84	485 629.00	33 620 830 924.83	235 835 525 641.00	89 044 855 739.36
2019	190 390.08	530 257.00	36 248 382 562.41	281 172 486 049.00	100 955 672 650.56
合计	1 500 544.32	3 521 762.00	220 854 922 547.52	1 286 611 257 678.00	529 982 163 187.79

将表 7-2 中的数据代入公式（7-2），通过计算可以得到相关系数为 0.977 578 861，说明财政收入与第三产业总产值之间有高度的线性正相关关系。

另外，我们还可以采用 Excel 自带的相关系数计算功能，来计算相关系数的值。以表 7-1 中的数据为例，简要步骤与结果如下：打开 Excel，从"工具"→"数据分析"→"相关关系"进入相关关系窗口做相应处理。最终得到以下结果，如表 7-3 所示。

表 7-3　Excel 输出的财政收入与第三产业总产值的相关系数表

指标	财政收入	第三产业总产值
财政收入	1	
第三产业总产值	0.977 578 861	1

3）相关系数的意义

相关系数一般可以从正负符号和绝对数值的大小两个层面理解。正负号说明现象之间是正相关还是负相关；绝对数值的大小说明两现象之间线性相关的密切程度。相关系数 r 的取值为[-1,1]，其意义如下。

（1）当 $r>0$ 时，表明变量之间为正相关；当 $r<0$ 时，表明变量之间为负相关。

（2）当 $|r|=1$ 时，表示两变量为完全线性相关，即函数关系。$r=+1$，为完全正相关；$r=-1$ 为完全负相关。

（3）当 $r=0$ 时，表明两变量无线性相关关系。

（4）当 $0<|r|<1$ 时，表示两变量存在一定程度的线性相关关系。r 的绝对值越接近于 1，表明线性相关关系越密切；r 越接近于 0，表明线性相关关系越不密切。

另外，针对具有相关关系的相关程度判定，一般可按四级进行划分。$|r|<0.3$，为无线性相关；$0.3\leqslant|r|<0.5$，为低度线性相关；$0.5\leqslant|r|<0.8$，为显著线性相关；$|r|\geqslant0.8$，一般称为高度线性相关。但以上划分必须建立在相关系数通过显著性检验的基础之上。

7.1.3　相关系数的检验

在很多情况下，样本相关系数是根据总体中抽取的随机样本的观测值计算出来的，它是对总体相关系数 ρ 的一个估计，因此样本相关系数会随着总体抽样的变动而变动，变成了随总体相关系数而波动的随机变量。在利用样本相关系数进行推断时，还需要经过正式的假设检验，才能做出科学可靠的判断。样本相关系数的检验包括两类检验。

（1）对总体相关系数是否等于 0 进行检验。

（2）对总体相关系数是否等于某一给定的不为 0 的数值进行检验。

假定总体变量 X 和 Y 服从二元正态分布，从总体中随机抽取一个样本，计算该样本的相关系数 r，要检验的假设为 $H_0:\rho=0$，$H_1:\rho\neq0$，则检验统计量为

$$t=\frac{r\sqrt{n-2}}{\sqrt{1-r^2}} \tag{7-3}$$

可以证明在原假设成立的条件下，公式（7-3）的统计量 t 服从自由度为 $n-2$ 的 t 分

布。因此,对总体相关系数是否等于0的 t 检验主要包括以下步骤。

步骤1:提出原假设和备择假设。假设样本相关系数 r 是抽自具有零相关的总体,即

$$H_0 : \rho = 0, \quad H_1 : \rho \neq 0$$

步骤2:规定显著性水平,并依据自由度 $n-2$ 确定临界值。

步骤3:计算检验的统计量 t。

步骤4:做出判断。将计算的统计量与临界值对比,若统计量大于临界值,表明变量间线性相关在统计上是显著的;若统计量小于临界值,说明相关关系在统计上并不显著。

对表7-3中的相关系数进行检验的主要步骤如下。

提出原假设和备择假设;取显著性水平 $\alpha = 0.05$,自由度 $n-2 = 11-2 = 9$;查 t 分布表得,$t_{\alpha/2}(n-2) = t_{0.025}(9) = 2.262\,16$;计算检验的统计量 t:

$$t = \frac{r\sqrt{n-2}}{\sqrt{1-r^2}} = \frac{0.977\,58\sqrt{11-2}}{\sqrt{1-0.977\,58^2}} = 13.93$$

由于 $t > t_{\alpha/2}$,则拒绝 H_0,表明变量间线性相关在统计上是显著的,即财政收入与第三产业总产值之间的相关系数是非常显著的。

7.1.4 相关分析中应注意的问题

1. 相关关系不等同于因果关系

相关系数的大小只表明两个变量间互相影响的程度和方向,它并不能说明两变量是否有因果关系,以及何为因、何为果。例如,一些人的研究发现某些专业的女生比例与学习成绩有正相关关系,但不能由此推断班级的女生比例越高,班级平均成绩越好。

因与果在很多情况下是可以互换的。例如,研究发现个人收入与个人投资正相关,并且可以用收入水平作为解释投资多少的原因,但也存在这样的情况,赚的钱越多,投资越多,而投资越多,导致赚的钱越多,这种情形下何为因、何为果很难分辨。故而不能简单地从相关系数的大小中得出因果的结论。

2. 相关系数只是度量变量间的线性关系

需要注意,相关系数只是度量变量间的线性关系,当判定变量之间的相关关系是弱相关时,不一定表明变量间没有关系,或许变量存在着很强的曲线相关关系。例如,产品投入市场的过程符合生长曲线的"S"形状,此时的变量线性相关系数较小,但其曲线相关程度却很高。

3. 注意相关关系成立的数据范围

相关系数有一个明显的缺点,即它接近于1的程度与数据组数 n 相关,这容易给人一种高度相关的假象。因为,当 n 较小时,相关系数的波动较大,有些样本相关系数的绝对值易接近于1;当 n 较大时,相关系数的绝对值容易偏小。

另外，不能在相关关系据以成立的数据范围以外继续推论这种关系。比如，某产品的促销投入越多，产品销售额越大，利润增加，但达到一定极限后，盲目加大促销费用，却未必使销售额再增长，反而可能出现正相关变成负相关的情况。

4. 警惕虚假相关

有时两变量之间并不存在相关关系，但却可能出现较高的相关系数，这可能是由于存在另一个共同影响两变量的因素。例如，在猪肉价格与员工薪金的相关分析中，我们往往可以计算得到一个较大的相关系数，这是否表明猪肉价格提高导致员工的薪金增加呢？经分析，事实是由于经济繁荣导致通货膨胀，致使员工薪金和猪肉价格上涨，而员工薪金增长和猪肉价格之间并没有什么直接关系。

7.2 一元线性回归分析

在变量之间存在相关关系的基础上，为了探求二者之间的具体数量规律性特征，需要进行回归分析。线性回归是在变量之间相互联系的情况下，通过一定的数学表达式对变量之间的依存关系进行描述，进而确定一个或几个自变量对某个特定因变量的影响程度。一元线性回归是只考虑两个变量相关情形下最简单的回归模型。本节通过一元回归的建模思想，对一元回归的最小二乘估计及其性质、一元回归的有关检验、预测和控制等进行讨论。

7.2.1 回归分析

1. 回归分析的定义

"回归"一词是由英国生物学家高尔顿（F. Galton）在研究人体身高的遗传问题时首先提出的。根据遗传学的观点，子辈的身高受父辈影响，以变量 X 表示父辈身高，Y 表示子辈身高。虽然子辈身高一般受父辈影响，但同样身高的父亲，其子身高并不一致，因此，X 和 Y 之间存在一种相关关系。一般而言，父辈身高者，其子辈身也高，依此推论，祖祖辈辈遗传下来，身高必然向两极分化，而事实上并非如此，显然有一种力量将身高拉向中心，即子辈的身高有向中心回归的特点，"回归"一词即源于此。现代回归分析虽然沿用了"回归"一词，但内容已有很大变化，它是一种广泛应用于诸多领域的分析研究方法。

回归分析就是通过一个或几个变量的变化去解释另一变量的变化。它是对具有相关关系的变量之间数量变化的一般关系进行测定，进而确定一个具体的数学表达式，以便于进行估计或预测的统计方法。该方法包括找出自变量与因变量、设定数学模型、检验模型、估计预测等环节。

回归有不同的种类，按照自变量的个数划分，有一元回归和多元回归。只有一个自变量的叫一元回归，有两个或两个以上自变量的叫多元回归；按照回归曲线的形态划分，有线性回归和非线性的曲线回归。针对实际问题的分析可以根据客观现象的性质、特点，在掌握相应的理论和实践基础上，根据研究任务和目的选取特定的回归分析方法。

2. 相关分析与回归分析的区别

相关分析是回归分析的基础和前提，回归分析则是相关分析的深入和继续。相关分析需要借助回归分析来获取变量之间数量规律性的具体形式，而回归分析则需要依靠相关分析来探求变量之间相关变化的具体程度。只有当变量之间的相关程度较高时，进行回归分析去寻求其具体的数量形式才有意义。如果在没有对变量之间是否相关以及相关的方向和程度做出正确的判断之前，就进行回归分析，很容易造成"伪回归""虚假回归"。

在回归分析中，我们必须根据研究目的具体确定哪些是自变量，哪个是因变量。当确定方程时，只要求因变量是随机的，而自变量是给定的数值，常被称为控制变量。在得到回归方程的具体表达形式后，自变量的系数称为回归系数，它表示单位自变量的变动对因变量的潜在改变量。回归系数的符号为正时，表示正相关；回归系数的符号为负时，表示负相关。一般地，一个回归方程只能做一种推算，表明自变量改变与因变量改变的具体关系，以及在给定自变量的数值情况下估计因变量的可能值，但不能利用因变量的改变来获得自变量的可能取值。

与此同时，相关分析只研究变量之间相关的方向和程度，具有相关关系的两个变量的关系是对等的，都是随机变量，即我们不能从一个变量的变化来推测另一个变量的变化情况。因此，在实际的问题应用中，需要结合相关分析和回归分析的内容，才能达到研究的目的。

相关分析和回归分析的主要区别如下。

（1）都是对变量间相关关系的分析，但相关关系所研究的变量是对等关系，而回归分析所研究的变量不是对等关系，分为自变量和因变量；另外，只有当变量间存在相关关系且为因果关系时，用回归分析去寻求相关的具体数学形式才有实际意义。

（2）相关分析对数据资料的要求是两个变量都必须是随机变量；而回归分析中自变量是可以控制的变量（给定的变量），因变量是随机变量。相关分析只表明变量间相关关系的性质和程度，要确定变量间相关的具体数学形式依赖于回归分析。

（3）相关分析的目的是研究变量之间的相关方向、程度以及相关的表现形式是什么；而回归分析的目的是拟合变量之间的表现形式（回归方程），并据此进行回归预测。可见，回归分析中相关系数的确定建立在相关分析的基础上。

变量之间是否存在"真实相关"，是由变量之间的内在联系所决定的。相关分析与回归分析只是变量分析的方法和手段，它们虽然可以从数量上反映变量之间的联系形式及其密切程度，但是无法准确判断变量之间是否真正存在内在联系，也无法判定变量之间的因果关系。因此，在具体的应用中，一定要注意把定性分析和定量分析相结合，在定性分析的基础上展开定量分析。

7.2.2 一元线性回归模型

在许多问题中，经常需要研究某一现象与影响它的某一最主要因素之间的关系。譬如，在我国财政收入问题的研究中，影响它的因素很多，但我们可以只研究我国财政收入与第三产业总产值之间的关系，因为它是影响财政收入的最主要因素，这样我们就获得了只有一个自变量和一个因变量的一元线性回归模型。从这个总体上看，可以用如式（7-4）所示的数学模型来描述它：

$$Y = \beta_0 + \beta_1 X + \mu \qquad (7\text{-}4)$$

式（7-4）称为总体一元线性回归模型，Y 为被解释变量或因变量；X 为解释变量或自变量。β_0 和 β_1 是未知参数，称它们为回归系数，β_1 表示 X 每变动一个单位时 Y 的概率分布的均值变化，即当 X 每增加一个单位时，Y 平均变化 β_1 个单位；μ 是一个特殊的随机变量，表示其他随机因素的干扰和影响。

1. 总体回归函数与样本回归函数

如果把 Y 的条件期望表示为 X 的某种函数，这个函数称为回归函数。如果对于 X 的每一个取值，都有 Y 的条件期望与之对应，则坐标图上 Y 的条件期望的点随 X 而变化的轨迹所形成的直线或曲线，称为回归线；如果其函数形式是只有一个自变量的线性函数，则称为简单线性回归。

在实际问题中，通常总体包含的单位数很多，因而无法获得所有总体单位的具体数值，针对总体进行回归是不实际的，能做的是利用总体的部分单位即样本信息，对总体信息进行估计。针对财政收入与第三产业总产值进行回归分析，可通过获取 n 对的样本观察值 (x_i, y_i) $(i = 1, 2, \cdots, n)$，来对总体的 β_0、β_1 和 σ^2 进行估计，比如用 $\hat{\beta}_0$、$\hat{\beta}_1$ 和 $\hat{\sigma}^2$ 分别表示 β_0、β_1 和 σ^2 的估计值。我们称

$$\hat{Y} = \hat{\beta}_0 + \hat{\beta}_1 X + e \qquad (7\text{-}5)$$

为财政收入关于第三产业总产值的一元线性样本回归方程。

因此，我们将总体因变量 Y 的条件均值表示为自变量 X 的某种函数关系，并将其称为总体回归函数；同理，将因变量 Y 的样本条件均值表示为自变量 X 的某种函数，这个函数称为样本回归函数。以上二者的区别如下。

（1）总体回归函数虽然未知，但它是确定的；样本回归线随抽样波动而变化，可以有许多条。

（2）样本回归线不是总体回归线，至多只是未知总体回归线的近似表现。

（3）总体回归函数的参数虽未知，但是是确定的常数；样本回归函数的参数可以估计，它是随抽样而变化的随机变量。因此，样本回归的参数计算值都是对总体回归参数的估计。

（4）总体回归函数中的 μ 是不可直接观测的；而样本回归函数中的随机误差 e，在估计出样本回归的参数后就可以计算出具体数值。

2. 线性回归分析的理论假设

各种参数估计的方法都是以一定的假设为前提的，回归分析中的基本理论假设如下。

（1）自变量与因变量之间存在着线性关系。这个可以由相关系数来保证。在进行回归分析之前，通常都要进行相关分析，在得到了较高的相关系数的基础上，再对可能具有因果关系的两个变量进行回归分析，从而测定其具体的回归表达式。

（2）随机误差服从正态分布。随机误差即残差 μ 服从均值为 0、方差为 σ^2 的正态分布，在这个假定下，进一步有 $Y|X \sim N(\beta_0 + \beta_1 X, \sigma^2)$，它表示在 X 给定时随机变量 Y 也服从正态分布，且 $E(Y|X) = \beta_0 + \beta_1 X$，$\mathrm{Var}(Y) = \sigma^2$。

（3）等方差假设。对于所有的自变量 X，残差 μ 的条件方差为 σ^2，且 σ 为固定的常数。

（4）独立性假设。在给定自变量 X 的条件下，残差 μ 的条件期望值为 0，此时独立性假设即 μ 的零均值假设。

（5）无自相关性。各随机误差项 μ 互不相关。

7.2.3　一元线性回归的参数估计

回归分析的主要任务是建立能够近似反映真实总体的样本回归函数，在根据样本数据进行参数估计时，一般总是希望 Y 的拟合值尽可能接近其实际观测值。也就是说，希望残差 e 的值越小越好，由于 e 的值有正有负，简单的代数和会相互抵消，在统计学上常常采用残差的平方和 $\sum e^2$ 来衡量样本总偏差的尺度，这就是我们通常所说的普通最小二乘法（ordinary least square method，OLS），下面具体讨论。

假设分别用 $\hat{\beta}_0$ 和 $\hat{\beta}_1$ 去估计 β_0 和 β_1，从而得到拟合直线 $\hat{y} = \hat{\beta}_0 + \hat{\beta}_1 x$，则样本点中任意一点到该直线的垂直距离为

$$e_i = y_i - \hat{y}_i = y_i - \hat{\beta}_0 - \hat{\beta}_1 x_i \tag{7-6}$$

它刻画了各观测值与拟合直线的偏离程度，如图 7-3 所示。

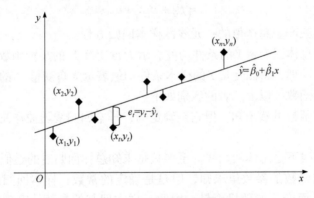

图 7-3　一元线性回归的残差图

1. 最小二乘估计量的性质

欲对回归模型的参数进行点估计，需考虑参数估计量的精度，即需考虑估计量是否能代表总体参数的真值，或者说需考察参数估计量的统计性质。在小样本的情形下，常通过线性、无偏性、有效性三个性质进行考察，满足这一类性质的估计量称为最佳线性无偏估计量（best liner unbiased estimator，BLUE）。

可以证明，在给定经典线性回归的假定之下，最小二乘估计量是具有最小方差的线性无偏估计量。

1）线性

线性要求 $\hat{\beta}_0$ 和 $\hat{\beta}_1$ 是 Y_i 的线性组合，即

$$\hat{\beta}_1 = \frac{\sum x_i y_i}{\sum x_i^2} = \frac{\sum x_i (Y_i - \bar{Y})}{\sum x_i^2} = \frac{\sum x_i Y_i}{\sum x_i^2} = \frac{\bar{Y} \sum x_i}{\sum x_i^2} = \sum k_i Y_i \qquad （7\text{-}7）$$

式中，$k_i = \dfrac{x_i}{\sum x_i^2}$。

同样可得：

$$\hat{\beta}_0 = \bar{Y} - \hat{\beta}_1 \bar{X} = \frac{1}{n} \sum Y_i - \sum k_i Y_i \bar{X} = \sum \left(\frac{1}{n} - \bar{X} k_i \right) Y_i = \sum w_i Y_i \qquad （7\text{-}8）$$

式中，$w_i = \dfrac{1}{n} - \bar{X} k_i$。

2）无偏性

无偏性要求估计量 $\hat{\beta}_0$ 和 $\hat{\beta}_1$ 的期望等于总体回归参数真值 β_0 和 β_1，即

$$\hat{\beta}_1 = \sum k_i Y_i = \sum k_i (\beta_0 + \beta_1 X_i + \mu_i) = \beta_0 \sum k_i + \beta_1 \sum k_i X_i + \sum k_i \mu_i \qquad （7\text{-}9）$$

式中，$\sum k_i = \dfrac{\sum x_i}{\sum x_i^2} = 0$，$\sum k_i X_i = 1$。

容易得出：

$$\hat{\beta}_1 = \beta_1 + \sum k_i \mu_i \qquad （7\text{-}10）$$

$$E\left(\hat{\beta}_1\right) = E\left(\beta_1 + \sum k_i \mu_i\right) = \beta_1 + \sum k_i E(\mu_i) = \beta_1 \qquad （7\text{-}11）$$

同样地，容易得出：

$$E\left(\hat{\beta}_0\right) = E\left(\beta_0 + \sum w_i \mu_i\right) = \beta_0 \qquad （7\text{-}12）$$

3）有效性（最小方差性）

有效性即在所有线性无偏估计量中，最小二乘估计量 $\hat{\beta}_0$ 和 $\hat{\beta}_1$ 具有最小方差。由于 $\hat{\beta}_0$ 和 $\hat{\beta}_1$ 是关于是 Y_i 的线性函数，可求得方差为

$$\mathrm{Var}\left(\hat{\beta}_1\right) = \mathrm{Var}\left(\sum k_i Y_i\right) = \sum k_i^2 \mathrm{Var}(\beta_0 + \beta_1 X_i + \mu_i)$$

$$= \sum k_i^2 \sigma^2 = \sum \left(\frac{x_i}{\sum x_i^2} \right)^2 \sigma^2 = \frac{\sigma^2}{\sum x_i^2} \qquad （7\text{-}13）$$

$$\mathrm{Var}\left(\hat{\beta}_0\right) = \mathrm{Var}\left(\sum w_i Y_i\right) = \sum w_i^2 \mathrm{Var}(\beta_0 + \beta_1 X_i + \mu_i)$$

$$= \sum \left(\frac{1}{n} - \bar{X} k_i \right)^2 \sigma^2 = \sum \left[\left(\frac{1}{n} \right)^2 - \frac{2}{n} \bar{X} k_i + \bar{X}^2 k_i^2 \right] \sigma^2$$

$$= \left[\frac{1}{n} - \frac{2}{n} \bar{X} \sum k_i + \bar{X}^2 \sum \left(\frac{x_i}{\sum x_i^2} \right)^2 \right] \sigma^2 \qquad （7\text{-}14）$$

$$= \left(\frac{1}{n} + \frac{\bar{X}^2}{\sum x_i^2} \right) \sigma^2 = \frac{\sum x_i^2 + n\bar{X}^2}{n \sum x_i^2} \sigma^2 = \frac{\sum X_i^2}{n \sum x_i^2} \sigma^2$$

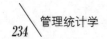

假设 $\hat{\beta}_1^*$ 是其他估计方法得到的有关于 β_1 的线性无偏估计量，即

$$\hat{\beta}_1^* = \sum c_i Y_i \qquad (7\text{-}15)$$

式中，$c_i = k_i + d_i$（d_i 为不全为零的常数），则容易证明：

$$\mathrm{Var}\left(\hat{\beta}_1^*\right) \geqslant \mathrm{Var}\left(\hat{\beta}_1\right) \qquad (7\text{-}16)$$

同理，可设 $\hat{\beta}_0^*$ 是其他估计方法得到的有关于 β_0 的线性无偏估计量，则有

$$\mathrm{Var}\left(\hat{\beta}_0^*\right) \geqslant \mathrm{Var}\left(\hat{\beta}_0\right) \qquad (7\text{-}17)$$

由以上分析可以看出，普通最小二乘估计量具有线性、无偏性和最小方差性等优良性质，是最佳线性无偏估计量，这就是著名的高斯–马尔可夫定理（Gauss-Markov theorem）。

2. 一元回归的参数点估计

对每一个样本的观察值 (x_i, y_i)，利用最小二乘法进行参数估计的基本思想就是希望线性回归直线与所有样本数据点都比较靠近，即希望观察值 y_i 与其期望值 $E\left(Y_i | x = x_i\right)$ 的差 e_i 越小越好。为防止差值的正负抵消，考虑使这 n 个差值的平方和，即式（7-18）达到最小：

$$Q\left(\hat{\beta}_0, \hat{\beta}_1\right) = \sum_{i=1}^{n}\left(y_i - \hat{\beta}_0 - \hat{\beta}_1 x_i\right)^2 \qquad (7\text{-}18)$$

在式（7-18）中，残差平方和 Q 是 $\hat{\beta}_0$ 和 $\hat{\beta}_1$ 的函数，如果 Q 的最小值存在，根据微积分的极值定理，对 Q 分别求关于 $\hat{\beta}_0$、$\hat{\beta}_1$ 的偏导数，并令其为 0，便可求得 $\hat{\beta}_0$、$\hat{\beta}_1$，即

$$\begin{cases} \dfrac{\partial Q}{\partial \hat{\beta}_0} = -2\sum_{i=1}^{n}\left[y_i - \left(\hat{\beta}_0 + \hat{\beta}_1 x_i\right) \right] = 0 \\[2mm] \dfrac{\partial Q}{\partial \hat{\beta}_1} = -2\sum_{i=1}^{n}\left[y_i - \left(\hat{\beta}_0 + \hat{\beta}_1 x_i\right) \right] x_i = 0 \end{cases} \qquad (7\text{-}19)$$

经整理后，得正规方程组：

$$\begin{cases} n\hat{\beta}_0 + \left(\sum x_i\right)\hat{\beta}_1 = \sum y_i \\[2mm] \left(\sum x_i\right)\hat{\beta}_0 + \left(\sum x_i^2\right)\hat{\beta}_1 = \sum x_i y_i \end{cases} \qquad (7\text{-}20)$$

求解正规方程组，得

$$\hat{\beta}_1 = \frac{n\sum x_i y_i - \sum x_i \sum y_i}{n\sum x_i^2 - \left(\sum x_i\right)^2} = \frac{\sum\left(x_i - \bar{x}\right)\left(y_i - \bar{y}\right)}{\sum\left(x_i - \bar{x}\right)^2} \qquad (7\text{-}21)$$

$$\hat{\beta}_0 = \frac{\sum y_i}{n} - \hat{\beta}_1 \frac{\sum x_i}{n} = \overline{y} - \hat{\beta}_1 \overline{x} \tag{7-22}$$

根据表 7-2 中的数据，建立一元线性回归模型的过程如下：

$$\hat{\beta}_1 = \frac{11 \times 529\,982\,163\,187.79 - 3\,521\,762.00 \times 1\,500\,544.32}{11 \times 1\,286\,611\,257\,678.00 - 3\,521\,762.00^2} = 0.31$$

$$\hat{\beta}_0 = \frac{1\,500\,544.32}{11} - 0.31 \times \frac{3\,521\,762.00}{11} = 36\,656.709\,58$$

因此，一元线性回归模型为 $\hat{y} = 36\,656.709\,58 + 0.31x$。该模型表明：第三产业总产值每增加 1 亿元，财政收入平均增加 0.31 亿元。

3. 总体方差的估计

除了 β_0 和 β_1 外，一元线性回归模型还包括一个未知参数，那就是总体的随机误差 μ，其方差 σ^2 的大小反映了理论模型的误差大小。由于总体的随机误差是不可观测的，我们借助最小平方残差来估计。σ^2 的无偏估计 $\hat{\sigma}^2$ 可以由式（7-23）给出：

$$\hat{\sigma}^2 = \frac{\sum (y_i - \hat{y}_i)^2}{n-2} = \frac{\sum e_i^2}{n-2} \tag{7-23}$$

式中，分子是样本的残差平方和；分母是自由度，n 是样本观测值的个数，2 是一元线性回归方程的回归系数个数。在回归估计的假定中，$\sum e_i = 0$，$\sum e_i X_i = 0$，因此失去了两个自由度，最终的自由度 $\mathrm{df} = n-2$。

$\hat{\sigma}^2$ 的平方根 $\hat{\sigma}$ 也称为估计标准误差，有时也记作 S_y，展开可得

$$S_y = \hat{\sigma} = \sqrt{\frac{\sum y^2 - \hat{\beta}_0 \sum y - \hat{\beta}_1 \sum xy}{n-2}} \tag{7-24}$$

4. 一元回归的参数区间估计

对于估计量 $\hat{\beta}_0$ 和 $\hat{\beta}_1$，由于样本不同，得到的估计量也不同，故估计量是随机变量，也有其对应的分布。对于一元线性回归模型，若 $\hat{\beta}_0$ 和 $\hat{\beta}_1$ 是真值 β_0 和 β_1 的最小二乘估计量，在 μ 是正态分布的假设之下，$\hat{\beta}_0$ 和 $\hat{\beta}_1$ 也服从正态分布。在前面已经给出了这两个参数的均值与方差的情况下，可以得到

$$\begin{cases} \hat{\beta}_0 \sim N\left(\beta_0, \sigma^2 \left[\dfrac{1}{n} + \dfrac{\overline{x}}{\sum (x - \overline{x})^2} \right] \right) \\ \hat{\beta}_1 \sim N\left(\beta_1, \dfrac{\sigma^2}{\sum (x - \overline{x})^2} \right) \end{cases} \tag{7-25}$$

数学上可以证明，当样本为小样本时，回归系数估计值的标准化变换服从自由度为 $n-k-1$ 的 t 分布，其中 n 为样本量，$k+1$ 是回归参数个数。

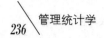

因此，一元回归系数 β_0 和 β_1 的估计区间公式分别为

$$
\begin{cases}
\beta_0 = \hat{\beta}_0 \pm t_{a/2}(n-2)\hat{\sigma}\sqrt{\dfrac{1}{n} + \dfrac{\overline{x}}{\sum(x-\overline{x})^2}} \\[4mm]
\beta_1 = \hat{\beta}_1 \pm t_{a/2}(n-2)\dfrac{\hat{\sigma}}{\sqrt{\sum(x-\overline{x})^2}}
\end{cases}
\tag{7-26}
$$

7.2.4　一元回归方程的检验

在回归模型的参数估计出来以后，还必须对其进行检验，才能用它去进行分析和预测。回归模型的检验包括：理论意义检验、一级检验和二级检验。理论意义检验主要涉及参数估计值的大小和方向是否与人们的科学实践相符合。例如，本章引例中第三产业总产值的系数如果小于 0，就不能很好地解释变量之间的因果关系，故不能通过理论意义上的检验。一级检验又称统计学检验，它是利用统计学的抽样理论对回归方程的可靠性进行检验，具体可以分为模型的拟合优度检验和模型参数的显著性检验。二级检验又称计量经济学检验，它是对线性回归模型的基本假定是否得到满足进行检验，具体包括残差的相关性检验、残差的异方差检验，以及多重变量间的多重共线性检验。一级检验是所有回归分析方法中都必须通过的检验，本书主要讨论一级检验。

1. 一元线性回归模型的拟合优度评价

拟合优度，是指样本观测值聚集在样本回归线周围的紧密程度。如果各观测值都散落在这条回归直线上，则这条回归直线就是对数据的完全拟合，用它来估计是没有误差的；而如果各观测值的散点数据落在这条直线周围，则聚集程度越高，说明观测数据的拟合程度越好，实际应用上我们通常使用判定系数 R^2 来度量模型的拟合程度。判定系数又称可决系数，它是建立在对总误差平方和进行分解的基础之上的。

回顾第六章所学的方差分析原理，总误差平方和 SST 可以分解为组间误差平方和 SSR 和组内误差平方和 SSE。因此，我们把 y 的 n 个观测值之间的差异，用观测值 y_i 与其平均值 $\overline{y}$ 的误差平方和来表示，那么总的误差可以分解为

$$
y_i - \overline{y} = (y_i - \hat{y}_i) + (\hat{y}_i - \overline{y})
$$

$$
\begin{aligned}
\text{SST} &= \sum_{i=1}^{n}(y_i - \overline{y})^2 = \sum_{i=1}^{n}\left[(y_i - \hat{y}_i) + (\hat{y}_i - \overline{y})\right]^2 \\
&= \sum_{i=1}^{n}(y_i - \hat{y}_i)^2 + 2\sum_{i=1}^{n}(y_i - \hat{y}_i)(\hat{y}_i - \overline{y}) + \sum_{i=1}^{n}(\hat{y}_i - \overline{y})^2
\end{aligned}
\tag{7-27}
$$

根据残差的定义和基本假定，容易证明 $\sum_{i=1}^{n}(y_i - \hat{y}_i)(\hat{y}_i - \overline{y}) = 0$ ，故而可得

$$
\sum_{i=1}^{n}(y_i - \overline{y})^2 = \sum_{i=1}^{n}(y_i - \hat{y}_i)^2 + \sum_{i=1}^{n}(\hat{y}_i - \overline{y})^2
\tag{7-28}
$$

式中，$\sum_{i=1}^{n}(\hat{y}_i - \bar{y})^2$ 也称为回归平方和 SSR，$\sum_{i=1}^{n}(y_i - \hat{y}_i)^2$ 也称为残差平方和 SSE，即

$$总误差 = 回归误差 + 剩余误差$$

简记为：SST= SSR + SSE。若两边同除以 SST 得

$$\frac{SSR}{SST} + \frac{SSE}{SST} = 1 \quad (7\text{-}29)$$

我们把回归平方和与总误差平方和之比定义为可决系数，又称判定系数，即

$$R^2 = \frac{SSR}{SST} = \frac{\sum_{i=1}^{n}(\hat{y}_i - \bar{y})^2}{\sum_{i=1}^{n}(y_i - \bar{y})^2} \quad (7\text{-}30)$$

显然，可决系数 R^2 是对回归模型拟合程度的综合度量。可决系数越大，说明在总误差平方和中回归平方和所占的比重越大，即回归直线与样本观测值拟合得越好，回归模型的拟合程度越高。另外，R^2 表示了全部误差中由回归关系来解释的方差比，一般地，R^2 具有非负性，取值范围在 0 到 1 之间，它是样本的统计量函数，在一元回归模型中，判定系数是简单相关系数的平方。

在前述我国财政收入对第三产业总产值的回归分析中，R^2=SSR/SST = 0.956，这表明在我国财政收入的变动中，有 95.6%是由第三产业总产值的变动所决定的，可见我国财政收入与第三产业总产值有着很强的线性关系。

2. 一元线性回归方程的显著性检验

线性回归分析的显著性检验包括两个方面的内容：一个是对整个回归方程的显著性进行检验（F 检验），另一个是对各回归系数的显著性进行检验（t 检验）。在一元线性回归模型中，F 检验与 t 检验是等价的。

1）线性关系模型的 F 检验

对线性回归方程的显著性进行检验，具体方法是将回归平方和（SSR）同残差平方和（SSE）加以比较，并应用 F 检验来分析二者之间的差别是否显著。具体步骤如下。

步骤 1：提出假设——$H_0 : \beta_1 = 0$；$H_0 : \beta_1 \neq 0$。

步骤 2：计算检验统计量 F。可以证明，在原假设成立的情况下，F 统计量服从 F 分布，其第一自由度为 1，第二自由度为 $n-2$，即 $F \sim F(1, n-2)$。

$$F = \frac{SSR/1}{SSE/(n-2)} = \frac{\sum(\hat{y}_i - \bar{y})^2 / 1}{\sum(y_i - \hat{y}_i)^2 / (n-2)} \quad (7\text{-}31)$$

一元线性回归的常用方差分析表如表 7-4 所示。

238

表 7-4　一元线性回归的常用方差分析表

误差来源	平方和	自由度	均方差	F 值
回归	SSR	1	$\text{MSR} = \dfrac{\text{SSR}}{1}$	
残差	SSE	$n-2$	$\text{MSE} = \dfrac{\text{SSE}}{n-2}$	$F = \dfrac{\text{MSR}}{\text{MSE}}$
总计	SST	$n-1$		

步骤 3：确定显著性水平 α 以及临界值 $F_\alpha(1, n-2)$。通常，显著性水平 $\alpha = 0.05$，依据 α 和两个自由度查 F 分布表可得相应的临界值 F_α。

步骤 4：做出判断。若 $F > F_\alpha(1, n-2)$，则拒绝 H_0，说明总体回归系数 $\beta_1 \neq 0$，即回归方程是显著的。

以表 7-1 中的数据为例，对回归模型进行相应的 F 检验，得到的具体数据如表 7-5 所示。

表 7-5　一元线性回归模型 F 检验计算表

年份	第三产业总产值 x_i /亿元	财政收入 y_i /亿元	拟合值 $\hat{y}_i$ /亿元	$(\hat{y}_i - \bar{y})^2$	$(y_i - \hat{y}_i)^2$
2009	148 038.00	68 518.30	82 782.81	2 876 210 150.70	203 476 245.54
2010	176 623.00	83 101.51	91 689.40	2 000 211 130.64	73 751 854.65
2011	210 545.00	103 874.43	102 258.91	1 166 510 060.72	2 609 904.87
2012	238 530.00	117 253.52	110 978.56	646 916 842.39	39 375 123.00
2013	276 315.00	129 209.64	122 751.71	186 634 123.19	41 704 859.88
2014	305 501.00	140 370.03	131 845.57	20 862 513.00	72 666 418.29
2015	337 578.00	152 269.23	141 840.21	29 453 305.87	108 764 458.16
2016	380 404.00	159 604.97	155 184.06	352 348 188.48	19 544 445.23
2017	432 342.00	172 592.77	171 367.05	1 221 777 222.44	1 502 389.52
2018	485 629.00	183 359.84	187 970.36	2 658 148 996.42	21 256 894.67
2019	530 257.00	190 390.08	201 875.68	4 285 346 761.75	131 919 007.36
合计	3 521 762.00	1 500 544.32	1 500 544.32	15 444 419 295.61	716 571 601.18

步骤 1：提出假设。假设线性关系不显著，即

$$H_0 : \beta_1 = 0 \,;\quad H_1 : \beta_1 \neq 0$$

步骤 2：计算检验统计量 F，即

$$F = \frac{\sum (\hat{y}_i - \bar{y})^2 \big/ 1}{\sum (y_i - \hat{y}_i)^2 \big/ (n-2)}$$

步骤 3：确定显著性水平以及临界值 F。

设 $\alpha = 0.05$，自由度 $d_1 = 1$，$d_2 = n - 2 = 9$，查 F 分布表得临界值 $F_{0.05}(1,9) = 5.12$。

步骤 4：做出判断。

由于 $F = 193.98 > F_{0.05}(1,9) = 5.12$，所以拒绝原假设 H_0，表明回归模型显著。

2）回归系数的 t 检验

回归系数的检验就是检验自变量对因变量的影响程度是否显著的问题，即总体回归系数 β_i 是否等于零。对于一元线性回归来说，其检验步骤如下。

步骤 1：提出假设。假设样本是从一个没有线性关系的总体中选出的，即

$$H_0 : \beta_1 = 0 ; \qquad H_1 : \beta_1 \neq 0$$

步骤 2：计算检验的统计量 t 值，即

$$S_{\hat{\beta}_1} = \sqrt{\mathrm{Var}\left(\hat{\beta}_1\right)} = \frac{S_y}{\sqrt{\sum (x_i - \bar{x})^2}}$$

$$S_y = \hat{\sigma} = \sqrt{\frac{\sum y_i^2 - \hat{\beta}_0 \sum y_i - \hat{\beta}_1 \sum x_i y_i}{n - 2}} \qquad (7\text{-}32)$$

$$t = \hat{\beta}_1 \big/ S_{\hat{\beta}_1}$$

式中，$S_{\hat{\beta}_1}$ 为回归系数 $\hat{\beta}_1$ 的标准差；S_y 为估计标准误差。

步骤 3：确定显著性水平 α（通常 $\alpha = 0.05$），根据自由度 $\mathrm{df} = n - 2$ 查 t 分布表，确定临界值 $t_{\alpha/2}(n-2)$。

步骤 4：做出判断。若 $|t| \geq t_{\alpha/2}(n-2)$，则拒绝 H_0，接受备择假设，即总体回归系数 $\beta_1 = 0$ 的可能性小于 5%，表明两个变量之间存在线性关系；反之，表明两个变量之间不存在线性关系。

根据表 7-1 中的数据，对回归模型做回归系数检验（$\alpha = 0.05$）。

步骤 1：提出假设。假设线性关系不显著，即

$$H_0 : \beta_1 = 0 ; \qquad H_1 : \beta_1 \neq 0$$

步骤 2：计算检验统计量 t，即

$$S_y = \sqrt{\frac{\sum (y_i - \hat{y}_i)^2}{n - 2}} = \sqrt{\frac{716\,571\,601.18}{9}} = 8922.95$$

$$S_{\hat{\beta}_1} = \frac{S_y}{\sqrt{\sum (x_i - \bar{x})^2}} = \frac{8922.95}{398\,852.473\,3} = 0.0224$$

$$t = \hat{\beta}_1 \big/ S_{\hat{\beta}_1} = \frac{0.3116}{0.0224} = 13.9284$$

步骤 3：确定显著性水平 $\alpha = 0.05$，根据自由度 $d = 9$ 查 t 分布表，$t_{\alpha/2}(n-2) = 2.2621$。

步骤 4：由于 $t >$ 临界值，拒绝原假设 H_0，表明样本回归系数是显著的，财政收入与第三产业总产值之间确实存在着线性关系，第三产业总产值是影响财政收入的显著因素。

另外，以表 7-1 中的数据为例，本节使用 Excel 软件对一元线性回归进行处理，对应的 Excel 界面如图 7-4 所示。

	A	B	C
1	年份	财政收入y（亿元）	第三产业总产值x（亿元）
2	2009	68518.3	148038
3	2010	83101.51	176623
4	2011	103874.43	210545
5	2012	117253.52	238530
6	2013	129209.64	276315
7	2014	140370.03	305501
8	2015	152269.23	337578
9	2016	159604.97	380404
10	2017	172592.77	432342
11	2018	183359.84	485629
12	2019	190390.08	530257

回归对话框内容：

输入
Y 值输入区域(Y): $B$1:$B$12
X 值输入区域(X): $C$1:$C$12
☑ 标志(L)　　□ 常数为零(Z)
□ 置信度(F)　　95　%

输出选项
○ 输出区域(O):
◉ 新工作表组(P):
○ 新工作簿(W)

残差
□ 残差(R)　　☑ 残差图(D)
□ 标准残差(T)　　☑ 线性拟合图(I)

正态分布
☑ 正态概率图(N)

确定　取消　帮助(H)

图 7-4　一元线性回归的 Excel 处理界面

在 Excel 主页面中，从"工具"→"数据分析"→"回归"进入回归分析的窗口，进行相应处理，即可得图 7-5～图 7-8 所示的结果。

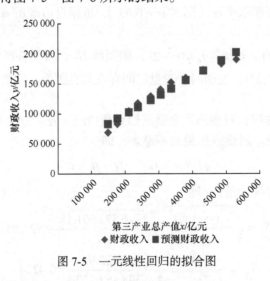

图 7-5　一元线性回归的拟合图

图 7-6　一元线性回归的残差图

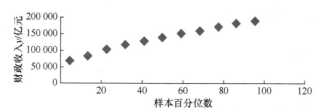

图 7-7　一元线性回归的正态概率图

	A	B	C	D	E	F	G
1	SUMMARY OUTPUT						
2							
3	回归统计						
4	Multiple R	0.977578861					
5	R Square	0.95566043					
6	Adjusted R Square	0.950733811					
7	标准误差	8922.950176					
8	观测值	11					
9							
10	方差分析						
11		df	SS	MS	F	Significance F	
12	回归分析	1	1.54E+10	1.54E+10	193.979	2.14E-07	
13	残差	9	716571359	79619040			
14	总计	10	1.62E+10				
15							
16		Coefficients	标准误差	t Stat	P-value	Lower 95%	Upper 95%
17	Intercept	36656.70958	7651.0935	4.791042	0.000986	19348.73361	53964.6856
18	第三产业总产值	0.311582814	0.0223716	13.927634	2.14E-07	0.26097484	0.36219079

图 7-8　Excel"回归"分析结果截图

SUMMARY OUTPUT 表示摘要输出，Multiple R 表示复相关系数 R，R Square 表示 R^2，Adjusted R Square 表示调整后 R^2，Significance F 表示 F 统计量的显著性 P 值，Coefficients 表示系数，Intercept 表示截距项，Lower 95%表示 95%的置信区间下限，Upper 95%表示 95%的置信区间上限

　　由图 7-8 可知,相关系数 $r = 0.9776$（此时即为复相关系数 R）,可决系数 $R^2 = \text{SSR/SST} = 0.9557$，模型的可解释性较好。回归统计中，$F$ 检验值为 193.979，其 P 值远小于 0.01，回归方程非常显著;自变量回归系数为 0.3116,回归系数的 t 检验值为 13.928，P 值远小于 0.01,回归系数也非常显著。综上，整个回归方程通过了统计学意义上的一级检验，可以用于预测。

　　3）F 检验与 t 检验之间的关系

　　对于一元线性回归来说，由于只有一个解释变量，对 $\beta_1 = 0$ 的 t 检验与对整个方程的 F 检验等价。一方面，F 检验与 t 检验都是对相同的原假设 $H_0 : \beta_1 = 0$ 进行检验;另一方面，两个统计量可以建立如下关系:

$$F = \frac{\sum \hat{y}_i^2}{\sum e_i^2 / (n-2)} = \frac{\hat{\beta}_1^2 \sum x_i^2}{\sum e_i^2 / (n-2)}$$

$$= \frac{\hat{\beta}_1^2}{\sum e_i^2 / (n-2) \sum x_i^2} = \left[\frac{\hat{\beta}_1}{\sqrt{\sum e_i^2 / (n-2) \sum x_i^2}} \right]^2 \quad (7\text{-}33)$$

$$= \left(\hat{\beta}_1 \Big/ \sqrt{\frac{\sum e_i^2}{n-2} \cdot \frac{1}{\sum x_i^2}} \right)^2 = t^2$$

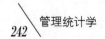

显然，F 检验与 t 检验是一致的。

7.2.5　一元回归方程的预测

建立回归模型就是为了能够用它进行预测，经过检验的回归方程可以进行预测。预测，就是当自变量 x 取一个值 x_0 时，预测 y 的取值。一般有点预测和区间预测两种，而点预测的结果往往与实际结果有偏差，是一个预测值。所以，我们通常用区间预测来估计因变量值的可能范围。

1.点预测

点预测是指利用预测的回归方程，对于自变量的给定值 $x = x_0$，求出因变量的总体条件均值 $E(y \mid x = x_0)$ 的预测值 $\hat{y}_0$，点预测的基本公式如下：

$$\hat{y}_0 = \hat{\beta}_0 + \hat{\beta}_1 x_0 \tag{7-34}$$

式中，x_0 为给定的控制变量。由于回归预测是一种有条件的预测，在进行预测时必须先行给定 x_0 的具体数值。当给出的 x_0 属于样本内的数值时，利用式（7-34）进行预测称为内插或事后预测，而当给出的 x_0 在样本之外时，此时的预测称为外推预测或事前预测。

在预测的过程中，$\hat{y}_0$ 是根据样本回归方程计算的，它是样本观测值的函数，因而也是一个随机变量，它与所要预测的真实值之间必然存在一定的误差，发生误差的原因主要有以下几个。

（1）模型误差导致预测误差。由于总体回归函数并未将所有影响因素纳入模型，求得的回归表达式也只是实际变量之间数量关系的近似反映，因此存在误差。不过，这个误差可以通过总体随机误差项的方差来评价。

（2）回归系数的预测值与真实值之间的误差。根据抽样得到的样本回归函数，并非根据全体总体来求取回归系数，导致它与总体回归系数之间存在误差。不过，这项误差也可以通过回归系数的最小二乘估计量的方差来评价。

（3）其他原因造成的误差。在进行外推预测时，自变量的设定值有可能同真实值偏离，而且经济现象的数量特征不可能一成不变，当这些因素发生改变的时候，利用点预测进行外推也可能造成诸多的误差。

事实上，虽然 $\hat{y}_0$ 与真实值之间存在一定误差，但其同时是总体条件均值 $E(y \mid x = x_0)$ 的无偏估计。

假设总体回归模型为 $y = \beta_0 + \beta_1 x + \mu$，则在 $x = x_0$ 时，条件均值为

$$E(y \mid x = x_0) = \beta_0 + \beta_1 x_0$$

而所求出的预测值 $\hat{y}_0$ 的期望为

$$E(\hat{y}_0) = E(\hat{\beta}_0 + \hat{\beta}_1 x_0) = E(\hat{\beta}_0) + x_0 E(\hat{\beta}_1) = \beta_0 + \beta_1 x_0 \tag{7-35}$$

另外，预测值 $\hat{y}_0$ 也是对个别值 y_0 的无偏估计。

在 $x = x_0$ 时，由总体回归模型可知 $y_0 = \beta_0 + \beta_1 x_0 + \mu$，则

$$E(y_0) = E(\beta_0 + \beta_1 x_0 + \mu) = \beta_0 + \beta_1 x_0 \tag{7-36}$$

综上所述，预测值 $\hat{y}_0$ 可作为总体条件均值 $E(y\,|\,x=x_0)$ 和个别值 y_0 的预测值。

2. 区间预测

由于点预测不能给出预测的精度，实际问题中的预测都是区间预测。在标准的假定条件下，已知 $\hat{y}_0=\hat{\beta}_0+\hat{\beta}_1 x_0$。

1）对 Y 的总体条件均值 $E(y_0)$ 进行区间预测

由式（7-35）可知

$$E(\hat{y}_0)=\beta_0+\beta_1 x_0$$
$$\text{Var}(\hat{y}_0)=\text{Var}(\hat{\beta}_0)+2\text{Cov}(\hat{\beta}_0,\hat{\beta}_1)+x_0^2\text{Var}(\hat{\beta}_1) \tag{7-37}$$

式中，$\text{Cov}(\hat{\beta}_0,\hat{\beta}_1)=-\sigma^2\dfrac{\overline{x}}{\sum\limits_{i=1}^{n}(x_i-\overline{x})^2}$。

将其代入式（7-37），则有

$$\begin{aligned}\text{Var}(\hat{y}_0)&=\sigma^2\left[\frac{1}{n}+\frac{\overline{x}^2}{\sum(x-\overline{x})^2}\right]-2\sigma^2\frac{\overline{x}x_0}{\sum(x-\overline{x})^2}+\frac{\sigma^2}{\sum(x-\overline{x})^2}x_0^2\\&=\sigma^2\left[\frac{1}{n}+\frac{(x_0-\overline{x})^2}{\sum\limits_{i=1}^{n}(x_i-\overline{x})^2}\right]\end{aligned} \tag{7-38}$$

因此，

$$\hat{y}_0\sim N\left[\beta_0+\beta_1 x_0,\sigma^2\left(\frac{1}{n}+\frac{(x_0-\overline{x})^2}{\sum\limits_{i=1}^{n}(x_i-\overline{x})^2}\right)\right]$$

由于总体中的 σ 通常是未知的，一般用其无偏估计 S_y 来替代。在小样本情况下（ $n<30$ ），通常用 t 分布进行预测。构造 t 统计量：

$$t=\frac{\hat{y}_0-(\beta_0+\beta_1 x_0)}{S_y\sqrt{\left(\frac{1}{n}+\frac{(x_0-\overline{x})^2}{\sum\limits_{i=1}^{n}(x_i-\overline{x})^2}\right)}}\sim t(n-2) \tag{7-39}$$

当给定置信水平 $1-\alpha$ 时，y_0 的预测区间为

$$\hat{y}_0\pm t_{\alpha/2}(n-2)\cdot S_y\sqrt{\frac{1}{n}+\frac{(x_0-\overline{x})^2}{\sum\limits_{i=1}^{n}(x_i-\overline{x})^2}} \tag{7-40}$$

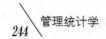
2）对 Y 的个别值 y_0 进行区间预测

在 $x = x_0$ 时，由总体回归模型可知 $y_0 = \beta_0 + \beta_1 x_0 + \mu$，则

$$y_0 \sim N(\beta_0 + \beta_1 x_0, \sigma^2)$$

所以 $\hat{y}_0 - y_0$ 服从正态分布，且由式（7-38）可知，其期望和方差分别是

$$E(\hat{y}_0 - y_0) = (\beta_0 + \beta_1 x_0) - [\beta_0 + \beta_1 x_0 + E(\varepsilon)] = 0$$

$$\mathrm{Var}(\hat{y}_0 - y_0) = \sigma^2 \left[1 + \frac{1}{n} + \frac{(x_0 - \overline{x})^2}{\sum\limits_{i=1}^{n}(x_i - \overline{x})^2} \right]$$

同样用 S_y^2 替代 σ^2，构造 t 统计量：

$$t = \frac{\hat{y}_0 - y_0}{S_y \sqrt{1 + \dfrac{1}{n} + \dfrac{(x_0 - \overline{x})^2}{\sum\limits_{i=1}^{n}(x_i - \overline{x})^2}}} \sim t(n-2)$$

由此，小样本情况下，$1-\alpha$ 置信度下的 y_0 值预测区间为

$$\hat{y}_0 \pm t_{\alpha/2}(n-2) \cdot S_y \sqrt{1 + \frac{1}{n} + \frac{(x_0 - \overline{x})^2}{\sum\limits_{i=1}^{n}(x_i - \overline{x})^2}} \qquad (7\text{-}41)$$

综上，两个预测区间（总体条件均值和个别值的预测区间）的大致形状如图 7-9 所示，实线表示总体条件均值 $E(y_0)$ 的预测区间，也称作置信区间，虚线表示个别值 y_0 的预测区间。从图 7-9 中可以看出：①由于总体条件均值的方差小于个别值的方差，故总体均值的预测区间比个别值的预测区间要窄；②样本容量 n 越大，则残差的方差越小，预测精度越高；③样本容量 n 一定时，当预测点 $x_0 = \overline{x}$ 时，残差的方差最小，预测区间最窄；④离 $\overline{x}$ 越远，残差的方差越大，预测区间越宽，预测可信度越低。

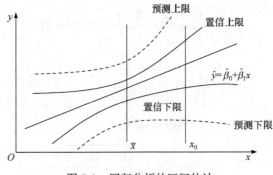

图 7-9　回归分析的区间估计

以表 7-1 中的数据为例，取 2019 年的第三产业总产值 530 257 亿元，回答以下问题。

（1）试计算 2019 年财政收入均值在 95%置信水平的置信区间。

将 $x_0 = 530\ 257$ 代入回归方程得

$$\hat{y}_0 = 0.311\ 583 \times 530\ 257 + 36\ 656.709\ 6 = 201\ 875.776\ 431$$

查表得 $t_{\alpha/2}(n-2) = 2.262\ 16$，将其他数据代入公式（7-41），得到的估计值 95%的置信区间为

$$\hat{y}_0 \pm t_{\alpha/2}(n-2) \cdot S_y \sqrt{\frac{1}{n} + \frac{(x_0 - \bar{x})^2}{\sum\limits_{i=1}^{n}(x_i - \bar{x})^2}}$$

$$= 201\ 875.776\ 431 \pm 2.262\ 16 \times 8922.95 \times \sqrt{\frac{1}{11} + \frac{(530\ 257 - 320\ 160.181\ 8)^2}{159\ 083\ 295\ 437.636}}$$

$$= 201\ 875.776\ 431 \pm 12\ 251.2$$

（2）试计算 2019 年财政收入个别值在 95%置信水平的预测区间。

将 $x_0 = 530\ 257$ 代入回归方程得

$$\hat{y}_0 = 0.311\ 583 \times 530\ 257 + 36\ 656.709\ 6 = 201\ 875.776\ 431$$

查表得 $t_{\alpha/2}(n-2) = 2.262\ 16$，将其他数据代入公式（7-37），得到的估计值 95%的置信区间为

$$\hat{y}_0 \pm t_{\alpha/2}(n-2) \cdot S_y \sqrt{1 + \frac{1}{n} + \frac{(x_0 - \bar{x})^2}{\sum\limits_{i=1}^{n}(x_i - \bar{x})^2}}$$

$$= 201\ 875.776\ 431 \pm 2.262\ 16 \times 8922.95 \times \sqrt{1 + \frac{1}{11} + \frac{(530\ 257 - 320\ 160.181\ 8)^2}{159\ 083\ 295\ 437.636}}$$

$$= 201\ 875.776\ 431 \pm 23\ 612.111\ 449$$

7.2.6　一元回归方程的控制

日常生活中经常会运用到回归模型来对自变量进行控制，控制就是预测的反问题，它是讨论当要把因变量 y 限定在某区间 (y_1, y_2) 内时，应当控制自变量 x 在什么范围内，即要求出 x_1 与 x_2，使得当 $x_1 < x < x_2$ 时，在给定置信度下可保证 $y_1 < y < y_2$。同样这里对一元回归问题进行讨论。

在小样本的情况下，可知置信度为 $1 - \alpha$ 时，y 的预测区间为

$$\hat{y}_0 \pm t_{\alpha/2}(n-2) \cdot \sigma(e_0)$$

故不妨假设将因变量 y 限定在 (y_1, y_2) 内，利用上述预测区间形式，令

$$y_1 = \hat{y}_1 - t_{\alpha/2}\hat{\sigma} = \hat{\beta}_0 + \hat{\beta}_1 x_1 - t_{\alpha/2}\hat{\sigma}$$

$$y_2 = \hat{y}_2 + t_{\alpha/2}\hat{\sigma} = \hat{\beta}_0 + \hat{\beta}_1 x_2 + t_{\alpha/2}\hat{\sigma}$$

解出方程组得

$$x_1 = \frac{y_1 - \hat{\beta}_0 + t_{\alpha/2}\hat{\sigma}}{\hat{\beta}_1}, \quad x_2 = \frac{y_2 - \hat{\beta}_0 - t_{\alpha/2}\hat{\sigma}}{\hat{\beta}_1}$$

注意，当 $\hat{\beta}_1 > 0$ 时，控制区间为 (x_1, x_2) ；当 $\hat{\beta}_1 < 0$ 时，控制区间为 (x_2, x_1) 。此外，在实际计算过程中，要实现控制必须保证区间 (y_1, y_2) 的长度大于 $2t_{\alpha/2}\hat{\sigma}$ 。

7.3 多元线性回归分析

在现实生活中，客观现象之间的影响非常复杂，影响因变量变化的自变量往往不是一个，而是多个。例如，财政收入除了受工业总产值影响外，还受到农业总产值、服务业总产值的影响，因此有必要对一个因变量与多个自变量的联系进行分析，这就涉及多元线性的回归分析。本节介绍多元线性回归模型的一般形式及其基本假定、回归模型的参数估计及其性质、回归方程及回归系数的显著性检验等内容。

7.3.1 多元线性回归模型

1. 多元线性回归模型的一般形式

研究两个以上变量的线性相关关系称为多元线性相关分析；研究因变量与两个以上解释变量的线性关系，则称为多元线性回归分析；表示多个变量线性关系的数学表达式，称为多元线性回归模型，即

$$Y = \beta_0 + \beta_1 x_1 + \beta_2 x_2 + \cdots + \beta_k x_k + \mu \tag{7-42}$$

式中， $\beta_0, \beta_1, \cdots, \beta_k$ 为 $k+1$ 个未知参数，称为偏回归系数。 Y 称为被解释变量（因变量），而 $x_1, x_2, \cdots, x_k$ 是 k 个可以精确测量并可控制的一般变量,称为解释变量（自变量）。当 $k=1$ 时，式（7-42）即为一元线性回归模型；当 $k \geq 2$ 时，称为多元线性回归模型， μ 是随机误差。针对多元回归，常假定随机误差项服从期望值为 0、方差为 σ^2 的正态分布 $N(0, \sigma^2)$ 。

在总体线性回归函数中，各个回归系数是未知的，只能利用样本观测值对其进行评估。对一个实际问题，假定获得了 n 组观测数据 $(x_{i1}, x_{i2}, \cdots, x_{ik}; y_i)$ ， ε 为样本残差，把这些观测值代入式（7-42），可以得到样本的多元线性回归模型方程组：

$$\begin{cases} y_1 = \hat{\beta}_0 + \hat{\beta}_1 x_{11} + \hat{\beta}_2 x_{12} + \cdots + \hat{\beta}_k x_{1k} + \varepsilon_1 \\ y_2 = \hat{\beta}_0 + \hat{\beta}_1 x_{21} + \hat{\beta}_2 x_{22} + \cdots + \hat{\beta}_k x_{2k} + \varepsilon_2 \\ \quad\quad\quad\quad\quad\quad \vdots \\ y_n = \hat{\beta}_0 + \hat{\beta}_1 x_{n1} + \hat{\beta}_2 x_{n2} + \cdots + \hat{\beta}_k x_{nk} + \varepsilon_n \end{cases} \tag{7-43}$$

将其写成矩阵形式为

$$Y = X\hat{\beta} + \varepsilon \tag{7-44}$$

则

$$Y = \begin{pmatrix} y_1 \\ y_2 \\ \vdots \\ y_n \end{pmatrix}; \quad X = \begin{pmatrix} 1 & x_{11} & x_{12} & \cdots & x_{1k} \\ 1 & x_{21} & x_{22} & \cdots & x_{2k} \\ \vdots & \vdots & \vdots & & \vdots \\ 1 & x_{n1} & x_{n2} & \cdots & x_{nk} \end{pmatrix}; \quad \beta = \begin{pmatrix} \beta_0 \\ \beta_1 \\ \vdots \\ \beta_k \end{pmatrix}; \quad \varepsilon = \begin{pmatrix} \varepsilon_1 \\ \varepsilon_2 \\ \vdots \\ \varepsilon_n \end{pmatrix}$$

式中，β 称为偏回归系数，表示在其他自变量不变的情况下，自变量变动一个单位所引起的因变量平均变动的数值。

2. 多元线性回归模型的基本假定

与一元回归类似，为了对模型参数进行估计和推断，常常需要对回归模型做出如下基本假定。

（1）残差符合正态分布，即 $\varepsilon_i \sim N(0, \sigma^2)$，其中 $i = 1, 2, \cdots, n$。

（2）随机误差项的残差具有零均值和同方差，即

$$E(\varepsilon_i) = 0, \quad i = 1, 2, \cdots, n$$

$$\text{Cov}(\varepsilon_i, \varepsilon_j) = \begin{cases} \sigma^2, & i = j \\ 0, & i \neq j \end{cases} \quad (i, j = 1, 2, \cdots, n)$$

（3）随机误差项没有自相关性，且随机误差项与自变量之间不存在相关关系。

（4）解释变量 $x_1, x_2, \cdots, x_k$ 是确定性变量，不是随机变量，且矩阵 X 中的自变量列之间不相关，即自变量没有多重共线性。另外，为了求得回归系数，要求样本容量的个数大于解释变量的个数，即自变量观测值的矩阵 X 列满秩：$\text{Rank}(X) = k$。

由上述假定和多元正态分布的性质可知：Y 服从 n 维正态分布，即

$$Y \sim N(X\beta, \sigma^2 I) \tag{7-45}$$

式中，I 为单位矩阵。

7.3.2 多元线性回归模型的参数估计

多元线性回归方程未知参数 $\beta_0, \beta_1, \cdots, \beta_k$ 的估计与一元线性回归方程的参数估计原理一样，所选择的估计方法应该使得估计值 $\hat{y}$ 与观测值 y 之间的残差在所有样本点上达到最小，即使 Q 达到最小。可以证明多元线性回归的最小二乘估计也是最佳线性无偏估计。

令

$$Q = \sum_{i=1}^{n} e_i^2 = \sum_{i=1}^{n} (y_i - \hat{y}_i)^2$$

$$Q(\beta_0, \beta_1, \cdots, \beta_k) = \sum_{i=1}^{n} (y_i - \beta_0 - \beta_1 x_{i1} - \cdots - \beta_k x_{ik})^2$$

利用 Q 分别对 $\beta_0,\beta_1,\cdots,\beta_k$ 求偏导并令其为零，可得到正规方程组：

$$\begin{cases} n\hat{\beta}_1 + \hat{\beta}_2\sum x_{i2} + \cdots + \hat{\beta}_k\sum x_{ik} + \varepsilon_1 = \sum y_i \\ \hat{\beta}_1\sum x_{i2} + \hat{\beta}_2\sum x_{i2}^2 + \cdots + \hat{\beta}_k\sum x_{i2}x_{k2} = \sum x_{i2}y_i \\ \qquad\qquad\qquad\qquad\vdots \\ \hat{\beta}_1\sum x_{n1} + \hat{\beta}_2\sum x_{n2}x_{k2} + \cdots + \hat{\beta}_k\sum x_{nk}^2 = \sum x_{in}y_i \end{cases}$$

将以上正规方程组写为矩阵形式，可得未知参数 $\beta_0,\beta_1,\cdots,\beta_k$ 为

$$\hat{\beta} = (X'X)^{-1}X'Y \tag{7-46}$$

另外，回归方程随机误差 u 的方差 σ^2 也是一个未知参数，它的一个无偏估计为

$$\hat{\sigma}^2 = \frac{\sum_{i=1}^{n}(y_i - \hat{y}_i)^2}{n-k-1} = \frac{\text{SSE}}{n-k-1} = \text{MSE}$$

7.3.3 对多元线性回归方程的评价

1. 拟合优度检验

在多元线性回归分析中，总误差平方和的分解公式依然成立：

$$\text{SST} = \text{SSR} + \text{SSE}$$

同样，可以利用判定系数（可决系数）来评价多元线性回归模型的拟合程度，即

$$R^2 = \frac{\text{SSR}}{\text{SST}} = \frac{\sum_{i=1}^{n}(\hat{y}_i - \overline{y})^2}{\sum_{i=1}^{n}(y_i - \overline{y})^2} \tag{7-47}$$

由判定系数的定义可知，R^2 的大小取决于残差平方和 SSE 在总误差平方和 SST 中的比重。在样本量一定的条件下，总误差平方和与自变量的个数无关，而残差平方和则会随着方程中自变量个数的增加而减小。因此，多重可决系数 R^2 是自变量个数的非递减函数。在一元线性回归方程中，由于所有方程中包含的变量个数都相同，判定系数便可以直接作为评价一元线性回归方程拟合程度的尺度，而在多元线性回归方程中，各回归方程所包含的变量个数未必相同，此时以 R^2 的大小作为衡量模型拟合程度的尺度是不合适的。因此，人们利用自由度去修正多重可决系数 R^2 的残差平方和与回归平方和。这种修正自由度的判定系数 $\overline{R}^2$ 的计算公式为

$$\overline{R}^2 = 1 - (1 - R^2) \times \frac{n-1}{n-k-1} \tag{7-48}$$

式中，k 为解释变量的个数；n 为样本容量。可以看出：对于给定的 R^2 值和 n 值，k 值越大，$\overline{R}^2$ 越小，且当 $k > 1$ 时，$\overline{R}^2 < R^2$，这意味着随着自变量的增加，修正值 $\overline{R}^2$ 会减少。但要注意，当 n 较小，而解释变量的数目很大时，$\overline{R}^2$ 会急剧减小。

同样，可以导出多元回归模型标准误差的计算公式为

$$S_y = \sqrt{\frac{\sum(y_i - \hat{y}_i)^2}{n-k-1}} \qquad (7\text{-}49)$$

2. 多元线性回归模型的显著性检验

多元线性回归模型的显著性检验包括两个方面的内容：一个是对整个回归方程的显著性检验（F 检验），另一个是对各回归系数的显著性检验（t 检验）。在一元线性回归方程的检验中，这两个检验是等价的，但在多元线性回归模型的检验中两者却不相同。

1）整个回归模型的显著性检验

对整个回归模型的显著性检验，即检验因变量同多个自变量的线性关系是否显著，同样可以采用 F 检验来进行分析。其一般步骤如下。

步骤 1：提出假设。$H_0:\beta_0 = \beta_1 = \cdots = \beta_k$；$H_1:\beta_i(i=1,2,\cdots,k)$ 不全为 0。

步骤 2：根据方差分析的相关内容，构建 F 统计量，见表 7-6。

表 7-6　多元线性回归模型的方差分析表

误差来源	平方和	自由度	均方差	F 值
回归	SSR	k	$\mathrm{MSR} = \dfrac{\mathrm{SSR}}{k}$	$F = \dfrac{\mathrm{MSR}}{\mathrm{MSE}}$
残差	SSE	$n-k-1$	$\mathrm{MSE} = \dfrac{\mathrm{SSE}}{n-k-1}$	
总计	SST	$n-1$	—	—

步骤 3：给定显著性水平 α，查 F 分布表，得临界值 $F_\alpha(k, n-k-1)$。

步骤 4：若 $F \geqslant F_\alpha(k, n-k-1)$，则拒绝 H_0，接受备择假设，说明总体回归系数 β_i 不全为零，即回归方程是显著的；反之，则认为回归方程不显著。

在多元回归中，回归方程显著并不意味着每个解释变量对因变量 Y 的影响都重要，因此必须对回归系数也进行检验。

2）回归系数的显著性检验

多元回归分析中，对各个回归系数的检验，其目的在于检验当其他自变量不变时，该回归系数对应的自变量是否对因变量有显著影响。一般来说，当发现某个自变量的影响不显著时，便可以将其从模型中删除，这样才可能做到以尽可能少的自变量去达到尽可能高的拟合度。回归系数的检验步骤如下。

步骤 1：提出假设。$H_0:\beta_i = 0$；$H_1:\beta_i(i=1,2,\cdots,k)$ 不全为 0。

步骤 2：计算 t 检验值。t 值的计算公式为

$$t_{\beta_i} = \hat{\beta}_i / S_i$$

式中，$S_i = \sqrt{\mathrm{Var}(\hat{\beta}_i)} = \sqrt{c_{ii}}\,\hat{\sigma}$，是回归系数标准差，$c_{ii}$ 是矩阵 $(X^{\mathrm{T}}X)^{-1}$ 中主对角线上的第 $i+1$ 个元素。

步骤 3：给定显著性水平 α，确定临界值 $t_{\alpha/2}(n-k-1)$。

步骤 4：若 $t_{\beta_i} \geqslant t_{\alpha/2}(n-k-1)$，则拒绝 H_0，接受备择假设，即总体回归系数 $\beta_i \neq 0$。有多少个回归系数，就要做多少次 t 检验。

下面以本章引例中财政收入问题为例，考虑年末总人口数、社会消费品零售总额、社会固定资产投资等自变量（表 7-7），利用 SPSS 软件执行如图 7-10 的分析步骤。

表 7-7 2011～2021 年我国财政收入影响因素数据表

年份	财政收入/亿元	年末总人口数/万人	社会消费品零售总额/亿元	社会固定资产投资/亿元	货币供应量 M1/亿元	国内生产总值/亿元
2011	103 874.43	134 916	179 803.8	238 782	289 847.7	487 940.2
2012	117 253.52	135 922	205 517.3	281 684	308 664.2	538 580
2013	129 209.64	136 726	232 252.6	329 318	337 291.05	592 963.2
2014	140 370.03	137 646	259 487.3	373 637	348 056.41	643 563.1
2015	152 269.23	138 326	286 587.8	405 928	400 953.44	688 858.2
2016	159 604.97	139 232	315 806.2	434 364	486 557.24	746 395.1
2017	172 592.77	140 011	347 326.7	461 284	543 790.15	832 035.9
2018	182 913.88	140 541	377 783.1	488 499	551 685.9	919 281.1
2019	183 359.84	141 008	408 017.2	513 608	576 009.15	986 515.2
2020	190 390.08	141 212	391 980.6	527 270	625 580.99	1 013 567
2021	202 538.88	141 260	440 823.2	552 884.2	647 443.35	1 143 669.7

资料来源：《中国统计年鉴 2021》

(a)

(b)

图 7-10 多元回归对话框

A. 变量筛选策略

在多元回归分析中，被解释变量会受到众多因素的共同影响，然而我们无法通过经验确切地判断真正对因变量产生影响的自变量有哪些、这些自变量之间是否存在多重共线性等。因此，在 SPSS 中需对自变量进行一定的筛选和控制。多元回归分析中，变量筛选方法一般有向前筛选、向后筛选、逐步筛选三个基本策略。

B. 模型结果及分析

a）自变量进入方式

首先给出自变量进入方式，如图 7-11 所示。可以看到，回归模型中选入的变量是国内生产总值、社会固定资产投资，采用的自变量进入方式是向后筛选法。该方法就是回归方程中自变量被不断剔除的过程。首先选择所有与因变量具有最高相关关系的自变量进入回归模型，再依次将回归方程中与因变量相关系数最低的变量剔除，直到没有可从方程中剔除的变量为止。

b）模型摘要

图 7-12 是模型拟合度检验结果。从中可以看出产生了两种模型，其中模型 1、模型 2、模型 3 的可决系数 R^2 均等于 0.996，模型 4 的可决系数 R^2 等于 0.995，表明模型 1、模型 2、模型 3 均有 99.6%的拟合优度用于解释模型变量的相关性，模型 4 的拟合效果同样较好。同时结合标准估计的误差进行判断，发现模型 4 的误差小于其余 3 个模型，模型精度略优于其他 3 个模型，因此下面将对模型 4 展开详细讨论。

c）方差分析表

图 7-13 为模型 4 的方差分析表，其中 F 统计量为 876.136，概率 P 值（0.00）显著

小于显著性水平（0.05），所以该模型具有统计学意义，即因变量财政收入与自变量社会固定资产投资、国内生产总值的线性关系是显著的。

输入/移去的变量ᵃ

模型	输入的变量	移去的变量	方法
1	国内生产总值，年末总人口数，货币供应量 M1，社会消费品零售总额，社会固定资产投资 ᵇ	.	输入
2	.	年末总人口数	向后（准则：F-to-remove >= .100的概率）。
3	.	社会消费品零售总额	向后（准则：F-to-remove >= .100的概率）。
4	.	货币供应量 M1	向后（准则：F-to-remove >= .100的概率）。

a. 因变量：财政收入
b.已输入所请求的所有变量

图 7-11　模型筛选过程

模型	R	R 方	调整 R 方	标准估计的误差
1	.988a	.996	.992	2885.11230
2	.988b	.996	.993	2635.23570
3	.988c	.996	.994	2441.92705
4	.988d	.995	.994	2415.83278

图 7-12　模型拟合度检验结果

模型		平方和	df	均方	F	Sig.
4	回归	10226689146	2	5113344573	876.136	.000e
	残差	46689983.99	8	5836247.999		
	总计	10273379130	10			

Sig.表示显著性

图 7-13　模型 4 的方差分析表

d）模型参数估计

图 7-14 为模型 4 的回归系数分析表，可以看出通过向后筛选法将年末总人口数、社会消费品零售总额、货币供应量 M1 排除后，仅留下社会固定资产投资 x_1、国内生产总值 x_2。图 7-14 给出了社会固定资产投资 x_1、国内生产总值 x_2 的偏相关系数（标准系数），它们分别等于 0.800、0.203，于是可以得到回归方程：

$$y = 0.8x_1 + 0.203x_2$$

图 7-14 中还给出了对变量社会固定资产投资 x_1、国内生产总值 x_2 的偏回归系数是否等于 0 的 t 检验结果，t 值分别等于 8.161、2.070；概率 P 值中：社会固定资产投资 x_1 的 P 值显著小于 0.05，因此认为仅社会固定资产投资 x_1 的系数有统计学意义。

| 模型 | 非标准化系数 | | 标准系数 | t | Sig. |
	B	标准误差	试用版		
4 (常量)	30176.040	3293.856		9.161	.000
社会固定资产投资	.248	.030	.800	8.161	.000
国内生产总值	.030	.015	.203	2.070	.072

图 7-14 模型 4 的回归系数分析表

B 表示系数

图 7-15 是模型 4 已排除变量的检验结果。

| 模型 | Beta In | t | Sig. | 偏相关 | 共线性统计量 |
					容差
4 年末总人口数	.164[b]	.613	.559	.226	.000
社会消费品零售总额	.084[d]	.280	.788	.105	.007
货币供应量 M1	.116[d]	.911	.393	.326	.036

图 7-15 模型 4 的已排除变量的检验结果

Beta In 表示 β 的回归系数

7.4 非线性回归模型

实际问题中，有许多回归模型的因变量与自变量之间的关系都不是线性的，但因变量与未知参数之间的关系却可能是线性的。此时，线性回归是针对参数而言，而不是针对自变量而言，可以将这种情况看作是能够线性化的曲线回归。

当两个变量之间的关系可能存在曲线相关时，通过散点图的具体形状，尝试找到一条与其相适应的回归曲线，如指数曲线、双曲线等，然后再确定回归方程中的未知参数。对于这类可线性化的回归方程，线性化后的方程都为直线方程，故其参数的确定可用线性回归方程来求解。但必须说明，并非所有的非线性模型都可以化为线性模型。以下是几种常见可线性化的非线性关系及其判断方法。

7.4.1 可线性化的常见曲线类型

1. 指数函数

$$y = ae^{bx} \tag{7-50}$$

指数函数曲线的示意图见图 7-16。对其两边取自然对数，得 $\ln y = \ln a + bx$，令 $y' = \ln y$，则 $y' = \ln a + bx$。

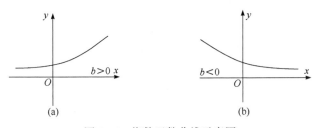

图 7-16 指数函数曲线示意图

2. 幂函数

$$y = ax^b \tag{7-51}$$

幂函数曲线的示意图见图 7-17。对式（7-51）两边取对数，得 $\lg y = \lg a + b \lg x$，令 $y' = \lg y,\ x' = \lg x$，得

$$y' = \lg a + bx'$$

3. 双曲线函数

$$\frac{1}{y} = a + \frac{b}{x} \tag{7-52}$$

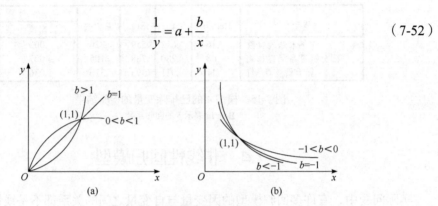

图 7-17 幂函数曲线示意图

双曲线函数的曲线示意图见图 7-18。令 $y' = \dfrac{1}{y},\ x' = \dfrac{1}{x}$，可得

$$y' = a + bx'$$

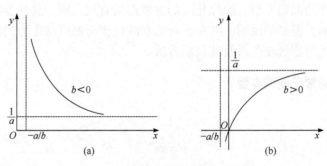

图 7-18 双曲线函数的曲线示意图

4. 对数函数

$$y = a + b \lg x \tag{7-53}$$

对数函数的曲线示意图见图 7-19。令 $x' = \lg x$，则

$$y = a + bx'$$

5. S 形曲线

$$y = \frac{1}{a + be^{-x}} \qquad (7\text{-}54)$$

S 形曲线示意图见图 7-20。令 $y' = \dfrac{1}{y}$，$x' = e^{-x}$，可得 $y' = a + bx'$。

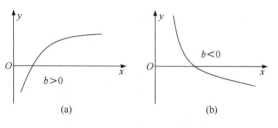

图 7-19　对数函数曲线示意图

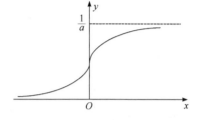

图 7-20　S 形曲线示意图

【**例 7-2**】　某商品市场销售量与价格有关，其具体资料数据如表 7-8 所示，试给出销售量 y 对价格 x 的回归方程（提示：可采用幂函数）。

表 7-8　需求–价格表

销售量 y/个	532	560	618	705	720	815	887	991	1433	1935
价格 x/元	58	51	46	43	38	35	28	23	17	11

解　首先观察所给数据，可以看出当价格刚开始提高时需求量下降迅速，而后逐渐平稳，故可采用幂函数 $y = ax^b$ 来进行拟合。令 $y' = \lg y$，$x' = \lg x$，得

$$y' = \lg a + bx'$$

令 $\lg a = \beta_0$，$b = \beta_1$，运用最小二乘法对其进行估计，可求出 $\hat{\beta}_0 = 4.0943$，$\hat{\beta}_1 = -0.7798$，即可得 $\hat{a} = 10^{4.0943} = 12\,425.103$，$\hat{b} = -0.7798$。最终得到的回归方程为 $y = 12\,425.103x^{-0.7798}$。

7.4.2　非线性判定系数

在非线性回归分析中，同样可用非线性判定系数 R^2 来度量两变量之间非线性相关的密切程度。R^2 的变化范围介于 0 与 1 之间，R^2 越接近于 1，表明变量间的非线性相关程度越强，所拟合曲线的效果越好；反之，R^2 越接近于 0，表明变量间非线性相关程度越弱，所拟合曲线的效果越差。R^2 的计算公式为

$$R^2 = 1 - \sum(y - \hat{y})^2 \Big/ \sum(y - \bar{y})^2$$

在实际应用中，当我们对一个问题确定模型时，如果变化趋势不是非常明显，此时可采用不同的模型分别进行拟合；然后比较模型各自的残差平方和，残差平方和越小，

表示拟合的模型越好；最后结合非判定系数 R^2 进行模型的比较与选择。

【例 7-3】 某自行车厂为调整生产经营策略，现考察单辆自行车平均生产成本与产量之间的关系，表 7-9 是该企业各周的生产情况。试找出成本 y（元/辆）与产量 x（辆）的关系并比较出运用哪种回归模型更合适。

表 7-9 产量-成本表

周数	产量 x/辆	成本 y/（元/辆）	周数	产量 x/辆	成本 y/（元/辆）
1	1616	305.4	9	1255	313.2
2	1619	300	10	1378	309.6
3	1737	305.7	11	1845	299.5
4	2000	302.2	12	1888	304.3
5	1081	345.2	13	1548	304.7
6	1000	342.3	14	1506	309.7
7	1075	328.6	15	1255	318.9
8	1511	302.4	16	1469	313.5

在实际情况中，很难直接通过数据判断出该采用何种类型的曲线来对变量进行有效的拟合，可借助 Excel 软件来进行操作，具体步骤如下。

（1）首先可将数据输入 Excel 表格中，并绘制散点图来判断使用的曲线模型，如图 7-21 所示。

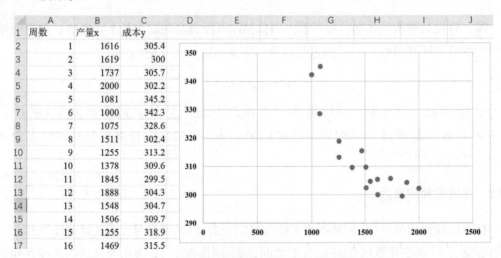

图 7-21 输入数据并绘制对应的散点图

（2）根据得到的散点图，可以看出成本与产量之间的关系不是线性的。此时可以右击散点图中的散点，选择"添加趋势线"，勾选想使用的趋势线并点击"显示公式"和"显示 R 平方值"。结果如图 7-22～图 7-24 所示，当使用对数函数进行拟合时，所得到的非线性判定系数 $R^2 = 0.7819$；当使用二次多项式函数拟合时，得到的非线性判定系数 $R^2 = 0.8874$；当使用幂函数时对应 $R^2 = 0.7929$。

（3）通过对比各非线性判定系数 R^2 可知，上述几种曲线类型都有较好的拟合效果，但在实际进行选择时优先采用判定系数最大的回归模型。故在该案例中，应采用二次多项式函数进行拟合得到的回归方程，见图 7-23。

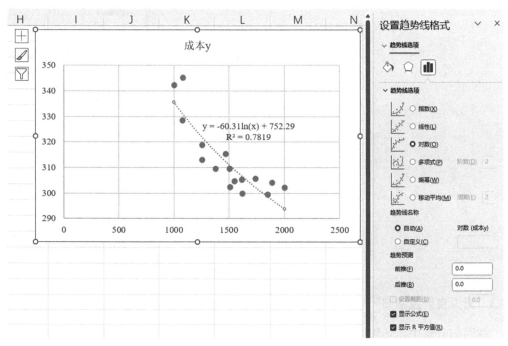

图 7-22　对数函数回归方程和 R^2 值

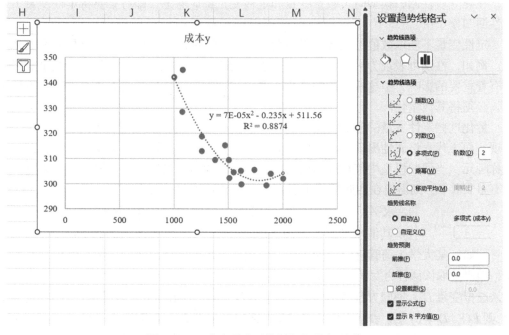

图 7-23　二次多项式函数回归方程和 R^2 值

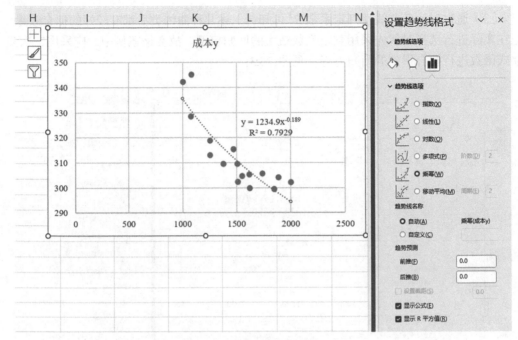

图 7-24 幂函数回归方程和 R^2 值

7.4.3 虚拟自变量回归*

在回归分析中，经常会遇到这样的情形，因变量不仅受到数量变量，如产量、销售量、价格、成本等的影响，而且还受到如性别、文化程度、季节等定性变量的影响。因此，在建立线性回归模型时，数量变量和定性变量都应考虑，即有必要将定性变量引入线性回归模型中。

定性变量不能以数值的形式加以表现，它只能以品质、属性、种类等具体形式来表现。例如，性别可表现为男或女，季节可表现为春夏秋冬等。尽管这些定性变量对因变量有着重要的影响，但这些不同的品质、属性和种类的具体形式是无法引入回归模型中的，必须将其数量化。

量化这些定性变量的方法，是构造一个取值 0 或 1 的人工变量，0 代表某一属性不出现，而 1 代表该属性出现。将取值为 0 或 1 的变量称为虚拟变量（dummy variable），或称哑元。当回归模型中使用虚拟变量时，则为虚拟自变量回归。一般地，如果定性变量有 k 个水平，则需要在回归模型中引入 $k-1$ 个虚拟变量，表示如下：

$$D_1 = \begin{cases} 1, & \text{水平1} \\ 0, & \text{其他水平} \end{cases}, \quad D_2 = \begin{cases} 1, & \text{水平2} \\ 0, & \text{其他水平} \end{cases}, \cdots, \quad D_{k-1} = \begin{cases} 1, & \text{水平}k\text{-1} \\ 0, & \text{其他水平} \end{cases}$$

例如，某大学工商管理学院为了研究学生的市场营销课程考试成绩与性别之间的关系，随机抽取该课程男女学生各 30 名，得到他们的考试成绩。由于性别为定性变量，故引入虚拟变量 D，回归方程表示为 $Y_i = \beta_0 + \beta_1 D_i + u_i$。令 $D_i = 0$ 代表男生，$D_i = 1$ 代表女生，则 $E(Y_i \mid D_i = 0) = \beta_0$ 表示男生的市场营销课程考试成绩的期望值；$E(Y_i \mid D_i = 1) = \beta_0 + \beta_1$ 表示女生的市场营销课程考试成绩的期望值；β_1 则反映了女同学和男同学的市场营销课

男同学的市场营销课程平均考试成绩的差值。通过具体数值可以计算 β_0 和 β_1，进而判断该门课程的考试成绩与性别之间的关系。

在回归模型中，当所有自变量均为虚拟变量时，该模型被称为方差分析模型。这种模型特别适用于解决之前讨论过的方差分析问题。然而，在经济研究领域，更常见的情况是回归模型同时包含数量变量和定性解释变量。这种混合类型的模型被称为协方差分析（analysis of covariance，ANCOVA）模型。协方差分析模型结合了方差分析和回归分析的特点，能够更精确地评估不同因素对因变量的影响。此外，对于包含虚拟自变量的回归模型，利用 SPSS 软件进行分析可以快速且高效地获得结果。

【例 7-4】　表 7-10 是我国从 2015 年第一季度（2015Q1）开始至 2021 年第四季度（2021Q4）的各季度 GDP，可以看出各年第四季度 GDP 都是每年的最高水平，现考察各季度 GDP 变化除了与时间有关之外，是否还与该季度是不是第四季度有关。故可以定义如下虚拟变量：

$$D_1 = \begin{cases} 1, & \text{第四季度} \\ 0, & \text{其他季度} \end{cases}$$

表 7-10　2015 年第一季度至 2021 年第四季度的各季度 GDP 及对应的虚拟变量

时间	GDP/亿元	D_1	时间	GDP/亿元	D_1
2015Q1	151 137	0	2018Q3	234 474	0
2015Q2	168 549	0	2018Q4	258 808	1
2015Q3	176 597	0	2019Q1	217 168	0
2015Q4	192 572	1	2019Q2	241 502	0
2016Q1	162 410	0	2019Q3	251 046	0
2016Q2	181 408	0	2019Q4	276 798	1
2016Q3	191 010	0	2020Q1	205 244	0
2016Q4	211 566	1	2020Q2	248 347	0
2017Q1	181 867	0	2020Q3	264 355	0
2017Q2	201 950	0	2020Q4	295 618	1
2017Q3	212 789	0	2021Q1	247 985	0
2017Q4	235 428	1	2021Q2	281 528	0
2018Q1	202 035	0	2021Q3	289 919	0
2018Q2	223 962	0	2021Q4	324 237	1

解　该案例回归模型可设为

$$y = \beta_0 + \beta_1 x + \beta_2 D_1 + u$$

式中，x 为时间变量。$E(y \mid D_1 = 0, x) = \beta_0 + \beta_1 x$，表示除第四季度以外其他季度的回归函数；$E(y \mid D_1 = 1, x) = (\beta_0 + \beta_2) + \beta_1 x$，表示第四季度的回归函数。可以看出两种函数的截距水平不同，下面通过 SPSS 软件来对数据进行分析，所得到的结果如图 7-25～图 7-27 所示。

模型摘要

模型	R	R 方	调整后的 R 方	标准估算的错误
1	.959[a]	.919	.913	13028.070

a. 预测变量：(常量)，季度因素，时间

图 7-25　虚拟自变量回归拟合优度检验

ANOVA[a]

模型		平方和	自由度	均方	F	显著性
1	回归	48277555943	2	24138777971	142.218	<.001[b]
	残差	42243265314.4	25	169730612.58		
	总计	52520821257	27			

a. 因变量：GDP
b. 预测变量：(常量)，季度因素，时间

图 7-26　虚拟自变量回归方差分析图

系数[a]

模型		未标准化系数		标准化系数		
		B	标准错误	Beta	t	显著性
1	(常量)	-37625180.157	2474893.160		-15.203	<.001
	时间	18749.484	1226.256	.874	15.290	<.001
	季节因素	31091.877	5718.878	.311	5.437	<.001

a. 因变量：GDP

图 7-27　虚拟自变量回归模型系数的显著性检验

　　和多元线性回归显著性检验方法类似，首先是对整个回归模型进行显著性检验，由图 7-25 和图 7-26 可知，当选择时间和季度因素进行回归分析时，F 值为 142.218，实际显著性水平 P 值小于 0.01，且调整后的可决系数 R^2 为 0.913，说明该回归模型显著；接下来对各回归系数进行检验，由图 7-27 可知，估计得到的 $\hat{\beta}_0 = -37\,625\,180.157$，时间变量系数 $\hat{\beta}_1 = 18\,749.484$，虚拟自变量（季度因素）系数 $\hat{\beta}_2 = 31\,091.877$，且各回归系数显著性均小于 0.01，说明时间与是不是第四季度均会对 GDP 造成显著影响。最终所得到的虚拟自变量回归方程为

$$y = -37\,625\,180.157 + 18\,749.484x + 31\,091.877D_1$$

本 章 小 结

　　1. 相关分析。主要介绍了相关关系的概念，区分了相关关系和函数关系。相关关系是变量之间有一定的依存关系，但在数量上又不是确定的；而函数关系是变量之间严格的、确定的依存关系。相关关系可以有多种类型的划分，按照变量相关程度可分为完全相关、不完全相关和不相关，按变量相关形式可分为线性和非线性相关等，同时介绍了相关系数的概念和检验方法，对于相关程度可使用相关系数来度量。

　　2. 回归分析。主要区分了相关分析与回归分析的差异，两者都是对变量间相关关系的分析，相关分析是回归分析的前提和基础，回归分析是相关分析的深入和继续。

　　3. 一元线性回归模型。介绍了样本回归和总体回归函数的概念与区别，同时分析了一元回归模型的理论假定条件，并着重探讨了一元线性回归参数估计的普通最小二乘法。

　　4. 多元线性回归模型。主要介绍了多元线性回归模型的假定条件、参数估计方法，

以及拟合优度的判定范围等。

5. 回归检验。对一元和多元线性回归的回归系数检验、模型检验进行了详细的介绍。回归方程应用的前提是满足这些相关检验和标准。本章还使用 Excel 和 SPSS 软件对相关案例进行了分析与讨论。

6. 非线性回归模型。对一些常用的可线性化曲线类型，如指数函数、幂函数、对数函数、双曲线函数等，以及虚拟自变量回归进行了简单介绍。

思考题

1. 相关关系和函数关系的区别是什么？
2. 相关系数的意义是什么？相关系数与相关关系的联系是什么？
3. 为什么要对回归方程进行估计标准误差计算？有何作用？
4. 对回归系数进行检验后，为什么还要对回归方程进行检验？
5. 进行经济现象的回归估计的前提条件和假定是什么？
6. 一元回归和多元回归的检验有哪些异同？
7. 在多元回归中为什么要修正可决系数？
8. 线性回归和可线性化的曲线回归的区别是什么？

案例分析

华为创立于 1987 年，是全球领先的信息与通信基础设施和智能终端提供商。截至 2023 年底，华为约有 20.7 万员工，业务遍及 170 多个国家和地区，服务全球 30 多亿人口。其每年净利润受到诸多因素的影响，表 7-11 是 2011～2023 年华为净利润与其影响因素的数据，请结合本章所学知识，利用 Excel 或者 SPSS 软件对其进行深入分析，并回答下方问题，以加深对本章内容的理解。

表 7-11 华为净利润及其影响因素数据

年份	净利润/亿元	销售收入/亿元	研发费用/亿元	销售和管理费用/亿元	总员工人数/万人	研发人员占比/%
2011	116.47	2039.29	236.96	337.70	14.10	44%
2012	153.80	2201.98	300.90	389.16	15.60	45%
2013	210.03	2390.25	306.72	389.43	15.60	45%
2014	278.66	2881.97	408.45	474.68	16.89	45%
2015	369.10	3950.09	596.07	622.81	17.50	45%
2016	370.52	5215.74	763.91	864.42	17.60	45%
2017	474.55	6036.21	896.90	926.81	17.78	45%
2018	593.45	7212.02	1015.09	1051.99	18.00	45%
2019	626.56	8588.33	1316.59	1141.65	19.59	49%
2020	646.49	8913.68	1418.93	1134.30	19.66	53.4%
2021	1137.18	6368.07	1426.66	1041.61	19.53	54.8%
2022	355.62	6423.38	1614.94	1097.85	20.70	55.4%
2023	869.50	7041.74	1647	1190	20.70	55%

资料来源：2011～2023 年华为年报

1. 分析净利润的主要影响因素，你认为建立净利润分析模型该考虑哪些因素？

2. 分析各主要影响因素对净利润的影响程度，可以按照影响程度来抽取变量吗？选择合适的自变量，在这些自变量的基础上进行多元回归。

3. 试建立净利润的统计模型，并检验模型是否通过相应的检验。

4. 尝试分析统计模型中解释变量的经济意义。

5. 一般而言，研发投入的加大应该会使净利润增加，请对你建立的模型进行分析、探讨，并修正你的模型。

第八章

时间序列分析

某地区交通货物运输量调查

随着社会经济的快速发展，作为国民经济系统重要组成部分的交通运输行业逐渐成为我国经济发展的先导产业，是连接国民经济各部门的纽带。为了深入分析某地区交通运输行业的发展态势并预测未来的基本走势，为当地运输部门在路网规划和运输政策制定方面提供支持，需要对该地区交通运输行业的发展变化做具体的数量分析。在各类与交通运输有关的统计数据中，货物运输量是表现交通运输情况最直接的数据。货物运输量是运输部门在一定时期实际运送货物的数量，是衡量运输行业发展情况的重要指标。某地区交通货物运输量的月度数据如表8-1所示。

表8-1 某地区交通货物运输量（2014～2023年） 单位：万吨

月份	2014年	2015年	2016年	2017年	2018年	2019年	2020年	2021年	2022年	2023年
1月	2648	2042	2594	2690	3137	3447	3147	3951	4297	4219
2月	2660	2764	2293	2696	2866	3071	3702	3094	3691	4404
3月	2561	2861	3004	3131	3353	3892	3680	4230	4433	4751
4月	1656	2591	2683	2862	3168	3336	3560	4324	4405	4551
5月	963	2331	2370	2462	2768	2927	3061	3963	4181	4199
6月	1726	2569	2663	2634	2857	3087	3285	3596	3926	4089
7月	2350	2601	2524	2730	3142	3339	3596	4168	4254	4472
8月	2408	2429	2601	2784	3123	3092	3688	4032	4272	4393
9月	2667	2630	2790	2898	3194	3391	3794	4089	4331	4492
10月	3579	3614	3993	4354	4817	4912	6018	6413	6431	6510
11月	3543	4032	4738	4579	5459	5589	6846	8133	7088	7416
12月	2863	2971	3381	3180	3849	4026	5319	6338	6127	6370

为了清楚地把握该地区交通货物运输量情况，为政府机构在政策制定和基础设施的

建设与完善方面提供可行的依据，运输部门的相关决策人员必须了解以下问题。

1. 该地区在这些年的年交通货物运输量是多少？每年变化的基本态势如何？
2. 每月的同比增长量、各年度的发展速度、年平均发展速度、年平均增长速度是如何变化的？
3. 该地区交通货物运输量是否具有季节性规律？季节变化规律是怎么样的？
4. 如果确实存在季节性因素的影响，那么能否消除季节性变动后做一般的趋势分析？

在学习本章内容后，上述的这些问题都将能够得到解答。

很多的社会经济现象往往是处于发展变化之中的，随着时间的推移会呈现出一种在时间上的运动过程。为了全面认识和了解现象的变化规律，不仅要从静态上分析现象的特征、结构和相互关联关系等，还必须着眼于现象随时间的发展变动过程和规律。时间序列分析就是根据社会经济现象在不同时间的数量表现来研究它的发展变化过程，认识它的发展规律并预测其发展变化趋势，为科学的预测和决策提供依据。本章将重点介绍时间序列的概念，以及如何进行时间序列的预测分析。

8.1 时间序列的对比分析

8.1.1 时间序列的概念

时间序列是将社会经济现象的某一指标在不同时期或时点上的指标数值按时间的先后顺序加以排列而形成的数列，又称为时间数列或动态数列。例如，近年来休闲饮品店开遍街头，一杯好喝的饮品成为年轻人"冬取暖，夏解暑"的优先选择，然而不同饮品的销量与季节变化有着较强的相关性，人们在冬天寒冷的时候经常选择奶茶、可可等热饮，在夏天炎热的时候则往往选择果茶、奶昔等冷饮。为了确定不同食材的进货量，这就需要分析该饮品店近年来各类饮品的销售情况以便对未来做出预测，那么，做这种预测分析的重要依据就是过去若干年，如2017～2023年该饮品店各类饮品的销售情况，即按时间排序的各类饮品销售量数据。又如，为了反映近10年来某地区交通货物运输量方面的情况，并为进一步发展交通运输业提供决策理论支持，把该地区2014～2023年的交通货物运输量数据按月度顺序排列起来。像这样随时间的推移记录形成的数据序列称为时间序列。

任何一个时间序列都具有两个基本要素。一是被研究现象所属的时间范围，称为时间要素。时间要素的单位可以是年、季、月、周、日、小时、分钟等。二是反映该现象一定时间条件下数量特征的数值，即在不同时间上的统计数据，称为数据要素，数据要素的表现可以是表示对象的绝对量数据或相对量数据。时间序列中每一项数据反映了现象在各个时间达到的规模或水平，也称为相应时间上的发展水平，发展水平可能是总量数据、平均数据或者相对数据。

表8-2是关于某地区交通运输行业发展的相关时间序列数据，所属的时间范围是2013～2022年的各季度，反映的是交通运输业在该时间条件下货物运输量的数值。

表 8-2　2013～2022 年某地区交通货物运输量季度数据

时间（年/季度）	货物运输量/万吨	时间（年/季度）	货物运输量/万吨
2013/1	78.69	2018/1	104.10
2013/2	43.45	2018/2	93.50
2013/3	74.25	2018/3	98.22
2013/4	99.85	2018/4	145.27
2014/1	76.67	2019/1	105.29
2014/2	74.91	2019/2	99.06
2014/3	76.60	2019/3	110.78
2014/4	106.17	2019/4	181.83
2015/1	78.91	2020/1	112.75
2015/2	77.16	2020/2	118.83
2015/3	79.15	2020/3	122.89
2015/4	121.12	2020/4	208.84
2016/1	85.17	2021/1	124.21
2016/2	79.58	2021/2	125.12
2016/3	84.12	2021/3	128.57
2016/4	121.13	2021/4	196.46
2017/1	93.56	2022/1	133.74
2017/2	87.93	2022/2	128.39
2017/3	94.59	2022/3	133.57
2017/4	141.25	2022/4	202.96

对时间序列进行分析的目的包括：①描述社会经济现象在过去的发展变化过程和结果；②揭示社会经济现象发展变化的规律性；③预测社会经济现象的发展趋势和发展速度。

8.1.2　时间序列的水平指标分析

时间序列编制出来，只是意味着有了分析现象变化的基础资料。为了进一步研究时间序列的动态发展变化状况，需要计算一系列时间序列分析指标，一般分为水平指标和速度指标，水平指标是速度指标分析的基础，速度指标是水平指标分析的深入和继续。本节介绍时间序列的水平指标分析，主要包括发展水平、平均发展水平、增长量和平均增长量等。

1. 发展水平

发展水平又称发展量，在时间序列中，它是各个时间上具体的指标数值，反映社会经济发展程度在不同时间上所达到的水平，是计算其他动态分析指标的基础。

发展水平根据其在时间序列中所处的位置不同，可分为期初水平、期末水平和中间水平。在一个时间序列中，若将各时间上的发展水平按时间顺序记为 $x_0, x_1, \cdots, x_n$，则数列中第一项指标数值 x_0 称为期初水平，最末一项指标数值 x_n 称为期末水平，其余各指标数值称为中间水平。在对各时间的发展水平进行比较时，把作为比较基础的那个时期称为基期，相对应的发展水平称为基期水平；把所研究考察的那个时期称为报告期，相对应的发展水平称为报告期水平。

2. 平均发展水平

平均发展水平又称序时平均数，是时间序列中各个不同时期的发展水平的平均数，可用来说明社会经济现象在一段时期内发展变化的一般水平。由于时间序列可分为绝对数时间序列、相对数时间序列和平均数时间序列三种，故根据时间序列计算平均发展水平也分为三种情况。

1）由绝对数时间序列计算平均发展水平

绝对数时间序列可分为时期序列和时点序列，两者各有特点，因此计算平均发展水平的方法也就不同。

A. 由时期序列计算平均发展水平

由于时期序列的各项指标数值可以相加，所以可用简单算术平均数方法计算平均发展水平。若以 $\bar{x}$ 表示平均发展水平，x_i 表示各期发展水平（$i = 1, 2, \cdots, n$），n 代表各期项数，则用简单算术平均数方法计算平均发展水平的公式为

$$\bar{x} = \frac{x_1 + x_2 + x_3 + \cdots + x_n}{n} = \frac{\sum x_i}{n} \tag{8-1}$$

【例 8-1】 表 8-3 为某地区 2017～2022 年交通货物运输量数据，计算该地区 2017～2022 年交通货物运输量的年平均发展水平。

表 8-3 2017～2022 年某地区交通货物运输量

年份	2017	2018	2019	2020	2021	2022
货物运输量/万吨	417.33	441.09	496.96	563.31	574.36	598.66

解 由式（8-1）计算可得

$$\bar{x} = \frac{\sum x_i}{n} = \frac{417.33 + 441.09 + 496.96 + 563.31 + 574.36 + 598.66}{6} \approx 515.29 \text{（万吨）}$$

故 2017～2022 年该地区交通货物运输量的年平均发展水平为 515.29 万吨。

B. 由时点序列计算平均发展水平

时点序列可分为连续时点序列和间断时点序列两种，其计算平均发展水平所采取的方法也不同。

由连续时点序列计算平均发展水平，可分为以下两种情况。

第一种情况，对连续变动的连续时点序列求平均发展水平。如果连续时点序列是逐日登记又逐日排列的，则可用简单算术平均数计算平均发展水平，其计算公式同式（8-1）。例如，已知某商品某月内每天的销售额，要求计算该月平均每天的销售额，将每天的销售额相加再除以该月的日历天数即可。

第二种情况，对非连续变动的连续时点序列求平均发展水平。如果连续时点序列不是逐日登记，而是间隔几天变动一次，这样的序列被称为非连续变动的连续时点序列，可用加权算术平均数计算平均发展水平。若以 $\bar{x}$ 表示平均发展水平，x_i 表示各时点指标数值（$i = 1, 2, \cdots, n$），f_i 为两相邻时点间的间隔长度，则计算公式为

$$\bar{x} = \frac{\sum x_i f_i}{\sum f_i} \tag{8-2}$$

【例 8-2】 表 8-4 为某商品 9 月的销售额统计资料，试计算该商品 9 月平均每天的销售额。

表 8-4　某商品 9 月销售额统计表

日期	1 日	9 日	16 日
销售额/万元	2100	2150	2200

解 由式（8-2）计算可得

$$\bar{x} = \frac{\sum x_i f_i}{\sum f_i} = \frac{2100 \times 8 + 2150 \times 7 + 2200 \times 15}{8 + 7 + 15} = \frac{64\,850}{30} \approx 2162 \,(\text{万元})$$

则该商品 9 月份平均每天的销售额为 2162 万元。

由间断时点序列计算平均发展水平。间断时点序列通常是指间隔一段时间，如按月末、季末、年末等对其时点数据进行登记而得的时点序列。在间断时点序列中有间隔相等和间隔不等两种情况，如果每隔相同的时间登记一次，所得序列称为间隔相等的间断时点序列；如果两次登记的间隔不相等，则称为间隔不等的间断时点序列。两种情况下计算平均发展水平的方法各不相同。

第一种情况，对间隔相等的间断时点序列求平均发展水平，采用"首末折半法"，若以 $x_1, x_2, \cdots, x_n$ 表示各个时点上的水平，n 为时点数，则计算公式为

$$\bar{x} = \frac{\dfrac{x_1 + x_2}{2} + \dfrac{x_2 + x_3}{2} + \cdots + \dfrac{x_{n-1} + x_n}{2}}{n - 1}$$
$$= \frac{\dfrac{x_1}{2} + x_2 + x_3 + \cdots + x_{n-1} + \dfrac{x_n}{2}}{n - 1} \tag{8-3}$$

【例 8-3】 表 8-5 为某企业年末就业人员数统计情况，计算该企业 2017～2022 年平均每年的就业人员数。

表 8-5　2017～2022 年某企业年末就业人员数

年份	2017	2018	2019	2020	2021	2022
年末就业人员数/人	674	656	688	724	720	717

解　该序列属于间隔相等的时点序列，故由式（8-3）计算可得

$$\overline{x} = \frac{\frac{x_1}{2} + x_2 + x_3 + \cdots + x_{n-1} + \frac{x_n}{2}}{n-1} = \frac{\frac{674}{2} + 656 + 688 + 724 + 720 + \frac{717}{2}}{6-1} = 696.7（人）$$

故该企业 2017～2022 年平均每年的就业人数为 696.7 人。

第二种情况，对间隔不等的间断时点序列求平均发展水平。在时点序列中，当相邻时点间隔不等时，就需要在首末折半后用相应的时点间隔数加权计算，以 f 表示各时点间隔的距离，则计算公式为

$$\overline{x} = \frac{\frac{x_1 + x_2}{2} f_1 + \frac{x_2 + x_3}{2} f_2 + \cdots + \frac{x_{n-1} + x_n}{2} f_{n-1}}{\sum_{i=1}^{n-1} f_i} \tag{8-4}$$

【例 8-4】　某企业 2022 年职工人数资料如表 8-6 所示。试计算该企业 2022 年平均每月的职工人数。

表 8-6　2022 年某企业不同时点的职工人数

时间	1 月初	3 月初	6 月初	8 月初	12 月末
职工人数/人	1180	1200	1250	1340	1400

解　该序列属于间隔不等的时点序列，故由式（8-4）计算可得

$$\overline{x} = \frac{\frac{x_1 + x_2}{2} f_1 + \frac{x_2 + x_3}{2} f_2 + \cdots + \frac{x_{n-1} + x_n}{2} f_{n-1}}{\sum_{i=1}^{n-1} f_i}$$

$$= \frac{\frac{1180 + 1200}{2} \times 2 + \frac{1200 + 1250}{2} \times 3 + \frac{1250 + 1340}{2} \times 2 + \frac{1340 + 1400}{2} \times 5}{2 + 3 + 2 + 5}$$

$$= \frac{15\,495}{12} \approx 1291（人）$$

故该企业 2022 年平均每月的职工人数为 1291 人。

2）由相对数时间序列和平均数时间序列计算平均发展水平

由于相对数时间序列和平均数时间序列是由两个相互关联的绝对数时间序列对比计算出来的，因此求其平均发展水平，可先找到形成相对数或平均数的分子、分母两个绝对数时间序列，分别计算这两个绝对数时间序列的平均发展水平，然后将其对比计算得

到相对数或平均数时间序列的平均发展水平。若以 $\bar{z}$ 表示相对数序列或静态平均数序列的序时平均数，$\bar{y}$ 表示分子的时间序列的序时平均数，$\bar{x}$ 表示分母的时间序列的序时平均数，则计算公式为

$$\bar{z} = \frac{\bar{y}}{\bar{x}} \tag{8-5}$$

【例 8-5】 表 8-7 为某企业历年商品销售总额与年末销售人员数量统计情况，计算该企业 2017~2022 年人均销售总额的平均发展水平。

表 8-7　2017~2022 年某企业销售总额与年末销售人员数量统计表

年份	2017	2018	2019	2020	2021	2022
销售总额/万元	1520	1680	1730	1800	1840	1880
年末销售人员数/人	76	75	66	72	74	80

解 销售总额序列属于时期序列，故由式（8-1）计算得

$$\bar{y} = \frac{\sum y_i}{n} = \frac{1520+1680+1730+1800+1840+1880}{6} \approx 1741.67（万元）$$

年末销售人员数属于间隔相等的时点序列，故由式（8-3）计算得

$$\bar{x} = \frac{\frac{x_1}{2}+x_2+x_3+\cdots+x_{n-1}+\frac{x_n}{2}}{n-1} = \frac{\frac{76}{2}+75+66+72+74+\frac{80}{2}}{6-1} = 73（人）$$

因此，

$$\bar{z} = \frac{\bar{y}}{\bar{x}} = \frac{1741.67}{73} \approx 23.86（万元/人）$$

故该企业销售部门 2017~2022 年人均销售总额的平均发展水平为 23.86 万元。

3. 增长量和平均增长量

1）增长量

增长量是报告期与基期水平之差，反映报告期比基期增长的水平，其计算公式为

$$增长量 = 报告期水平 - 基期水平 \tag{8-6}$$

由于采用的基期不同，增长量可分为逐期增长量和累计增长量。

逐期增长量是各报告期水平与前一期水平之差，说明现象逐期增减的数量，用符号表示为

$$x_1 - x_0, x_2 - x_1, x_3 - x_2, \cdots, x_n - x_{n-1} \tag{8-7}$$

累计增长量是各报告期水平与某一固定基期水平（通常为期初水平 x_0）之差，说明现象从某一固定基期到报告期这一段时间内增减的总量，用符号表示为

$$x_1 - x_0, x_2 - x_0, x_3 - x_0, \cdots, x_n - x_0 \tag{8-8}$$

累计增长量和逐期增长量之间的关系是：逐期增长量之和等于累计增长量。用公式表示为

$$(x_1 - x_0) + (x_2 - x_1) + (x_3 - x_2) + \cdots + (x_n - x_{n-1}) = x_n - x_0 \qquad (8\text{-}9)$$

在实际工作中，为了消除季节变动的影响，常计算年距增长量指标，它是报告期水平与上年同期水平之差。用公式表示为

$$年距增长量 = 报告期水平 - 上年同期水平 \qquad (8\text{-}10)$$

2）平均增长量

平均增长量是说明社会经济现象在一定时期内平均每期增长的数量，是逐期增长量动态序列的时序平均数，反映现象平均增长水平。其计算公式为

$$平均增长量 = \frac{逐期增长量之和}{逐期增长量个数} = \frac{累计增长量}{时间序列项数 - 1} \qquad (8\text{-}11)$$

【例 8-6】 根据表 8-3 的数据，计算某地区 2017～2022 年交通货物运输量的增长量和平均增长量。

解 将计算结果填入表 8-8 中。

表 8-8　2017～2022 年某地区交通货物运输量　　　　　　单位：万吨

指标	2017 年	2018 年	2019 年	2020 年	2021 年	2022 年
货物运输量	417.33	441.09	496.96	563.31	574.36	598.66
逐期增长量	—	23.76	55.87	66.35	11.05	24.30
累计增长量	—	23.76	79.63	145.98	157.03	181.33

由式（8-11）可计算该地区 2017～2022 年交通货物运输量的平均增长量为

$$\frac{23.76 + 55.87 + 66.35 + 11.05 + 24.3}{5} = \frac{181.33}{5} = 36.266（万吨）$$

或

$$\frac{598.66 - 417.33}{6 - 1} = \frac{181.33}{5} = 36.266（万吨）$$

即该地区 2017～2022 年交通货物运输量的平均增长量为 36.266 万吨。

8.1.3　时间序列的速度指标分析

在一个时间序列中，各时间上的发展水平按时间顺序可记为 $x_0, x_1, \cdots, x_n$。为了研究时间序列随时间变化的速率，经常需要进行时间序列的速度指标分析，将时间序列的指标数值进行对比，经过对比而得到的指标称为速度指标。发展速度和增长速度是人们在日常社会经济工作中经常用来表示某一时期内某动态指标发展变化状况的动态相对数。把对比的两个时期的发展水平抽象成一个比例数，来表示某一事物在这段对比时期内发

展变化的方向和程度，从而分析研究事物发展变化的规律。本节介绍的指标主要包括发展速度、增长速度、平均发展速度和平均增长速度等。

1. 发展速度

发展速度是反映社会经济发展程度的相对指标，在时间序列中，它是现象报告期水平与基期水平之比，说明的是现象报告期水平较基期水平的相对发展程度。发展速度的值大于 1，表明现象报告期水平已经发展到基期水平的若干倍，较基期水平增长；其值小于1，表明现象报告期水平是基期水平的百分之几，较基期水平降低。

根据所选基期的不同，发展速度分为环比发展速度和定基发展速度。

环比发展速度也称逐期发展速度，是报告期水平 x_i 与前一期水平 x_{i-1} 之比，即 x_i / x_{i-1}，$i = 1, 2, \cdots, n$，说明报告期水平相对于前一期水平的发展程度。

$$环比发展速度 = \frac{报告期水平}{前一期水平} = \frac{x_i}{x_{i-1}}$$

定基发展速度则是报告期水平 x_i 与某一固定基期水平（通常为期初水平或特定时期水平）x_0 之比，即 x_i / x_0，$i = 1, 2, \cdots, n$，说明报告期水平相对于该固定时期水平的发展程度，表明现象在较长时期内总的发展速度，也称为总速度。

$$定基发展速度 = \frac{报告期水平}{某一固定基期水平} = \frac{x_i}{x_0}$$

发展速度一般用百分数表示，但是当比例数较大时，则用倍数表示较为合适。两种发展速度的计算实例见表 8-9 的第 4 列和第 6 列。

表 8-9 某地区交通货物运输量及发展速度、增长速度等

年份	交通货物运输量/万吨	逐年增长量/万吨	环比发展速度/%	环比增长速度/%	定基发展速度/%	定基增长速度/%
2013	296.24	—	—	—	—	—
2014	334.35	38.11	112.86	12.86	112.86	12.86
2015	356.34	21.99	106.58	6.58	120.29	20.29
2016	370.00	13.66	103.83	3.83	124.90	24.90
2017	417.33	47.33	112.79	12.79	140.88	40.88
2018	441.09	23.76	105.69	5.69	148.90	48.90
2019	496.96	55.87	112.67	12.67	167.76	67.76
2020	563.31	66.35	113.35	13.35	190.15	90.15
2021	574.36	11.05	101.96	1.96	193.88	93.88
2022	598.66	24.30	104.23	4.23	202.09	102.09

环比发展速度与定基发展速度之间存在着重要的数量关系：各环比发展速度的连乘积，等于相应时期的定基发展速度；相邻的两个定基发展速度之商，等于相应时期的环比发展速度，即

比发展速度，即

$$\frac{x_1}{x_0} \times \frac{x_2}{x_1} \times \cdots \times \frac{x_n}{x_{n-1}} = \frac{x_n}{x_0} \qquad (8\text{-}12)$$

$$\frac{x_i}{x_0} \div \frac{x_{i-1}}{x_0} = \frac{x_i}{x_{i-1}} \qquad (8\text{-}13)$$

【例 8-7】 表 8-9 为某地区年交通货物运输量及发展速度、增长速度等的有关数据。读者可以验算，以 2013 年为基期，2013～2022 年该地区交通货物运输量的环比发展速度的连乘积为 202.09%，与以 2013 年为基期的 2022 年定基发展速度相等。2022 年的定基发展速度 202.09%除以 2021 年的定基发展速度 193.88%，等于 2022 年该地区交通货物运输量的环比发展速度 104.23%。

在实际的统计分析中，有时为消除季节变动的影响，经常运用年距发展速度指标，它是以报告期（月或季）发展水平与上年同期（月或季）发展水平相比，表明本期水平相对于上年同期水平发展变化的方向与程度。

2. 增长速度

增长速度是人们在日常社会经济工作中经常用来表示某一时期内某动态指标发展变化状况的动态相对数。由增长量与基期水平对比可计算增长速度，用以说明报告期水平较基期水平增长的相对程度。

$$增长速度 = \frac{增长量}{基期水平} = \frac{报告期水平 - 基期水平}{基期水平} = 发展速度 - 1$$

与发展速度不同，增长速度说明报告期水平在扣除了基期数据以后，较基期增长的相对程度。显然，计算结果若是正值，则称增长速度或增长率，表示报告期水平在基期水平基础上的增长速度；若是负值，则称下降速度或下降率，表示报告期水平在基期水平基础上下降的程度。

由于发展速度分为环比发展速度和定基发展速度，相对应的增长速度也可分为环比增长速度和定基增长速度。环比增长速度是逐期增长量与前期发展水平之比；定基增长速度是累计增长量与最初发展水平之比。其计算公式分别为

$$环比增长速度 = 环比发展速度 - 1$$
$$定基增长速度 = 定基发展速度 - 1$$

两种增长速度的计算实例见表 8-9 的第 5 列和第 7 列。

应当指出，虽然环比增长速度和定基增长速度分别是由环比发展速度和定基发展速度派生出来的，反映现象增减的相对程度，但本身并不具备环比发展速度和定基发展速度之间的有关关系。环比增长速度的连乘积并不等于相应时期的定基增长速度，如果由环比增长速度求定基增长速度，须先将各个环比增长速度换算为环比发展速度后再连乘，将所得结果再减去 1 即得定基增长速度。

3. 平均发展速度和平均增长速度

平均发展速度是各个时期环比速度的序时平均数。平均发展速度反映现象逐期发展速度的平均程度，相对应地，平均增长速度是现象逐期增长的平均程度。平均增长速度与平均发展速度之间相差一个基数，二者的关系是

$$平均增长速度 = 平均发展速度 - 1$$

需要强调的是，因平均增长速度不等于全期各环比增长速度的连乘积，故它不能根据各环比增长速度进行直接计算。但可以利用平均增长速度等于平均发展速度减 1 进行间接计算。

平均增长速度可能为正值，也可能为负值。当平均发展速度大于 1，则平均增长速度为正值，表明现象在该段时期内平均来说是递增的，也称平均递增率；当平均发展速度小于 1，则平均增长速度为负值，表明现象在该段时期内平均来说是递减的，也称平均递减率。

平均发展速度是各期环比发展速度的序时平均数，计算方法有几何平均法和方程法。几何平均法平均发展速度的特点是实际动态数列各期环比发展速度的连乘积等于理论动态数列中各期平均发展速度的连乘积；方程法平均发展速度的特点是实际动态数列各项之和等于理论动态数列各项之和，所以也称"累计法"。

在经济活动中，通常采用几何平均法去计算。这是由于现象发展的总速度并不等于各期环比发展速度之和，而是等于各期环比发展速度的连乘积，所以各期环比发展速度的序时平均数，不能在速度的代数和基础上按算术平均方法去计算，而只能在速度连乘积的基础上按几何平均法去计算。若以 G_i（$i = 1, 2, \cdots, n$）表示各期环比发展速度，以 $\bar{G}$ 表示平均发展速度，则按几何平均法计算平均发展速度的公式为

$$\bar{G} = \sqrt[n]{G_1 G_2 \cdot \cdots \cdot G_n} = \sqrt[n]{\prod_{i=1}^{n} G_i} \tag{8-14}$$

由于各期环比发展速度的连乘积等于定基发展速度，以 G 表示定基发展速度，则式（8-14）可改写为

$$\bar{G} = \sqrt[n]{G} \tag{8-15}$$

由定基发展速度的定义可知，若以 x_i（$i = 0, 1, \cdots, n$）表示现象的各期水平，式（8-14）还可改写为

$$\bar{G} = \sqrt[n]{\frac{x_1}{x_0} \times \frac{x_2}{x_1} \times \cdots \times \frac{x_n}{x_{n-1}}} = \sqrt[n]{\frac{x_n}{x_0}} \tag{8-16}$$

也就是说只要知道期末水平 x_n 和期初水平 x_0，就可直接计算平均发展速度。

显然，式（8-14）～式（8-16）的计算结果是一致的，应视不同条件灵活运用。式（8-14）～式（8-16）中的 n 是指环比发展速度的个数，即时间序列项数减 1。

【例 8-8】　由表 8-9 中的数据，计算该地区 2013～2022 年交通货物运输量的平均发展速度。

解 各期环比发展速度的连乘积等于定基发展速度，即

$$1.1286 \times 1.0658 \times 1.0383 \times 1.1279 \times 1.0569 \times 1.1267 \times 1.1335 \times 1.0196 \times 1.0423 \approx 2.0207$$

由于各期环比发展速度的连乘积等于定基发展速度，所以平均发展速度也可由定基发展速度去计算，即

$$\overline{G} = \sqrt[9]{2.0207} = 108.13\%$$

若以 x_n 表示现象的期末水平，x_0 表示期初水平，则该地区 2013～2022 年交通货物运输量的年平均发展速度也可用以下方法计算：

$$\overline{G} = \sqrt[9]{\frac{598.66}{296.24}} = 108.13\%$$

可以看出，用几何平均法计算平均发展速度具有以下特点：它侧重于期末水平，只要期末水平和期初水平确定，不论中间水平变化过程如何，对平均发展速度的计算结果没有影响。或者说用几何平均法计算平均发展速度隐含着一个假定：从时间序列的期初水平出发，以计算的平均发展速度代替各期的环比发展速度，计算出的期末水平与实际的期末水平相一致。所以计算平均发展速度的几何平均法也称为"水平法"。

4. 运用速度指标应注意的几个问题

（1）平均发展速度与平均增长速度指标，也属于统计平均数的范畴。前面在谈统计平均数的计算时，曾强调计算平均数时，要注意平均数的同质性，否则所计算的平均数便是虚构的、没有什么意义的数字游戏。那么平均发展速度和平均增长速度也同样遵循同质性的原则。不过这里指的同质性是另一种意义的同质性，即发展方向的同一性。如果被研究对象在一定时期内发展方向不一致，那就缺乏计算平均发展速度和平均增长速度的基本条件了，所计算出来的平均发展速度和平均增长速度也就缺乏代表性了。

（2）平均发展速度是根据基期和计算期的水平指标计算的，所以选择基期特别重要。必须注意选择正常的时间，亦即未受影响的时间和有意义的时间作为基期。

（3）当发展水平出现负的基数时，则不能计算速度指标。例如，某企业由于改善了经营管理，由亏转盈。负债和盈利是两个性质相反的指标，用符号表示为一负一正。在统计界曾就此问题进行过探索，提出过不少的计算方法，但都很难成立，最终不了了之。

（4）总平均速度指标要与分期速度、分段速度指标相结合。总平均发展速度一般反映一段长时间事物发展的情况，但往往掩盖了各期发展的情况，只有将两者结合起来，才既能反映事物发展的情况，又能发现事物发展的实现过程。

（5）如果事物在发展过程中，出现剧烈波动、大起大落现象，从平均的观点看，这种现象的离散程度很大，所计算的平均速度指标代表性也就很低。在具体运用速度指标时，必须结合剧烈波动的原因，进行具体分析。

8.2 时间序列及其构成因素

客观事物随着时间推移而发展变化，时间序列分析的任务就是对时间序列的各要素成分进行分解，揭示现象发展变化的趋势和周期性规律，并在此基础上对数列未来的状态做出统计推断和预测。

8.2.1 时间序列的趋势因素

客观现象总是随着时间推移按照自身固有的规律发展变化，这些发展变化的状况是受多种因素共同作用的结果。在这些可能的影响因素中，有的对事物的发展变化起关键性作用，且具有长期性；有的只是偶然发挥短期作用，并非起决定性作用。例如，在我国交通运输业的发展中，交通货物运输量可能受到经济发展水平、公共基础设施等长期因素的影响，同时也可能受到自然天气、新出台政策等非长期因素的影响。在对某现象的时间序列的变动规律进行分析时，将大大小小每一个可能的影响因素都一一划分、逐个计算并做精确分析事实上是不可能的。但可以按照对现象变化影响的类型的不同，将众多可能的影响因素划分为若干具有相同类型的时间序列的构成要素，进而再对这几类有相同发展变化规律的构成要素进行分析和测定，以揭示该对象时间序列变动的规律性。在进行时间序列分解时，一般把时间序列的构成因素按性质和作用分为四类，即长期趋势（T）、季节变动（S）、循环变动（C）和不规则变动（I）。

社会经济现象中的各种时间序列的变动，通常是受这四类因素中的一种或者多种影响。例如，自然现象中的气温变化，主要受季节变动因素和不规则变动因素的影响；某地区旅游业发展中的接待过夜旅客数量，既受长期趋势因素的影响，也受季节变动因素和循环变动因素及不规则变动因素的影响。不同因素的影响使时间序列呈现出不同的形态，因此，时间序列分析的任务就是对某现象的时间序列中的构成要素进行分析和测定，揭示现象随时间变化的变动规律和特征，为预测事物的发展提供依据。

图 8-1 反映的是一个包含了长期趋势因素、季节变动因素、循环变动因素、不规则变动因素的时间序列。

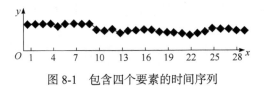

图 8-1　包含四个要素的时间序列

1. 长期趋势因素

长期趋势因素是指在较长时间内比较稳定的、经常起作用的根本性因素，是时间序列在长时期内呈现出来的某种持续上升或持续下降的变动，具有长期性、稳定性、经常性和根本性的特点，是对未来进行预测和推断的主要依据。长期趋势往往是由某些固定的、系统性的因素造成的，代表着研究对象的总发展方向，它既可以是线性的，也可以是曲线的。例如，科技进步对生产力发展的影响就具有上述特点，科技进步是影响生产力发展的长期趋势因素。又如，广东省能源的使用情况，表现出终端能源的逐年增长趋势，其长期趋势的图形如图 8-2 所示。

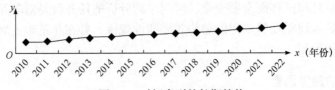

图 8-2　时间序列的长期趋势

2. 季节变动因素

季节因素是引起现象在较短时间（一年、一季度、一月、一周、一天）内出现周期性变动的因素。其变动特点是在一年或更短的时间内随着时序的变更，使现象呈现周期重复的变化。例如，游客的数量，随着春、夏、秋、冬四季的交替变化而呈现出的周期性变化；气温在一天内由低到高、由高到低的变化等，都属于季节因素作用的结果。图 8-3 就是一年内随季节变动的一种态势的图形。季节因素在短时间内对现象的影响是显著的，但最多在连续一年的时间内，季节因素对现象发展的正负影响就可以被综合或抵消。

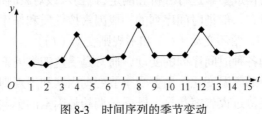

图 8-3　时间序列的季节变动

3. 循环变动因素

循环因素是指使现象发生周期较长的、涨落起伏交替变动的因素。它与季节因素的影响有明显的不同，也不同于使现象朝着单一方向持续发展的长期趋势因素。它使得现象变动的周期通常在一年以上，甚至七八年、十来年，同时上下波动的程度也不尽相同。例如，生产关系改革滞后所引起的周期经济危机就是循环变动，生产关系就是一种循环因素。循环变动与季节变动不同，循环变动的周期长短很不一致，不像季节变动那样有明显的按月或按季的固定周期规律，循环变动的规律性不甚明显。图 8-4 就是循环变动态势的一种图形。

4. 不规则变动因素

不规则变动因素，又称偶然因素，是指在目前的科学技术条件下还不能预测或控制的因素。它具有局部性、临时性、非决定性和影响方向不确定性的特点。它对现象发展变化的影响，有的在短时间内是明显的甚至是巨大的，且不易被综合或抵消，但对现象的正负影响在较长时期内一般是可以被综合或抵消的。例如，自然灾害、战争、政治事件等的影响。

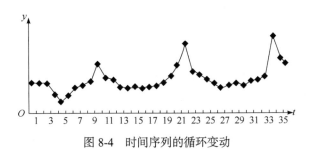

图 8-4　时间序列的循环变动

8.2.2　时间序列构成因素的组合模型

　　时间序列中的数据总是受到各种不同影响因素的共同作用，时间序列分析的一项主要内容就是把这几个影响因素从时间序列中有目的地分离出来，或者说对数据进行分解、清理，并将它们的关系用一定的数学关系式予以表达。形成时间序列变动的四类构成因素，按照它们影响方式的不同，可以设定为不同的组合模型，其中最常用的有乘法模型和加法模型。乘法模型：假定四种变动因素彼此间存在着交互作用，时间序列中各时期发展水平是各个构成因素的乘积，其中长期趋势因素取与时间序列原始指标数值 Y 相同计量单位的绝对量，以长期趋势为基础，其余因素则均以相对比率表示，表现为对长期趋势的一种相对变化幅度。加法模型：假定四种变动因素的影响是相互独立的，时间序列中各时期发展水平是各个构成因素的总和，其中每个因素均以与时间序列原始指标数值 Y 相同计量单位的绝对量来表示。

　　若以 Y 表示时间序列中的数据，T 表示长期趋势因素，S 表示季节变动因素，C 表示循环变动因素，I 表示不规则变动因素，用下标 t 表示时间（$t=1,2,\cdots,n$），n 为时间序列的项数，则 Y 由上述四类因素所决定，乘法模型和加法模型的表现形式分别为

$$乘法模型：Y_t = S_t \cdot T_t \cdot C_t \cdot I_t$$
$$加法模型：Y_t = S_t + T_t + C_t + I_t$$

（8-17）

　　需要说明的是，上述的时间序列组合模型是包含了四类影响因素的完备模式，但由于实际经济现象的多样性和复杂性，并不是在每个时间序列中这四类因素都同时对经济现象有影响，这就形成了时间序列的不同组合模式。例如，当在时间序列中只存在长期趋势因素和不规则变动因素，而不存在季节变动因素和循环变动因素时，在乘法模型中 S 和 C 取值为 1，在加法模型中 S 和 C 取值为 0；其他情况类似。一个具体的时间序列究竟由哪几类变动组合，采用哪种组合形式与分解顺序，应根据所掌握的资料、时间序列和研究目的来确定。

　　时间序列分析的任务之一，就是对序列中的这几种构成要素进行统计测定和分析，从中划分出各种要素的具体作用，揭示其变动的规律和特征，为认识和预测事物的发展提供依据。但最后要指出：时间序列分析并不能作为对前景预测的唯一依据。在利用时间序列分析的规律对社会经济现象进行预测时，预测的时间跨度不宜过长，并要注意对一些影响其发展的主要因素进行分析。

8.3　时间序列长期趋势分析

时间序列的长期趋势是指现象在一段较长的时间内，发展水平沿着一个方向逐渐向上或向下变动的趋势，它是时间序列预测和分析的重点。研究现象的长期趋势具有重要的意义：一是长期趋势是现象运动和发展变化的基本态势，这种态势不仅存在于过去，而且还可能延伸到未来，从而通过研究对未来发展趋势做出预计和推测；二是时间序列之所以存在长期趋势，是因为现象受到某些基本的、决定性因素的影响，通过进一步掌握现象变动的规律，可以为制定相关政策提供依据；三是测定长期趋势，把它从时间序列中分离出来，有助于更好地研究季节变动、循环变动和不规则变动。时间序列趋势的测定方法有许多种，最常用的有移动平均法和趋势模型法。

需要强调的是，一般来说分析长期趋势所选的时期越长越好，时间越长，越能反映现象发展的基本规律，便于使偶尔因素的影响相互抵消。但若长时期的数据中出现了前后数据不可比的情况或个别偏离基本趋势的不正常数据，则应该进行调整或删除。

8.3.1　测定长期趋势的移动平均法

移动平均法又称滑动平均法或滑动平均模型法，它适用于即期预测。当样本观测值数据既不快速增长也不快速下降，且不存在季节性因素时，移动平均法能有效地消除预测中的随机波动，是非常有用的。

移动平均法是一种简单平滑预测技术，它的基本思想是：通过移动平均消除时间序列中的不规则变动和其他变动，以反映长期趋势。因此，当时间序列的数值由于受周期变动和随机波动的影响，起伏较大，不易显示出事件的发展趋势时，使用移动平均法可以消除这些因素的影响，显示出事件的发展方向与趋势（即趋势线），然后依趋势线分析预测序列的长期趋势。

移动平均，是选择一定的平均时距项数 N，采用对原始序列逐项递移的方式计算一系列移动平均数，由递移所得的平均数所形成的新序列在一定程度上消除或削弱了原序列中的由于短期偶然因素引起的不规则变动和其他因素，从而揭示出现象在较长时期内的基本发展趋势。

【例 8-9】　表 8-10 为 2020～2022 年某地区交通货物运输量及其多次移动平均的计算结果。现以表 8-10 中某地区交通货物运输量为例说明移动平均的计算方法和原理。需要说明的是，本节后续使用的季度和年度数据都是对应的月份数据的累加和。

表 8-10　某地区交通货物运输量及其趋势表　　　　单位：万吨

年份	月份	交通货物运输量	三次移动平均（N=3）	七次移动平均（N=7）	十二次移动平均（N=12）	移正平均（N=2）	逐期增长
2020	1	39.51	—	—	—	—	—
	2	30.94	37.58				

续表

年份	月份	交通货物运输量	三次移动平均（N=3）	七次移动平均（N=7）	十二次移动平均（N=12）	移正平均（N=2）	逐期增长
2020	3	42.30	38.83	—	—	—	—
	4	43.24	41.72	39.04	—	—	—
	5	39.63	39.61	39.15	—	—	—
	6	35.96	39.09	40.57	46.94	—	—
	7	41.68	39.32	43.69	47.23	47.09	—
	8	40.32	40.96	49.13	47.73	47.48	0.39
	9	40.89	48.45	52.53	47.90	47.81	0.33
	10	64.13	62.12	53.53	47.97	47.93	0.12
	11	81.33	69.61	52.85	48.15	48.06	0.12
	12	63.38	62.56	53.42	48.42	48.28	0.23
2021	1	42.97	47.75	53.87	48.49	48.46	0.17
	2	36.91	41.40	50.68	48.69	48.59	0.14
	3	44.33	41.76	44.67	48.90	48.79	0.20
	4	44.05	43.40	41.70	48.91	48.90	0.11
	5	41.81	41.71	41.66	48.04	48.47	−0.43
	6	39.26	41.20	42.57	47.86	47.95	−0.52
	7	42.54	41.51	45.43	47.80	47.83	−0.12
	8	42.72	42.86	49.26	48.39	48.10	0.26
	9	43.31	50.11	52.04	48.66	48.53	0.43
	10	64.31	59.50	52.46	48.78	48.72	0.19
	11	70.88	65.49	52.67	48.79	48.79	0.07
	12	61.27	58.11	53.36	48.93	48.86	0.08
2022	1	42.19	49.17	53.67	49.11	49.02	0.16
	2	44.04	44.58	50.48	49.21	49.16	0.14
	3	47.51	45.69	46.20	49.35	49.28	0.12
	4	45.51	45.00	43.84	49.41	49.38	0.10
	5	41.99	42.80	44.08	49.69	49.55	0.17
	6	40.89	42.53	44.21	49.89	49.79	0.24
	7	44.72	43.18	46.72	—	—	—
	8	43.93	44.52	50.82	—	—	—
	9	44.92	51.32	53.92	—	—	—
	10	65.10	61.39	—	—	—	—
	11	74.16	67.65	—	—	—	—
	12	63.7	—	—	—	—	—

表 8-10 中三次移动平均值是以每三个数据进行移动平均，如 $N=3$ 时有

$$(39.51+30.94+42.3)/3=37.58$$
$$(30.94+42.30+43.24)/3=38.83$$

由于三次移动平均值代表的是这三期的平均水平，因而其平均数的位置应在这三个时期的中间。同样地，七次移动平均值是以每七个数据进行移动平均的，因而其平均数的位置应在这七个时期的中间，其他的以此类推。

将表 8-10 的相关数据绘制成图 8-5，可以更清晰地看出该地区交通货物运输量的趋势变动过程，便于进一步分析和决策。

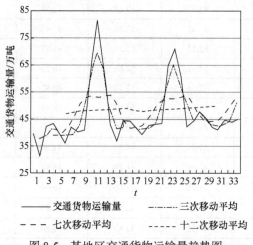

图 8-5　某地区交通货物运输量趋势图

从表 8-10 和图 8-5 中可以看出，移动平均使得原始序列中的上下波动被削弱了，且平均移动的项数越大，波动被削弱的幅度也就越大。但三次移动平均和七次移动平均的结果都表现出一定的周期性波动，这是因为该序列中上下波动除了包含不规则变动外还受到季节变动的影响，因而还需消除季节变动，才能使长期趋势得以充分显示。

为消除季节变动的影响，尝试对原序列进行十二次移动平均，结果见表 8-10。由于十二次移动平均值是以每十二个数据进行移动平均的，代表十二个数据的中间水平，其平均数应在这十二个时期的中间，即第六、七期之间，但可以看出，这在原始序列表的时间刻度上是不便于反映的。因此，应将十二期移动平均值再两两平均（即移正平均），这正好对准原始序列的某一时期。类似地，只要移动平均项数 N 是偶数，移动平均值都需要多一步移正平均。从表 8-10 和图 8-5 中的十二次移动平均结果可以看出，原始序列中的季节变动已被消除，其长期趋势很清楚地表现出来。例 8-9 说明移动平均法确实能够消除时间序列中的不规则变动，并且平均移动的项数越大，消除的不规则变动越多。当平均项数与季节周期的长度一致时，移动平均还能消除季节变动。进一步，当平均项数与序列的循环周期的长度一致时，移动平均还可以消除循环变动，但实际经济活动中，由于在同一时间序列中各循环周期的长度是各不相同的，固定平均项数的移动平均也很难将时间序列中的循环变动完全消除。

利用 Excel 2016 可以方便地计算移动平均数。方法是在 Excel 工作表中输入研究对

象的观测值数据（如：交通货物运输量存储在 C1:C36 中），在菜单栏【数据】中的【数据分析】中点击【移动平均】，输入数据区域【C1:C36】，若第一行是标志则选择【标志位于第一行】，若是三次移动平均，在【间隔】中输入"3"，在【输出区域】中输入指定的区域（如 D2），点【确定】，即可得到三次移动平均的结果。

注意：Excel 中的移动平均值不是放在被移动平均的中间时期的位置，而是为了预测的需要放在被平均数据的最后一期，应将其调整到适当的位置；另外，当移动平均项数是偶数时，由于偶数项移动平均结果的数据位于相邻两时期的中间，为使数据与有关时期相对应，还需要做移正平均，只需对该偶数项移动平均的结果再做"间隔"为"2"的移动平均即可。

用 Excel 做三次移动平均的窗口如图 8-6 所示。

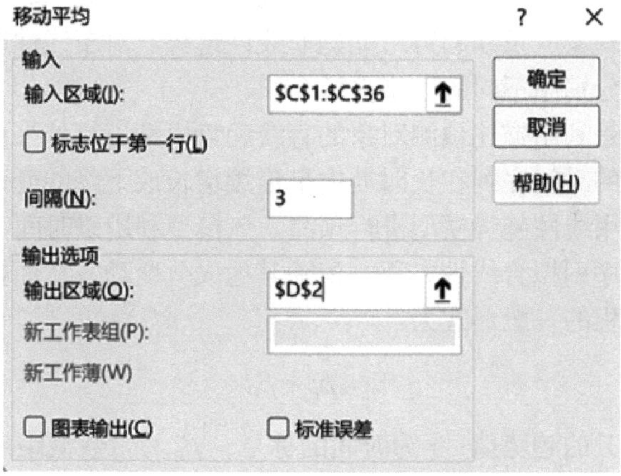

图 8-6　Excel 2016 三次移动平均对话框

由以上实例可以看出，移动平均法具有如下一些特点。

（1）移动平均对原序列有修匀或平滑的作用，使得原序列的上下波动被削弱了，而且平均的时距项数 N 越大，对数列的修匀作用越强。

（2）移动平均时距项数 N 为奇数时，只需一次移动平均，其移动平均值作为移动平均项数的中间一期的趋势代表值；而当移动平均项数 N 为偶数时，移动平均值代表的是这偶数项的中间位置的水平，无法对正某一时期，则需再进行一次相邻两项平均值的移动平均，这样才能使平均值对正某一时期，这称为移正平均，也称中心化的移动平均数。

（3）当序列包含季节变动时，移动平均时距项数 N 应与季节变动长度一致（如 4 个季度或 12 个月），才能消除其季节变动；若序列包含循环变动时，平均时距项数 N 应和循环周期长度基本一致，才能较好地消除循环变动。

（4）移动平均的项数不宜过大。进行移动平均以后，其序列的项数较原序列减少，当 N 为奇数时，新序列首尾各减少 $(N-1)/2$ 项；N 为偶数时，首尾各减少 $N/2$ 项。所以移动平均会使原序列失去部分信息，而且平均项数越大，失去的信息越多。

使用移动平均法进行预测能平滑掉需求的突然波动对预测结果的影响，但是，也可以看出，移动平均法在解决时间序列数据时还存在以下一些问题。

（1）加大移动平均法的期数（即加大 N 值）会使波动平滑效果更好，但会使预测值对数据实际变动更不敏感。

（2）移动平均法并不能很好地反映出趋势。由于是过去几期的平均值，预测值总是停留在过去的水平上而无法预测将来可能发生的更高或更低的波动。

（3）移动平均法需要大量过去数据的记录。移动平均法通过引进离现在愈来愈近的新数据，从而修正平均值来作为预测值。

8.3.2 测定长期趋势的线性趋势模型法

时间序列的长期趋势可分为线性趋势和非线性趋势。当时间序列的长期趋势近似地呈现为直线，每期的增减数量大致相同时，则称时间序列具有线性趋势。线性趋势的特点是其逐期变化量或趋势线的斜率基本保持不变。当时间序列在各时期的变动随时间而异，各时期的变化率或趋势线的斜率有明显变动但又有一定规律时，现象的长期趋势将不再是线性的，这时现象的长期趋势可能是非线性趋势。对于线性趋势和非线性趋势可以时间为解释变量，分别用不同的模型去拟合。

线性趋势模型法是利用描述预测对象的直线趋势模型进行外推预测的方法。在统计预测中，当某一变量的时间序列在长时期内呈连续增长或下降的变动趋势，且其逐期增减量大致相同时，常用线性趋势模型进行预测。该模型利用以时间 t 作为解释变量的线性回归方法对原时间序列拟合线性方程，消除其他成分变动，从而揭示出序列的长期线性趋势。线性趋势方程的一般形式为

$$\hat{Y}_t = \beta_0 + \beta_1 t \tag{8-18}$$

式中，$\hat{Y}_t$ 为时间序列 Y_t 的趋势值；t 为时间的标号；β_0 为常数截距项，是当 $t=0$ 时 $\hat{Y}_t$ 的初始值；β_1 为趋势线的斜率，表示单位时间内趋势值 $\hat{Y}_t$ 的变化率（斜率）。

根据方程（8-18），利用第 7 章中的最小二乘法估计线性趋势方程的参数，即利用最小二乘法可求得标准方程组：

$$\begin{cases} \sum Y_t = \beta_0 n + \beta_1 \sum t \\ \sum t Y_t = \beta_0 \sum t + \beta_1 \sum t^2 \end{cases} \tag{8-19}$$

根据方程组（8-19），可确定直线趋势方程中的 β_0 和 β_1 的估计量：

$$\hat{\beta}_1 = \frac{n \sum t Y_t - \sum t \sum Y_t}{n \sum t^2 - \left(\sum t\right)^2}$$

$$\hat{\beta}_0 = \bar{Y} - \hat{\beta}_1 \bar{t} = \frac{\sum Y_t}{n} - \hat{\beta}_1 \frac{\sum t}{n} \tag{8-20}$$

式中，n 为时间序列中数据的项数；Y_t 为时间序列中 t 时间的数值，即 t 时间的实际观测值。

【例 8-10】 对表 8-9 中某地区 2013～2022 年的交通货物运输量，试拟合其线性趋势方程。

解 首先，按照线性趋势模型法的基本要求，对交通货物运输量的有关数据进行加工，其结果如表 8-11 所示。

表 8-11 某地区交通货物运输量数据处理结果表

年份	t	Y_t/万吨	tY_t/万吨	t^2
2013	1	296.24	296.24	1
2014	2	334.35	668.70	4
2015	3	356.34	1 069.02	9
2016	4	370.00	1 480.00	16
2017	5	417.33	2 086.65	25
2018	6	441.09	2 646.54	36
2019	7	496.96	3 478.72	49
2020	8	563.31	4 506.48	64
2021	9	574.36	5 169.24	81
2022	10	598.66	5 986.60	100
合计	55	4 448.64	27 388.19	385

由第 7 章的最小二乘法估计参数的公式，可得

$$\hat{\beta}_1 = \frac{n\sum tY_t - \sum t\sum Y_t}{n\sum t^2 - \left(\sum t\right)^2} = \frac{10 \times 27\,388.19 - 55 \times 4448.63}{10 \times 385 - 55^2} = 35.4$$

$$\hat{\beta}_0 = \bar{Y} - \hat{\beta}_1\bar{t} = \frac{4448.64}{10} - 35.4 \times \frac{55}{10} = 250.16$$

所以，线性趋势方程为

$$\hat{Y}_t = 250.16 + 35.4t$$

线性趋势方程拟合的计算也可以利用 Excel 去实现，在 Excel 2016 工作表中（如在 B2:B11）输入交通货物运输量数据 Y_t，并输入时间序号 t（如在 A2:A11 中输入 1,2,…,10），在菜单栏【数据】的【数据分析】中点【回归】，在对话框的【Y 值输入区域】输入【B2:B11】，在【X 值输入区域】输入【A2:A11】，在【输出区域】中输入指定位置（如 C1），点【确定】即得回归结果，输出的形式如图 8-7 所示。

SUMMARY OUTPUT

	回归统计
Multiple R	0.98913469
R Square	0.97838744
Adjusted R	0.97568587
标准误差	16.8969461
观测值	10

方差分析

	df	SS	MS	F	gnificance F
回归分析	1	103397.736	103397.736	362.155092	6.0183E-08
残差	8	2284.05429	285.506786		
总计	9	105681.791			

	Coefficient	标准误差	t Stat	P-value	Lower 95%	Upper 95%	下限 95.0%	上限 95.0%
Intercept	250.152667	11.5428116	21.6717274	2.166E-08	223.534895	276.770438	223.534895	276.770438
X Variable	35.4020606	1.86029254	19.0303729	6.0183E-08	31.1122183	39.6919029	31.1122183	39.6919029

图 8-7 Excel 趋势方程拟合结果

X Variable 表示变量 X，t Stat 表示 t 统计值

各时期的实际观测值与模型拟合值如图 8-8 所示。

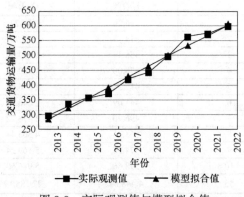

图 8-8   实际观测值与模型拟合值

从 Excel 输出结果中可见，可决系数为 $R^2 = 0.9784$，估计的斜率系数 $\hat{\beta}_1$ 的 t 统计量为 19.03，明显大于 t 统计量的临界值，P 值为 6.0183E-08，这说明"交通货物运输量"的线性趋势是较为明显的。

模型拟合的趋势方程具有延伸外推的功能，可用于对未来时期现象的趋势值做出预测。可预测该地区 2023 年的交通货物运输量为

$$\hat{Y}_{11} = 250.15 + 35.4 \times 11 = 639.55\,(\text{万吨})$$

8.3.3   测定长期趋势的非线性趋势模型法

事实上，现象的长期趋势并不一定呈现为线性趋势，也就是说现象变动的变化率或趋势线的斜率在较长时期内不一定保持不变。有规律的非线性趋势，常呈现为某种形态的曲线变化，又称为曲线趋势。

非线性趋势变动的形式多种多样，可能为抛物线型、指数曲线型、修正指数曲线型、Gompertz（冈珀茨）曲线型、Logistic 曲线型等，各种形式曲线的拟合方法不尽相同。这里只介绍较常用的抛物线型和指数曲线型。

1. 抛物线型

当现象的长期趋势近似于抛物线形态时，可拟合为如下二次曲线方程：

$$\hat{Y}_t = \beta_0 + \beta_1 t + \beta_2 t^2 \tag{8-21}$$

式中，$\hat{Y}_t$ 为时间序列 Y 的趋势值；t 为时间的标号；β_0、β_1、β_2 为参数。

拟合抛物线型的曲线方程，需要估计其参数 β_0、β_1、β_2，可将 t 和 t^2 分别视为两个自变量，按多元回归的方式用最小二乘法去估计其参数。

根据曲线趋势方程式（8-21），利用最小二乘法可求得标准方程组：

$$
\begin{cases}
\sum Y_t = \beta_0 n + \beta_1 \sum t + \beta_2 \sum t^2 \\
\sum tY_t = \beta_0 \sum t + \beta_1 \sum t^2 + \beta_2 \sum t^3 \\
\sum t^2 Y_t = \beta_0 \sum t^2 + \beta_1 \sum t^3 + \beta_2 \sum t^4
\end{cases}
\tag{8-22}
$$

根据标准方程组（8-22），可确定曲线趋势方程中 β_0、β_1、β_2 的值，具体方法与前述线性趋势模型法类似。为简化计算，可对以上的标准方程组中的公共项 $\sum t$ 和 $\sum t^3$ 进行适当的处理，令 $\sum t=0$ 和 $\sum t^3 =0$，将 $t=0$ 置于数据时期的正中间。正中间期以前的各期的 t 依次为 $-1,-2,\cdots$，以后各期的 t 依次为 $1,2,\cdots$，这样可将上述的标准方程组（8-22）简化为

$$
\begin{cases}
\sum Y_t = \beta_0 n + \beta_2 \sum t^2 \\
\sum tY_t = \beta_1 \sum t^2 \\
\sum t^2 Y_t = \beta_0 \sum t^2 + \beta_2 \sum t^4
\end{cases}
\tag{8-23}
$$

此外，可按简化后的方程组（8-23）的要求，对已知的有关数据进行加工，以便确定方程组中 β_0、β_1、β_2 的估计值和符合实际变动情况的曲线趋势方程。

从图 8-8 可以看出，该地区 2013～2022 年交通货物运输量的趋势图（实际观测值）也近似于抛物线，可以用抛物线方程尝试拟合其长期趋势。

【例 8-11】 表 8-12 中的 Y 为某地区 2013～2021 年交通货物运输量，试以抛物线趋势方程进行拟合。

表 8-12 某地区交通货物运输量处理结果表

年份	t	t^2	t^4	Y/万吨	tY/万吨	t^2Y/万吨
2013	-4	16	256	296.24	$-1\,184.96$	4 739.84
2014	-3	9	81	334.35	$-1\,003.05$	3 009.15
2015	-2	4	16	356.34	-712.68	1 425.36
2016	-1	1	1	370.00	-370.00	370.00
2017	0	0	0	417.33	0	0
2018	1	1	1	441.09	441.09	441.09
2019	2	4	16	496.96	993.92	1 987.84
2020	3	9	81	563.31	1 689.93	5 069.79
2021	4	16	256	574.36	2 297.44	9 189.76
总计	0	60	708	3 849.98	2 151.69	26 232.83

解 首先，按照二次曲线趋势模型法的基本要求，对该地区交通货物运输量的有关数据进行加工，采用简化处理的方法进行调整，其结果如表 8-12 所示。

在对某地区交通货物运输量的数据进行相关处理后，可以直接代入公式求解相关参数。也可以用 Excel 2016 中多元回归分析的方法估计抛物线型的趋势方程的参数。对于

本例，可在 Excel 工作表中输入交通货物运输量数据（如 D2:D10 中）、时间 t 的数据（如 B2:B10 中），并生成 t^2 值（如 C2:C10 中）。在菜单栏【数据】的【数据分析】中选【回归】，在对话框的【Y 值输入区域】输入【D2:D10】，在【X 值输入区域】输入【B2:C10】（注意这里涵盖了 t 值和 t^2 值），在【输出区域】中输入指定位置（如 E1），点【确定】即得回归结果，输出形式如图 8-9 所示。

回归统计	
Multiple R	0.9924374
R Square	0.984932
Adjusted R	0.9799093
标准误差	14.120955
观测值	9

方差分析	df	SS	MS	F	gnificance F
回归分析	2	78204.038	39102.019	196.09705	3.421E-06
残差	6	1196.4082	199.40136		
总计	8	79400.447			

	Coefficient	标准误差	t Stat	P-value	Lower 95%	Upper 95%	下限 95.0%	上限 95.0%
Intercept	415.51805	7.1364804	58.224507	1.724E-09	398.05571	432.98039	398.05571	432.98039
X Variable	35.8615	1.8230074	19.671615	1.119E-06	31.400762	40.322238	31.400762	40.322238
X Variable	1.8386255	0.8046161	2.2850967	0.0623621	-0.130199	3.8074501	-0.130199	3.8074501

图 8-9　抛物线型趋势的估计

因此，可以得到拟合的该地区交通货物运输量的二次曲线方程为

$$\hat{Y}_t = 415.52 + 35.86t + 1.839t^2$$

该地区货物运量的原始序列与抛物线拟合曲线的图形如图 8-10 所示。

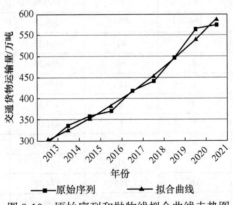

图 8-10　原始序列和抛物线拟合曲线走势图

从图 8-9 中还可看出，此非线性回归的可决系数为 $R^2 = 0.9849$，修正的可决系数为 $\bar{R}^2 = 0.9799$。F 统计量为 196.097，对应的 P 值为 3.421E-06；估计的 "t" 和 "t^2" 系数的 t 统计量分别为 19.672 和 2.285，其绝对值均大于 t 统计量临界值，对应的 P 值分别为 1.119E-06 和 0.0624。这说明该地区货物运量的抛物线趋势是明显的。

进一步，当需要预测 2022 年的交通货物运输量时，令时间 $t=5$，代入曲线方程，可估计 2022 年该地区的交通货物运输量为

$$\hat{Y}_t = 415.52 + 35.86 \times 5 + 1.839 \times 5^2 = 640.795 \ (\text{万吨})$$

2. 指数曲线型

指数曲线用于描述以几何级数递增或递减的现象，当现象的长期趋势每期大体上按相同速度递增或递减变化时，长期趋势模型可拟合为如下指数曲线方程：

$$\hat{Y}_t = \beta_0 \beta_1^t \tag{8-24}$$

式中，$\hat{y}_t$ 为时间序列 Y_t 的趋势值；t 为时间标号；β_0、β_1 为参数。

指数曲线的特点是各期环比增长速度大体相同，或者说时间序列的逐期趋势值按一定的百分比递增或衰减。式（8-24）中，β_0、β_1 为未知参数，若 $\beta_1 > 1$，逐期增长率随 t 的增加而增加；若 $\beta_1 < 1$，逐期增长率随 t 的增加而降低；若 $\beta_0 > 0$ 且 $\beta_1 < 1$，趋势值逐渐降低到以 0 为极限值。

为了估计参数 β_0、β_1，可对式（8-24）两端取对数，即

$$\ln \hat{Y}_t = \ln \beta_0 + t \ln \beta_1 \tag{8-25}$$

设定 $Y_t' = \ln \hat{Y}_t$，$A = \ln \beta_0$，$B = \ln \beta_1$，则有 $Y_t' = A + Bt$。采取"线性化"手段将其转化成对数直线形式，利用时间序列的数据，运用最小二乘法可估计出 $\ln \beta_0$ 和 $\ln \beta_1$，再取反对数即可得参数 β_0、β_1 的估计值。其中，$\ln \beta_0$ 和 $\ln \beta_1$ 的标准方程是

$$\sum Y_t' = An + B \sum t$$
$$\sum t Y_t' = A \sum t + B \sum t^2$$

【例 8-12】 表 8-13 为广东省某公司经营的某产品 11 年来的销售量及相关数据，由于要制订经营计划，需要预测第 12 年的销售量。试用指数曲线方程拟合其长期趋势。

表 8-13 某产品的销售量及相关数据

年份	t	t^2	Y/件	环比增长速度	$\ln Y$	$t \ln Y$
2012	1	1	35 520	—	10.48	10.477 85
2013	2	4	49 168	38.42%	10.80	21.606
2014	3	9	67 260	36.80%	11.12	33.348 96
2015	4	16	93 209	38.58%	11.44	45.770 4
2016	5	25	128 000	37.33%	11.76	58.798 93
2017	6	36	182 000	42.19%	12.11	72.670 57
2018	7	49	255 175	40.21%	12.45	87.147 93
2019	8	64	359 130	40.74%	12.79	102.331 52
2020	9	81	500 998	39.50%	13.12	118.119 22
2021	10	100	713 000	42.32%	13.48	134.772 37
2022	11	121	993 750	39.38%	13.81	151.901 65
合计	66	506	3 377 210	—	133.36	836.945

将表 8-13 中的数据代入参数 β_0、β_1 的标准方程组，可得到相应的参数估计值。另

外，已采取"线性化"手段将该指数模型转化成对数直线形式，可参照线性趋势模型法使用 Excel 2016 辅助进行参数估计（其回归分析的过程及统计检验略）。可得系数 A 和 B 的估计结果为

$$A = 10.118\,54, \quad B = 0.3342$$

对 A 和 B 取反对数，得

$$\beta_0 = 24\,798.52, \quad \beta_1 = 1.397$$

所得的指数模型的趋势方程为

$$\ln \hat{Y}_t = 10.118\,54 + 0.3342t$$

或者

$$\hat{Y}_t = 24\,798.52 \times 1.397^t$$

该模型的原始序列与指数模型拟合曲线的图形如图 8-11 所示，可见，拟合效果非常好。进一步，用该模型预测 2023 年的销售量，即

$$\hat{Y}_{12} = 24\,798.93 \times 1.397^{12} = 1\,370\,218 \text{（件）}$$

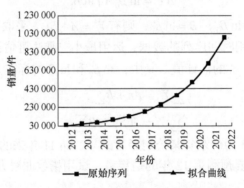

图 8-11　原始序列和指数模型拟合曲线走势图

　　长期趋势模型是通过利用数学中的某一种曲线模型对观测对象的实际值进行拟合，判断现象发展的基本规律，从而揭示长期趋势的一种模型。实际上，由于客观现象的实际变化是复杂多样的，可能呈线性、抛物线型、三次曲线型等，要求根据实际数据选择最适合的函数形式是比较困难的。在对实际的时间序列对象拟合其长期趋势方程时，通常有以下几种做法可供参考。

　　（1）定性分析。定性分析就是对研究对象进行"质"的方面的分析，即运用归纳和演绎、分析与综合、抽象与概括等方法，分析事物在一般情况下遵循的规律，从而定性地对现象长期趋势的性质做出基本的判断。

　　（2）绘制散点图或折线图。散点图表示因变量随自变量而变化的大致趋势，根据时间序列的观测值绘制散点图或折线图，观察散点图的基本态势，据此可以选择合适的函数对数据点进行拟合。

　　（3）分析序列的数据特征。如果序列各项数据的 k 次差大致为一常数，一般来说可

考虑配合 k 次曲线；若序列的环比发展速度大致为一常数，或序列的对数一次差大致为一常数，可考虑配合指数曲线。

（4）混合趋势形式。现象的实际变化可能复杂多样，各个阶段可能有不同的变化规律和趋势，这时可将时间序列分段考察，分别对不同的时间段拟合不同的曲线趋势。

（5）拟合效果评估。当序列有多种曲线可供选择时，可将多种曲线模型的拟合效果加以比较，通过计算各种模型的最小误差，选择误差最小的模型为该数据的拟合模型。模型拟合效果的误差评估通常有四种方法，即均方误差（MSE）、均方根误差（root mean square error，RMSE）、平均绝对误差（mean absolute error，MAE）和平均绝对百分比误差（mean absolute percentage error，MAPE）。以均方误差 MSE 为例，它是观测值与模型预测值偏差的平方和与观测次数的比值，等价于模型中的损失函数。MSE 的值越小，说明预测模型对于目标的拟合越精确。其中均方误差的计算公式是

$$\text{MSE} = \sum (Y_t - \hat{Y}_t)^2 / n$$

式中，n 为时间序列的时期数（如时间序列是 2010～2024 年的数据，则 $n=15$）；$\hat{Y}_t$ 为第 t 期估计的趋势值；Y_t 为时间序列的原始观测值。

8.4 季节变动分析

8.4.1 季节变动分析的意义

在一年之内，季节的变动会使某些社会经济现象（一定的时间序列）产生规律性的变化，这种规律性变化通常称为季节变动。"季节变动"中的"季节"是一个广义的概念，它不仅是一个季度、一个月或者一周的概念，而是一个具有某种规律性波动的较短周期，比如节日效应、月末效应等。季节变动往往会遮盖或混淆经济发展中其他客观变化规律，以致给增长速度和其他分析造成困难与麻烦。季节变动分析就是对时间序列进行整理和分析，从而消除长期趋势因素和偶然因素等对现象发展的影响，使现象因受季节因素的影响而产生的波动显现出来的分析方法。测定季节变动的目的在于掌握季节变动的周期、幅度等规律，以便预测未来，及时采取措施，克服其不良影响，更好地组织生产经营活动。测定季节变动要求具有至少连续三年的分季或分月的资料，按年计算的资料是不能测定季节变动的。

8.4.2 季节变动分析的方法

测定季节变动的方法很多，从是否考虑长期趋势的影响看可分为两种：一是不考虑长期趋势的影响，根据原始时间序列直接去测定季节变动；二是根据剔除长期趋势后的数据测定季节变动。

1. 原始资料平均法

原始资料平均法又称"同期平均法""按月（或季）平均法"，是在现象不存在长期趋势或长期趋势不明显的情况下，测定季节变动的一种最基本的方法。它的基本思想和

长期趋势测定中的移动平均法的思想是相同的。实际上,"同期平均法"就是一种特殊的移动平均法,一方面它采用了平均的思想;另一方面,这种平均的范围仅仅局限在不同年份的相同季节中,季节不同,平均数的范围也就随之而"移动"。"平均"是为了消除非季节因素的影响,而"移动"则是为了测定季节因素的影响程度。

原始资料平均法是对原始时间序列数据不剔除长期趋势因素,直接计算季节比率(也称季节指数)的方法,其基本步骤如下。

(1)计算各年同季(月)的平均数 $\bar{Y}_i$(i表示月份 $i=1,2,\cdots,12$ 或者季度 $i=1,2,3,4$),目的是要消除非季节因素的影响。因为同样是旺季或者淡季,有些年份的旺季更旺或更淡,这就是非季节因素的影响,这些因素通过平均的方法就可以相互抵消。

(2)计算出全部数据的总平均数 $\bar{Y}$,找出整个序列的水平趋势,目的是计算季节比率。因为从测定季节变动的目的讲,只计算"异年同季的平均数"已经可以反映现象的季节变动趋势了:平均数大,表明是旺季,数越大越旺;平均数小,表明是淡季,数越小越淡。但是,这种大与小、淡与旺的程度只能和其他季节相比才能有准确的认识,因此,就需要将"异年同季的平均数"进行相对化变换,即计算季节比率,对比的标准就应该是时间序列的序时平均数。

(3)计算季节比率 S_i,将各年同季的平均数分别和时间序列的序时平均数进行对比。一般可用公式表示为

$$S_i = \bar{Y}_i / \bar{Y}, \quad i=1,2,\cdots,12 \text{ 或 } i=1,2,3,4$$

可见,季节比率实际上是各年的同期平均数相对于整个序列平均水平变动的程度,也称为季节指数,可用相对比率或百分比表示。在乘法模型中,季节比率有一个特性,这就是其总和等于季节周期 L(L=12 或 4),或平均值等于1,即

$$\sum S_i = L, \quad \bar{S} = \sum \frac{S_i}{L} = 1$$

【例 8-13】 广东省某公司 2020～2022 年的空调销售量分季资料如表 8-14 所示。试测定其季节变动。

表 8-14 广东省某公司空调销售量分季资料   单位:万台

年份	季度					
	一	二	三	四	合计	平均
2020	2.8	8	18	2	30.8	7.7
2021	3.2	12.2	20.4	2.8	38.6	9.65
2022	3.6	14	24.6	3	45.2	11.3
同季合计	9.6	34.2	63	7.8	114.6	28.65
同季平均	3.2	11.4	21	2.6	38.2	9.55
季节比率	0.335	1.194	2.199	0.272	4.0	1.0

解 表 8-14 中的季节比率一栏,是以指数形式表现的典型销售量。每个指数代表

2020～2022 年每个季度的平均销售量。比如，一季度的季节指数为 33.5%，表示该季度的平均销售量为全年平均销售量的 33.5%，而全年平均销售量则作为 100%。这样从各月的季节指数序列，可以清楚地表明该公司空调销售量的季节变动趋势。很明显，空调的销售量受季节因素影响显著。三季度销售最多，为正常销售量的 219.9%，四季度销售最少，只有正常销售的 27.2%。季节比率揭示了空调销售量的旺季和淡季，当没有季节因素影响时，季节比率是 1；旺季的季节比率大于 1；淡季的季节比率小于 1。该例中，二、三季度是空调销售的旺季，一、四季度是淡季。因此，以季节比率为依据，就可以有效地安排今后的销售工作，根据按月资料可类似地计算各月的季节比率。

　　原始资料平均法计算简单，易于理解。应用该方法的基本假定是：原时间序列没有明显的长期趋势和循环变动，因而，通过若干年同期数值的平均，不仅可以消除不规则变动，而且当平均的周期与循环周期一致时，循环变动也可以在平均过程中得以消除，但实际上，许多时间序列所包含的长期趋势和循环变动，很少能够通过平均予以消除。因此，当时间序列存在明显的长期趋势时，该方法的季节指数不够准确。当存在剧烈的上升趋势时，年末季节指数明显高于年初的季节指数；当存在下降趋势时，年末的季节指数明显低于年初季节指数。只有当序列的长期趋势和循环变动不明显或影响不重要，可忽略不计时，应用该方法比较合适。

2. 移动平均趋势剔除法

　　原始资料平均法只适合于当序列的长期趋势和循环变动不明显或影响不重要的情况。如果序列包含有明显的上升（或下降）趋势或循环变动，为了更准确地计算季节指数，就应当首先设法从序列中消除趋势和循环因素，然后再用平均的方法消除不规则变动，从而较准确地分解出季节变动成分，本节中我们主要介绍移动平均趋势剔除法。

　　移动平均趋势剔除法，就是在现象具有明显长期趋势的情况下，测定季节变动的一种基本方法。基本思路是先从时间序列中将长期趋势剔除，然后再应用"同期平均法"剔除不规则变动，最后通过计算季节比率来测定季节变动的程度。假定包含季节变动的时间序列的各影响因素是以乘法模型组合的，其结构为 $Y = T \cdot S \cdot C \cdot I$，应用移动平均趋势剔除法确定季节变动的步骤如下。

　　（1）先根据原始序列各年的季度（或月度）资料（Y）计算四季（或 12 个月）的移动平均数，由于移动项数是偶数，还需计算移正平均数，以消除季节变动 S 和不规则变动 I，所得移动平均的结果以 M 表示，M 只包含了长期趋势 T 和循环变动 C。

　　（2）剔除原序列中的长期趋势 T 和循环变动 C，将实际数值（Y）除以相应的移动平均数（M），得到各期的 Y/M，即得到消除长期趋势和循环变动的序列为

$$\frac{Y}{M} = \frac{T \cdot S \cdot C \cdot I}{T \cdot C} = S \cdot I$$

　　（3）由于各影响因素是以乘法模型组合的，所以计算的 $S \cdot I$ 是比率，将序列 $S \cdot I$ 的各年同月（或同季）的比率数据进行平均，以消除不规则变动 I，再分别除以全部数据的总平均数，即得季节比率 S。

　　（4）季节比率的调整。季节比率的总和 $\sum S_i$ 应当等于季节周期的长度 L，如果计算

的季节比率的总和接近于季节周期长度 L，则不必调整。但是，计算的季节比率的总和有时不一定等于 L，这时需要对其进行调整。调整的方法是以 $L/\sum S_i$ 作为调整系数，将其误差分摊到各期的季节比率中，经调整的季节比率为 S^*，则

$$S^* = S_i \frac{L}{\sum S_i}, \quad i = 1, 2, \cdots, L$$

【例 8-14】 表 8-15 为 2020～2022 年某地区的交通货物运输量 Y、按十二次移动平均值 M（表 8-10）计算的趋势和循环值，以及对应的季节比率。

表 8-15 2020～2022 年某地区交通货物运输量季节比率计算表

月份	2020（Y/M）	2021（Y/M）	2022（Y/M）	同月（Y/M）合计	同月（Y/M）平均	季节比率/%
1	—	0.8868	0.8607	1.7475	0.8738	87.0945
2	—	0.7596	0.8958	1.6554	0.8277	82.5043
3	—	0.9085	0.9641	1.8726	0.9363	93.3294
4	—	0.9008	0.9216	1.8224	0.9112	90.8275
5	—	0.8625	0.8474	1.7099	0.8550	85.2205
6	—	0.8187	0.8213	1.6400	0.8200	81.7367
7	0.8852	0.8894	—	1.7746	0.8873	88.4451
8	0.8492	0.8882	—	1.7374	0.8687	86.5911
9	0.8552	0.8925	—	1.7477	0.8739	87.1045
10	1.3380	1.3200	—	2.6580	1.3290	132.4733
11	1.6924	1.4529	—	3.1453	1.5727	156.7601
12	1.3126	1.2539	—	2.5665	1.2833	127.9130

2020～2022 年该地区交通货物运输量季节比率的图形如图 8-12 所示。

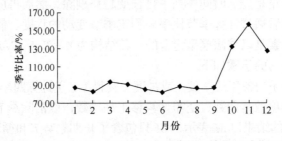

图 8-12 2020～2022 年该地区交通货物运输量的季节比率

8.4.3 季节变动的调整

包含有季节变动因素的时间序列，由于受季节的影响而产生波动，可能使序列的其他特征（例如长期趋势）不能清晰地表现出来。测定季节变动的目的之一是将季节变动从时间序列中予以剔除，这称为季节变动的调整。

当已确定某一时间序列的季节比率 S 后，消除季节变动的方法是将原始序列观测值除以对应的季节比率，其计算公式是

$$\frac{Y}{S} = \frac{T \cdot S \cdot C \cdot I}{S} = T \cdot I \cdot C$$

调整后的序列即消除了季节变动的影响，它反映了在没有季节因素影响的情况下时间序列的变化形态。

【例 8-15】 为了对某地区 2022 年交通货物运输量做季节调整，可利用表 8-15、图 8-12 所得的季节比率消除季节变动，其计算结果列于表 8-16 中。

表 8-16 某地区 2022 年交通货物运输量消除季节变动计算表

月份	1月	2月	3月	4月	5月	6月
原始序列 Y/万吨	42.19	44.04	47.51	45.51	41.99	40.89
调整的季节比率/%	87.09	82.50	93.33	90.83	85.22	81.74
消除季节变动的序列/万吨	48.44	53.38	50.91	50.11	49.27	50.03
月份	7月	8月	9月	10月	11月	12月
原始序列 Y/万吨	44.72	43.93	44.92	65.1	74.16	63.7
调整的季节比率/%	88.45	86.59	87.10	132.47	156.76	127.91
消除季节变动的序列/万吨	50.56	50.73	51.57	49.14	47.31	49.80

该地区 2022 年交通货物运输量的原始数据与季节调整数据的对比见图 8-13。

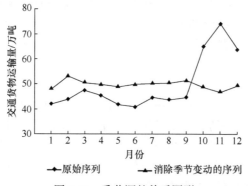

图 8-13 季节调整前后图形

以上是对季节变动做综合性调整的基本方法，此外还有一些更细粒度的季节因素的调整方法，其调整的基本思路和原理与此类似。

8.5 循环变动分析

8.5.1 循环变动及其测定目的

循环变动是近乎规律性的从低至高再从高至低的周而复始的变动。循环变动不同于长期趋势，它所表现的并不是朝着某一单一方向（上升或下降）持续运动，而是涨落相间的波浪式发展。循环变动也不同于季节变动，季节变动的变动周期大多为一年，而循环变动没有固定的循环周期，一般在数年以上，而且没有固定的变动期限或规律，很难事先预知。季节变动各年变动强度大致相同，无明显的差异，循环变动在不同时期的振幅有明显的差异，其产生的机制在经济过程的内部。例如，出生人口有 22 年左右的循环变动周期；工业产品一般要经历投入期、成长期、成熟期、衰退期，最终由另一种新产品替代的循环变动。宏观经济形势、政治环境、房地产行业以及钢铁工业的变化都有这种循环变动趋势。因此，研究循环周期有着重要的作用，主要是探索现象活动的规律性，研究不同现象之间循环变动的内在联系，分析引起循环变动的原因，为经营管理的预测和决策提供客观依据。

社会经济活动的循环变动，可能是其绝对水平表现为涨落相间的交替波动，也可能表现为其增长率的波动。由于社会经济活动经常存在一定的增长或下降的趋势变动，这时其绝对水平的循环变动往往不甚明显。当事物的绝对水平有趋势变动，没有明显的上下波动时，其增长率也可能会呈现出有一定周期的循环变动。

8.5.2　循环变动的测定方法

由于循环变动通常隐匿在一个较长的变动过程中，成因较为复杂，而且其波动幅度和周期长度等规律不太固定，所以在时间序列的成分分析中，循环变动的测定是比较困难的，而且需要有较长时期的数据作为依据。对许多社会经济现象循环变动的测定，不仅要依赖于统计分析，而且要靠深入的经济分析。在实际工作中测定循环变动的方法有多种，不同方法得到的结论很可能有一定差异。各种测定循环变动方法的基本思想，都是首先设法消除序列中的长期趋势和季节变动，然后再用移动平均等方法消除不规则变动，从而揭示出循环变动的规律。测定循环变动的常用方法主要有直接法和剩余法。

1. 直接法

如果研究时间序列的目的，只是在于大体测定序列的循环变动特征，在实际工作中有时可用直接法去分析其序列。用直接法测定循环变动是通过计算序列的年距发展速度或年距增长速度，以消除或减弱长期趋势和季节变动。具体有两种方式可用。

一种方式是将每年各月（或季）的数值与上一年同期数值对比，所求得的年距发展速度序列大体可消除长期趋势和季节变动，即

$$C \cdot I_{t,i} = \frac{Y_{t,i}}{Y_{t-1,i}}$$

式中，下标 t 为年份，$t-1$ 表示上一年；下标 i 为月份或季度。

另一种方式是计算年距增长速度序列，也可以大致消除长期趋势和季节变动，从而表示循环变动，即

$$C \cdot I_{t,i} = \frac{Y_{t,i} - Y_{t-1,i}}{Y_{t-1,i}}$$

【例 8-16】　某市年接待过夜旅客数量以及以 2020 年为基期的年距发展速度和年距增长速度如表 8-17 所示。

表 8-17 某市年接待过夜旅客数量及循环变动分析

月份	2020 年	2021 年			2022 年		
	接待过夜旅客人数/万人次	接待过夜旅客人数/万人次	年距发展速度/%	年距增长速度/%	接待过夜旅客人数/万人次	年距发展速度/%	年距增长速度/%
1	485.45	511.83	105.43	5.43	530.44	103.64	3.64
2	410.39	444.87	108.40	8.40	459.16	103.21	3.21
3	540.87	550.73	101.82	1.82	578.66	105.07	5.07
4	496.76	517.16	104.11	4.11	547.56	105.88	5.88
5	460.20	486.92	105.81	5.81	516.51	106.08	6.08
6	427.50	456.53	106.79	6.79	479.65	105.06	5.06
7	487.29	522.41	107.21	7.21	553.99	106.05	6.05
8	481.83	514.35	106.75	6.75	544.57	105.88	5.88
9	463.56	485.21	104.67	4.67	502.14	103.49	3.49
10	603.40	616.30	102.14	2.14	630.13	102.24	2.24
11	707.10	715.93	101.25	1.25	717.82	100.26	0.26
12	711.28	710.30	99.86	-0.14	712.52	100.31	0.31

2021 年和 2022 年的年距发展速度与年距增长速度的图形表示见图 8-14。

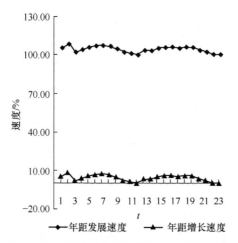

图 8-14 年距发展速度与年距增长速度循环变动图形

由图 8-14 可以看出，2020～2022 年该市年接待过夜旅客数量大体 12 个月循环变动一次。

直接法用"年距发展速度"或"年距增长速度"去消除长期趋势和季节变动，方法较为简单易行，有利于大体上观察循环变动的态势。但是这种方法的理论依据并不充分，只是简单地进行年距对比，还不能消除随机波动的影响，往往也不能有效地消除长期趋势和季节变动的影响，所得结果不一定能准确描述循环变动的真实状态。另外，用直接法去消除时间序列的长期趋势的同时，也相对地放大了年度发展水平的影响，当某一期发展水平偏低时，一方面会使得本期的 $I \cdot C$ 值偏低，另一方面又会使得下一年同期的 $I \cdot C$ 值偏高，从而可能使循环变动的幅度被拉大。也就是说，用直接法测定的循环变动，其波动的程度在方法上可能产生一定的水平位差。

2. 剩余法

剩余法又称分解法，其基本思想是用 8.3 节和 8.4 节介绍的原理先从时间序列中分别分解出长期趋势和季节变动因素，并且消除不规则变动成分，剩余的变动则揭示出序列的循环变动特征。

如果原序列的因素以乘法模型方式组合为 $Y = S \cdot T \cdot I \cdot C$，可以先分别消除已经分解出的季节变动 S 和长期趋势 T，或者可以同时消除季节变动 S 和长期趋势 T，即

$$\frac{Y}{T \cdot S} = \frac{T \cdot S \cdot C \cdot I}{T \cdot S} = C \cdot I$$

然后再对上述结果进行移动平均，以消除不规则变动 I，求得循环变动值 C。

【例 8-17】 对例 8-16 某市接待过夜旅客数量的时间序列数据，用剩余法分析其循环变动。为了消除季节变动可计算季节指数去调整原序列，得到消除季节变动的序列。然后用线性趋势方程拟合的趋势值去消除长期趋势，所得到的结果基本上可视为只有循环变动和不规则变动。最后再采用移动平均（例如用三次移动平均）消除不规则变动，使循环变动表现得更为清晰。具体的计算过程列于表 8-18 之中。

表 8-18 某市接待过夜旅客数量循环变动值计算表

年份	月份	接待过夜旅客人数 Y/万人次	调整的季节比率/%	消除季节变动/万人次	趋势方程拟合值/万人次	循环和不规则变动	移动平均后的循环变动比率
		（1）	（2）	（3）=（1）/（2）*100	（4）	（5）=（3）/（4）	（6）
2020	1	485.45	95.17	510.09	482.70	1.06	—
	2	410.39	82.15	499.56	486.20	1.03	1.05
	3	540.87	102.22	529.12	489.70	1.08	1.05
	4	496.76	96.12	516.81	493.20	1.05	1.05
	5	460.20	90.46	508.73	496.69	1.02	1.03
	6	427.50	84.37	506.70	500.19	1.01	1.02
	7	487.29	94.34	516.53	503.69	1.03	1.02
	8	481.83	92.74	519.55	507.19	1.02	1.03
	9	463.56	88.05	526.47	510.69	1.03	1.03
	10	603.40	112.83	534.79	514.19	1.04	1.04
	11	707.10	131.11	539.32	517.69	1.04	1.04
	12	711.28	130.45	545.25	521.18	1.05	1.04

年份	月份	接待过夜旅客人数 Y/万人次	调整的季节比率/%	消除季节变动/万人次	趋势方程拟合值/万人次	循环和不规则变动	移动平均后的循环变动比率
		（1）	（2）	（3）=（1）/（2）*100	（4）	（5）=（3）/（4）	（6）
2021	1	511.83	95.17	537.81	524.68	1.03	1.03
	2	444.87	82.15	541.53	528.18	1.03	1.02
	3	550.73	102.22	538.77	531.68	1.01	1.01
	4	517.16	96.12	538.04	535.18	1.01	1.01
	5	486.92	90.46	538.27	538.68	1.00	1.00
	6	456.53	84.37	541.10	542.18	1.00	1.00
	7	522.41	94.34	553.75	545.67	1.01	1.01
	8	514.35	92.74	554.62	549.17	1.01	1.01
	9	485.21	88.05	551.06	552.67	1.00	1.00
	10	616.30	112.83	546.22	556.17	0.98	0.98
	11	715.93	131.11	546.05	559.67	0.98	0.97
	12	710.30	130.45	544.50	563.17	0.97	0.98
2022	1	530.44	95.17	557.36	566.67	0.98	0.98
	2	459.16	82.15	558.93	570.16	0.98	0.98
	3	578.66	102.22	566.09	573.66	0.99	0.99
	4	547.56	96.12	569.66	577.16	0.99	0.99
	5	516.51	90.46	570.98	580.66	0.98	0.98
	6	479.65	84.37	568.51	584.16	0.97	0.99
	7	553.99	94.34	587.23	587.66	1.00	0.99
	8	544.57	92.74	587.20	591.16	0.99	0.98
	9	502.14	88.05	570.29	594.66	0.96	0.96
	10	630.13	112.83	558.48	598.15	0.93	0.93
	11	717.82	131.11	547.49	601.65	0.91	0.92
	12	712.52	130.45	546.20	605.15	0.90	—

　　根据表 8-18 计算的循环变动比率绘制的循环变动曲线图如图 8-15 所示，可以看出该市接待过夜旅客数量的循环变动大体 12 个月左右出现一次波峰或波谷。

　　时间序列分析技术可分为确定型和随机型两大类，随机型时间序列分析技术使用了概率的方法，而确定型时间序列分析技术则使用了非概率的方法。本章只讨论了确定型时间序列分析技术，对于随机型时间序列分析技术涉及内容，如随机型时间序列模型、自回归移动平均（autoregressive moving average，ARMA）模型的相关分析、模型识别、参数估计以及模型检验与预测，本书不做进一步分析，有兴趣的同学可以查阅相关书籍学习！

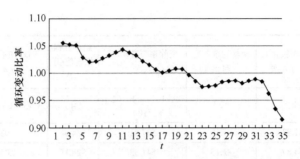

图 8-15　某市接待过夜旅客数量的循环变动图形

本 章 小 结

1. 时间序列。随时间顺序记录的数据序列称为时间序列，可分为绝对数时间序列、相对数时间序列和平均数时间序列。绝对数时间序列又分为时期序列和时点序列。分析时间序列的目的，一是描述社会经济现象在过去的发展变化过程和结果；二是揭示社会经济现象发展变化的规律性；三是预测社会经济现象的发展趋势和发展速度。

2. 时间序列的速度分析指标主要有发展速度、增长速度、平均发展速度和平均增长速度。平均发展速度是各期环比速度的序时平均数，通常采用几何平均法计算。

3. 时间序列的构成要素通常可归纳为四种，即长期趋势、季节变动、循环变动、不规则变动。形成时间序列变动的四类构成因素，按照影响方式可以设定为乘法模型和加法模型。

4. 时间序列的长期趋势可分为线性趋势和非线性趋势。线性趋势的常用测定方法有移动平均法和线性趋势模型法。移动平均法是选择一定的用于平均的时距项数 N，采用对序列逐项递移的方式，对原序列递移的 N 项计算一系列序时平均数。由这些序时平均数所形成的新序列，在一定程度上消除或削弱了原序列中由短期偶然因素引起的不规则变动和其他成分，对原序列的波动起到一定的修匀作用，从而呈现出现象在较长时期的发展趋势。线性趋势模型法是利用直线回归的方法对原时间序列拟合线性方程，以消除其他成分变动，揭示序列长期直线趋势的方法。现象非线性趋势变动的形式多种多样，可能为抛物线型、指数曲线型等。

5. 季节变动是指客观现象因受自然因素或社会因素影响，而形成的在一年内有规则的周期性变动。当时间序列的长期趋势近似于水平趋势时，测定时间序列的季节变动可以不考虑长期趋势的影响，直接用原始资料平均法。当序列包含明显的趋势或循环变动时，应当首先设法从序列中消除趋势因素，然后再用平均的方法消除不规则变动，从而较准确地分解出季节变动成分。包含有季节变动因素的时间序列，由于受季节的影响而产生波动，可能使数列的其他特征不能清晰地表现出来。为此，经常需要从时间序列中消除季节变动的影响，这称为季节变动的调整，方法是将原序列除以季节指数。

6. 循环变动往往存在于一个较长的时期中，是一种周而复始的近乎规律性的变动。循环变动的周期通常在一年以上，周期的长短、变动形态、波动的大小不那么固定。测定循环变动的常用方法主要有直接法和剩余法。用直接法测定循环变动是通过计算序列的年距发展速度或年距增长速度,以消除或减弱长期趋势和季节变动。剩余法又称分解法,是先从序列中分别分解出长期趋势和季节变动,然后再消除不规则变动成分,剩余的变动则揭示出序列的循环变动特征。

7. 时间序列分析的实际计算和图形的描绘可以应用 Excel 去实现。

■ 思考题

1. 联系日常生活举出三个时间序列的例子,并分别判断这些时间序列的性质是什么?

2. 为什么平均发展速度用几何平均法计算?计算平均发展速度的几何平均法的特点是什么?

3. 甲企业近四年产品销售量分别增长了 11%、9%、7%、5%,乙企业这四年的产品次品率也正好是 11%、9%、7%、5%;这两个企业这四年的平均增长率和平均次品率的计算是否一样?为什么?

4. 时间序列有哪些速度分析指标?它们之间的关系是什么?

5. 移动平均能不能消除季节变动?为什么?能不能消除循环变动?为什么?

6. 测定长期趋势的移动平均法和趋势拟合法各有什么特点?

7. 测定季节变动的原始资料平均法的基本步骤和原理是什么?

8. 测定季节变动的移动平均趋势剔除法的基本步骤和原理是什么?

9. 线性趋势与非线性趋势的区别是什么?

10. 循环变动和季节变动的区别是什么?

案例分析 中国全社会用电量时间序列分析

社会生活生产的方方面面都离不开电力能源,我国的电力需求变化与经济发展趋势具有密切关系,经济水平的提升可通过电力需求增长加以反映。全社会用电量是电力市场中一个重要的经济指标,它包括第一、第二、第三产业以及城乡居民生活用电,反映了一定时期电能消耗的总规模和总水平,能从总体上反映电力需求的情况和变化规律。对全社会用电量的预测对于把握电力需求、电源建设、电网规划及电力营销策略的制定等具有重要的意义。2009~2022 年中国全社会用电量的月度数据见表 8-19。

表 8-19 中国全社会用电量(2009~2022 年) 单位:亿千瓦时

月份	2009 年	2010 年	2011 年	2012 年	2013 年	2014 年	2015 年
1	2510.68	3542.57	3888.91	3633.57	4518.80	4408.06	4859.00
2	2461.50	2720.94	3135.85	3862.96	3373.61	3835.00	3595.00
3	2837.72	3435.00	3887.78	4159.99	4241.01	4544.00	4447.75
4	2748.91	3394.39	3767.89	3898.72	4165.21	4356.27	4415.36
5	2885.33	3480.42	3864.94	4060.75	4268.76	4492.04	4567.23
6	3081.74	3520.47	3964.50	4135.71	4383.75	4638.50	4723.04
7	3420.02	3896.27	4349.04	4555.67	4949.57	5096.96	5034.36
8	3462.23	3974.54	4343.13	4494.67	5102.95	5025.34	5123.85

续表

月份	2009 年	2010 年	2011 年	2012 年	2013 年	2014 年	2015 年
9	3224.08	3493.12	3915.44	4050.67	4448.40	4569.73	4563.43
10	3134.23	3400.23	3797.10	3998.06	4375.10	4508.40	4491.41
11	3283.88	3460.47	3835.65	4139.29	4485.00	4632.24	4657.64
12	3604.37	3700.70	4190.87	4628.46	4912.88	5116.93	5006.76
月份	2016 年	2017 年	2018 年	2019 年	2020 年	2021 年	2022 年
1	4950.00	4867.39	5995.13	6171.82	5805.77	7324.55	7231.85
2	3811.52	4488.26	4557.32	4891.18	4397.57	5263.79	6235.01
3	4761.77	5138.78	5325.15	5731.86	5492.69	6631.08	6944.31
4	4568.94	4847.21	5216.80	5533.66	5571.85	6361.48	6361.96
5	4730.50	4967.51	5533.91	5664.84	5925.79	6724.08	6715.62
6	4925.25	5244.42	5663.04	5987.00	6350.49	7033.45	7451.30
7	5523.36	6072.42	6484.45	6671.65	6824.49	7758.01	8323.87
8	5631.09	5991.08	6521.15	6770.44	7293.78	7607.32	8520.00
9	4965.22	5316.82	5742.37	6019.58	6454.36	6946.93	
10	4889.89	5129.95	5481.41	5790.32	6171.78	6603.09	
11	5071.68	5310.16	5646.60	5912.13	6466.76	6718.01	
12	5351.17	5745.61	6250.24	7110.91	8337.83	8127.64	

讨论题：

1. 分析全社会用电量发展变化的基本态势，并对各种方法的分析结果加以对比。

2. 研究全社会用电量是否存在季节变动和周期性变动规律，比较各种方法得到的结果，并分析其原因。

3. 预测 2023 年全社会用电量的可能水平。

针对以上问题拟定一个研究的方案，选择分析的具体方法，并根据分析研究的结果写出研究报告。

第九章

统计指数

生活中的消费价格指数

消费价格指数（consumer price index，CPI）是反映一定时期居民所购买的生活消费品价格和获得服务项目价格变动趋势与程度的一种相对数，通过它可以观察居民生活消费品及服务项目价格的变动对居民生活的影响，从这一角度来说，消费价格指数最能直接反映物价对人民生活的影响程度。

联系现实生活，很多人知道物价上涨了，同样的货币量购买的商品和服务项目减少了，感到可支配的收入在减少。但到底怎么去度量呢？比如，小王某月收入为 11 000 元，比上月增长 10%，如果当月消费价格指数上涨 5%，扣除消费价格指数上涨的影响后，收入实际只增长 9.52%；如果当月消费价格指数下跌 5%，扣除消费价格指数下跌的影响后，收入实际增长 10.53%。这就说明居民可支配收入的增长速度直接受到消费价格指数涨跌的影响。

消费价格指数上升，意味着货币购买力下降，货币贬值；反之，消费价格指数下降，意味着货币购买力上升，货币增值。例如，2021 年居民消费价格指数是 100.9%，则其倒数就是当年货币购买力指数 99.11%，也就是说，在消费结构不变的情况下，2021 年每 100 元只相当于上年的 99.11 元，币值降低了 0.89%。

物美价廉，这是现实生活中人人都希望的，物价下降在一定程度上对居民生活确实有好处，因为居民用同样的货币能买到更多的东西。但从长远的经济发展来看，物价的持续下降不仅会严重影响投资者的信心和居民的消费心理，更重要的是会使债务人受损，影响生产和投资，导致恶性的价格竞争，从而使企业利润减少甚至亏损，继而减少生产或停产，增加失业，减少居民收入，加剧总需求不足，出现恶性循环。

目前我国经济正处在经济结构快速转换的时期，较低的消费价格指数并不利于经济的增长。如果为了稳定物价、控制消费价格指数的增长，而长期采取紧缩的政策，往往会造成价格扭曲，而且紧缩政策在实际操作中容易形成"一刀切"，从而对中小企业的生产积极性产生较大的负面影响，也会对社会总供给产生抑制的作用，所以说消费价格指数并不是越低越好。如果消费价格指数为负数，形成通货紧缩，对经济增长的负面作用甚至大于通货膨胀。这是因为价格持续走低会使企业效益下降、产品积压，从而造成就业机会减少、居民收入下降、市场消费不足，进而使整个国民经济体系陷入一种互相牵制的恶性循环中。当温和的通货紧缩发展成危害性通货紧缩后，通常也意味着经济将出现衰退。

统计指数简称指数，最初产生于物价变动的测定。18 世纪中叶，由于金银大量流入欧洲，欧洲的物价飞涨，引起社会的普遍关注。经济学家为了测定物价的变动，开始尝试编制物价指数。在此后的 200 多年时间里，指数理论不断发展，其应用逐步扩展到工业生产、进出口贸易、铁路运输、生活成本、股票证券等各个方面。有些指数，如消费价格指数、生活费用价格指数同人们的日常生活休戚相关；有些指数，如生产资料价格指数、股票价格指数（以下简称股价指数）等则直接影响人们的投资活动，成为社会经济的"晴雨表"。在经济分析的各个领域，指数这种统计工具获得了广泛的应用。因此，统计指数常常也被称为"经济指数"。

9.1 统计指数的概念与分类

9.1.1 统计指数的概念

统计指数是研究社会经济现象数量方面时间变动状况和空间对比关系的分析方法。从广义上来说，统计指数是指一切说明社会经济现象时间变动和空间对比状况的相对数，包括一般相对数中的动态相对数、比较相对数和计划完成相对数等；从狭义上来说，指数是一种不能直接加总的复杂社会经济现象总量总和变动程度的相对数。例如，零售物价指数是说明全部零售商品价格（各商品价格不能直接相加）总变动的相对数。复杂总体是指不同度量单位或性质各异的若干事物所组成的、数量不能直接加总或不可以直接加总的总体。

从指数理论和方法上看，统计指数所研究的主要是狭义的指数，本章所介绍的统计指数也主要是狭义的指数。

9.1.2 统计指数的性质

统计指数具有以下几个基础的性质。

1. 相对性

统计指数可以是不同时间的社会经济现象水平的对比，也可以是不同空间（如国家、地区、企业）的经济现象水平的对比。这种对比常以相对数或比率表示，有时也可用绝对数表示。例如，2020 年全国居民消费价格指数为 102.5%，说明这一年城乡居民所购买的生活消费品价格和服务项目价格比上一年提高了 2.5%。

2. 综合性

统计指数综合反映由多事物或多项目组成的复杂现象总体数量的总变动方向和程

度，是对多事物或多项目数量变动综合反映的结果。例如，社会零售商品中各种商品价格有的上涨、有的下跌，而且上涨和下跌的幅度也不同。商品价格总指数就反映了各种商品价格综合变动的结果。

3. 平均性

统计指数综合反映复杂现象总体中所有事物或项目共同变动的一般水平，也可以说是平均的变动水平。例如，2020 年全国居民消费价格指数为 102.5%，虽然各项商品价格或服务项目价格有涨有跌，但平均来说上涨了 2.5%。因此，统计指数也是一种平均性的数值。

4. 代表性

统计指数反映的是现象总体的一般水平，但由于所涉及的事物或项目品种繁多，如全社会的消费品数以千万计，难以一一加以考虑，只能挑选部分具有代表性的事物或项目作为编制计算指数的依据。

9.1.3　统计指数的种类

从不同角度可以将统计指数分为以下几种类型。

1. 按研究对象的范围不同，可将统计指数分为个体指数与总指数

个体指数是说明单个事物（如某种商品或产品等）数量变动的相对数。个体指数实质上就是一般的相对数或广义的指数，如电视机价格指数、大米价格指数、某种型号钢材销售量指数等，都是个体指数。

总指数是通过总体数量对比关系来反映总体某种数量总和变动情况的相对数，也就是狭义上的指数，如工业总产量指数、零售物价总指数、上证综合指数（以下简称上证指数）等。总指数与个体指数有一定的联系，可以用个体指数计算相应的总指数。对个体指数进行简单平均求得的总指数，称为简单指数；对个体指数进行加权平均求得的总指数，称为加权指数。

2. 按反映的内容不同，可将统计指数分为数量指标指数和质量指标指数

数量指标指数是表明总体在规模、水平上数量变动的指数，它综合反映数量指标的变动方向和程度，如产品产量指数、职工人数指数等。

质量指标指数是表明总体质量、内涵变动情况的指数，即对质量指标编制的指数，如商品价格指数、劳动生产率指数等。

一般来说，复杂现象总体是由数量指标和质量指标共同构成的，如职工工资总额是由职工的人数和职工的平均工资两个因素共同作用的结果。区分数量指标和质量指标能反映出复杂现象总体中不同因素变动的方向与程度。

3. 按反映现象时期的不同，可将统计指数分为动态指数和静态指数

动态指数又称时间指数，是将不同时间（时期或时点）的同类现象进行对比的结果，

反映现象在时间上的变化过程和程度。按所采用的对比基期不同,动态指数又可分为定基指数和环比指数。在一个动态指数数列中,各期指数都以某一固定时期水平为基期计算的叫作定基指数;而各期指数都是以前一期水平为基期计算的叫作环比指数。动态指数也是常见的指数,如商品零售价格指数、产品单位成本指数、股价指数、劳动生产率指数等。

静态指数包括空间指数和计划完成指数两种。空间指数是将不同空间(如国家、地区、企业等)的同类现象水平进行比较的结果,反映现象在空间上的差异程度,如地区人均国内生产总值比较指数、地区价格比较指数等;计划完成指数则是现象的实际水平与计划水平进行比较,反映计划的完成状况,如能耗降低计划完成指数、新农村建设进程指数等。

4. 按计算的形式不同,可将统计指数分为简单指数和加权指数

简单指数视计入指数的每个项目的重要性是一样的,因此赋予每个项目的权数是相同的;加权指数则对计入指数的每个项目依据其重要程度赋予不同的权数,然后再进行计算。目前应用更为广泛的是加权指数。

5. 按常用的计算总指数的方法不同,可将统计指数分为综合指数和平均指数

综合指数是从数量上表明不能直接相加的社会经济现象的总指数。平均指数则是以个体指数为基础,采取平均形式编制的总指数。

9.1.4 统计指数的作用

统计指数在实际应用特别是经济分析中有着非常重要的作用,主要表现在以下几个方面。

1. 反映复杂现象总体的变动方向和变动程度

要了解全国居民生活消费品价格水平的总变动,由于不同消费品和服务项目的使用价值不同、计量单位以及单位价格都可能不同,就不能把所有消费品和服务项目的单价直接进行加总并对比,而单个的消费品或服务项目又不能反映整体消费品价格的变化,因此需要通过编制统计指数使它们可以相加、可以对比,从而反映其总体的变动方向和程度。例如,2020 年的居民消费价格指数为 102.5%,即这一年城乡居民所购买的生活消费品价格和服务项目价格比上一年提高了 2.5%,这就表明了居民消费品和服务项目这个复杂总体价格数量的总变动方向与程度。

2. 分析复杂现象总体中的各个因素的影响方向和影响程度

在实际生活中,复杂现象总体的数量变动通常都要受多种不同因素的影响。例如,某行业全体职工平均工资水平的变动受各组职工工资水平的变动和各组人数占总人数比重的变动两个因素的影响。采用统计指数,不仅可以了解该行业全体职工平均工资水平的变动,还能分别从各组职工工资水平的变动和各组人数占总人数比重的变动这两个方面对平均工资水平变动的影响做出分析，包括影响的方向和影响的程度。

3. 对社会经济现象进行综合评价和测定

许多经济现象都可以应用统计指标进行综合评定，并据此判断某种经济现象的数量水平。例如，国际上常用 ASHA（American Social Health Association，美国社会卫生组织）指数与 PQLI（physical quality of life index，物质生活质量）指数来评价一个国家的发展水平和生活质量水平等。

4. 分析复杂现象总体的长期变化趋势

编制一系列反映同类现象变动情况的指数形成指数数列，可以反映被研究现象的变动趋势，还可以对相互联系的指数数列进行分析比较，进一步认识复杂现象总体之间数量上的变动关系。例如，根据 2009 年到 2020 年的居民消费价格指数资料，编制 12 个环比价格指数，从而构成了价格指数资料。这样可以揭示价格在一段时间内的变动方向、程度和趋势，并据此研究价格变化的规律，而且还可以结合居民收入指数数列了解居民实际生活水平在较长时间内的发展状况。

9.1.5 总指数编制方式

编制总指数有两种方式：一是先综合后对比，二是先对比后平均。

1. 先综合后对比的方式

如果已知某几种商品的价格和销售量资料，要研究全部商品的价格和销售量变动情况，首先将各种商品的价格或销售量资料加总起来，然后通过对比得到相应的总指数，这种方法通常称为综合（总和）指数法。此时通常会遇到这样两个问题：一是不同商品的数量和价格不能直接加总，或者说，直接加总的结果没有实际经济含义；二是综合指数法编制的指数明显地受到商品计量单位的影响。因此，简单综合指数难以成为现象变动程度的一种客观测度，因为不同商品的价格或销售量都是"不同度量"的现象，它们构成了不能直接加总的"复杂现象总体"，倘若不解决有关现象的同度量问题就将其直接加总，显然难以得到适当的指数计算结果。

2. 先对比后平均的方式

首先将各种商品的价格或销售量资料进行对比（计算个体指数），然后通过个体指数的平均得到相应的总指数，这种方法通常称为平均指数法。这种方式将各种商品的个体指数做简单平均时，没有适当地考虑不同商品的重要性程度。从经济分析的角度看，各种商品的重要性程度是有差异的，简单平均指数不能反映这种差异，因而难以满足分析的要求。

总的来说，综合指数法与平均指数法都存在方法上的缺陷。但是，迄今为止，综合指数法与平均指数法仍然是编制统计指数的两个基本方法。为了运用综合指数法编制总指数，必须首先考虑被比较的诸现象是否同度量、怎样同度量的问题。因此可以说，编制综合指数的基本问题是"同度量"的问题，解决这一问题的方法就是编制加权综合指数。而为了运用平均指数法编制总指数，又必须首先考虑被比较的诸现象的重要性程度是否相同、怎样衡量的问题，所以编制平均指数的基本问题之一是合理加权的问题，解决这一问题的方法就是编制加权平均指数。

9.2 综合指数

综合指数是总指数的一种基本形式，由两个具有实际意义并紧密联系的总量指标对比形成。它是将不可同度量、不能直接相加的总量指标通过另一个有关的称为同度量因素的变量转换成可以相加的总量指标，然后通过总量指标对比所得到的相对数来说明复杂现象总体的变动。综合指数的编制遵循"先综合后对比"的编制方法。

综合指数有数量指标综合指数和质量指标综合指数两种。

9.2.1 数量指标综合指数

数量指标综合指数是反映总体在规模、水平上数量变动的指数，常见的有产量总指数、销售量总指数等。现在通过表 9-1 的资料说明数量指标综合指数的编制方法。表 9-1 给出了某手机旗舰店销售手机、耳机、充电器三种商品的资料，下面编制三种商品的销售量总指数。

表 9-1 某手机旗舰店手机、耳机和充电器的销售资料

商品	销售量		价格/元		销售额/元			
	基期 q_0	报告期 q_1	基期 p_0	报告期 p_1	p_0q_0	p_1q_1	p_0q_1	p_1q_0
手机	120 台	145 台	3 700	3 400	444 000	493 000	536 500	408 000
耳机	200 副	250 副	175	150	35 000	37 500	43 750	30 000
充电器	95 个	80 个	100	115	9 500	9 200	8 000	10 925
合计	—	—	—	—	488 500	539 700	588 250	448 925

表 9-1 中，销售量为数量指标，用字母 q 表示；价格为质量指标，用 p 表示；销售额为总销售额指标，用 pq 表示；下标 1 表示相应的数值为报告期的指标值，下标 0 表示相应的数值为基期的指标值。以下为数量指标综合指数的编制方法。

（1）确定指数化指标的性质。需要计算销售量总指数，则相应的指数化指标为销售量。

（2）确定同量度因素。由表 9-1 可以看出，三种商品的销售量有升有降，而且升降幅度各不相同。用 k_q 表示个体销售量指数，则三种商品的个体销售量指数分别为

手机：$k_q = q_1 / q_0 = 145 / 120 \times 100\% = 120.83\%$

耳机：$k_q = q_1 / q_0 = 250 / 200 \times 100\% = 125\%$

充电器：$k_q = q_1 / q_0 = 80 / 95 \times 100\% = 84.21\%$

由于三种商品的使用价值不同，所属类别不同，因而它们的销售量不能直接相加。然而，每种商品的销售量与其价格的乘积即每种商品的销售额却是同度量的，可以相加。这样就使不能相加的销售量变为能够相加的销售额，在这里，价格起了"同度量"的作用，称为同度量因素。

同度量因素，就是把不能直接加总的各个因素化为能够同度量的综合指标的媒介因素。它具有两个作用：一是具有同度量的作用；二是具有权数的作用。利用同度量因素，就解决了指数化指标的综合加总问题。

为计算销售量综合指数，引入价格解决了各种不同商品的销售量不能直接相加的问题，同时价格也起到了权数的作用。很显然，价格越高的商品，其销售量的变化对总销售量的影响越大。

（3）确定同度量因素固定的水平。通过同度量因素——价格，销售量转化为销售额指标。如果不固定同度量因素——价格，那么将加总的报告期与基期的销售额对比得到的全部销售额总值指数为

$$\overline{k_q} = \frac{\sum p_1 q_1}{\sum p_0 q_0} = \frac{539\ 700}{488\ 500} \times 100\% = 110.48\%$$

这里，销售额上涨 10.48% 是销售量与价格共同变化的结果，不能单独反映出销售量的综合变动程度。因此，必须把同度量因素价格的水平固定下来，此时销售额的变动就仅有销售量的影响，相应的销售额指数就是所求的销售量总指数。根据同度量因素固定的水平不同，可以得到不同的综合指数编制公式。

1. 拉氏指数

拉氏指数是德国经济学家拉斯贝尔斯（É. Laspeyres）在 1864 年提出的。拉氏指数的主要特点是将同度量因素价格 p 固定在基期水平上，相应的数量指标综合指数简记为 L_q：

$$\overline{k_q} = L_q = \frac{\sum p_0 q_1}{\sum p_0 q_0} \tag{9-1}$$

将表 9-1 中数据代入公式（9-1）可计算得到拉氏销售量总指数为

$$\overline{k_q} = L_q = \frac{\sum p_0 q_1}{\sum p_0 q_0} = \frac{588\ 250}{488\ 500} \times 100\% = 120.42\%$$

计算结果表明，虽然三种商品的销售量有增有减，但综合起来，三种商品销售量的报告期比基期平均增长了 20.42%。因三种商品平均销售量的提高而增加的销售额为

$$\sum p_0 q_1 - \sum p_0 q_0 = 588\ 250 - 488\ 500 = 99\ 750 \text{（元）}$$

说明在价格保持基期水平不变的情况下，由于三种商品销售量平均增长 20.42%，销售额绝对量增加了 99 750 元。

2. 帕氏指数

帕氏指数是另一位德国经济学家帕舍（H. Paasche）在 1874 年提出的。帕氏指数与

拉氏指数不同的是，该指数公式将同度量因素价格 p 固定在报告期水平上，相应的数量指标综合指数简记为 P_q：

$$\overline{k_q} = P_q = \frac{\sum p_1 q_1}{\sum p_1 q_0} \qquad (9\text{-}2)$$

将表 9-1 中数据代入公式（9-2）可计算得到帕氏销售量总指数为

$$\overline{k_q} = P_q = \frac{\sum p_1 q_1}{\sum p_1 q_0} = \frac{539\,700}{448\,925} \times 100\% = 120.22\%$$

计算结果表明，综合起来，三种商品销售量的报告期比基期平均增长了 20.22%。因三种商品平均销售量的提高而增加的销售额为

$$\sum p_1 q_1 - \sum p_1 q_0 = 539\,700 - 448\,925 = 90\,775 \text{（元）}$$

说明在价格保持报告水平不变的情况下，由于三种商品销售量平均增长 20.22%，销售额绝对量增加了 90 775 元。

可以看出拉氏指数与帕氏指数的计算结果不一致，采用拉氏指数计算的结果是三种商品销售量平均增长 20.42%；采用帕氏指数计算的结果是三种商品销售量平均增长 20.22%，拉氏指数计算的结果大于帕氏指数计算的结果。要想使拉氏指数和帕氏指数的计算结果相等，只有出现以下几种情况。

（1）各种商品销售量报告期与基期相等，即 $q_1 = q_0$。

（2）各种商品销售价格 p 的变动幅度相同，即

$$\frac{p_1^{(1)}}{p_0^{(1)}} = \frac{p_1^{(2)}}{p_0^{(2)}} = \cdots = \frac{p_1^{(n)}}{p_0^{(n)}}$$

在这两种情况下，两个权数相对而言是相同的。但是，这两种情况发生的概率极小，通常拉氏指数与帕氏指数是不相等的。那么在计算时应该选择哪种指数的计算公式呢？在表 9-1 中，需要计算的是销售量的总变动，此时剔除价格变动影响为好，即选择拉氏指数。此外，按基期价格计算的公式，所计算出的销售额差值所表明的经济意义也更加明确。

9.2.2 质量指标综合指数

质量指标综合指数是反映总体质量、内涵变动情况的指数，常见的有价格总指数、成本总指数等。它们的编制原理与方法和前述销售量总指数完全一样。

根据表 9-1 的数据，下面计算三种商品的价格总指数。

由表 9-1 可以看出，三种商品的价格有升有降，而且升降幅度各不相同。用 k_p 表示个体价格指数，则三种商品的个体价格指数分别为

手机：$k_p = p_1 / p_0 = 3400 / 3700 \times 100\% = 91.89\%$

耳机：$k_p = p_1 / p_0 = 150 / 175 \times 100\% = 85.71\%$

充电器：$k_p = p_1 / p_0 = 115 / 100 \times 100\% = 115\%$

同样，三种价格指数度量不同，无法直接相加。寻找此时的同度量因素，即销售量，进而过渡到能够直接相加的销售额。在总值 pq 的对比过程中，将同度量因素销售量 q 固定，则所得的结果为反映价格指标总和变动程度的总指数。同样地，根据同度量因素销售量 q 固定的水平不同，质量指标综合指数也有拉氏指数 L_p 和帕氏指数 P_p 之分，其计算公式分别为

$$\overline{k_p} = L_p = \frac{\sum p_1 q_0}{\sum p_0 q_0} \tag{9-3}$$

$$\overline{k_p} = P_p = \frac{\sum p_1 q_1}{\sum p_0 q_1} \tag{9-4}$$

应用拉氏指数计算可得到价格总指数为

$$\overline{k_p} = L_p = \frac{\sum p_1 q_0}{\sum p_0 q_0} = \frac{448\,925}{488\,500} \times 100\% = 91.90\%$$

此时，

$$\sum p_1 q_0 - \sum p_0 q_0 = 448\,925 - 488\,500 = -39\,575（元）$$

计算结果表明，三种商品价格报告期比基期平均降低了 8.10%，并直接导致销售额绝对量减少了 39 575 元。

应用帕氏指数计算可得到价格总指数为

$$\overline{k_p} = P_p = \frac{\sum p_1 q_1}{\sum p_0 q_1} = \frac{539\,700}{588\,250} \times 100\% = 91.75\%$$

此时，

$$\sum p_1 q_1 - \sum p_0 q_1 = 539\,700 - 588\,250 = -48\,550（元）$$

计算结果表明，三种商品价格报告期比基期平均降低了 8.25%，并直接导致销售额绝对量减少了 48 550 元。

此时，选择帕氏指数更好。因为价格变动已经发生，选择报告期的实际销售量更具有实际意义。

由上可知，拉氏指数与帕氏指数的出发点不同，分析意义也不同。在实际编制综合指数时，需根据研究的目的选择相应的计算公式。拉氏指数考虑的是在维持基期的质量水平下数量指标变动的程度，因此在大多数计算数量指标综合指数时较之帕氏指数有更强的现实意义，实际中也更常用拉氏指数作为编制数量指标综合指数的基本公式；帕氏指数考虑的是在维持报告期的数量水平下质量指标变动的程度，因此在大多数计算质量指标综合指数时较之拉氏指数有更强的现实意义，实际中也更常用帕氏指数作为编制质量指标综合指数的基本公式。

9.2.3　其他形式的综合指数

在综合指数中，如何确定同度量因素的固定水平是一个关键的问题。例如，运用拉

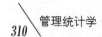

氏指数和帕氏指数计算相同的资料数据，因为同度量因素固定水平的不同，会得出不同的结论，而且实际意义也不同。为了调和差异，经济学家和统计学家不断提出新的指数计算公式，影响较大并延续至今的综合指数形式有如下几种。

1. 马埃指数

马埃指数是由英国著名经济学家马歇尔（Marshall）和埃奇沃思（Edgeworth）共同设计的。记马埃指数为 E，该指数是对拉氏指数和帕氏指数的同度量因素进行简单平均的结果，其计算公式如下。

数量指标指数：

$$\overline{k_q} = E_q = \frac{\sum\left(\dfrac{p_0 + p_1}{2}\right)q_1}{\sum\left(\dfrac{p_0 + p_1}{2}\right)q_0} \tag{9-5}$$

质量指标指数：

$$\overline{k_p} = E_p = \frac{\sum\left(\dfrac{q_0 + q_1}{2}\right)p_1}{\sum\left(\dfrac{q_0 + q_1}{2}\right)p_0} \tag{9-6}$$

根据表 9-1 中的数据，下面计算三种商品的马埃指数。
数量指标指数：

$$\overline{k_q} = E_q = \frac{\sum\left(\dfrac{p_0 + p_1}{2}\right)q_1}{\sum\left(\dfrac{p_0 + p_1}{2}\right)q_0} = \frac{563\,975}{468\,712.5} \times 100\% = 120.32\%$$

质量指标指数：

$$\overline{k_p} = E_p = \frac{\sum\left(\dfrac{q_0 + q_1}{2}\right)p_1}{\sum\left(\dfrac{q_0 + q_1}{2}\right)p_0} = \frac{494\,312.5}{538\,375} \times 100\% = 91.82\%$$

不难看出，按此公式计算的指数在拉氏指数和帕氏指数之间。虽然从数量上测定似乎不偏不倚，却失去了拉氏指数和帕氏指数的意义。但当综合比较不同地区的价格时，马埃指数比拉氏指数和帕氏指数更为恰当。

2. 费雪指数

费雪指数是美国统计学家欧文·费雪于 1911 年提出的。费雪指数是对拉氏指数和帕氏指数的简单几何平均，又称为"费雪理想指数"。记费雪指数为 F，其计算公式如下。

数量指标指数：

$$\overline{k_q} = F_q = \sqrt{L_q \times P_q} = \sqrt{\frac{\sum p_0 q_1}{\sum p_0 q_0}} \times \sqrt{\frac{\sum p_1 q_1}{\sum p_1 q_0}} \qquad (9\text{-}7)$$

质量指标指数：

$$\overline{k_p} = F_p = \sqrt{L_p \times P_p} = \sqrt{\frac{\sum p_1 q_0}{\sum p_0 q_0}} \times \sqrt{\frac{\sum p_1 q_1}{\sum p_0 q_1}} \qquad (9\text{-}8)$$

根据表 9-1 中的数据，下面计算三种商品的费雪指数。

数量指标指数：

$$\overline{k_q} = F_q = \sqrt{\frac{588\,250}{488\,500}} \times \sqrt{\frac{539\,700}{448\,925}} \times 100\% = 120.32\%$$

质量指标指数：

$$\overline{k_p} = F_p = \sqrt{\frac{448\,925}{488\,500}} \times \sqrt{\frac{539\,700}{588\,250}} \times 100\% = 91.82\%$$

费雪系统地总结了各种指数公式的特点，提出了三种测试指数优劣的方法（时间互换测验、因子互换测验和循环测验）。他对各种指数进行了检验，绝大多数指数公式无法通过这三种检验，唯有他的公式能通过检验，故他自称他的公式为"理想公式"。但"理想公式"同"马埃公式"一样，虽然计算结果"不偏不倚"，但同样缺乏明确的经济意义。

3. 杨格指数

杨格指数也称固定权数综合指数，是由英国经济学家杨格（Young）提出的。在杨格指数中，同度量因素所属时期既不固定在报告期，也不固定在基期，而是固定在一个特定的水平上，可以是某个固定时期的实际水平，也可以是多个时期的平均水平。其计算公式如下。

数量指标指数为

$$\overline{k_q} = Y_q = \frac{\sum p_n q_1}{\sum p_n q_0} \qquad (9\text{-}9)$$

质量指标指数为

$$\overline{k_p} = Y_p = \frac{\sum q_n p_1}{\sum q_n p_0} \qquad (9\text{-}10)$$

式中，p_n 和 q_n 为同度量因素的固定水平，它不因比较时期的改变而改变，不但便于指数的编制，而且便于现象长期发展变化的动态分析。我国的工业产品产量指数曾长期采用这种方式，但一旦固定水平不能反映实际情况时，杨格指数就容易出现偏差。假若市场价格变动很大时，工业产品产量指数就不能真实地反映工业生产的增长。

上述方法都有其特点和一定的适用条件，需要根据具体的研究对象和条件选择恰当的指数公式。

9.2.4 综合指数的特点

从以上关于用综合指数法编制总指数的方法和原理可知，它具有如下三个特点。

（1）借助于同度量因素进行综合对比。在分析复杂社会经济现象综合变动时，不同度量单位的事物不能直接相加，但有时又需要把它们作为一个总体来研究，必须把它们加总起来，这是运用综合指数法首先要解决的问题。

（2）同度量因素的时期要固定。计算综合指数时，人们只关心一个因素的变动程度。例如，工业产品产量总指数只反映各种工业产品产量的总变动；零售价格总指数只反映多种商品零售价格的总变动。这就要求把新加入的媒介因素作为同度量因素加以固定，来测定人们所关心的因素的变动。

（3）用综合指数法编制总指数，使用的是全面统计资料，没有代表性误差。例如，计算销售量或价格指数时，需要使用报告期和基期的全部产品产量资料，即利用全面统计资料。全面统计资料只存在着登记误差，而不存在代表性误差。

9.3 平 均 指 数

编制综合指数需要用到大量全面的数据，当研究的范围越大，项目数量越大，要收集到更为全面的数据资料就越困难，而且相对经济成本越高。因此，有必要编制平均指数。平均指数是个体指数的加权平均数，反映个体指数的一般水平。同综合指数不同，平均指数的编制遵循"先对比后平均"的编制方法。

因为总体中不同个体的变动对总体变动的影响程度不同，因此在对个体指数进行平均的过程中，必须考虑权重的因素。如何确定权重的因素？这还需要从相关因素的内在联系出发，根据指数编制的目的来决定。在前面介绍的综合指数中已经提到，不能相加的个体指数与同度量因素有着密切的关系，而且两者共同决定了可相加的量。因此，在对个体指数平均时，加入的权数应该是与所要编制的指数有密切关系的总量因素 pq，这样所得的结果才有意义。用作权数的总量因素 pq 可以有四种不同的组合方式：p_0q_0、p_0q_1、p_1q_0、p_1q_1。考虑数据收集的可行性，一般以基期的总量资料 p_0q_0 和报告期的总量资料 p_1q_1 作为权重。

由于常用的加权平均方法有加权算术平均与加权调和平均两种，因此，平均指数的基本形式也分为加权算术平均指数和加权调和平均指数两种。

9.3.1 加权算术平均指数

对于个体指数 $k_q = \dfrac{q_1}{q_0}$ 或 $k_p = \dfrac{p_1}{p_0}$，以基期的总量资料为权重时，对个体指数进行加权平均的计算公式如下。

数量指标指数：

$$\overline{k_q} = \frac{\sum k_q p_0 q_0}{\sum p_0 q_0} = \frac{\sum \dfrac{q_1}{q_0} p_0 q_0}{\sum p_0 q_0} \tag{9-11}$$

质量指标指数:

$$\overline{k_p} = \frac{\sum k_p p_0 q_0}{\sum p_0 q_0} = \frac{\sum \dfrac{p_1}{p_0} p_0 q_0}{\sum p_0 q_0} \qquad (9\text{-}12)$$

根据表 9-1 中的数据,可以计算出如表 9-2 所示的销售资料数据。下面试用加权算术平均指数法计算这三种商品的销售量总指数。

表 9-2　某手机旗舰店手机、耳机和充电器的销售资料数据计算表(一)

商品	销售量		基期价格 p_0/元	销售量个体指数 q_1/q_0	销售额/元	
	基期 q_0	报告期 q_1			$p_0 q_0$	$(q_1/q_0)p_0 q_0$
手机	120 台	145 台	3 700	120.83%	444 000	536 485
耳机	200 副	250 副	175	125.00%	35 000	43 750
充电器	95 个	80 个	100	84.21%	9 500	8 000
合计	—	—	—	—	488 500	588 235

销售量总指数为

$$\overline{k_q} = \frac{\sum k_q p_0 q_0}{\sum p_0 q_0} = \frac{\sum \dfrac{q_1}{q_0} p_0 q_0}{\sum p_0 q_0} = \frac{588\,235}{488\,500} \times 100\% = 120.42\%$$

计算结果与 9.2.1 节的拉氏指数计算结果相等,分子分母的经济意义也相同。同样可以得出质量指标指数 $\overline{k_p}$ 的计算结果与综合指数中质量指标综合指数的拉氏指数计算结果也相等,分子分母的经济意义也相同。事实上,将公式(9-11)和公式(9-12)稍加推导不难得出,采用基期总值加权的算术平均指数,就是拉氏综合指数的变形:

$$\overline{k_q} = \frac{\sum \dfrac{q_1}{q_0} p_0 q_0}{\sum p_0 q_0} = \frac{\sum p_0 q_1}{\sum p_0 q_0} = L_q \qquad (9\text{-}13)$$

$$\overline{k_p} = \frac{\sum \dfrac{p_1}{p_0} p_0 q_0}{\sum p_0 q_0} = \frac{\sum p_1 q_0}{\sum p_0 q_0} = L_p \qquad (9\text{-}14)$$

但实际上算术平均指数不仅是拉氏综合指数的变形,更是一种相对独立的总指数编制方法,并具有很广泛的应用。以销售量指数为例,其计算公式还可以变形为

$$\overline{k_q} = \frac{\sum \dfrac{q_1}{q_0} p_0 q_0}{\sum p_0 q_0} = \sum \frac{q_1}{q_0} \times \frac{p_0 q_0}{\sum p_0 q_0} = \sum k_q w \qquad (9\text{-}15)$$

式(9-15)表示算术平均指数不仅可以用绝对数(总值)加权,也可以用相对数(总值比例)w 加权。在实际工作中,无论是加权算术平均指数或是即将介绍的加权调和平

均指数，往往采用经济发展中较为稳定的某一时期的价值总量比例作为固定的权数，并一经确定后沿用数年，这样不仅可避免每次编制指数时权数资料不全的困难，而且也便于前后不同时期的比较。

2021 年居民消费价格指数中各项目的个体指数和权数如表 9-3 所示，可以求出居民消费价格平均指数。

表 9-3　固定权数的居民消费价格平均指数计算表

商品类型及项目	个体指数 k/%	权数 w/%	平均指数 kw/%
食品烟酒	99.7	28.80	28.71
衣着	100.3	6.81	6.83
居住	100.8	22.12	22.30
生活用品及服务	100.4	4.74	4.76
交通和通信	104.1	11.25	11.71
教育文化和娱乐	101.9	13.65	13.91
医疗保健	100.4	11.23	11.28
其他用品和服务	98.7	1.40	1.38
合计	—	100	100.88

按照表 9-3 中的权数数据，居民消费价格平均指数为

$$\overline{k}_p = \sum k_p w = 100.88\%$$

居民消费价格平均指数为 100.88%，即居民的消费支出上涨了 0.88%。但是此时分子分母之差，不能说明消费价格上涨的绝对效果，这与综合指数不同。因此，从内容到形式，平均指数与综合指数都大不相同，它是一种独立的总指数。

9.3.2　加权调和平均指数

加权调和平均指数就是个体指数的加权调和平均数，即采用加权调和平均的方法，对个体指数进行加权平均。对于个体指数 $k_q = \dfrac{q_1}{q_0}$ 或 $k_p = \dfrac{p_1}{p_0}$，一般以报告期的总量资料为权重对个体指数进行加权平均，计算公式如下。

数量指标指数：

$$\overline{k_q} = \frac{\sum p_1 q_1}{\sum \dfrac{1}{k_q} p_1 q_1} = \frac{\sum p_1 q_1}{\sum \dfrac{1}{q_1 / q_0} p_1 q_1} \tag{9-16}$$

质量指标指数：

$$\overline{k_p} = \frac{\sum p_1 q_1}{\sum \dfrac{1}{k_p} p_1 q_1} = \frac{\sum p_1 q_1}{\sum \dfrac{1}{p_1 / p_0} p_1 q_1} \tag{9-17}$$

根据表 9-1 中的数据，可以计算出如表 9-4 所示的销售资料数据。下面采用加权调和平均指数法计算这三种商品的价格总指数。

表 9-4 某手机旗舰店手机、耳机和充电器的销售资料数据计算表（二）

商品	价格/元		报告期销售量 q_1	价格个体指数 p_1 / p_0	销售额/元	
	基期 p_0	报告期 p_1			$p_1 q_1$	$\dfrac{1}{p_1 / p_0} p_1 q_1$
手机	3 700	3 400	145 台	91.892%	493 000	536 499
耳机	175	150	250 副	85.714%	37 500	43 750
充电器	100	115	80 个	115.000%	9 200	8 000
合计	—	—	—	—	539 700	588 249

价格总指数为

$$\overline{k_p} = \frac{\sum p_1 q_1}{\sum \dfrac{1}{k_p} p_1 q_1} = \frac{\sum p_1 q_1}{\sum \dfrac{1}{p_1 / p_0} p_1 q_1} = \frac{539\,700}{588\,249} \times 100\% = 91.75\%$$

计算结果与 9.2.2 节中应用帕氏指数计算得到的价格总指数相等，分子分母的经济意义也一样，仅仅是计算形式不同。因此，这种计算方法的加权调和平均指数，也是综合指数的变形。

事实上，将公式（9-16）和公式（9-17）同样稍加变形，采用报告期总值进行加权的加权调和平均指数，同样与帕氏指数是等价的：

$$\overline{k_q} = \frac{\sum p_1 q_1}{\sum \dfrac{1}{k_q} p_1 q_1} = \frac{\sum p_1 q_1}{\sum \dfrac{1}{q_1 / q_0} p_1 q_1} = \frac{\sum p_1 q_1}{\sum p_1 q_0} = P_q \tag{9-18}$$

$$\overline{k_p} = \frac{\sum p_1 q_1}{\sum \dfrac{1}{k_p} p_1 q_1} = \frac{\sum p_1 q_1}{\sum \dfrac{1}{p_1 / p_0} p_1 q_1} = \frac{\sum p_1 q_1}{\sum p_0 q_1} = P_p \tag{9-19}$$

以价格指标指数为例，加权调和平均指数的计算公式可变形为

$$\overline{k_p} = \frac{\sum p_1 q_1}{\sum \dfrac{1}{k_p} p_1 q_1} = \frac{\sum p_1 q_1}{p_1 q_1} \times \frac{1}{\sum \dfrac{1}{p_1 / p_0}} = \frac{\sum w}{\sum \dfrac{1}{k_p} w} \tag{9-20}$$

不过公式（9-20）较少得到使用，使用更多的是公式（9-16）和公式（9-17）。

9.4 指数体系因素分析

9.2 节和 9.3 节介绍了单个指数的编制方法，但在实际应用中，更多的是要确定由多个指数组成的指数体系，以便对相互联系的社会经济现象进行更深入的分析。

9.4.1 指数体系

1. 指数体系的概念

社会经济现象都是在相互联系中存在和发展的，每种现象的变动，往往受到其他因素的影响和制约，这种变动与影响，在许多经济指标之间都能反映出来。例如，工业总产值的变动受工业产品价格和工业品产量两个因素的影响，产品生产费用的变动受单位产品成本及产品数量两个因素的影响等。有些社会经济现象之间的联系可以用经济方程式表现出来，如：

商品销售额=商品销售量×商品销售价格

生产总成本=产品产量×单位产品成本

上述的这种关系，按指数形式表现时，同样也存在这种对等关系，即

商品销售额指数=商品销售量指数×商品销售价格指数

生产总成本指数=产品产量指数×单位产品成本指数

在统计分析中，将一系列相互联系、彼此间在数量上存在推算关系的统计指数所构成的整体称为指数体系。

上述指数体系，按编制综合指数的一般原理，用公式可写成

$$\frac{\sum q_1 p_1}{\sum q_0 p_0} = \frac{\sum q_1 p_0}{\sum q_0 p_0} \times \frac{\sum q_1 p_1}{\sum q_1 p_0}$$

综上所述可发现，统计指数体系一般具有三个特征，具体如下。

（1）具备三个或三个以上的指数。例如，等式左边的生产总成本指数和商品销售额指数都是用于反映某种可直接汇总的总量指标的变动趋势，这类指数称为总量指标指数。等式右边由两个指数构成，这两个指数是影响总量指标指数变动的主要因素，也称因素指数。因素指数可以不只是两个，取决于对象的性质和研究的目的。

（2）体系中的个体指数在数量上能相互推算。例如，已知销售额指数、销售量指数，则可推算出价格指数；已知价格指数、销售量指数，则可推出销售额指数。

（3）现象总变动差额等于各个因素变动差额的总和。

2. 指数体系的作用

指数体系主要有以下三方面的作用。

（1）指数体系是进行因素分析的依据，即利用指数体系可以分析复杂现象总体变动中各变动因素影响的方向和程度。

（2）利用各指数之间的联系进行指数间的相互推算。例如，我国商品销售量指数往往就是根据销售额指数和价格指数进行推算的，即

$$商品销售量指数=销售额指数 \div 价格指数$$

（3）用综合指数法编制总指数时，指数体系也是确定同度量因素时期的依据之一。因为指数体系是进行因素分析的根据，要求各个指数之间在数量上保持一定的联系。因此，编制产品产量指数时，如用基期价格作为同度量因素，那么编制产品价格指数时就必须用报告期的产品产量作为同度量因素；如果编制产品产量指数以报告期价格作为同度量因素，那么编制产品价格指数时就必须用基期的产品产量作为同度量因素。

9.4.2 因素分析

因素分析即根据指数体系分析复杂现象总体中各变动因素影响的方向和程度。

1. 因素分析的分类

1）按分析时包含的因素多少，分为两因素分析和多因素分析

两因素分析是仅对两个因素的变动情况进行分析，它是因素分析的基本方法。例如，分析销售价格和销售量对销售额的影响。

多因素分析则是对多个因素的变动情况进行分析。例如，分析原材料支出额，就需要分析产品的数量、原材料单耗、原材料单价等多个影响因素。

2）按分析指标的种类不同，分为总量指标因素分析和平均指标因素分析

总量指标因素分析是指分析的对象是总量指标。例如，分析销售价格和销售量对销售额的影响，销售额就是总量指标。

平均指标因素分析就是指分析的对象是平均指标。例如，分析同一单位不同时期各类职工工资水平和职工人数构成对职工平均工资的影响。

2. 因素分析的步骤

因素分析首先要建立指数体系，并依据指数体系从相对数及绝对数两个方面进行分析。其步骤如下。

（1）根据现象之间的经济关系，建立指数体系。

（2）计算被分析指标的总变动程度和变动的绝对数。

（3）计算各个因素的变动程度和对被分析指标影响的绝对数。

（4）对指数体系间的等量关系进行综合分析。

3. 总量指标因素分析

1）两因素分析

总量指标的变动往往是由数量因素指标和质量因素指标变动共同作用的结果。例如，在

$$商品销售额指数=商品销售量指数 \times 商品销售价格指数$$

中，商品销售量指数就是数量因素指标，商品销售价格指数就是质量因素指标，它们共同影响商品销售额指数的变动方向和程度。

因此，进行总量指标变动的两因素分析，就是根据编制综合指数的一般原理，分别编制数量指标因素指数和质量指标因素指数，建立指数体系，并据此分析总量指标变动中各因素指标的变动关系。

以商品销售额为例，如果以 $\dfrac{\sum q_1 p_1}{\sum q_0 p_0}$ 表示商品销售额这个总量指标变动程度的指数，那么根据上述的等式，商品销售额指数可分解为商品销售量指数（数量指标综合指数）和商品销售价格指数（质量指标综合指数）两个因素的乘积。因此，指数体系如下：

$$\frac{\sum q_1 p_1}{\sum q_0 p_0} = \frac{\sum q_1 p_0}{\sum q_0 p_0} \times \frac{\sum p_1 q_1}{\sum p_0 q_1} \tag{9-21}$$

$$\sum q_1 p_1 - \sum q_0 p_0 = \left(\sum q_1 p_0 - \sum q_0 p_0\right) + \left(\sum p_1 q_1 - \sum p_0 q_1\right) \tag{9-22}$$

式（9-21）称为总量指标因素分析的相对数体系，式（9-22）称为总量指标因素分析的绝对数体系。

根据表 9-1 的数据资料，下面对该手机旗舰店的三种商品销售额的变动进行因素分析。

（1）根据现象之间的经济关系，建立指数体系：具体如公式（9-21）和公式（9-22）所示。

（2）计算被分析指标的总变动程度和变动的绝对数。

该手机旗舰店三种商品的销售额总指数为

$$I_{pq} = \frac{\sum q_1 p_1}{\sum q_0 p_0} = \frac{539\,700}{488\,500} \times 100\% = 110.48\%$$

报告期与基期销售额之差为

$$\sum q_1 p_1 - \sum q_0 p_0 = 539\,700 - 488\,500 = 51\,200 \;(\text{元})$$

因此，该手机旗舰店三种商品的销售总额报告期比基期上升了 10.48%，增加了 51 200 元。这一结果是受销售量和销售价格两个因素变动的影响。

（3）计算各个因素的变动程度和对被分析指标影响的绝对数。

根据表 9-1 可知商品销售量总指数为

$$\overline{k_q} = L_q = \frac{\sum p_0 q_1}{\sum p_0 q_0} = \frac{588\,250}{488\,500} \times 100\% = 120.42\%$$

分子和分母的差额为

$$\sum p_0 q_1 - \sum p_0 q_0 = 588\,250 - 488\,500 = 99\,750 \;(\text{元})$$

因此，在价格不变（固定在基期）的情况下，由于商品销售量增加使商品销售额上升了 20.42%，增加了 99 750 元。

根据表 9-1 可知商品价格总指数为

$$\overline{k_p} = P_p = \frac{\sum p_1 q_1}{\sum p_0 q_1} = \frac{539\,700}{588\,250} \times 100\% = 91.75\%$$

分子和分母的差额为

$$\sum p_1 q_1 - \sum p_0 q_1 = 539\,700 - 588\,250 = -48\,550\,（元）$$

因此，在销售量不变（固定在报告期）的情况下，由于价格下降使销售额上升了 -8.25%，增加了 -48 550 元。

（4）对指数体系间的等量关系进行综合分析。

容易验证：

$$110.48\% = 120.42\% \times 91.75\%$$
$$51\,200 = 99\,750 - 48\,550$$

综上可知，该手机旗舰店三种商品的销售总额上升了 10.48%，增加了 51 200 元，是由商品销售量上升了 20.42%、增加了 99 750 元和商品销售价格上升了 -8.25%、增加了 -48 550 元共同作用的结果。

进行两因素分析需要注意两个问题。

第一，指数体系中的各因素必须具备实际的意义。例如，在经济生活中，客观上存在如下关系式：

商品销售额=商品销售量×商品销售价格

生产总成本=产品产量×单位产品成本

只有明确了现象总体各因素间的相互联系，确定上述式子的经济意义，才能依据上面的关系式，建立相应的指数体系：

商品销售额指数=商品销售量指数×商品销售价格指数

生产总成本指数=产品产量指数×单位产品成本指数

第二，编制各因素指数时，必须以编制综合指数的一般原则为依据。也就是说，编制数量指标因素指数时，要以基期的质量指标为同度量因素；编制质量指标因素指数时，要以报告期的数量指标为同度量因素。只有这样，才能保证指数体系在经济内容上的完整和数学关系上的相等。

2）多因素分析

多因素分析与两因素分析的方法基本相同。但它包括的因素较多，分析过程较为复杂，所以一般采用锁定替代法，即在测定其中一个因素的影响时要把其他所有因素固定起来，并依次由一个因素变量替代另一个因素变量进行分析。

以工业企业生产原材料总额为例，工业企业生产的原材料费用总额取决于产品的数量及单位产品原材料消耗额，而单位产品原材料消耗额又取决于单位产品原材料消耗量和单位原材料价格，即

原材料费用总额=产品数量×单位产品原材料消耗量×单位原材料价格

用 q 表示产品数量，m 表示单位产品原材料消耗量，p 表示单位原材料价格，则原

材料费用总额就是 qmp，即

$$qmp = q \times m \times p \qquad （9\text{-}23）$$

根据综合指数编制的一般原则和统计指数体系的要求，可得

原材料费用总额指数=产品数量指数×单位产品原材料消耗量指数×单位原材料价格指数

即

$$I_{qmp} = I_q \times I_m \times I_p \qquad （9\text{-}24）$$

则相对数体系为

$$\frac{\sum q_1 m_1 p_1}{\sum q_0 m_0 p_0} = \frac{\sum q_1 m_0 p_0}{\sum q_0 m_0 p_0} \times \frac{\sum p_0 m_1 q_1}{\sum p_0 m_0 q_1} \times \frac{\sum p_1 m_1 q_1}{\sum p_0 m_1 q_1} \qquad （9\text{-}25）$$

绝对数体系为

$$\sum q_1 m_1 p_1 - \sum q_0 m_0 p_0 = \left(\sum q_1 m_0 p_0 - \sum q_0 m_0 p_0 \right) \\ + \left(\sum p_0 m_1 q_1 - \sum p_0 m_0 q_1 \right) + \left(\sum p_1 m_1 q_1 - \sum p_0 m_1 q_1 \right) \qquad （9\text{-}26）$$

某工业企业报告期与基期的产品数量、单位产品原材料消耗量和单位原材料价格的资料如表 9-5 所示，要求对该企业原材料费用总额的变动进行因素分析。

表 9-5　某工业企业原材料消耗的有关资料

产品名称	产品数量 q/件		单位产品原材料耗费量 m/（千克/件）		单位原材料价格 p/元	
	基期 q_0	报告期 q_1	基期 m_0	报告期 m_1	基期 p_0	报告期 p_1
甲	100	90	20	25	50	55
乙	800	1000	18	16	20	30
丙	450	500	8	10	18	20

根据表 9-5 可计算得到表 9-6。

表 9-6　某工业企业原材料费用计算表　　　　　　单位：元

产品名称	$q_0 m_0 p_0$	$q_1 m_1 p_1$	$q_1 m_0 p_0$	$q_1 m_1 p_0$
甲	100 000	123 750	90 000	112 500
乙	288 000	480 000	360 000	320 000
丙	64 800	100 000	72 000	90 000
合计	452 800	703 750	522 000	522 500

对该企业原材料费用总额的变动进行因素分析的具体步骤如下。

（1）根据现象之间的经济关系，建立指标体系。

具体如公式（9-25）和公式（9-26）所示。

（2）计算被分析指标的总变动程度和变动的绝对数。

原材料费用总额指数为

$$\frac{\sum q_1 m_1 p_1}{\sum q_0 m_0 p_0} = \frac{703\,750}{452\,800} = 155.42\%$$

报告期与基期销售额之差为

$$\sum q_1 m_1 p_1 - \sum q_0 m_0 p_0 = 703\,750 - 452\,800 = 250\,950(元)$$

因此，原材料费用总额报告期比基期上升了 55.42%，增加了 250 950 元。这一结果是受产品数量、单位产品原材料消耗量和单位原材料价格三个因素变动的影响。

（3）计算各个因素的变动程度和对被分析指标影响的绝对数。

产量指数为

$$\frac{\sum q_1 m_0 p_0}{\sum q_0 m_0 p_0} = \frac{522\,000}{452\,800} = 115.28\%$$

由于产量增加而增加的费用为

$$\sum q_1 m_0 p_0 - \sum q_0 m_0 p_0 = 522\,000 - 452\,800 = 69\,200(元)$$

单位产品原材料消耗量指数为

$$\frac{\sum p_0 m_1 q_1}{\sum p_0 m_0 q_1} = \frac{522\,500}{522\,000} = 100.10\%$$

由于单位产品原材料消耗量而增加的费用为

$$\sum p_0 m_1 q_1 - \sum p_0 m_0 q_1 = 522\,500 - 522\,000 = 500(元)$$

单位原材料价格指数为

$$\frac{\sum p_1 m_1 q_1}{\sum p_0 m_1 q_1} = \frac{703\,750}{522\,500} = 134.69\%$$

由于单位原材料价格而增加的费用为

$$\sum p_1 m_1 q_1 - \sum p_0 m_1 q_1 = 703\,750 - 522\,500 = 181\,250(元)$$

（4）对指数体系间的等量关系进行综合分析。

容易验证：

$$155.42\% = 115.28\% \times 100.10\% \times 134.69\%$$

$$250\,950 = 69\,200 + 500 + 181\,250$$

综上可知，原材料费用总额上升了 55.42%，增加了 250 950 元，是由产量上升了 15.28%、增加了 69 200 元，单位产品原材料消耗量上升了 0.10%、增加了 500 元和单位原材料价格上升了 34.69%、增加了 181 250 元共同作用的结果。

进行多因素分析同样需要注意两个问题。

第一，同度量因素的时期选择。一般可按照质量指标固定在基期、数量指标固定在报告期的规则确定，使得各因素指数的连乘积等于总量指标的指数，各因素指数引起的变动差额之和等于总量指标实际发生的差额。

第二，指数体系中的各因素必须具备实际的意义。在实际问题的分析和决策中，无实际意义的指数体系起不到任何作用。

4. 平均指标因素分析

当一个总量指标可以分解成两个或两个以上因素的乘积时，就可以计算每一个因素的变动对总量的影响。同样地，对于平均指标来讲，也可以用上述方法进行分析。

例如，当研究某企业职工工资水平的变动时，可以计算平均工资 $\bar{x}=\sum xf/\sum f$，其中 x 为每组的工资额，f 为各组的职工人数；但计算公式同样可以写为 $\bar{x}=\sum x(f/\sum f)$，其中 $f/\sum f$ 表示各组职工的比重，即频率。这说明平均工资实际上受两个因素的影响，一个是各组职工的工资水平，另一个是每组职工所占的比重。因此，类似于总量指标，将各组职工的工资水平视为质量因素，将每组职工所占的比重视为数量因素。考察平均指标的变动，仍然按照编制综合指数的一般原理，分别计算以下指数。

1）可变构成指数

可变构成指数简称可变指数，是报告期总平均数与基期总平均数的对比值，反映了平均指标的实际变动情况。计算公式为

$$I_{可}=\frac{\sum x_1\dfrac{f_1}{\sum f_1}}{\sum x_0\dfrac{f_0}{\sum f_0}} \tag{9-27}$$

2）固定构成指数

固定构成指数是将数量指标固定在报告期以反映由于各组平均值的变动对总平均数影响的相对数。计算公式为

$$I_{固}=\frac{\sum x_1\dfrac{f_1}{\sum f_1}}{\sum x_0\dfrac{f_1}{\sum f_1}} \tag{9-28}$$

3）结构影响指数

结构影响指数是将质量指标固定在基期以反映由于各组结构的变动对总平均数影响的相对数。计算公式为

$$I_{结}=\frac{\sum x_0\dfrac{f_1}{\sum f_1}}{\sum x_0\dfrac{f_0}{\sum f_0}} \tag{9-29}$$

显然，可变构成指数等于固定构成指数和结构影响指数的乘积，即

$$\frac{\sum x_1\dfrac{f_1}{\sum f_1}}{\sum x_0\dfrac{f_0}{\sum f_0}}=\frac{\sum x_1\dfrac{f_1}{\sum f_1}}{\sum x_0\dfrac{f_1}{\sum f_1}}\times\frac{\sum x_0\dfrac{f_1}{\sum f_1}}{\sum x_0\dfrac{f_0}{\sum f_0}} \tag{9-30}$$

各指数的分子分母之差，也存在内在的联系，即

$$\sum x_1 \frac{f_1}{\sum f_1} - \sum x_0 \frac{f_0}{\sum f_0} = \left(\sum x_1 \frac{f_1}{\sum f_1} - \sum x_0 \frac{f_1}{\sum f_1}\right) + \left(\sum x_0 \frac{f_1}{\sum f_1} - \sum x_0 \frac{f_0}{\sum f_0}\right) \quad (9\text{-}31)$$

式（9-30）和式（9-31）组成了平均指标的指标体系。利用该指标体系可以进行平均指标变动的因素分析。

【例 9-1】 某企业基期和报告期职工的月工资情况如表 9-7 所示，要求对该企业全体员工的总平均工资变动进行因素分析。

表 9-7 某企业职工月工资情况

工人类别	月工资额/元		职工人数/人		工资总额/元		
	基期 x_0	报告期 x_1	基期 f_0	报告期 f_1	$x_0 f_0$	$x_1 f_1$	$x_0 f_1$
工种 A	7 000	7 800	48	40	336 000	312 000	280 000
工种 B	7 500	8 100	50	60	375 000	486 000	450 000
工种 C	8 000	8 300	80	80	640 000	664 000	640 000
合计	—	—	178	180	1 351 000	1 462 000	1 370 000

解 （1）首先计算平均工资指数，来说明平均工资的变动情况。

$$\bar{x}_1 = \frac{\sum x_1 f_1}{\sum f_1} = \frac{1\,462\,000}{180} = 8122 \text{（元）}$$

$$\bar{x}_n = \frac{\sum x_0 f_1}{\sum f_1} = \frac{1\,370\,000}{180} = 7611 \text{（元）}$$

$$\bar{x}_0 = \frac{\sum x_0 f_0}{\sum f_0} = \frac{1\,351\,000}{178} = 7590 \text{（元）}$$

（2）根据现象之间的经济关系，建立平均指标指数体系。

$$\begin{cases} \dfrac{\bar{x}_1}{\bar{x}_0} = \dfrac{\bar{x}_1}{\bar{x}_n} \times \dfrac{\bar{x}_n}{\bar{x}_0} \\ \bar{x}_1 - \bar{x}_0 = (\bar{x}_1 - \bar{x}_n) + (\bar{x}_n - \bar{x}_0) \end{cases}$$

（3）分析总平均工资变动。

可变构成指数为

$$I_{可} = \frac{\bar{x}_1}{\bar{x}_0} = \frac{8122}{7590} = 107\%$$

总平均工资变动的绝对量为

$$\bar{x}_1 - \bar{x}_0 = 8122 - 7590 = 532 \text{（元）}$$

（4）分别计算固定构成指数和结构影响指数，具体测定两个因素变动的影响。

固定构成指数为

$$I_{\text{固}} = \frac{\overline{x}_1}{\overline{x}_n} = \frac{8122}{7611} = 106.7\%$$

分析 x 变动对平均指数影响的绝对量为

$$\overline{x}_1 - \overline{x}_n = 8122 - 7611 = 511 \text{（元）}$$

结构变动指数为

$$I_{\text{结}} = \frac{\overline{x}_n}{\overline{x}_0} = \frac{7611}{7590} = 100.3\%$$

分析 $f / \sum f$ 变动对平均指数影响的绝对量为

$$\overline{x}_n - \overline{x}_0 = 7611 - 7590 = 21 \text{（元）}$$

（5）对指数体系间的等量关系进行综合分析。可以验证上述指数之间的关系为

$$107.0\% = 106.7\% \times 100.3\% \text{（相对量角度）}$$

$$532 = 511 + 21 \text{（绝对量角度）}$$

综上可知，各等级工资水平的变化，使平均工资提高了 6.7%，增加了 511 元；员工工资分布的结构变化，使平均工资提高了 0.3%，增加了 21 元。两者共同影响下，全公司员工的总平均工资提高了 7.0%，增加了 532 元。

9.5 几种常见的经济管理指数

9.5.1 消费价格指数

1. 消费价格指数的编制

消费价格指数是反映与居民生活有关的产品及劳务价格变动情况的宏观经济指标，通常作为度量通货膨胀水平的重要指标。居民消费价格指数可按城乡不同地区分别编制城市居民消费价格指数和农村居民消费价格指数，也可按全社会编制全国居民消费价格总指数。消费价格指数追踪一定时期的生活成本以反映通货膨胀的状况。如果消费价格指数升幅过大，表明通货膨胀已经成为经济不稳定因素，央行可能会有紧缩货币政策和财政政策等措施，从而造成经济前景不明朗。因此，该指数过高的升幅往往不受市场欢迎。

居民消费价格指数是对一篮子消费品购买价格的衡量，以百分比为表达形式。在美国构成该指标的主要商品共分八大类，包括食品、酒和饮品、住宅、衣着、交通、医药健康、娱乐、其他商品及服务。而在我国，该指数是由居民用于日常生活消费的商品和服务项目所构成的，具体包括食品烟酒、衣着、居住、生活用品及服务、交通和通信、教育文化和娱乐、医疗保健、其他用品和服务等八大类商品及服务项目。每一大类中又分为若干中类，如食品烟酒大类下分粮食、蛋、水产品等中类；在各中类下还可以进行分类，如粮食下包括大米、面粉等基本分类。由于社会商品种类繁多，因此编制居民消费价格指数时必须选择一些购销量较大的商品作为代表规格品。目前，以 2021 年基期调

整为例，国家统计局规定的统计调查消费品和服务项目共有 268 种，在对部分消费项目删减、合并的基础上，增加了外卖、母婴护理服务、新能源小汽车、可穿戴智能设备、网约车费用等新兴商品和服务。

计算居民消费价格指数的程序是先计算基本分类指数，再求中类、大类指数，最终由各大类指数加权平均为全国（或城市，或农村）居民消费价格总指数。基本分类指数是用简单几何平均法对若干种代表规格品的个体指数进行平均；中类、大类和总指数则是用加权算术平均法逐层计算。居民消费价格指数的权数，即居民家庭用于各种商品和服务的支出额占所有消费品和服务支出总额的比重，反映各调查商品和服务项目的价格变动对总指数形成的影响程度，其资料通常来自各地的居民住户的抽样调查，权数在确定之后一年内都不会变动。

例如，表 9-8 中交通和通信大类分为两个中类。其中，交通中类又包括四个基本分类。

表 9-8 居民消费价格指数计算表

类别及项目	基本分类	代表规格	权数	指标/%	指标×权数
居民消费价格			100	102.1	102.1
食品烟酒大类			31.00	101.9	31.59
衣着大类			8.51	101.2	8.61
居住大类			20.02	102.4	20.50
生活用品及服务大类			6.10	101.6	6.20
交通和通信大类			10.35	101.7	10.53
#交通中类			（66）	103.2	
	交通工具		18	98.5	
	交通工具用燃料		15	112.6	
	交通工具使用和维修		4	102.8	
	交通费		29	101.3	
		费用 1		100.8	
		费用 2		101.8	
#通信中类			（34）	98.8	
	通信工具				
	通信服务				
	邮递服务				
教育文化和娱乐大类			11.20	102.2	11.45
医疗保健大类			7.60	104.3	7.93
其他用品和服务大类			5.22	101.2	5.28

（1）由各代表规格品的单项指数计算基本分类指数。

交通费这一基本分类指数为

$$I=\sqrt{100.8\times101.8}=101.3$$

（2）根据基本分类指数计算中类指数。

交通这一中类指数为

$$I_{交通}=\sum I_{基}w=98.5\times\frac{18}{66}+112.6\times\frac{15}{66}+102.8\times\frac{4}{66}+101.3\times\frac{29}{66}=103.2$$

（3）各中类指数乘以相应的权数，便得到大类指数。故交通和通信大类便是该大类所含两个中类与相应权数乘积之和，为101.7%。

（4）居民消费价格总指数可由八个大类指数分别乘以相应的权数求得，为102.1%。

2. 居民消费价格指数的应用

居民消费价格指数包括丰富的社会经济内容，除了直接测定不同范围商品和服务价格的变动程度与变动趋势外，还可以派生出其他指数，是研究社会经济问题、制定相关政策的重要依据。以下为居民消费价格指数的几个重要作用。

1）反映通货膨胀状况

通货膨胀的状况是用通货膨胀率来反映的，它说明了一定时期内商品价格持续上升的幅度。通货膨胀率一般以消费价格指数来表示，其计算公式为

通货膨胀率=(报告期消费价格指数–基期消费价格指数)/基期消费价格指数

×100%

通货膨胀率通常为环比指数，即选择上一年为基期。若通货膨胀率为正值，表明存在通货膨胀；若为负值，表明出现通货紧缩。

2）反映货币购买力变动

货币购买力是指单位货币能够购买到的消费品和服务的数量。消费价格指数上涨，货币购买力则下降；反之则上升。消费价格指数的倒数就是货币购买力指数。

货币购买力指数=1/消费价格指数×100%

3）反映对职工实际工资的影响

消费价格指数的升高意味着实际工资的减少，消费价格指数的下降意味着实际工资的提高。因此，可利用消费价格指数将名义工资转化为实际工资，其计算公式为

职工实际工资指数=职工名义工资指数/消费价格指数×100%

9.5.2 工业生产指数

工业生产指数就是用加权算术平均数编制的工业产品实物数量指数，是一种反映工业发展速度的指标。该指数以选取代表产品的数量为基础，根据报告期各种代表产品产量与基期相比计算出个体指数，然后用工业增加值计算各种产品在工业经济中的权数，加权平均计算出工业综合发展速度的指数，是一种相对指标。如同其他相对指标一样，

在使用工业生产指数时，必须注意资料的可比性，必须同绝对指标结合起来使用，方能比较客观、全面地说明问题。

以美国为例，工业生产指数由美联储搜集资料，样本为 250 家个别企业，代表 27 种不同的工业，以 1987 年为基期。内容上有三种不同类别：①所有工业；②市场分类包括最终产品、中产品和原料市场；③工业类别包括制造业、矿业及公用事业。不过因为资料搜集困难，部分数据是通过一定方式进行估算的。美国于每月 15 号公布上个月的统计结果。指数上扬代表经济好转，利率可能会调高，对美元应是偏向利多，反之为利空。

1. 工业生产指数的编制过程

工业生产指数的编制过程包括确定代表产品目录、确定权数、加权计算分类指数或总指数等几个方面，相应地分为三个步骤。

（1）确定代表产品目录。代表产品的选取是否科学合理，直接影响生产指数计算结果的代表性、准确性和有效性。我国的工业生产指数核算代表产品有 500 多种，从不同行业分品种和规格进行代表产品的选择，并侧重选取其中价值量较大，处于上升趋势和经济寿命期长，且在一定的时期内处于相对稳定的产品。

（2）确定权数。权数的计算需要搜集权数基期年的基础资料，主要包括代表产品的价格、单位产品增加值、分行业总产值和增加值、代表产品基期年产量等。目前，我国初定权数基期固定在 1995 年，且五年不变。确立权数是编制工业生产指数难度最大的一项工作。

（3）加权计算分类指数或总指数。由于权数形式的不同，工业生产指数有三种不同的计算方式：①权数固定在基期；②权数固定在报告期；③同时使用基期权数和报告期权数。我国采用第一种计算方式，计算公式为

$$K = \sum \frac{q_1}{q_0} w \text{ 或 } K = \frac{\sum \frac{q_1}{q_0} p_n q_n}{\sum p_n q_n}$$

式中，K 为总指数或分类指数；q 为代表产品产量（下标 1 为报告期，0 为基期）；w 为权数；p 为单位产品价格。

2. 工业生产指数的优缺点

工业生产指数有其独特的优势，具体如下。

（1）符合国际惯例，可与国际接轨，能直接用于国际上统计资料的对比。

（2）能较好地满足时效性要求。

（3）有助于提高数据的抗干扰能力，提高工业发展速度的数据质量。

（4）能够提供分行业发展速度，较好地避免行业交叉现象。

（5）能够满足国民经济核算体系的需要。

工业生产指数的不足之处有两点。

（1）工业生产指数是相对指标，仅反映短期经济的景气状况和发展趋势，当研究速度和效益问题时，不能提供绝对量指标。

（2）不能提供按企业标志分组的发展速度，这些数据仍需通过其他途径取得。

9.5.3 股价指数

股价指数是描述股票市场总的价格水平变化的指标。由于股票价格起伏无常，投资者必然面临市场价格风险。对于具体某一种股票的价格变化，投资者容易了解，而对于多种股票的价格变化，要逐一了解并不容易。为了满足投资者对股票市场变化的整体了解，证券交易所等金融服务机构编制出股价指数，并对外公开发布，作为市场价格变动的指标。

股价指数是选取有代表性的一组股票，把它们的价格进行加权平均，通过一定的计算方法得到。对于不同股票市场的股价指数，股票选取和计算的具体方法是不同的。编制股价指数通常以某个时间点为基础，将这个基期的股票价格作为 100，将基期后各时期的股票价格和基期价格比较，价格的变动比率也就是股价指数的变动比率，通过计算就可以得到该时期的股价指数。投资者根据指数的升降，可以判断出股票价格的变动趋势，且为了能实时地向投资者反映股市的动向，所有的股市几乎都是在股价变化的同时即时公布股价指数。

由于上市股票种类繁多，不可能选择全部上市股票计算其价格指数，因此人们常常从上市股票中选择若干种富有代表性的样本股票，并计算这些样本股票的价格指数，以反映整个市场的股票价格总趋势及涨跌幅度。计算股价指数时需要考虑以下四点。

（1）样本股票必须具有典型性、普遍性，为此，选择股票样本时应综合考虑其行业分布、市场影响力、股票等级、适当数量等因素。

（2）计算方法应具有高度的适应性，要能对不断变化的股市行情做出相应的调整或修正，使股价指数有较好的敏感性，及时反映股市的实际变化。

（3）要有科学的计算依据和手段。计算依据的口径必须统一，一般均以收盘价为计算依据，但随着计算频率的增加，有的以每小时价格甚至更短的时间价格计算。

（4）基期应有较好的均衡性和代表性。

1. 股价指数的计算

经过选择样本股、定基期、计算基期平均股价、计算报告期平均股价、指数化五大步骤就可以得到报告期的股价指数。股价指数的计算方法有简单算术股价指数和加权股价指数两种。

1）简单算术股价指数

简单算术股价指数只考虑股票价格的相对变化，而不考虑股票的成交量或发行量。计算简单算术股价指数有平均法和综合法。

用平均法计算简单算术股价指数是先分别计算个别样本股的指数，然后再加总平均。其计算公式为

$$P' = \frac{\sum\limits_{i=1}^{n} \dfrac{P_{1i}}{P_{0i}}}{n}$$

用综合法计算简单算术股价指数是将样本股计算期价格和基期价格分别加总，然后相除。其计算公式为

$$P' = \frac{\sum\limits_{i=1}^{n} P_{1i}}{\sum\limits_{i=1}^{n} P_{0i}}$$

式中，P' 为股价指数；P_{0i} 为基期第 i 种股票的价格；P_{1i} 为计算期第 i 种股票的价格；n 为选定的样本股数。

【例 9-2】 A、B、C 三种股票为某股票市场的样本股，有关的数值如表 9-9 所示。分别用平均法和综合法计算简单算术股价指数（设基期指数为 100）。

表 9-9 股票 A、B、C 的价格及其发行量

股票	A	B	C
发行量/万股	200	500	100
基期价格/元	10	6	20
计算期价格/元	12	8	16

解 用平均法计算的简单算术股价指数为

(12/10+8/6+16/20)/3×100=111.11

用综合法计算的简单算术股价指数为

(12+8+16)/(10+6+20)×100=100

从平均法和综合法计算的指数来看，两者都未考虑到各种采样股票的发行量和交易量等因素的差异对整个股市股价的影响，因此，计算出来的指数亦不够准确。为使股价指数计算精确，则需要加入权数，这个权数可以是交易量，亦可以是发行量。

2）加权股价指数

加权股价指数是以加权法计算的股价指数，以样本股票发行量或成交量为权数，有基期加权、计算期加权和几何加权之分。

基期加权股价指数是用基期发行量或成交量作为权数，计算公式为

$$P' = \frac{\sum\limits_{i=1}^{n} P_{1i} w_{0i}}{\sum\limits_{i=1}^{n} P_{0i} w_{0i}}$$

计算期加权股价指数采用计算期发行量或成交量作为权数，计算公式为

$$P' = \frac{\sum\limits_{i=1}^{n} P_{1i} w_{1i}}{\sum\limits_{i=1}^{n} P_{0i} w_{1i}}$$

式中，P' 为股价指数；P_{0i} 为基期第 i 种股票的价格；P_{1i} 为计算期第 i 种股票的价格；w_{0i} 为基期第 i 种股票的权重；w_{1i} 为计算期第 i 种股票的权重；n 为选定的样本股数。

几何加权股价指数是用几何平均法计算的指数，先分别计算出计算期和基期各样本

股价的几何平均值，再对比求出几何加权股价指数。由于计算复杂，很少被实际应用。

目前世界上大多数股价指数都是帕氏指数。在例 9-2 中，如果要计算以发行量为权数的加权股价指数（设基期为 100），其计算过程为

$$\frac{12\times200+8\times500+16\times100}{10\times200+6\times500+20\times100}\times100=114.29$$

$$P(\{0\})=P(\{1\})=\cdots=P(\{9\})=0.1$$

2. 世界上几种著名的股价指数

1）道·琼斯股价指数

道·琼斯股价指数（以下简称道·琼斯指数）是世界上历史最为悠久的股价指数，是在 1884 年由道·琼斯公司的创始人查尔斯·道开始编制的。最初的道·琼斯指数是根据 11 种具有代表性的铁路公司的股票，采用算术平均法进行计算编制而成，发表在查尔斯·道自己编辑出版的《每日通讯》上。其计算公式为

股票价格平均数=入选股票的价格之和/入选股票的数量

现在道·琼斯指数由美国道·琼斯公司编制，在交易日每半小时计算一次，每天早晨在《华尔街日报》及其通信新闻报刊上公布，是表明美国股票行市变动的一种股价指数。它共分为 4 组：工业股价平均指数、运输业股价平均指数、公用事业股价平均指数、平均股价综合指数。道·琼斯指数的基期是 1928 年 10 月 1 日，因为这一天收盘时的道·琼斯股票价格平均数恰好约为 100 美元，所以就将其定为基准日。而以后的报告期股票价格与基期相比计算的百分数就成为各期的股价指数，所以现在的股价指数普遍用点来做单位，而股价指数每一点的涨跌就是相对于基准日的涨跌百分数。

道·琼斯指数在世界上久负盛名，为世界各股票交易所和股票投资者所注重。这是因为它所选择的股票样本大都是美国具有举足轻重地位的大公司，编制历史悠久且从未间断，是目前世界金融市场上影响最大的一种股价指数。

2）标准普尔股价指数

标准普尔股价指数是除了道·琼斯指数之外另外一个在美国颇具影响力的股价指数，是美国最大的证券研究机构——标准普尔公司编制的股价指数。该公司从 1923 年开始编制发表股价指数，从最初采选 230 种股票、编制 2 种股价指数发展到现在采选几百种股票、编制 5 种价格指数，包括：①工业股价指数（包括 85 个行业的 400 种股票）；②运输业股价指数（包括航空、铁路、汽车运输业的 20 种股票）；③公用事业股价指数（包括 5 个行业的 40 种股票）；④金融业股价指数（包括银行储蓄和放款协会、保险、金融公司等的 40 种股票）；⑤综合股价指数（包括全部 500 种股票）。

标准普尔股价指数以 1941 年至 1943 年抽样股票的平均市价为基期，以上市股票数为权数，按基期进行加权计算，其基点数为 10。以目前的股票市场价格乘以股票市场上发行的股票数量为分子，用基期的股票市场价格乘以基期股票数为分母，相除之数再乘以 10 就是股价指数。

标准普尔股价指数也是美国股票市场涨跌的基本标准之一。

3）日经指数

日经指数是由日本经济新闻社编制并公布的反映日本股票市场价格变动的股票价格平均数，也称为"日经平均股价"。该指数从 1950 年 9 月开始编制。最初根据东京证券交易所第一市场上市的 225 家公司的股票算出修正平均股价，当时称为"东证修正平均股价"。1975 年 5 月 1 日，日本经济新闻社向道·琼斯公司买进商标，采用美国道·琼斯公司的修正法计算，这种股价指数也就改称"日经道·琼斯平均股价"。1985 年 5 月 1 日在合同期满 10 年时，经两家商议，将名称改为"日经平均股价"。日经 225 种平均股价从 1950 年一直延续下来，因其连续性及可比性较好，所以成为考察与分析日本股票市场长期演变及动态的最常用和最可靠的指标。

4）香港恒生指数

香港恒生指数由香港恒生银行于 1969 年 11 月 24 日开始编制发表，它从当时香港 500 多家上市公司中挑选出 33 家有代表性且经济实力雄厚的大公司股票作为成分股，分为四大类——4 种金融业股票、6 种公用事业股票、9 种地产业股票和 14 种其他工商业（包括航空和酒店）股票，是香港股票市场上历史最久、影响最大的股价指数。自 1969 年恒生股价指数发表以来，已经过多次调整。不过通常样本股票占香港股票市值达 60% 以上，涉及香港的各个行业，因此该指数具有较强的代表性。

香港恒生指数的编制是以 1964 年 7 月 31 日为基期，因为这一天香港股市运行正常，成交值均匀，可反映整个香港股市的基本情况，基点确定为 100 点。由于香港恒生指数所选择的基期适当，因此，不论股票市场狂升或猛跌，还是处于正常交易水平，该指数基本上能反映整个股市的活动情况。

5）上证指数

上证指数是由上海证券交易所依据在上海证券交易所上市的所有股票价格而编制的。上证指数于 1991 年 7 月 15 日正式公布，采用了市场价格总额加权计算法，以当时市场全部 8 种股票为样本，以正式开业日——1990 年 12 月 19 日为基期，并以股票发行量为权数进行编制。

上证指数比较不同的做法是其股价指数的样本为所有在上海证券交易所挂牌上市的股票，其中新上市的股票在挂牌的第二天纳入股价指数的计算范围；股价指数的权数为上市公司的总股本。由于我国上市公司的股票有流通股和非流通股之分，其流通量与总股本并不一致，所以总股本较大的股票对股价指数的影响就较大，上证指数常常就成为机构大户造市的工具，使股价指数的走势与大部分股票的涨跌相背离。

6）深圳证券交易所指数

（1）深证综合指数是由深圳证券交易所编制的股价指数。该股价指数的计算方法基本与上证指数相同，其样本为所有在深圳证券交易所挂牌上市的股票，权数为股票的总股本。深证综合指数于 1991 年 4 月 4 日开始公开编制发表。该指数以 1991 年 4 月 3 日为基期，基期指数为 100。如样本股的股本有变动时，以变动之日为新基日，以新基数进行计算。其计算公式为

今日即时指数=上一营业日收市指数×今日即时总市值/上一营业日收市总市值

今日即时总市值=各样本股的市价×已发行股数

（2）1995 年 1 月 3 日，深圳证券交易所开始编制深证成份指数，并于 1995 年 1 月 23 日开始发布。深证成份指数的基日定为 1994 年 7 月 20 日，基日指数定为 1000 点。深证成份指数的编制方法是在所有的上市公司中按一定标准选出一定数量的具有代表性的上市公司，采用成分股的可流通股数为权数，用帕氏指数进行综合计算编制。计算公式为

$$即日成分股指数=即日成分股可流通总市值/基日成分股可流通总市值 \times 100$$

从目前的运行势态来看，深圳证券交易所并存的两个股价指数——深证综合指数和深证成份指数，两者之间的区别并不是特别明显。

9.5.4 管理类指数

1. 管理类指数的作用意义

管理类指数是用于衡量管理效率的指标工具。通过合适的管理类指数，不仅可以了解组织的总体管理效率水平差异，也可以知道组织的结构效率、能力效率和文化效率等不同方面的差别，有助于组织管理者评价组织管理水平、检查存在问题，为管理者提供管理改善依据和改进方向，从而帮助管理者提升组织的全面管理质量，提高组织的运行效率。

2. 几种常用的管理指数

1）城市管理指数

一般而言，广义的城市管理是指以城市这个开放的复杂系统为对象，以城市基本信息流为基础，运用决策、计划、组织、指挥等一系列机制，对城市一切活动进行包括政治的、经济的、社会的管理。

城市管理指数是中国第一个城市管理效率指数。为了保证指数客观、准确，全部数据来自国家统计局《中国城市统计年鉴》，按照严格的计算规则和模型进行计算。以 2021 年度深圳市城市管理指数体系为例，其城市管理指数由质量水平、发展能力和质量获得感 3 个二级指标，环卫管理、园林绿化、市容市政、硬件配置、管理提升和顾客满意 6 个三级指标，以及 42 项观测指标构成。城市管理指数从经济效率、结构效率、社会效率、人员效率、发展效率、环境效率等不同方面评价城市管理质量和水平，为发现管理问题、全面提升城市管理质量提供了指南。

2）电商物流指数

近年来，随着电子商务的兴起和消费水平的提高，我国电商物流保持较快增长，已成为现代物流的重要标志和推动国民经济发展的新引擎。

中国电商物流指数是一套立足电商物流活动，依托电商物流平台，快速、准确反映电商物流运行状况和变化趋势的综合评价指标体系。该指数由总业务量、农村业务量、库存周转、物流时效、履约率、满意度、实载率、成本、人员共 9 个分项指数和 1 个合成指数构成，其中合成指数由总业务量、物流时效、履约率、满意度、实载率、成本、人员 7 个分项指数加权合成。

3）人力资源指数

人力资源指数这一概念最早是由 Rensis Likert（伦西斯·利克特）提出的。企业在衡量人力资源管理效果时，往往只注重一些"硬指标"，如投资收益率、员工缺勤率、抱怨率、工作转换要求率、员工改进建议数目等，而忽视了员工对工作的满意度、对人力资源管理的满意度等一些"软指标"，因此增加关于员工的激励和满意度的测量与评估是非常重要的。

人力资源指数是测定企业人力资源实际状况的量化指标，它采用问卷形式对企业各层次管理人员及各类员工进行调查，罗列了有关组织的 60 多个问题用于评价报酬制度、信息沟通、组织效率、关心员工、组织目标、合作、内在满意度、组织结构、人际关系、环境、员工参与、工作群体、基层管理、群体协作、管理质量共 15 个方面的因素，并结合系统而深入的访谈获取企业人力资源开发与管理的真实情况。

4）企业家信心指数

企业家信心指数亦称"宏观经济景气指数"，作为企业家信心的代理变量，由国家统计局每个季度发布。该指数根据企业家对企业外部市场经济环境与宏观政策的认识、看法、判断与预期（通常为对"乐观""一般""不乐观"的选择）而编制，综合反映企业家对宏观经济环境的感受与信心，是预测经济发展变动趋势的指标。以 100 作为指数临界值，其数值范围为 0～200，信心指数高于 100，表明预期处于景气状态，经济运行向好；信心指数低于 100，表明预期处于不景气状态，经济运行向不利的方向发展。

本 章 小 结

1. 统计指数的概念与分类。统计指数有广义和狭义之分，本章所介绍的是狭义的指数概念，即指数是一种不能直接加总的复杂社会经济现象总量总和变动程度的相对数。统计指数具有相对性、综合性、平均性和代表性的特点。按照不同的分类标准可以有不同的指数类型，如按研究对象的范围不同，统计指数可分为个体指数与总指数；按反映的内容不同，统计指数可分为数量指标指数和质量指标指数等。编制总指数有先综合后对比和先对比后平均两种方式。

2. 综合指数和平均指数。综合指数是总指数的一种基本形式，是由两个具有实际意义并紧密联系的总量指标对比形成的指数。它的编制遵循"先综合后对比"的编制方法。综合指数有数量指标综合指数和质量指标综合指数两种。实践中常用的综合指数有拉氏指数和帕氏指数。平均指数则是个体指数的加权平均数，反映个体指数的一般水平，它的编制遵循"先对比后平均"的编制方法。常用的平均指数基本形式有加权算术平均指数和加权调和平均指数两种。

3. 指数体系及因素分析。在统计分析中，将一系列相互联系、彼此间在数量上存在推算关系的统计指数所构成的整体称为指数体系。指数体系的作用主要是进行因素分析和指数推算。因素分析是利用指数体系分析复杂现象总体变动中各变动因素的影响方向和程度。本章着重介绍了总量指标和平均指标的因素分析。

4. 常用的经济管理指数。经济管理实践中常用的几种统计指数主要有消费价格指数、工业生产指数、股价指数和管理类指数。不同的场合之下需要运用不同的指数形式。在股价指数中，世界上著名的股价指数有道·琼斯指数、标准普尔股价指数、日经指数、香港恒生指数以及上证指数与深圳证券交易所指数。在管理类指数中常用的有城市管理指数、电商物流指数和人力资源指数等。

■ 思考题

1. 什么是统计指数？它的主要作用是什么？
2. 总指数有哪两种基本形式？各有何特点？
3. 什么是综合指数？它有哪些基本形式？
4. 综合指数与平均指数有何区别？
5. 什么是同度量因素？如何确定同度量因素指标的水平？
6. 综合指数的同度量因素也是一种"权数"，它与平均指数的权数有何不同？
7. 为什么说综合指数和平均指数是两种独立的总指数的编制方法？在什么条件下，两种指数形式相互之间可能存在"变形"的关系？
8. 什么是指数体系？研究指数体系的主要目的是什么？
9. 何谓平均指标的可变构成指数、固定构成指数和结构影响指数？在数量上，它们的关系如何？
10. 如何进行因素分析？

案例分析 "国民幸福指数"和 GDP 同样重要

幸福是人们对生活满意程度的一种主观感受。"幸福指数"全称"国民幸福指数"，又称"国民幸福总值"（gross national happiness，GNH），是衡量民众这种感受具体程度的主观指标数。

"幸福指数"的概念最早是不丹国王提出的，他认为人生的基本问题是如何在物质生活和精神生活之间保持平衡。在这种执政理念的指导下，不丹创造性地提出了由政府善治、经济增长、文化发展和环境保护四部分组成的"国民幸福总值"指标。在这个 2022 年人均 GDP 仅为 3560 美元的南亚小国，国民总体生活得较幸福。"不丹模式"引起了世界的关注。

GDP 是衡量国家经济发展水平的标准，但是 GDP 不能反映经济增长的质量，不能反映经济增长的社会成本，不能从本质上衡量社会福利水平和人民的幸福程度。在很多情况下，GDP 的增长可能隐藏了人们的福利下降，因为健康的身体、愉快的心情很难体现在一个数字之中；而"国民幸福指数"在某种程度上是衡量百姓幸福感的标准，是社会运行状况和民众生活状态的"晴雨表"，是社会发展和民心向背的"风向标"。

近年来，发达国家也开始进行"国民幸福指数"研究，"快乐经济学"的研究方兴未艾，发展迅速。快乐经济学在整体主义价值观与实证主义方法论的支持下融合了行为学、社会学、实验心理学等其他学科知识，逐渐成为"直面生活现象"的经济学，进而出现了不同模式的"国民幸福指数"。美国有"幸福指数"，英国有"国内发展指数"（measure of domestic progress，MDP），日本有"国民'酷'总值"（gross national cool，GNC），不过它更强调文化方面的因素。

总体来讲，衡量人的幸福快乐的"国民幸福指数"与 GDP 之间不是互相对立的。发展经济在很大程度上有助于增加幸福感，但人们的幸福感是相对的，"国民幸福指数"与 GDP 并不一定同步增长。对人民生活幸福而言，"国民幸福指数"可能要比 GDP 更重要。

2005 年，我国全国两会期间，中国科学院院士程国栋提交了一份《落实"以人为本"，核算"国民幸福指数"》的提案，建议我国从政治自由、经济机会、社会机会、安全保障、文化价值观、环境保护六大方面建构我国的国民幸福核算指标体系，以监控国家经济社会运行态势，了解人民的生活满意度，并将其作为政府官员政绩考核标准的组成部分。

"国民幸福指数"的一种计算方法是

国民幸福指数 = 收入增长率/基尼系数 × 失业率 × 通货膨胀

表 9-10 给出了 2012～2019 年我国国民就业的相关数据，表 9-11 给出了 2012～2019 年我国居民消费价格指数的相关数据，表 9-12 给出了 2012～2019 年我国的基尼系数（基尼系数是反映收入分配公平性的指标）数据。请根据这三个表格，对我国 2012～2019 年的"国民幸福指数"进行因素分析。

表 9-10 2012～2019 年我国国民就业相关数据表

年份	平均劳动报酬/元	经济活动人口/万人	就业人员合计/万人
2012	46 769	78 894	76 704
2013	51 483	79 300	76 977
2014	56 360	79 690	77 253
2015	62 029	80 091	77 451
2016	67 569	80 694	77 603
2017	74 318	80 681	77 640
2018	82 413	80 525	77 586
2019	90 501	81 104	77 471

表 9-11 2012～2019 年我国居民消费价格指数

年份	消费价格指数	年份	消费价格指数
2012	579.7	2016	627.5
2013	594.8	2017	637.5
2014	606.7	2018	650.9
2015	615.2	2019	669.8

表 9-12 2012～2019 年我国基尼系数

年份	基尼系数	年份	基尼系数
2012	0.474	2016	0.465
2013	0.473	2017	0.467
2014	0.469	2018	0.468
2015	0.462	2019	0.465

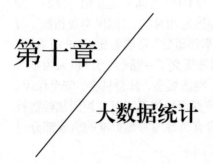

第十章

大数据统计

大数据赋能管理统计学

进入 2012 年，大数据（big data）一词越来越多地被提及，人们用它来描述和定义信息爆炸时代产生的海量数据，并命名与之相关的技术发展与创新。最早提出大数据时代到来的是全球知名咨询公司麦肯锡，麦肯锡称："数据，已经渗透到当今每一个行业和业务职能领域，成为重要的生产因素。人们对于海量数据的挖掘和运用，预示着新一波生产率增长和消费者盈余浪潮的到来。"大数据在物理学、生物学、环境生态学等领域以及军事、金融、通信等行业的存在已有时日，却因为近年来互联网和信息行业的发展引起人们关注。

随着人类社会信息化进程的加快，我们每天都会产生大量的数据，国际数据公司（International Data Corporation，IDC）预测，中国数据规模将从 2021 年的 18.51ZB（zettabyte，泽字节，$1ZB=2^{70}B$）增长至 2026 年的 56.16ZB，年均复合增长率将达 24.9%，增速位居全球第一。全球数据规模将从 2021 年的 82.47ZB 增长至 2026 年的 215.99ZB，年均复合增长率将达 21.23%。

大数据已经形成了新的产业，根据中国大数据产业生态联盟发布的《2021 中国大数据产业发展白皮书》，2020 年中国大数据产业规模达到 6388 亿元，同比增长 18.6%。

大数据广泛应用于经济社会发展的各个领域，产生了明显的效果。金融数据是大数据商业应用最早的数据源，早在 1996 年摩根大通银行就聘请数学家丹尼尔利用递归决策树统计方法，对抵押贷款用户进行统计分析，帮助银行找到可能提前还款或者未来不会还款的客户。经过一年的运行，基于递归决策树的抵押贷款管理为摩根大通银行创造了近 6 亿美元利润。

目前，中国金融大数据典型的应用场景包括股票洞察、欺诈检测和预防、风险分析与金融服务领域。其中，信易贷依托全国信用信息共享平台，鼓励各地区整合税务、市场监管、海关、司法、水、电、气费等领域的信用信息，构建各地区大数据中心，根据有关信息共享协议将可公开信息推送给金融机构使用；进而金融机构使用公共信用信息，依托大数据、云计算等完善小微企业信贷评价和风险管理模型，为小微企业提供金融服务。截至 2021 年 3 月末，全国"信易贷"平台连通地方平台或站点总数达 230 个，累计注册企业 615.4 万家，通过相关平台发放贷款突破 2 万亿元，为解决中小微企业"融资难、融资贵"问题提供了有力支撑，在一定程度上改善了银行端小微企业信贷供给中面临的风险无法识别、小微企业信用体系缺失以及收益很难覆盖成本等情况。

大数据为管理统计学带来了重大的技术创新，为行业提供了便捷、个性化和安全的解决方案。大数据已经渗透到了每一个行业的统计分析领域，成为重要的生产因素，推动着社会的发展。本章将从大数据的概念、应用、处理等多个方面展开讨论，展示大数据时代为管理统计学带来的发展和机遇。此外，通过学习本章还可以思考以下几个问题。

1. 统计学从过去到现在产生了何种演变？
2. 大数据给统计学带来了何种机遇？传统管理统计学又面临着哪些挑战？
3. 除了金融行业，大数据在其他行业中又有何种应用方式？

10.1 大数据概述

10.1.1 大数据的概念

在维基百科的定义中，大数据又被称为"巨量资料"，指的是传统数据处理应用软件不足以处理的大或复杂的数据集。麦肯锡全球研究院给出的定义是：一种规模大到在获取、存储、管理、分析方面大大超出了传统数据库软件工具能力范围的数据集合，具有海量的数据规模、快速的数据流转、多样的数据类型和价值密度低四大特征。IDC 将其定义为：为更经济地从高频率的、大容量的、不同结构和类型的数据中获取价值而设计的新一代架构和技术。研究机构 Gartner 认为"大数据"是需要新处理模式才能具有更强的决策力、洞察发现力和流程优化能力的海量、高增长率与多样化的信息资产。

虽然目前针对大数据的概念没有一个明确的定义，但其数据量大、种类繁多、处理速度快、价值密度低的特性为人们所共同认可，同时人们也一致指出处理大数据对于数据处理软件及技术的要求较高。本章将大数据定义为：**具有规模性、高速性、多样性、准确性、低价值密度五大特征且需要新型数据处理技术才能挖掘其巨大价值的数据集。**

10.1.2 大数据的特征

2001 年道格·莱尼首先提出了大数据的 3V 特征：规模性（volume）、高速性（velocity）与多样性（variety）。之后，随着数据的复杂度提高，3V 已不足以概括大数据的特征，维克托·迈尔-舍恩伯格和肯尼思·库克耶编写的《大数据时代》中提出大数据的 4V 特征，在 3V 特征的基础上增加了准确性（veracity）；IBM（International Business Machines，国际商业机器）公司提出大数据的 5V 特征，在 4V 的基础上增加了低价值密度（value）。

规模性：是指采集、储存和计算的数据量非常大。数据的计量单位有字节（byte）、千字节（KB）、兆字节（MB）、吉字节（GB）、太字节（TB）、拍字节（PB）、艾字节（EB）、泽字节（ZB）等，其换算关系如表 10-1 所示，大数据的起始计量单位至少是 PB。

表 10-1　数据存储计量单位换算关系

单位	换算关系
字节（byte，B）	—
千字节（kilobyte，KB）	1 KB=1024 B
兆字节（megabyte，MB）	1 MB=1024 KB
吉字节（gigabyte，GB）	1 GB=1024 MB
太字节（terabyte，TB）	1 TB=1024 GB
拍字节（petabyte，PB）	1 PB=1024 TB
艾字节（exabyte，EB）	1 EB=1024 PB
泽字节（zettabyte，ZB）	1 ZB=1024 EB

高速性：是指数据产生和更新的速度快，因此对处理速度的要求高。处理速度快、时效性要求高的特征，是大数据区别于传统数据最显著的特征。大数据时代，数据每秒都在产生变化，比如，12306 购票网站每秒点击量最高达 170 多万次，淘宝 2020 年"双十一"订单峰值为每秒 58.3 万笔。为了实现快速响应，对于数据的分析处理也要达到秒甚至毫秒级别，降低延迟，实时得出结果并呈现给用户。

多样性：是指数据的种类和来源多样化。大数据包括网络日志、音频、视频、图片、地理位置信息等数据，种类包括结构化、半结构化和非结构化数据，来源包括管理信息系统、网络信息系统、物联网、科学研究等。多类型、多来源的大数据对于数据的处理能力和分析技术发出了新的挑战。

准确性：是指数据采集的准确度和可信赖度，即数据的质量。大数据庞杂，虚假数据、错误数据不可避免，在进行数据分析时需要提高对于真实数据的分辨能力，避免信息在传播过程中失真。

低价值密度：是指虽然数据量非常庞大，但其中有价值的数据仅占很小的一部分，而这一小部分数据蕴藏的价值是巨大的。价值通常被当作大数据的精髓，通过机器学习、人工智能、数据挖掘等方法从海量数据中提炼出有价值的数据并加以研究使用，对于各行业降低成本、提高效率具有重要意义。

10.1.3　大数据的发展

随着信息技术的不断发展，互联网、物联网、云计算等技术不断深入社会生活的方方面面，这些技术应用的同时产生了海量数据，并且数据量仍在持续增长。大数据的发展主要可以分为三个阶段：萌芽期、成长期和爆发期。

（1）萌芽期（20 世纪 80 年代至 20 世纪末）。1980 年美国著名未来学家阿尔温·托夫勒在《第三次浪潮》一书中最早提出"大数据"一词，并将其颂为"第三次浪潮的华丽乐章"。这一阶段更多集中于概念的提出与讨论，但随着数据挖掘理论和数据库技术的逐步成熟，一批商业智能工具和知识管理技术开始被应用，如数据仓库、专家系统、知识管理系统等。

（2）成长期（21 世纪前十年）。21 世纪前十年里，互联网行业飞速发展。2002 年 Hadoop 平台依赖于 Apache Nutch 项目诞生，并于 2006 年分离成为一套完整独立的系统，实现了大数据处理技术的重大突破。2008 年《自然》（*Nature*）杂志推出大数据专题 "the next Google"（下一个谷歌），引起了人们的广泛关注。2010 年，美国总统科技顾问委员会（President's Council of Advisors on Science and Technology，PCAST）和总统信息技术顾问委员会（President's Information Technology Advisory Committee，PITAC）提交《规划数字化未来》的战略报告，给出了大数据在政府工作中的实际应用方案。这一阶段大数据处理技术的发展与突破使其在信息技术领域展现出巨大的活力。

（3）爆发期（2011 年至今）。2011 年《科学》（*Science*）杂志推出大数据主题 "dealing with data"（处理数据），综合分析讨论了实际面临的大数据问题；2011 年，IBM 公司研制出了沃森超级计算机，其以每秒扫描并分析 4 TB 的数据量打破了世界纪录，使大数据计算迈向一个新高度；同年，麦肯锡公司发布报告《大数据：下一个创新、竞争和生产力的前沿》，提出大数据时代已经到来。这一阶段各国相继进行大数据战略布局，我国也不断加速数据资源优势转化，从"数据大国"向"数据强国"加速迈进。大数据技术迅猛发展，针对大数据的科学研究也呈现爆发式增长，大数据应用逐渐深入各行各业，进一步提高了社会运行效率。

当今全球互联网经济中的大数据主要有以下四个来源。

（1）企业大型管理信息系统，如企业资源计划（enterprise resource planning，ERP）系统、客户关系管理（customer relationship management，CRM）系统、供应链管理（supply chain management，SCM）系统等。管理信息系统主要通过用户数据和系统二次加工的方式产生数据，此类大数据通常为结构化数据，存储于数据库中。

（2）网络信息系统，如社交网络、新闻媒体、搜索引擎、电商系统等。人们在网络上的搜索、访问、互动等过程中会产生大量半结构化与非结构化数据。例如，2022 微信公开课 PRO 中提到，截至 2021 年三季度末，微信月活跃用户数达 12.63 亿，每天超 4.5 亿用户使用小程序，如此庞大的用户规模使其每秒处理的数据量达到了 TB 级别。

（3）物联网：物联网通过传感技术，按照约定的协议，实现万物互联、人机交互，物联网在各行业应用过程中收集并生成了大量数据。

（4）科研数据：科学研究的过程往往会产生大量实验或仿真数据，这些数据是科学研究的重要基础。例如，希格斯粒子的发现需要每年 36 个国家 150 多个计算中心之间进行约 26 PB 的数据交流。

10.2　大数据的应用领域

10.2.1　大数据的应用

大数据的价值体现于其在各个领域中的应用，随着大数据时代的到来，大数据技术对于预测分析、运营竞争、管理决策等行为具有指导意义，其在金融、医疗、交通、商业、教育等行业的实际应用能够极大地提高系统运行效率，给行业带来新的发展机遇和

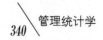

巨大发展动力。

10.2.2 大数据在金融领域的应用

大数据与金融业务的融合能够提高金融业资源配置效率以及风险管控能力,有助于推动金融业的转型升级和创新发展。大数据在金融领域的应用主要体现在银行、证券和保险行业。

在银行业方面,大数据主要应用于信贷风险分析、欺诈交易识别、客户画像等方面。银行可以通过研究分析企业的信用、交易、经营状况等方面数据评估信贷风险;通过研究分析交易行为识别欺诈交易和洗钱风险;通过综合分析客户在各个媒介上的行为习惯进行客户画像,依照客户偏好精准推送产品。

在证券业方面,大数据主要应用于股价及股市行情预测等方面。通过社交媒体等网络平台搜集市场情绪信息进行数据挖掘、算法开发,协助交易者更显著地感知股票市场对投资的反应,以进行正确的交易决策,实现利润最大化。

在保险业方面,大数据主要应用于风险控制及风险定价等方面。保险公司可以通过分析骗保行为特征,建立风险预测模型,利用大数据识别潜在的骗保风险;也可以通过收集客户所购险种方面的行为习惯数据预测理赔概率,进行风险定价,提高市场竞争力。

10.2.3 大数据在医疗领域的应用

大数据在医疗行业的应用能够有效地提高治疗效果,降低误诊率,其应用主要体现在流行病预测、疫情防控、病原特征识别、优化医疗方案等方面。

公共卫生部门和流行病研究机构可以通过搜集分析地理、气候、人口流动行为等指标数据,并建立其与流行病传播情况之间的关联,从而进行流行病预测,保障公共卫生安全。在新冠疫情防控过程中,基于来自电信运营商、交管部门等单位的大数据信息可以实现对人员流动轨迹的跟踪,从而完成对患者感染源的及时追溯,并分析出潜在的密切接触者,第一时间控制可能的疫情传播途径,减少甚至避免疫情大规模扩散。医疗影像是临床诊断的重要依据之一,可以利用机器学习通过对大量的医疗影像数据进行学习训练,从而实现病原特征的准确识别,为疾病确诊提供保障。医疗行业也可以充分利用病历数据,建立患者数据库,为医疗方案的制订提供范例,提高就诊效率。

10.2.4 大数据在交通领域的应用

交通领域大数据的应用是构建智能出行系统、缓解城市交通拥堵、实现绿色出行的基础。地图导航应用程序,如百度地图、高德地图等,利用交通大数据实时更新道路情况,为用户提供路况提醒服务。此外,通过大数据也可以预测未来交通情况,判断可能存在的交通事故风险,缓解交通拥堵,改善道路情况,提高交通运行效率。目前世界各国正在积极建设的智能交通系统也离不开交通大数据与信息技术、电子通信技术、自动控制技术、物联网等技术的结合,利用大数据实现对交通情况的监控与识别,优化交通资源配置。

10.2.5　大数据在其他领域的应用

除了金融、医疗、交通领域外，大数据的应用已经渗透到人们生产生活的方方面面。例如，电商平台利用大数据对用户消费习惯、消费能力等行为进行分析，为用户推送可能感兴趣且在可支付范围内的产品，刺激消费；教育机构通过记录分析学生学习行为数据，为学生定制个性化课程，激发学生学习兴趣，因材施教，提高教学质量；旅游景点管理者收集网络平台上游客对于景点的评价信息数据进行针对性改善，对游客偏好进行分析，从而精准投放广告、设计旅游产品，带给游客美好旅行体验……

哈佛大学社会学教授加里·金说："这是一场革命，庞大的数据资源使得各个领域开始了量化进程，无论学术界、商界还是政府，所有领域都将开始这种进程。"大数据已然成为新的时代浪潮，并且在逐步改变着人们的工作、生活和思维方式。利用好大数据，使其在各行各业焕发生机，是机遇也是挑战。

10.3　大数据时代下的统计学

统计学是一门关于收集、整理、分析和解释数据的学科，人们从数字和数据这些"外在表现"中，通过科学系统的理论来判断研究对象的本质，并得出一些有用的结论。无论是 17 世纪中叶，格朗特在《关于死亡公报的自然和政治观察》一书中通过对当时英国情况的分析，揭示出一系列的数量关系，如男婴出生多于女婴、男性死亡多于女性等，还是现代运用计算机处理越来越庞大复杂的数据，并将其应用到医学、天文学、心理学等领域，我们都可以从中看出自始至终统计学都离不开数据。随着大数据时代的到来，人们所要处理分析的数据数量庞大、类型多样、价值密度低、应用领域广泛，并且要求处理速度快、准确性高，传统统计学的局限性日益突出，促使统计学提出创新的理论和方法，推动统计学进入了一个新的发展阶段。

10.3.1　大数据时代传统统计学的变革

大数据的出现给传统统计学带来了巨大的变革，这个变革是多方面的，从思维模式到分析方法都有许多新的转变，这既是机遇又是挑战，下面将从四个方面来简要阐述大数据时代传统统计学的变革。

1. 样本概念的扩展

在过去，受限于技术与成本，人们往往通过抽取部分数据作为样本来对整体进行分析研究和推断，而所得到的结果也"足够"准确。但随着所容许的误差不断减小，所预测的领域不断细分，抽样的方式逐渐不能满足准确度的要求。同时，互联网的快速发展使得人们获取数据的途径更多、分析数据的能力更强。在摆脱了以往的资源限制之后，样本概念更加深化，在某些领域内大数据分析取代了样本分析：样本数据的收集方式不再是随机抽取其中一部分，而转变为尽可能多地进行收集。如果条件允许，则是收集全部的数据，即"样本=总体"。如此一来，大数据时代的样本表现为在整个时间维度里某个时段中所收集到的尽可能多的数据。这样做的好处有许多，除了可以进行更加精确的分析和预测，还能够发现其中一些在过去可能被忽视的信息。例如，在对机器运转情况进行监测时，每小时进行一次监测采样与每秒钟记录一次数据显然取得的效果是不同的，后者更能发现某些异常值并提前做出反应，而这恰恰是以往采样过程中所错过的。

2. 数据类型和来源的改变

在传统统计学中，数据按计量尺度可分为定类数据、定序数据、定距数据和定比数据。前两者描述事物的品质特征，后两者描述事物的数量特征，这些数据被称为结构化数据，即由二维表结构来表达逻辑和实现的数据，严格地遵循数据格式与长度规范，主要通过关系型数据库进行存储和管理。而在大数据时代下，只有 5% 的数据是结构化的，剩余的 95% 的非结构化数据并不适用于传统数据库。这些非结构化数据涵盖了不同类型的格式，包括办公文档、网络文件、网页信息、各类报表、图片和音频、视频信息等。如何量化和处理这些非结构化数据也成为现在统计学的一个非常重要的领域。比如，针对 XML（extensible markup language，可扩展标记语言）文件，就需要专门的 XML 解析器，并通过文档对象模型（document object model，DOM）和简单的 XML 应用程序接口（simple application program interface for XML，SAX），将其相关数据存储在数据库中，如图 10-1 所示。

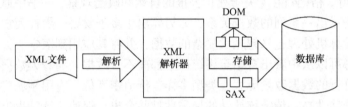

图 10-1　采用 DOM 与 SAX 方法对 XML 文件的解析过程

除了数据类型变得更加多样，数据收集的方式也有所改变。在传统统计学中首先需要确定研究目的，再进行数据收集，这使得所采集到的数据具有针对性与目的性。此外由于过去获得的信息量较少，人们会尽量剔除模糊或者错误的信息，让数据更加精确。而在大数据时代，互联网的发展拓宽了数据收集的渠道，人们面对如此大量的数据时也不得不允许一些不精确数据的存在。与传统观念不同，恰恰是对这些不精确数据的包容让我们能够掌握更多的信息，而不再具有较强的目的性，更为全面的数据也有了更多被利用的可能。最终人们发现，庞大的数据带来的好处足以弥补其中混杂错误数据的劣势，所以在大数据时代收集数据时要学会"拥抱混乱"。当然在完成统计任务时，我们也并不应一味追求数量，而要将传统统计学中有针对性的收集方式与大数据时代丰富的收集渠道相结合来使分析结果更加准确。

3. 数据分析目的和方式的变革

"知道是什么就够了，没必要知道为什么。"过去人们研究现象与现象之间的关系时会预先假定其存在因果关系，并通过收集数据进行分析，目的是验证这种关系是否成立。

当拥有了大量的数据之后，我们只需要知道相关关系便可以根据某个关联物来对研究对象进行预测，而不需要清楚背后的原因。于是现代进行数据分析的目的转变为通过寻找事物间的相关性来进行决策。相比于大数据时代的相关分析，过去则需要先有一个想法，再收集数据来验证其可行性，并且时常发现此前的假设是错误的，从而推翻重新进行假设。利用大数据发现相关关系明显更具有优势，例如沃尔玛公司通过对历史交易记录进行分析，发现了一个有趣的现象：在飓风来临之前，不仅手电筒的销量增加了，蛋挞的销量也增加了。于是沃尔玛每到季节性飓风到来前便会把库存的蛋挞拿出来摆在手电筒旁以增加销量。正是有了大数据分析，"蛋挞"才会被人们所发现。也有企业将其销售数据按照其日常关注的决策维度，制作成可视化的销售数据图，如图 10-2 所示。图 10-2 可以直观显示企业的大客户渠道销售占比、年度销售额数据分布、渠道销售额占比、主要平台费用支出、年度完成率分布等各种信息，辅助企业进行科学决策。

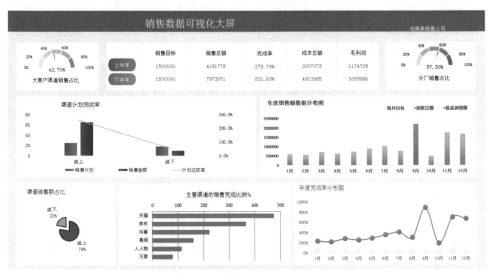

图 10-2　某企业渠道销售数据可视化

对于数据处理的方式，传统统计学在进行数据分析时以统计模型和软件作为基础，并且更注重算法的有效性。常见的统计工具如 SAS、SPSS、Excel、S-plus、MATLAB 等能够完成大部分统计分析任务。进入大数据时代，所收集得到的大多是非结构数据且来源散乱，在利用这些信息之前还需要对其进行数据化。数据化是指把现象转变为可制表分析的量化形式的过程，例如将实体书籍通过光学字符识别软件识别出文本中的字、词、句并转化为数据化文本存储到网络中，这样才能让大量的书本信息变得可供搜索或者使用。现在大数据分析处理的基础为"云计算"，维基百科中对于广义云计算的定义是"指通过网络以按照需求量和易扩展的方式获得所需服务"。诸如国内的阿里巴巴集团、国外的 Google、IBM 等都是大数据分析领域的佼佼者。

4. 思维模式的转变

在进行大数据分析时，由于样本概念的扩展，异常值的出现有时并不在人们的预料之中，它带来的问题也并不是人们一开始想研究的，正如迈尔-舍恩伯格和库克耶所著的《大数据时代》里提到的"这就像捕鱼一样，开始时你不知道是否能捕到鱼，也不知道会捕到什么鱼"。这使得我们的思维方式开始发生转变。在传统统计学中，进行统计分析分为三步：定性、定量、再定性。首先是根据主观感受与经验确定研究目的，其次对数据进行收集、量化、分析、处理等，最后再根据分析结果得出结论。进入大数据时代后，统计分析时我们跳过了最初的定性阶段，而直接进行数据的分析和处理并找出其中有价值的信息，进而得出有用的结论。所以大数据分析是不知道目的的，相比以往确定统计方向之后收集得到特定数据再进行分析的统计思维，大数据时代的统计思维模式使我们能够对数据进行更加全面的分析，挖掘出数据中更大的价值。

　　传统数据分析到大数据分析的变革正渗透进我们生活的方方面面。拿阿里巴巴集团旗下的天猫来说，除了各件商品的销售量、好评率等量化数据，数以万计的评价同样备受消费者和商家的关注。一件商品评价的好坏在很大程度上影响着顾客是否会进行购买，而商家可凭借大数据分析技术从大量的评价中提取出关键的信息来对产品进行优化。这是传统量化数据分析做不到的。例如，有研究对天猫平台中雀氏官方旗舰店的婴儿纸尿裤产品的顾客评论数据进行调查，得到的评论词云信息如图 10-3 所示。该研究利用大数据分析技术从负面评价中提炼出气味、吸水材料颗粒感、贴身度、弹性等四个特性作为产品主要改良的方向。数据分析方式的变革使得人们不再拘泥于具体数据，评价维度也更加多元。

图 10-3　雀氏官方旗舰店的婴儿纸尿裤产品评论词云

10.3.2　大数据给统计学带来的发展

　　大数据弥补了传统统计学小样本背景下无法进行细分领域预测与误差较大等缺陷，

给统计学的思维模式、研究方法等带来变革的同时，也为其发展增添了巨大的动力。下面从三个方面来阐述大数据给统计学带来的发展。

1. 统计工作质量更高

随着计算机与互联网的发展，获取数据的速度越来越快，在更短的时间内完成统计工作大大提高了数据的时效性。数据更新是否及时在很大程度上影响了后续预测或决策等工作的准确性。在过去，人口普查往往是一件耗时又耗力的事情，例如美国在1880年进行的人口普查耗时8年才完成数据汇总，其中的数据自然难以体现出当下的实际情况。这种收集数据的滞后性在很长一段时间里都影响着统计工作的质量。现在网络的普及使得统计数据能够进行实时更新，并在此基础上分析得出更加准确的结论。大数据时代，政府能够及时根据市场变化采取调控措施，用户能够及时地看见更新的天气情况来安排出行等，这些便利都离不开具有时效性和及时性的数据。除此之外，统计工作的质量提高还体现为统计误差变小。传统统计学中误差来源有登记性误差和代表性误差两类，而大数据的收集方式可以降低人主观意识的影响，并且更为全面的数据也使得统计推断时的随机误差减小，最终获得的结论也更加真实准确。

2. 统计所耗成本更低

统计成本指的是在进行一项统计调查或开展统计工作所实际付出的代价，是统计工作过程中耗费的人力、财力和物力的总和。从之前美国进行人口普查的例子可以看出，过去收集数据时采用调查表或者信息卡的方式不仅需要调用大量的资源，数据的准确性也不能保证。进入大数据时代，这些烦琐的工作大多都由计算机所取代，信息能够保存在数据库中供提取和使用，大大简化了中间流程，降低了人力成本。一方面，虽然数据的采集、存储和使用的成本一直在下降，但仍然保持着较高的水平。不过从另一方面来看，先定量再定性的思维模式促使人们将收集的数据在允许存储的时间内进行再利用，从而可开发出更大的潜在价值。所以与过去数据的单一使用情况相比，现代数据使用率的提高也使得在产生相同收益时收集这些数据所消耗的成本更低。

3. 统计学科体系更广

在结合了大数据的优势之后，统计学在许多方面都有了新的发展。样本概念的深化、思维模式的转变以及处理大数据的方法都成为现代统计学体系中不可或缺的一部分。过去统计学主要是在"样本推断总体"思想下利用部分数据的样本统计，而大数据时代背景下的总体统计弥补了传统统计学的局限性，使其体系更加完善。同时，统计学在与计算机结合后，通过数据挖掘（指从大量的数据中通过算法搜索隐藏于其中的信息的过程）能够进一步与其他学科结合，让统计学在各领域发挥出了更大的作用。例如，在生物科学领域，人们采用大数据分析方法来对人体全部DNA进行排序并发现其中的基因缺陷，从而能够进行针对性的治疗。在统计发展过程中还产生了许多新的数据处理方法，例如，深度学习、强化学习等，为统计学科带来了新的理论知识和方法。未来统计学也将与时俱进，获得更多的发展与突破。

10.4 大数据处理流程

统计学是一门通过搜索、整理、分析、描述数据等手段，以推断甚至预测对象未来的综合性科学。传统的统计工作流程，主要包括统计设计、资料收集、统计整理、统计分析四个基本环节。大数据时代，数据规模呈现爆炸性增长，结构化数据、半结构化数据与非结构化数据等多种数据结构并存，传统的数据统计整理已无法满足大数据处理的现实需要。这就意味着大数据收集的方式、数据处理的技术和数据分析的目的都与传统的统计分析工作不同。同时，由于大数据的数据类型与来源较为广泛，由此产生的数据处理方法也全然不同。但是总的来说，大数据的基本处理流程大都是一致的，一般可划分为数据采集、数据处理、数据分析和数据解释等四个阶段，如图 10-4 所示。

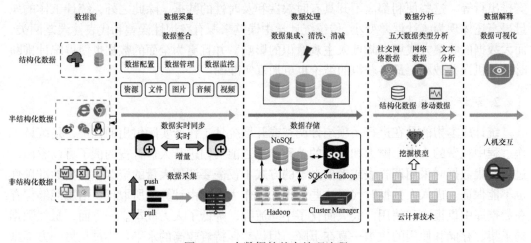

图 10-4　大数据的基本处理流程

pull 表示拉取，在这种模式下，数据消费者（如数据处理系统）主动从数据提供者（如数据库、文件系统或其他数据源）处请求数据。push 表示推送，在这种模式下，数据提供者主动将数据发送给数据消费者，无须等待消费者的请求。SQL 是"structured query language"的缩写，即"结构化查询语言"。NoSQL 是"not only SQL"（不仅仅是 SQL）的缩写，它指的是非关系型数据库。Cluster Manager 表示集群管理器

10.4.1　数据采集

数据采集是大数据处理流程的开始步骤，它利用如传感器、日志文件、网络爬虫等在内的数据采集手段，从系统外端接口获取特定数据，经过转化输入系统内的存储空间。下面给出三种常见的数据采集手段。

1. 传感器

传感器是一种检测装置，通过测量物理环境变量，将感受到的信息按照一定的规律转化为数字信号或其他所需形式的信息输出。传感器根据感知功能，可分为温度、声音、电流、压力、距离、化学和振动等感知元件。它的存在与发展，让物体也能具备触觉、味觉和嗅觉等感官，变得"活"了起来。在大数据时代，传感器早已渗透到诸如工业生产、宇宙开发、海洋探测、环境保护、资源调查、医学诊断、生物工程，甚至文物保护

等极其广泛的领域。在现代制造业尤其是自动化生产过程中，使用传感器通过振动、运动、声音和环境中的各种其他因素捕获数据，来监视和控制生产过程中的各个参数，使设备保持在正常状态或最佳状态，并使产品达到最好的质量。图 10-5 展示了荷重传感器用于测量汽车衡的原理。

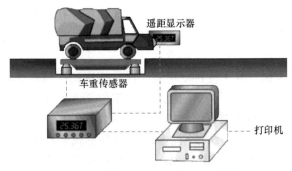

图 10-5　荷重传感器用于测量汽车衡的原理

2. 日志文件

日志文件是较为主流的数据采集方法之一。与物理传感器相比，日志文件相当于"软件传感器"，是记录系统操作事件的文件集合，在处理历史数据、诊断问题的追踪以及理解系统的活动等方面具有重要作用，如图 10-6 所示。很多互联网企业都有自己的系统日志采集工具，如 Hadoop 的 Chukwa、Cloudera 的 Flume、Facebook 的 Scribe 等，这些工具均采用分布式架构，能满足每秒数百兆的日志数据采集和传输需求。

图 10-6　计算机日志文件

3. 网络爬虫

网络爬虫是获取网页并提取和保存信息的自动化程序。我们在生活中所使用的搜索引擎，如百度、谷歌、必应等其实就是爬虫，它们通过定期对网站上数据的访问来更新自己的数据目录。因此当我们想要了解一些信息时，打开这些搜索引擎输入自己的问题，点击一下就可以获得答案。但是面对海量的数据或者需要快速获取大量数据的时候，相对于使用搜索引擎一个一个检索，肯定还是借助程序快。例如，想要收集股吧网站上某只股票三年来的评论，如果通过手工整理的方式，一定是一个耗时耗力的大工程，而对于设置好的爬虫程序来说，几十分钟就可以完成从搜集到存储数据的过程。

网络爬虫的工作首先是访问网页的统一资源定位器（uniform resource locator，URL）获取网页的源代码，接着利用网页结构的规则对源代码进行分析并提取出需要的信息，再将提取数据保存到某处方便后续使用。保存的数据形式多种多样，可以简单保存为 txt 文本或 json 文本，也可以保存至如 MySQL、MongoDB 等数据库。

三种数据采集方法的对比情况如表 10-2 所示。可以看出，日志文件是最简单的数据采集手段，但是只能收集相对一小部分结构化数据；网络爬虫是最为灵活的手段，可以快速获得巨量的结构复杂的数据。

表 10-2　三种数据采集方法对比表

采集手段	数据结构	数据规模	复杂度
传感器	结构与非结构化数据	中等	复杂
日志文件	结构与半结构化数据	较少	简单
网络爬虫	混合数据	大量	中等

10.4.2　数据处理

大数据通过获取、处理和分析大量异构数据而从中提取出有价值的信息，数据质量直接影响着最终的分析结果，因此在大数据处理流程中需要数据处理技术以提高数据的质量。例如，对于一个负责进行公司销售数据分析的商场主管，他会仔细检查公司数据库内容，精心挑选与分析任务相关数据对象的描述特征，包括商品类型、价格、销售量等，但这时他或许会发现数据库中有几条记录的一些特征值没有被记录下来，甚至有些记录还存在错误、不寻常、不一致的情况，对于这样的数据进行分析，显然就首先必须进行数据的处理，然后才能正式开展分析工作。

噪声数据是指数据中存在着错误或异常（偏离期望值）的数据；不完整数据是指数据的属性存在空值的情况；而不一致数据则是指数据内涵出现不一致情况（如在同一属性下同一部门的编码出现不同值）。不完整、有噪声和不一致对于数据库来讲是非常普遍的情况，在进行数据分析前，需要使用数据处理技术以提高数据质量。数据处理包括数据集成、数据清洗、数据消减以及一些针对特定数据对象进行处理的技术。

1. 数据集成

数据集成就是将来自多个数据源（如数据库、文件等）、具有不同格式和特点的数据合并到一起。由于描述同一个概念的属性在不同数据库取不同的名字，在进行数据集成时就常常会引起数据的不一致或冗余。例如，在一个数据库中一个学生的学号编码为"student_id"，而在另一个数据库则为"stu_id"。命名的不一致常常也会导致同一属性值的内容不同，如在一个数据库中一个人的姓取"Bill"，而在另一个数据库中则取"B"。

2. 数据清洗

数据清洗处理通常包括删除重复信息、填补遗漏的数据值、平滑有噪声数据、识别或除去异常值，以及解决不一致问题。有问题的数据将会误导数据的分析过程。数据分析过程中通常需要处理不完整或含有噪声的数据。然而，现有的处理方法并不总是稳健的，它们往往过分关注如何防止分析结果对数据的过度拟合。因此使用一些数据清洗技术对数据进行预处理是十分必要的。

3. 数据消减

由于数据库系统所获数据量的迅速膨胀，对于已达到吉字节（GB）或太字节（TB）数量级的数据进行分析处理是极消耗资源与时间的。数据消减的目的就是缩小数据的规模，缓解计算压力，但不会影响（或基本不影响）最终的处理分析结果。现有的数据消减包括数据聚合、消减维数、数据压缩、数据块消减等。

数据处理是大数据处理流程中的过渡阶段，可以为后续的数据分析打下良好的基础。需要注意的是，没有一个统一的数据处理过程和单一的技术可以对不同类型的数据集进行处理，在数据处理前应当考虑数据集的特性和处理需求，再选择合适的处理方案。

10.4.3　数据分析

数据分析是大数据处理流程中最重要的环节，因为在数据分析的过程中会提取出数据的潜在价值。基于数据来源和数据类型，数据分析的研究可大致分为：结构化数据分析、文本分析、网络数据分析、社交网络数据分析和移动数据分析。接下来将依次对这五大方向进行介绍。

1. 结构化数据分析

在商业、医疗、社会生产等各领域中产生了大量的结构化数据，比如企业财务系统数据、医院信息系统（hospital information system，HIS）数据、政府行政审批数据等，这些结构化数据可以采用数据挖掘、机器学习、深度学习、智能算法等方法进行分析。在大数据时代，针对海量数据，Google 公司早在 2006 年就率先提出了"云计算"的概念，通过网络"云"将巨大的数据计算处理程序分解成无数个小程序，然后通过多部服务器组成的系统进行处理和分析这些小程序，得到结果并返回给用户。Google 内部研发的分布式文件系统——GFS（Google file system，谷歌文件系统）、分布式数据库 Bigtable、批处理技术 MapReduce，以及开源实现平台 Hadoop 等，很好地提供了对大数据进行处理分析的手段。

2. 文本分析

文本数据是最常见的信息存储形式，政府文件、互联网论坛中用户评论、电子邮件等内容都属于文本数据的范畴，因此相较于结构化数据来说，文本数据的分析具有更高的商业价值。文本分析是从无结构的文本中提取有用信息的过程，涉及的领域较多，需要用到统计学、机器学习、信息检索和数据挖掘等知识，对研究人员的专业性要求较高。图 10-7 展示了使用 python 词云库读取政府工作报告的结果。

图 10-7　python 词云库读取政府工作报告的结果

随着机器学习、数据挖掘、互联网技术等方面的快速发展，文本分析的研究与应用已成为前沿热点问题，在多个领域已经取得有价值的研究成果。互联网时代的电子商务、商品评论、股市论坛、网络新闻、自媒体、网络舆情、商业情报收集等更是为文本分析提出了新的研究课题。

3. 网络数据分析

和结构化数据相比，网络上的数据是非结构化或半结构化的，包含文本、图像、音频、视频和超链接等不同类型的数据。第 49 次《中国互联网络发展状况统计报告》显示，截至 2021 年 12 月，我国网民规模达 10.32 亿，较 2020 年 12 月增长 4296 万，互联网普及率达 73.0%。对于网络数据爆炸式的增长，人工已不足以对网上海量信息进行收集和处理，所以需要计算机来帮助用户快速获得、整理这些信息。

4. 社交网络数据分析

社交网络是人们日常交流生活的重要组成部分，用户在社交网络上活动时，会通过文本信息、转发信息、评论等行为产生大量数据信息，社交网络数据分析就是对这些数据进行分析、挖掘。例如，常见的内容型应用——大众点评、抖音、今日头条等，用户所浏览过的数据、点评内容，会被上传至服务器进行个人社交数据的分析与建模，当用户再次使用的时候，就可以根据曾浏览过的数据来匹配可能感兴趣的内容，这就形成了千人千面的作用，不同的用户可以不断浏览他所感兴趣的内容，增加用户黏性。

5. 移动数据分析

随着移动计算技术的快速发展，越来越多的移动终端（手机、传感器和射频识别设备）和应用在全世界普及开来。2021 年中国移动互联网接入流量达到 2216 亿 GB，巨量的数据对移动分析提出了需求。移动数据类型众多，范围较广，有来自人类日常生活中使用手机等智能设备留下的印记，也有为研究人类和动物等的日常行为规律而收集的轨迹数据。对移动数据的分析具有很高的应用价值，如智能手表对体域传感器网络的部署，可以监控个体的健康状态，实时返回用户的医疗健康数据。

10.4.4　数据解释

数据解释是大数据处理流程的最后环节，对于大多数的用户而言，最关心的并不是数据的处理与分析过程，而是最终对大数据分析结果的解释与展示。数据之间即使隐藏着再高的价值，若没有得到恰当的展示，使得用户对数据的理解与利用受到影响，那就失去了数据处理分析的意义，因此，对大数据处理分析的最终结果通过可视化方式向用户直观地展示十分重要。

数据可视化就是借助图形化手段，将数据处理结果以图形、图像的形式展示出来，清晰有效地传达与沟通信息，便于用户发现数据间的内在联系。主流的可视化工具如 Tableau、Qilk、IBM Cognos 等在数据交互和整合能力上都比较优秀。对于企业来说，每天的运转中都会产生大量的数据，而这些数据要通过分析才能产生具体的作用。对于一些不懂数据的人来说，将数据转化成图表或者文本等形式有助于其了解复杂数据背后的含义和价值，这就是数据可视化的作用。每年的"双十一"，阿里巴巴集团会通过一块大屏幕，展示淘宝及天猫的交易情况，屏幕中各种各样的图表展示了"双十一"的相关数据，我们能通过这块大屏幕中的图表数据迅速了解当年"双十一"的交易盛况。

10.4.5　大数据处理实例：利用新闻文本预测股价涨跌，进行超短线量化交易

股票市场研究中，股票的涨跌预测一直以来都是非常热门的研究话题。对于传统的预测方法来说，一般通过收集如开盘价、收盘价、成交额、换手率等股票市场因子并将其代入算法模型中进行预测。但这种方法忽视了舆情信息对股票涨跌的影响，在有重大消息出现时，模型并不能及时做出反应，这也导致在实际量化交易时收益率很差。作为股价变动的重要推动力，重大新闻（如新冠疫情、中美关系、美联储利率政策、重要会议精神等）能对投资者情绪产生巨大的作用，导致价格的剧烈波动。接下来就介绍一种利用新闻文本预测股价涨跌并进行超短线量化交易的大数据处理实例。

1. 数据采集

庞大的数据集可以在一定程度上避免过拟合情况的出现。为了保证足够的数据量，

本实例数据选取时间区间为 2015 年 4 月 16 日至 2020 年 10 月 16 日,共有 5 年半的数据,包括新闻文本数据、全部 A 股的 1 分钟超短线数据。在这 5 年半的时间内共有 1341 个交易日,合计 321 840 分钟。由于不断有新股发行及股票的停牌和退市,每一个交易日的可交易股票数量随着时间的推移而变化,例如 2015 年 4 月 16 日有 2323 只股票,而 2020 年 10 月 16 日有 4048 只股票。数据集内共 321 840 分钟,每分钟有几千只股票交易,本实例的价量数据的条目数量已达十亿级别。2015 年 4 月 16 日至 2020 年 10 月 16 日期间的新闻文本共 682 397 条,其中发生在交易时间内的新闻有 120 004 条。采用的新闻数据为四大证券报(《中国证券报》《证券日报》《上海证券报》《证券时报》)和新华社所发布新闻的标题。实例所用到的股票超短线价格数据从 https://www.ricequant.com/welcome/ 获得,新闻标题文本及链接来源于东方财富 Choice 数据库,新闻的发布时间(精确到秒)等字段则是根据 Choice 数据库提供的新闻链接爬虫所得。

2. 数据处理

对爬取获得的新闻文本信息进行数据清洗。首先删除异常字段,包括编码错误、空数据、重复数据等,然后将文本内的换行符和空格剔除。其次,为实现新闻文本与个股的关联,本实例还设计了一个题材概念关键词映射表,包含 621 个题材概念,累计 4763 个关键词,具体做法是:为每一个题材概念构建一个关键词词库(大部分题材概念都有 5 至 15 个关键词,其举例如表 10-3 所示),以从新闻中精准定位出题材概念。

表 10-3　题材概念关键词词库举例

题材概念	关键词举例
光伏概念	单晶电池、电池片、光伏胶膜、硅料、单晶硅片、多晶电池、光伏发电……
核高基概念	基础软件产品、高端通用芯片、国产操作系统、核心电子器件……
新材料概念	非晶态合金、精细陶瓷、新型半导体、特种玻璃、新材料、金属玻璃、功能膜材料……
环保概念	节能、节水、减排、低碳、污染、雾霾、低排放、生态环境、环境保护、大气治理……
工业 4.0 概念	工业自动化、智能工厂、无人工厂、自动生产线、智能制造……
新能源概念	核电、可再生能源、锂电、太阳能、氢能、综合能源、风能、动力电池、清洁能源……
区块链概念	分布式账本、区块链、比特币、加密货币、虚拟货币、去中心化、币圈……

注:"核高基"是"核心电子器件、高端通用芯片及基础软件产品"的简称

最后,通过映射系统将新闻文本映射至题材概念,再由题材概念映射至个股,具体的机制设计如图 10-8 所示。若新闻文本未匹配中任何题材概念,则模型不会对该条新闻做出任何响应,该条新闻作废。选择题材概念所对应的成分股中成交金额最大的三只个股,因为成交金额大的股票流动性较好,且人气较高;若只选一只则风险较大,选择三只有利于分摊风险,且可以满足流动性需要。

3. 数据分析

新闻文本与未来价格之间的关系较为复杂,基于新闻文本预测价格方向需要借助强

大的文本分类模型，需要一定的计算资源。Google 公司 2018 年研发出了一个强大的文本挖掘工具——BERT（bidirectional encoder representations from transformers，来自变换器的双向编码器表征量）模型，在包括金融文本分类在内的多个文本挖掘领域都取得了很好的效果。

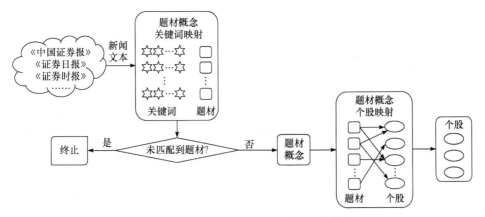

图 10-8　新闻文本到个股映射系统的机制设计

因此在本实例中，完成新闻文本到具体股票的映射后，可以利用 BERT 文本挖掘技术预测相关个股的涨跌（相对于下一个交易日的开盘价）。选择下一个交易日开盘价是因为 A 股实行 T+1 交易制度，而最早可卖出的时间为下个交易日集合竞价时（开盘时刻）。为规避所买入股票在下个交易日的日内波动，必须在下个交易日开盘时卖出。同时，为了对比 BERT 模型的预测效果，实例也使用 FastText 模型做涨跌预测。其中 FastText 模型是 Facebook 公司于 2017 年提出的一个高效的文本分类模型，被广泛用于多种文本挖掘领域，且常被用来与 BERT 模型进行对比。

交易策略设计为：持仓一天，于每日开盘前的集合竞价（9:15～9:25）时卖出所有股票，并于连续竞价时间（9:30～11:30 以及 13:00～15:00）内对每一条新闻进行预测，若预测为上涨则等权买入三只股票；每个交易日的集合竞价时将股票全部卖出后，将资金等分为 10 份，用于 10 次交易信号，因此每个交易日最多发出 10 次买入信号。

4. 数据解释

这种预测方法的准确度以及量化交易的收益如何呢？两个模型的预测表现如表 10-4 所示。可以发现，BERT 模型的预测性能比 FastText 更佳，验证了其优异的文本分类能力。

表 10-4　两个模型的预测表现

模型	准确率	精确率	召回率	F1 值
BERT	0.756	0.761	0.742	0.751
FastText	0.711	0.715	0.694	0.704

两个模型的模拟投资表现如表 10-5 所示。可以发现，基于 BERT 的涨跌预测量化模型在各项指标上的表现都显著优于 FastText 模型，且年化收益率可以达到 110.9%！

表 10-5　两个模型的模拟投资表现

模型	年化收益率↑	最大回撤率↓	最大回撤期↓	卡玛比率↑
BERT	110.9%	2.2%	9.1%	50.626
FastText	74.6%	3.8%	12.3%	19.482

注：表头中的"↑"和"↓"分别代表正向评价指标和负向评价指标

本 章 小 结

1. 本章从概念、特征和发展历程三个角度对大数据进行了概述。大数据的概念不同于传统数据的概念，大数据是具有规模性、高速性、多样性、准确性、低价值密度五大特征且需要新型数据处理技术才能挖掘其巨大价值的数据集，其经历了萌芽期、成长期和爆发期三个阶段，在金融、医疗、交通三个行业内都已有典型应用。

2. 本章论述了大数据时代统计学新发展阶段中的变革。当前面向数据量更大、应用范围更广的数据集合，传统统计学在样本概念、数据类型和来源、数据分析目的和方式、思维模式四个方面产生了巨大的变革：样本概念向总体扩展；非结构化数据占比增加使收集方式和渠道进一步丰富；数据分析的目的从验证事先假定的因果关系向发现相关关系转变，而数据处理方式也随之得到发展；统计思维的变革使得统计分析跳过了事先定性的分析步骤。同时大数据时代的到来也提高了统计工作质量、降低了统计工作成本、拓宽了统计学科体系，由此推动了统计学的发展。

3. 本章论述了大数据时代数据处理的流程。大数据处理流程主要涉及数据采集、数据处理、数据分析和数据解释等四个阶段的内容。其中，数据分析是最为重要的环节，主要分为结构化数据分析、文本分析、网络数据分析、社交网络数据分析和移动数据分析五大研究方向。

▌思考题

1. 试描述大数据的产生经过了哪几个阶段。
2. 试描述大数据的五大基本特征。
3. 举例说明大数据的具体应用。
4. 大数据时代的到来推动传统统计思维产生了哪些变化？
5. 大数据为传统统计学带来了哪些发展机遇？
6. 数据采集方式主要有哪几种？
7. 数据处理主要有哪些技术来提高数据质量？
8. 数据分析主要有哪些研究方向？
9. 试描述大数据对个人生活的重要影响。

案例分析　**大数据应用场景——百度搜索**

随着互联网的不断发展，人们无时无刻不在产生新的数据，并且堆积数据。在这一过程中，百度搜索引擎与大数据分析技术结合程度不断深化，通过引入智能交互、深度问答知识图谱等现代搜索技术，构建更为强大的搜索引擎，进而当面对用户多种多样的检索方式时能够返回更精细、有效的结果。

百度查询请求，就是一个大数据应用的经典场景，它涉及的数据规模不仅很大，而且十分稀疏。如果以每个词为列、每个检索为行，可以构建一个矩阵。矩阵中每个单元的值为 0 或 1，表示相应的查询中是否包含对应的词汇，最终给出一个最优的搜索目标。截至 2020 年中文汉字有近十万个，百度搜索引擎用户达到 7.66 亿，每天相应的搜索请求超过 60 亿次。这会产生一个规模相当大的矩阵，并且其中大量的单元值为 0。

与传统统计学的场景不同，这是一个真正的大数据场景。用户在搜索过程中留下了各种各样的信息，其中有大量的文本、图片和影音数据。百度对这些复杂的异构数据进行处理分析，获取有价值的信息和规律，实现大数据应用。不再基于统计学中常用的随机抽样方式——找到代表性样本进行试点，而是在积累大规模数据之后，通过百度搜索引擎为大部分的查询提供有效的搜索结果。积累的数据越多，查询的效果越好。比如，尝试检索"数据和阿里巴巴"：在互联网早期时代返回的结果可能是数据的定义及阿里巴巴集团的企业资料；而如今，现代搜索引擎则具备了数亿万次查询的记录，在处理了万亿条数据之后的模型得到了不断的修正和精简，因此返回的结果可以精确到"阿里巴巴关于数据资产的管理认知及产品架构"。

但是大数据时代的到来并不意味着抽样时代的终结。抽样可以有效地操作一组数据，此时不仅在随机抽样过程中减少了成本和精力的消耗，也有利于关注数据探索及数据质量，最小化偏差。大量质量不一、相关性各异的数据反而增强了人们对于抽样的需求。

结合百度搜索的大数据应用案例，尝试思考以下问题。

1. 为增强现行统计调查制度的适用性，随机抽样如何与大数据技术相结合？

2. 数字经济时代下，各行各业如何将多渠道来源、单一碎片化的数据整合为附加值较高的大数据衍生产品，促使数据的核心价值最大化（择一行业进行分析）？

3. 随着越来越多的用户数据掌握在诸如百度一类的大型企业或组织手中，哪些大数据资源应该由社会公众共享？如何有效管理共享的大数据资源，以实现在保障安全和隐私的同时，提高使用效率？

附录

常用统计表及正交表

附表1 标准正态分布表

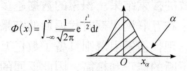

$$\Phi(x) = \int_{-\infty}^{x} \frac{1}{\sqrt{2\pi}} e^{-\frac{t^2}{2}} dt$$

x	0	0.01	0.02	0.03	0.04	0.05	0.06	0.07	0.08	0.09
0	0.5000	0.5040	0.5080	0.5120	0.5160	0.5199	0.5239	0.5279	0.5319	0.5359
0.1	0.5398	0.5438	0.5478	0.5517	0.5557	0.5596	0.5636	0.5675	0.5714	0.5753
0.2	0.5793	0.5832	0.5871	0.5910	0.5948	0.5987	0.6026	0.6064	0.6103	0.6141
0.3	0.6179	0.6217	0.6255	0.6293	0.6331	0.6368	0.6406	0.6443	0.6480	0.6517
0.4	0.6554	0.6591	0.6628	0.6664	0.6700	0.6736	0.6772	0.6808	0.6844	0.6879
0.5	0.6915	0.6950	0.6985	0.7019	0.7054	0.7088	0.7123	0.7157	0.7190	0.7224
0.6	0.7257	0.7291	0.7324	0.7357	0.7389	0.7422	0.7454	0.7486	0.7517	0.7549
0.7	0.7580	0.7611	0.7642	0.7673	0.7703	0.7734	0.7764	0.7794	0.7823	0.7852
0.8	0.7881	0.7910	0.7939	0.7967	0.7995	0.8023	0.8051	0.8078	0.8106	0.8133
0.9	0.8159	0.8186	0.8212	0.8238	0.8264	0.8289	0.8315	0.8340	0.8365	0.8389
1	0.8413	0.8438	0.8461	0.8485	0.8508	0.8531	0.8554	0.8577	0.8599	0.8621
1.1	0.8643	0.8665	0.8686	0.8708	0.8729	0.8749	0.8770	0.8790	0.8810	0.8830
1.2	0.8849	0.8869	0.8888	0.8907	0.8925	0.8944	0.8962	0.8980	0.8997	0.9015
1.3	0.9032	0.9049	0.9066	0.9082	0.9099	0.9115	0.9131	0.9147	0.9162	0.9177
1.4	0.9192	0.9207	0.9222	0.9236	0.9251	0.9265	0.9278	0.9292	0.9306	0.9319
1.5	0.9332	0.9345	0.9357	0.9370	0.9382	0.9394	0.9406	0.9418	0.9430	0.9441
1.6	0.9452	0.9463	0.9474	0.9484	0.9495	0.9505	0.9515	0.9525	0.9535	0.9545
1.7	0.9554	0.9564	0.9573	0.9582	0.9591	0.9599	0.9608	0.9616	0.9625	0.9633

x	0	0.01	0.02	0.03	0.04	0.05	0.06	0.07	0.08	0.09
1.8	0.9641	0.9648	0.9656	0.9664	0.9671	0.9678	0.9686	0.9693	0.9700	0.9706
1.9	0.9713	0.9719	0.9726	0.9732	0.9738	0.9744	0.9750	0.9756	0.9762	0.9767
2.0	0.9772	0.9778	0.9783	0.9788	0.9793	0.9798	0.9803	0.9808	0.9812	0.9817
2.1	0.9821	0.9826	0.9830	0.9834	0.9838	0.9842	0.9846	0.9850	0.9854	0.9857
2.2	0.9861	0.9864	0.9868	0.9871	0.9874	0.9878	0.9881	0.9884	0.9887	0.9890
2.3	0.9893	0.9896	0.9898	0.9901	0.9904	0.9906	0.9909	0.9911	0.9913	0.9916
2.4	0.9918	0.9920	0.9922	0.9925	0.9927	0.9929	0.9931	0.9932	0.9934	0.9936
2.5	0.9938	0.9940	0.9941	0.9943	0.9945	0.9946	0.9948	0.9949	0.9951	0.9952
2.6	0.9953	0.9955	0.9956	0.9957	0.9959	0.9960	0.9961	0.9962	0.9963	0.9964
2.7	0.9965	0.9966	0.9967	0.9968	0.9969	0.9970	0.9971	0.9972	0.9973	0.9974
2.8	0.9974	0.9975	0.9976	0.9977	0.9977	0.9978	0.9979	0.9979	0.9980	0.9981
2.9	0.9981	0.9982	0.9982	0.9983	0.9984	0.9984	0.9985	0.9985	0.9986	0.9986
3.0	0.9987	0.9987	0.9987	0.9988	0.9988	0.9988	0.9989	0.9989	0.9989	0.9990
3.1	0.9990	0.9991	0.9991	0.9991	0.9992	0.9992	0.9992	0.9992	0.9993	0.9993
3.2	0.9993	0.9993	0.9994	0.9994	0.9994	0.9994	0.9994	0.9995	0.9995	0.9995
3.3	0.9995	0.9995	0.9996	0.9996	0.9996	0.9996	0.9996	0.9996	0.9996	0.9997
3.4	0.9997	0.9997	0.9997	0.9997	0.9997	0.9997	0.9997	0.9997	0.9997	0.9998
3.5	0.9998	0.9998	0.9998	0.9998	0.9998	0.9998	0.9998	0.9998	0.9998	0.9999
3.6	0.9998	0.9998	0.9999	0.9999	0.9999	0.9999	0.9999	0.9999	0.9999	0.9999
3.7	0.9999	0.9999	0.9999	0.9999	0.9999	0.9999	0.9999	0.9999	0.9999	0.9999
3.8	0.9999	0.9999	0.9999	0.9999	0.9999	0.9999	0.9999	0.9999	0.9999	1.0000

注：本表对于 x 给出了正态分布函数 $\Phi(x)$ 的数值。例如，当 $x=1.24$ 时，$\Phi(x)=0.8925$

附表 2   t 分布表

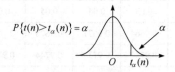

$$P\{t(n)>t_\alpha(n)\}=\alpha$$

n	α						n	α					
	0.1	0.05	0.025	0.01	0.005	0.0005		0.1	0.05	0.025	0.01	0.005	0.0005
1	3.078	6.314	12.706	31.821	63.657	636.619	21	1.323	1.721	2.080	2.518	2.831	3.819
2	1.886	2.920	4.303	6.965	9.925	31.599	22	1.321	1.717	2.074	2.508	2.819	3.792
3	1.638	2.353	3.182	4.541	5.841	12.924	23	1.319	1.714	2.069	2.500	2.807	3.768
4	1.533	2.132	2.776	3.747	4.604	8.610	24	1.318	1.711	2.064	2.492	2.797	3.745
5	1.476	2.015	2.571	3.365	4.032	6.869	25	1.316	1.708	2.060	2.485	2.787	3.725
6	1.440	1.943	2.447	3.143	3.707	5.959	26	1.315	1.706	2.056	2.479	2.779	3.707
7	1.415	1.895	2.365	2.998	3.499	5.408	27	1.314	1.703	2.052	2.473	2.771	3.690
8	1.397	1.860	2.306	2.896	3.355	5.041	28	1.313	1.701	2.048	2.467	2.763	3.674
9	1.383	1.833	2.262	2.821	3.250	4.781	29	1.311	1.699	2.045	2.462	2.756	3.659
10	1.372	1.812	2.228	2.764	3.169	4.587	30	1.310	1.697	2.042	2.457	2.750	3.646
11	1.363	1.796	2.201	2.718	3.106	4.437	40	1.303	1.684	2.021	2.423	2.704	3.551
12	1.356	1.782	2.179	2.681	3.055	4.318	50	1.299	1.676	2.009	2.403	2.678	3.496
13	1.350	1.771	2.160	2.650	3.012	4.221	60	1.296	1.671	2.000	2.390	2.660	3.460
14	1.345	1.761	2.145	2.624	2.977	4.140	70	1.294	1.667	1.994	2.381	2.648	3.435
15	1.341	1.753	2.131	2.602	2.947	4.073	80	1.292	1.664	1.990	2.374	2.639	3.416
16	1.337	1.746	2.120	2.583	2.921	4.015	90	1.291	1.662	1.987	2.369	2.632	3.402
17	1.333	1.740	2.110	2.567	2.898	3.965	100	1.290	1.660	1.984	2.364	2.626	3.390
18	1.330	1.734	2.101	2.552	2.878	3.922	110	1.289	1.659	1.982	2.361	2.621	3.381
19	1.328	1.729	2.093	2.539	2.861	3.883	120	1.289	1.658	1.980	2.358	2.617	3.373
20	1.325	1.725	2.086	2.528	2.845	3.850	∞	1.282	1.645	1.960	2.326	2.576	3.291

附表 3 χ^2 分布表

$$P\{\chi^2(n) > \chi^2_\alpha(n)\} = \alpha$$

n	α									
	0.995	0.99	0.975	0.95	0.9	0.1	0.05	0.025	0.01	0.005
1	0.000 04	0.000 16	0.001	0.004	0.016	2.706	3.841	5.024	6.635	7.879
2	0.010	0.020	0.051	0.103	0.211	4.605	5.991	7.378	9.210	10.597
3	0.072	0.115	0.216	0.352	0.584	6.251	7.815	9.348	11.345	12.838
4	0.207	0.297	0.484	0.711	1.064	7.779	9.488	11.143	13.277	14.860
5	0.412	0.554	0.831	1.145	1.610	9.236	11.070	12.833	15.086	16.750
6	0.676	0.872	1.237	1.635	2.204	10.645	12.592	14.449	16.812	18.548
7	0.989	1.239	1.690	2.167	2.833	12.017	14.067	16.013	18.475	20.278
8	1.344	1.646	2.180	2.733	3.490	13.362	15.507	17.535	20.090	21.955
9	1.735	2.088	2.700	3.325	4.168	14.684	16.919	19.023	21.666	23.589
10	2.156	2.558	3.247	3.940	4.865	15.987	18.307	20.483	23.209	25.188
11	2.603	3.053	3.816	4.575	5.578	17.275	19.675	21.920	24.725	26.757
12	3.074	3.571	4.404	5.226	6.304	18.549	21.026	23.337	26.217	28.300
13	3.565	4.107	5.009	5.892	7.042	19.812	22.362	24.736	27.688	29.819
14	4.075	4.660	5.629	6.571	7.790	21.064	23.685	26.119	29.141	31.319
15	4.601	5.229	6.262	7.261	8.547	22.307	24.996	27.488	30.578	32.801
16	5.142	5.812	6.908	7.962	9.312	23.542	26.296	28.845	32.000	34.267
17	5.697	6.408	7.056	8.067	10.085	24.769	27.587	30.191	33.409	35.718
18	6.027	7.015	8.231	9.390	10.865	25.989	28.869	31.526	34.805	37.156
19	6.844	7.633	8.907	10.117	11.651	27.204	30.144	32.852	36.191	38.582
20	7.434	8.260	9.591	10.851	12.443	28.412	31.410	34.170	37.566	39.997
21	8.034	8.897	10.283	11.591	13.240	29.615	32.671	35.479	38.932	41.401
22	8.643	9.542	10.982	12.338	14.042	30.813	33.924	36.781	40.289	42.796
23	9.260	10.196	11.689	13.091	14.848	32.007	35.172	38.076	41.638	44.181
24	9.886	10.856	12.401	13.848	15.659	33.196	36.415	39.364	42.980	45.559
25	10.520	11.524	13.120	14.611	16.473	34.382	37.652	40.646	44.314	46.928
26	11.160	12.198	13.844	15.379	17.292	35.563	38.885	41.923	45.642	48.290
27	11.808	12.879	14.573	16.151	18.114	36.741	40.113	43.194	46.963	49.645
28	12.461	13.565	15.308	16.928	18.939	37.916	41.337	44.461	48.278	50.993
29	13.121	14.257	16.047	17.708	19.768	39.087	42.557	45.722	49.588	52.336
30	13.787	14.954	16.791	18.493	20.599	40.256	43.773	46.949	50.892	53.672
31	14.458	15.655	17.539	19.281	21.434	41.422	44.985	48.232	52.191	55.003
32	15.134	16.362	18.291	20.072	22.271	42.585	46.194	49.480	53.486	56.328
33	15.815	17.074	19.047	20.867	23.110	43.745	47.400	50.725	54.776	57.648

续表

n	α									
	0.995	0.99	0.975	0.95	0.9	0.1	0.05	0.025	0.01	0.005
34	16.501	17.789	19.806	21.664	23.952	44.903	48.602	51.966	56.061	58.964
35	17.192	18.509	20.569	22.465	24.797	46.059	49.802	53.203	57.342	60.275
36	17.887	19.233	21.336	23.269	25.643	47.212	50.998	54.437	58.619	61.581
37	18.586	19.960	22.106	24.075	26.492	48.363	52.192	55.668	59.892	62.883
38	19.289	20.691	22.878	24.884	27.343	49.513	53.384	56.896	61.162	64.181
39	19.996	21.426	23.654	25.695	28.196	50.660	54.572	58.120	62.428	65.476
40	20.707	22.164	24.433	26.509	29.051	51.805	55.758	59.342	63.691	66.766
41	21.421	22.906	25.215	27.326	29.907	52.949	56.942	60.561	64.950	68.053
42	22.138	23.650	25.999	28.144	30.765	54.090	58.124	61.777	66.206	69.336
43	22.859	24.398	26.785	28.965	31.625	55.230	59.354	62.990	67.459	70.616
44	23.584	25.148	27.575	29.787	32.487	56.369	60.481	64.201	68.710	71.893
45	24.311	25.901	28.366	30.621	33.350	57.505	61.656	65.410	69.957	73.166

附表 4 F 分布表

$$P\{F(n_1, n_2) > F_\alpha(n_1, n_2)\} = \alpha$$

$\alpha = 0.005$

n_2	n_1									
	1	2	3	4	5	6	8	12	24	∞
1	16 211	20 000	21 615	22 500	23 056	23 437	23 925	24 426	24 940	25 465
2	198.50	199.00	199.20	199.20	199.30	199.30	199.40	199.40	199.50	199.50
3	55.55	49.80	47.47	46.19	45.39	44.84	44.13	43.39	42.62	41.83
4	31.33	26.28	24.26	23.15	22.46	21.97	21.35	20.70	20.03	19.32
5	22.78	18.31	16.53	15.56	14.94	14.51	13.96	13.38	12.78	12.14
6	18.63	14.45	12.92	12.03	11.46	11.07	10.57	10.03	9.47	8.88
7	16.24	12.40	10.88	10.05	9.52	9.16	8.68	8.18	7.65	7.08
8	14.69	11.04	9.60	8.81	8.30	7.95	7.50	7.01	6.50	5.95
9	13.61	10.11	8.72	7.96	7.47	7.13	6.69	6.23	5.73	5.19
10	12.83	9.43	8.08	7.34	6.87	6.54	6.12	5.66	5.17	4.64
11	12.23	8.91	7.60	6.88	6.42	6.10	5.68	5.24	4.76	4.23
12	11.75	8.51	7.23	6.52	6.07	5.76	5.35	4.91	4.43	3.90
13	11.37	8.19	6.93	6.23	5.79	5.48	5.08	4.64	4.17	3.65
14	11.06	7.92	6.68	6.00	5.56	5.26	4.86	4.43	3.96	3.44
15	10.80	7.70	6.48	5.80	5.37	5.07	4.67	4.25	3.79	3.26
16	10.58	7.51	6.30	5.64	5.21	4.91	4.52	4.10	3.64	3.11
17	10.38	7.35	6.16	5.50	5.07	4.78	4.39	3.97	3.51	2.98
18	10.22	7.21	6.03	5.37	4.96	4.66	4.28	3.86	3.40	2.87
19	10.07	7.09	5.92	5.27	4.85	4.56	4.18	3.76	3.31	2.78
20	9.94	6.99	5.82	5.17	4.76	4.47	4.09	3.68	3.22	2.69
21	9.83	6.89	5.73	5.09	4.68	4.39	4.01	3.60	3.15	2.61
22	9.73	6.81	5.65	5.02	4.61	4.32	3.94	3.54	3.08	2.55
23	9.63	6.73	5.58	4.95	4.54	4.26	3.88	3.47	3.02	2.48
24	9.55	6.66	5.52	4.89	4.49	4.20	3.83	3.42	2.97	2.43
25	9.48	6.60	5.46	4.84	4.43	4.15	3.78	3.37	2.92	2.38
26	9.41	6.54	5.41	4.79	4.38	4.10	3.73	3.33	2.87	2.33
27	9.34	6.49	5.36	4.74	4.34	4.06	3.69	3.28	2.83	2.29
28	9.28	6.44	5.32	4.70	4.30	4.02	3.65	3.25	2.79	2.25
29	9.23	6.40	5.28	4.66	4.26	3.98	3.61	3.21	2.76	2.21
30	9.18	6.35	5.24	4.62	4.23	3.95	3.58	3.18	2.73	2.18
40	8.83	6.07	4.98	4.37	3.99	3.71	3.35	2.95	2.50	1.93
60	8.49	5.79	4.73	4.14	3.76	3.49	3.13	2.74	2.29	1.69

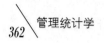

n_2	$\alpha = 0.005$									
	n_1									
	1	2	3	4	5	6	8	12	24	∞
120	8.18	5.54	4.50	3.92	3.55	3.28	2.93	2.54	2.09	1.43
∞	7.88	5.30	4.28	3.72	3.35	3.09	2.70	2.36	1.90	1.00

n_2	$\alpha = 0.01$									
	n_1									
	1	2	3	4	5	6	8	12	24	∞
1	4052	4999	5403	5625	5764	5859	5981	6106	6234	6366
2	98.49	99.01	99.17	99.25	99.30	99.33	99.36	99.42	99.46	99.50
3	34.12	30.81	29.46	28.71	28.24	27.91	27.49	27.05	26.60	26.12
4	21.20	18.00	16.69	15.98	15.52	15.21	14.80	14.37	13.93	13.46
5	16.26	13.27	12.06	11.39	10.97	10.67	10.29	9.89	9.47	9.02
6	13.74	10.92	9.78	9.15	8.75	8.47	8.10	7.72	7.31	6.88
7	12.25	9.55	8.45	7.85	7.46	7.19	6.84	6.47	6.07	5.65
8	11.26	8.65	7.59	7.01	6.63	6.37	6.03	5.67	5.28	4.86
9	10.56	8.02	6.99	6.42	6.06	5.80	5.47	5.11	4.73	4.31
10	10.04	7.56	6.55	5.99	5.64	5.39	5.06	4.71	4.33	3.91
11	9.65	7.20	6.22	5.67	5.32	5.07	4.74	4.40	4.02	3.60
12	9.33	6.93	5.95	5.41	5.06	4.82	4.50	4.16	3.78	3.36
13	9.07	6.70	5.74	5.20	4.86	4.62	4.30	3.96	3.59	3.16
14	8.86	6.51	5.56	5.03	4.69	4.46	4.14	3.80	3.43	3.00
15	8.68	6.36	5.42	4.89	4.56	4.32	4.00	3.67	3.29	2.87
16	8.53	6.23	5.29	4.77	4.44	4.20	3.89	3.55	3.18	2.75
17	8.40	6.11	5.18	4.67	4.34	4.10	3.79	3.45	3.08	2.65
18	8.28	6.01	5.09	4.58	4.25	4.01	3.71	3.37	3.00	2.57
19	8.18	5.93	5.01	4.50	4.17	3.94	3.63	3.30	2.92	2.49
20	8.10	5.85	4.94	4.43	4.10	3.87	3.56	3.23	2.86	2.42
21	8.02	5.78	4.87	4.37	4.04	3.81	3.51	3.17	2.80	2.36
22	7.94	5.72	4.82	4.31	3.99	3.76	3.45	4.12	2.75	2.31
23	7.88	5.66	4.76	4.26	3.94	3.71	3.41	3.07	2.70	2.26
24	7.82	5.61	4.72	4.22	3.90	3.67	3.36	3.03	2.66	2.21
25	7.77	5.57	4.68	4.18	3.86	3.63	3.32	2.99	2.62	2.17
26	7.72	5.53	4.64	4.14	3.82	3.59	3.29	2.96	2.58	2.13
27	7.68	5.49	4.60	4.11	3.78	3.56	3.26	2.93	2.55	2.10
28	7.64	5.45	4.57	4.07	3.75	3.53	3.23	2.90	2.52	2.06
29	7.60	5.42	4.54	4.04	3.73	3.50	3.20	2.87	2.49	2.03
30	7.56	5.39	4.51	4.02	3.70	3.47	3.17	2.84	2.47	2.01
40	7.31	5.18	4.31	3.83	3.51	3.29	2.99	2.66	2.29	1.80

$\alpha = 0.01$									
n_2	n_1								
	1	2	3	4	5	6	8	12	24	∞
60	7.08	4.98	4.13	3.65	3.34	3.12	2.82	2.50	2.12	1.60
120	6.85	4.79	3.95	3.48	3.17	2.96	2.66	2.34	1.95	1.38
∞	6.60	4.60	3.78	3.32	3.02	2.80	2.51	2.18	1.79	1.00

$\alpha = 0.025$									
n_2	n_1								
	1	2	3	4	5	6	8	12	24	∞
1	647.80	799.50	864.20	899.60	921.80	937.10	956.70	976.70	997.20	1018.00
2	38.51	39.00	39.17	39.25	39.30	39.33	39.37	39.41	39.46	39.50
3	17.44	16.04	15.44	15.10	14.88	14.73	14.54	14.34	14.12	13.90
4	12.22	10.65	9.98	9.60	9.36	9.20	8.98	8.75	8.51	8.26
5	10.01	8.43	7.76	7.39	7.15	6.98	6.76	6.52	6.28	6.02
6	8.81	7.26	6.60	6.23	5.99	5.82	5.60	5.37	5.12	4.85
7	8.07	6.54	5.89	5.52	5.29	5.12	4.90	4.67	4.42	4.14
8	7.57	6.06	5.42	5.05	4.82	4.65	4.43	4.20	3.95	3.67
9	7.21	5.71	5.08	4.72	4.48	4.32	4.10	3.87	3.61	3.33
10	6.94	5.46	4.83	4.47	4.24	4.07	3.85	3.62	3.37	3.08
11	6.72	5.26	4.63	4.28	4.04	3.88	3.66	3.43	3.17	2.88
12	6.55	5.10	4.47	4.12	3.89	3.73	3.51	3.28	3.02	2.72
13	6.41	4.97	4.35	4.00	3.77	3.60	3.39	3.15	2.89	2.60
14	6.30	4.86	4.24	3.89	3.66	3.50	3.29	3.05	2.79	2.49
15	6.20	4.77	4.15	3.80	3.58	3.41	3.20	2.96	2.70	2.40
16	6.12	4.69	4.08	3.73	3.50	3.34	3.12	2.89	2.63	2.32
17	6.04	4.62	4.01	3.66	3.44	3.28	3.06	2.82	2.56	2.25
18	5.98	4.56	3.95	3.61	3.38	3.22	3.01	2.77	2.50	2.19
19	5.92	4.51	3.90	3.56	3.33	3.17	2.96	2.72	2.45	2.13
20	5.87	4.46	3.86	3.51	3.29	3.13	2.91	2.68	2.41	2.09
21	5.83	4.42	3.82	3.48	3.25	3.09	2.87	2.64	2.37	2.04
22	5.79	4.38	3.78	3.44	3.22	3.05	2.84	2.60	2.33	2.00
23	5.75	4.35	3.75	3.41	3.18	3.02	2.81	2.57	2.30	1.97
24	5.72	4.32	3.72	3.38	3.15	2.99	2.78	2.54	2.27	1.94
25	5.69	4.29	3.69	3.35	3.13	2.97	2.75	2.51	2.24	1.91
26	5.66	4.27	3.67	3.33	3.10	2.94	2.73	2.49	2.22	1.88
27	5.63	4.24	3.65	3.31	3.08	2.92	2.71	2.47	2.19	1.85
28	5.61	4.22	3.63	3.29	3.06	2.90	2.69	2.45	2.17	1.83
29	5.59	4.20	3.61	3.27	3.04	2.88	2.67	2.43	2.15	1.81
30	5.57	4.18	3.59	3.25	3.03	2.87	2.65	2.41	2.14	1.79

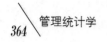

续表

n_2	$\alpha = 0.025$									
	n_1									
	1	2	3	4	5	6	8	12	24	∞
40	5.42	4.05	3.46	3.13	2.90	2.74	2.53	2.29	2.01	1.64
60	5.29	3.93	3.34	3.01	2.79	2.63	2.41	2.17	1.88	1.48
120	5.15	3.80	3.23	2.89	2.67	2.52	2.30	2.05	1.76	1.31
∞	5.02	3.69	3.12	2.79	2.57	2.41	2.19	1.94	1.64	1.00

n_2	$\alpha = 0.05$									
	n_1									
	1	2	3	4	5	6	8	12	24	∞
1	161.40	199.50	215.70	224.60	230.20	234.00	238.90	243.90	249.00	254.30
2	18.51	19.00	19.16	19.25	19.30	19.33	19.37	19.41	19.45	19.50
3	10.13	9.55	9.28	9.12	9.01	8.94	8.84	8.74	8.64	8.53
4	7.71	6.94	6.59	6.39	6.26	6.16	6.04	5.91	5.77	5.63
5	6.61	5.79	5.41	5.19	5.05	4.95	4.82	4.68	4.53	4.36
6	5.99	5.14	4.76	4.53	4.39	4.28	4.15	4.00	3.84	3.67
7	5.59	4.74	4.35	4.12	3.97	3.87	3.73	3.57	3.41	3.23
8	5.32	4.46	4.07	3.84	3.69	3.58	3.44	3.28	3.12	2.93
9	5.12	4.26	3.86	3.63	3.48	3.37	3.23	3.07	2.90	2.71
10	4.96	4.10	3.71	3.48	3.33	3.22	3.07	2.91	2.74	2.54
11	4.84	3.98	3.59	3.36	3.20	3.09	2.95	2.79	2.61	2.40
12	4.75	3.88	3.49	3.26	3.11	3.00	2.85	2.69	2.50	2.30
13	4.67	3.80	3.41	3.18	3.02	2.92	2.77	2.60	2.42	2.21
14	4.60	3.74	3.34	3.11	2.96	2.85	2.70	2.53	2.35	2.13
15	4.54	3.68	3.29	3.06	2.90	2.79	2.64	2.48	2.29	2.07
16	4.49	3.63	3.24	3.01	2.85	2.74	2.59	2.42	2.24	2.01
17	4.45	3.59	3.20	2.96	2.81	2.70	2.55	2.38	2.19	1.96
18	4.41	3.55	3.16	2.93	2.77	2.66	2.51	2.34	2.15	1.92
19	4.38	3.52	3.13	2.90	2.74	2.63	2.48	2.31	2.11	1.88
20	4.35	3.49	3.10	2.87	2.71	2.60	2.45	2.28	2.08	1.84
21	4.32	3.47	3.07	2.84	2.68	2.57	2.42	2.25	2.05	1.81
22	4.30	3.44	3.05	2.82	2.66	2.55	2.40	2.23	2.03	1.78
23	4.28	3.42	3.03	2.80	2.64	2.53	2.38	2.20	2.00	1.76
24	4.26	3.40	3.01	2.78	2.62	2.51	2.36	2.18	1.98	1.73
25	4.24	3.38	2.99	2.76	2.60	2.49	2.34	2.16	1.96	1.71
26	4.22	3.37	2.98	2.74	2.59	2.47	2.32	2.15	1.95	1.69
27	4.21	3.35	2.96	2.73	2.57	2.46	2.30	2.13	1.93	1.67
28	4.20	3.34	2.95	2.71	2.56	2.44	2.29	2.12	1.91	1.65
29	4.18	3.33	2.93	2.70	2.54	2.43	2.28	2.10	1.90	1.64

$\alpha = 0.05$

n_2	n_1									
	1	2	3	4	5	6	8	12	24	∞
30	4.17	3.32	2.92	2.69	2.53	2.42	2.27	2.09	1.89	1.62
40	4.08	3.23	2.84	2.61	2.45	2.34	2.18	2.00	1.79	1.51
60	4.00	3.15	2.76	2.52	2.37	2.25	2.10	1.92	1.70	1.39
120	3.92	3.07	2.68	2.45	2.29	2.17	2.02	1.83	1.61	1.25
∞	3.84	2.99	2.60	2.37	2.21	2.09	1.94	1.75	1.52	1.00

$\alpha = 0.10$

n_2	n_1									
	1	2	3	4	5	6	8	12	24	∞
1	39.86	49.50	53.59	55.83	57.24	58.20	59.44	60.71	62.00	63.33
2	8.53	9.00	9.16	9.24	9.29	9.33	9.37	9.41	9.45	9.49
3	5.54	5.46	5.36	5.32	5.31	5.28	5.25	5.22	5.18	5.13
4	4.54	4.32	4.19	4.11	4.05	4.01	3.95	3.90	3.83	3.76
5	4.06	3.78	3.62	3.52	3.45	3.40	3.34	3.27	3.19	3.10
6	3.78	3.46	3.29	3.18	3.11	3.05	2.98	2.90	2.82	2.72
7	3.59	3.26	3.07	2.96	2.88	2.83	2.75	2.67	2.58	2.47
8	3.46	3.11	2.92	2.81	2.73	2.67	2.59	2.50	2.40	2.29
9	3.36	3.01	2.81	2.69	2.61	2.55	2.47	2.38	2.28	2.16
10	3.29	2.92	2.73	2.61	2.52	2.46	2.38	2.28	2.18	2.06
11	3.23	2.86	2.66	2.54	2.45	2.39	2.30	2.21	2.10	1.97
12	3.18	2.81	2.61	2.48	2.39	2.33	2.24	2.15	2.04	1.90
13	3.14	2.76	2.56	2.43	2.35	2.28	2.20	2.10	1.98	1.85
14	3.10	2.73	2.52	2.39	2.31	2.24	2.15	2.05	1.94	1.80
15	3.07	2.70	2.49	2.36	2.27	2.21	2.12	2.02	1.90	1.76
16	3.05	2.67	2.46	2.33	2.24	2.18	2.09	1.99	1.87	1.72
17	3.03	2.64	2.44	2.31	2.22	2.15	2.06	1.96	1.84	1.69
18	3.01	2.62	2.42	2.29	2.20	2.13	2.04	1.93	1.81	1.66
19	2.99	2.61	2.40	2.27	2.18	2.11	2.02	1.91	1.79	1.63
20	2.97	2.59	2.38	2.25	2.16	2.09	2.00	1.89	1.77	1.61
21	2.96	2.57	2.36	2.23	2.14	2.08	1.98	1.87	1.75	1.59
22	2.95	2.56	2.35	2.22	2.13	2.06	1.97	1.86	1.73	1.57
23	2.94	2.55	2.34	2.21	2.11	2.05	1.95	1.84	1.72	1.55
24	2.93	2.54	2.33	2.19	2.10	2.04	1.94	1.83	1.70	1.53
25	2.92	2.53	2.32	2.18	2.09	2.02	1.93	1.82	1.69	1.52
26	2.91	2.52	2.31	2.17	2.08	2.01	1.92	1.81	1.68	1.50
27	2.90	2.51	2.30	2.17	2.07	2.00	1.91	1.80	1.67	1.49
28	2.89	2.50	2.29	2.16	2.06	2.00	1.90	1.79	1.66	1.48

续表

| n_2 | \multicolumn{10}{c}{$\alpha = 0.10$} |
| | \multicolumn{10}{c}{n_1} |
	1	2	3	4	5	6	8	12	24	∞
29	2.89	2.50	2.28	2.15	2.06	1.99	1.89	1.78	1.65	1.47
30	2.88	2.49	2.28	2.14	2.05	1.98	1.88	1.77	1.64	1.46
40	2.84	2.44	2.23	2.09	2.00	1.93	1.83	1.71	1.57	1.38
60	2.79	2.39	2.18	2.04	1.95	1.87	1.77	1.66	1.51	1.29
120	2.75	2.35	2.13	1.99	1.90	1.82	1.72	1.60	1.45	1.19
∞	2.71	2.30	2.08	1.94	1.85	1.17	1.67	1.55	1.38	1.00

附表 5　正交表

$L_4(2^3)$

试验号	列号		
	1	2	3
1	1	1	1
2	1	2	2
3	2	1	2
4	2	2	1

注：任意二列间的交互作用出现在另一列

$L_8(2^7)$

试验号	列号						
	1	2	3	4	5	6	7
1	1	1	1	1	1	1	1
2	1	1	1	2	2	2	2
3	1	2	2	1	1	2	2
4	1	2	2	2	2	1	1
5	2	1	2	1	2	1	2
6	2	1	2	2	1	2	1
7	2	2	1	1	2	2	1
8	2	2	1	2	1	1	2

$L_8(2^7)$：两列间的交互作用表

试验号	列号						
	1	2	3	4	5	6	7
	（1）	3	2	5	4	7	6
		（2）	1	6	7	4	5
			（3）	7	6	5	4
				（4）	1	2	3
					（5）	3	2
						（6）	1
							（7）

$$L_{12}(2^{11})$$

试验号	列号										
	1	2	3	4	5	6	7	8	9	10	11
1	1	1	1	1	1	1	1	1	1	1	1
2	1	1	1	1	1	2	2	2	2	2	2
3	1	1	2	2	2	1	1	1	2	2	2
4	1	2	1	2	2	1	2	2	1	1	2
5	1	2	2	1	2	2	1	2	1	2	1
6	1	2	2	2	1	2	2	1	2	1	1
7	2	1	2	2	1	1	2	2	1	2	1
8	2	1	2	1	2	2	2	1	1	1	2
9	2	1	1	2	2	2	1	2	2	1	1
10	2	2	2	1	1	1	1	2	2	1	2
11	2	2	1	2	1	2	1	1	1	2	2
12	2	2	1	1	2	1	2	1	2	2	1

$$L_{16}(2^{15})$$

试验号	列号														
	1	2	3	4	5	6	7	8	9	10	11	12	13	14	15
1	1	1	1	1	1	1	1	1	1	1	1	1	1	1	1
2	1	1	1	1	1	1	1	2	2	2	2	2	2	2	2
3	1	1	1	2	2	2	2	1	1	1	1	2	2	2	2
4	1	1	1	2	2	2	2	2	2	2	2	1	1	1	1
5	1	2	2	1	1	2	2	1	1	2	2	1	1	2	2
6	1	2	2	1	1	2	2	2	2	1	1	2	2	1	1
7	1	2	2	2	2	1	1	1	1	2	2	2	2	1	1
8	1	2	2	2	2	1	1	2	2	1	1	1	1	2	2
9	2	1	2	1	2	1	2	1	2	1	2	1	2	1	2
10	2	1	2	1	2	1	2	2	1	2	1	2	1	2	1
11	2	1	2	2	1	2	1	1	2	1	2	2	1	2	1
12	2	1	2	2	1	2	1	2	1	2	1	1	2	1	2
13	2	2	1	1	2	2	1	1	2	2	1	1	2	2	1
14	2	2	1	1	2	2	1	2	1	1	2	2	1	1	2
15	2	2	1	2	1	1	2	1	2	2	1	2	1	1	2
16	2	2	1	2	1	1	2	2	1	1	2	1	2	2	1

$L_{16}(2^{15})$：两列间的交互作用表

试验号	列号														
	1	2	3	4	5	6	7	8	9	10	11	12	13	14	15
	(1)	3	2	5	4	7	6	9	8	11	10	13	12	15	14
		(2)	1	6	7	4	5	10	11	8	9	14	15	12	13
			(3)	7	6	5	4	11	10	9	8	15	14	13	12
				(4)	1	2	3	12	13	14	15	8	9	10	11
					(5)	3	2	13	12	15	14	9	8	11	10
						(6)	1	14	15	12	13	10	11	8	9
							(7)	15	14	13	12	11	10	9	8
								(8)	1	2	3	4	5	6	7
									(9)	3	2	5	4	7	6
										(10)	1	6	7	4	5
											(11)	7	6	5	4
												(12)	1	2	3
													(13)	3	2
														(14)	1

$L_9(3^4)$

试验号	列号			
	1	2	3	4
1	1	1	1	1
2	1	2	2	2
3	1	3	3	3
4	2	1	2	3
5	2	2	3	1
6	2	3	1	2
7	3	1	3	2
8	3	2	1	3
9	3	3	2	1